Holger Kirsch / Tobias Nolte / Stephan Gingelmaier (Hg.)

Soziales Lernen, Beziehung und Mentalisieren

Vandenhoeck & Ruprecht

Mit 7 Abbildungen und 2 Tabellen

Bibliografische Information der Deutschen Nationalbibliothek:
Die Deutsche Nationalbibliothek verzeichnet diese Publikation in der
Deutschen Nationalbibliografie; detaillierte bibliografische Daten sind
im Internet über https://dnb.de abrufbar.

© 2022 Vandenhoeck & Ruprecht, Theaterstraße 13, D-37073 Göttingen,
ein Imprint der Brill-Gruppe
(Koninklijke Brill NV, Leiden, Niederlande; Brill USA Inc., Boston MA, USA; Brill Asia Pte Ltd,
Singapore; Brill Deutschland GmbH, Paderborn, Deutschland; Brill Österreich GmbH, Wien,
Österreich)
Koninklijke Brill NV umfasst die Imprints Brill, Brill Nijhoff, Brill Hotei, Brill Schöningh,
Brill Fink, Brill mentis, Vandenhoeck & Ruprecht, Böhlau, V&R unipress.

Alle Rechte vorbehalten. Das Werk und seine Teile sind urheberrechtlich
geschützt. Jede Verwertung in anderen als den gesetzlich zugelassenen Fällen
bedarf der vorherigen schriftlichen Einwilligung des Verlages.

Umschlagabbildung: Tanor/shutterstock.com

Satz: SchwabScantechnik, Göttingen
Druck und Bindung: ♾ Hubert & Co. BuchPartner, Göttingen
Printed in the EU

Vandenhoeck & Ruprecht Verlage | www.vandenhoeck-ruprecht-verlage.com

ISBN 978-3-525-40803-2

Inhalt

Soziales Lernen, Beziehung und Mentalisieren – eine Hinführung 7

Teil I Grundlagen zu Sozialem Lernen und Mentalisierung

Ist das noch Psychoanalyse? – Anmerkungen zum Verhältnis von
Psychoanalyse und Mentalisierung 23
    Holger Kirsch und Josef Brockmann

Entwicklungspsychologische Perspektiven auf das Mentalisieren 45
    Daniela Mayer, Julia Berkic und Markus Paulus

Mentalisierung aus kulturvergleichender Perspektive 62
    Heidi Keller

Wie Kinder falsche Überzeugungen verstehen lernen:
Ein Konzept der geteilten Intentionalität 76
    Michael Tomasello

Mentalisieren und soziales Lernen: Ihre Bedeutung in Kultur
und Psychopathologie 105
    Peter Fonagy und Tobias Nolte

Mentalisieren und psychische Gesundheit 131
    Nicola-Hans Schwarzer

Teil II Mentalisieren in Organisationen

Psychosoziale Inklusion: Mentalisieren und epistemisches Vertrauen
als Schlüssel zu sozialem Lernen in institutionalisierten Gruppen 145
    Stephan Gingelmaier

Anforderungen an eine mentalisierungsfördernde Institution 164
    Manfred Gerspach

Epistemisches Vertrauen in sozialen Netzwerken – Kulturen des
Mentalisierens in Organisationen und zwischen Unterstützungssystemen 189
    Andrea Dlugosch, Dickon Bevington, Melanie Henter und Tobias Nolte

Teil III Mentalisieren und Gesellschaft

Die Welt, wie sie heute ist, mentalisieren 215
    Peter Fonagy, Chloe Campbell, Elizabeth Allison und Patrick Luyten

Mentalisieren und Emotionsdynamiken in antidemokratischen
Vorurteilen 227
    Felix Brauner

Soziale Interaktion mit Systemen Künstlicher Intelligenz:
kognitionstheoretische Grundlagen und normative Fragen 246
    Eva Weber-Guskar und Tobias Schlicht

Mentalisierte Odysseus? 263
    Holger Kirsch

Teil IV Ausblick: Fonagy, Tomasello, Keller und Dziobek reden miteinander

So_Be_Me: Die Tagung 287

Podiumsdiskussion: Isabel Dziobek, Peter Fonagy, Heidi Keller und
Michael Tomasello in Diskussion mit Svenja Taubner und Tobias Nolte   289
    Übersetzung und Bearbeitung: Anna Beyer und Tobias Nolte

Die Autorinnen und Autoren 308

Soziales Lernen, Beziehung und Mentalisieren – eine Hinführung

Dieses Buch entwickelt den Mentalisierungsansatz weiter, über therapeutische und pädagogische Handlungsfelder hinaus, und wendet ihn auf aktuelle gesellschaftliche Themen wie mentalisierungsfördernde oder -hemmende Strukturen (z. B. in Organisationen), auf psychosoziale Inklusion, auf antidemokratische Einstellungen oder psychische Gesundheit an. Als dritter Band in einer Trilogie zur mentalisierungsbasierten Pädagogik werden neue Perspektiven vorgestellt. Nachdem in Band 1 »Handbuch mentalisierungsbasierte Pädagogik« (Gingelmaier, Taubner u. Ramberg, 2018) die theoretischen Grundlagen des Mentalisierungsansatzes und seine Anwendungen in den verschiedenen pädagogischen Handlungsfeldern vorgestellt wurden, beschäftigte sich der zweite Band »Praxisbuch mentalisierungsbasierte Pädagogik« (Gingelmaier u. Kirsch, 2020) schwerpunktmäßig mit Beispielen aus der Praxis, die theoretisch reflektiert wurden. Nun, im dritten Band der Reihe, haben es sich die Herausgeber und die Autor:innen zur Aufgabe gemacht, Möglichkeiten und Grenzen des Mentalisierungsansatzes in psychosozialen, gesellschaftlichen und kulturellen Kontexten auszuloten.

Grundlage und Bezugspunkt aller drei Bände ist das von der Deutschen Forschungsgemeinschaft (DFG) geförderte interdisziplinäre Netzwerk *mentalisierungsbasierte Pädagogik* (siehe www.mented.de). Abschließend bewertet die DFG die Netzwerkarbeit der vergangenen Jahre wie folgt:

> »Das Ziel des wissenschaftlichen Netzwerks bestand, wie im Antrag dargelegt, darin, durch breit angelegte Netzwerktreffen unter Fachleuten aber auch in einem größeren öffentlichen Rahmen systematisch und in aller Breite die Bedeutung von Mentalisierungskonzepten in der pädagogischen Forschung und im pädagogischen Alltag deutlich zu machen und ein wissenschaftliches Diskussionsforum zu wichtigen methodischen Fragen in diesem Bereich zu etablieren […]. Insgesamt haben an den wissenschaftlichen Treffen 189 Netzwerkteilnehmer teilgenommen und an der abschließenden internationalen

Konferenz 208 Gäste. Die Resonanz war also sehr gut, was wahrscheinlich mit der Bedeutsamkeit und Aktualität des Themas zusammenhängt und auch für die wissenschaftliche Qualität der Antragsteller spricht. Inhaltlich ging es den multidisziplinären Experten bei den Netzwerktreffen wie geplant darum, auszuloten, welche Rolle Mentalisierungsvorgänge in pädagogischen Prozessen zwischen Kindern/Jugendlichen und Pädagog:innen spielen. Dabei wurden schwerpunktmäßig auch methodische Fragen im Spannungsfeld zwischen quantitativen und qualitativen Forschungsansätzen behandelt. Hervorzuheben ist auch, dass die beteiligten Forscher:innen sich international glänzend vernetzt haben. […] Es wird deutlich, dass die Wissenschaftler:innen immer wieder einen Mittelweg zwischen theoretisch wissenschaftlicher Exzellenz auf der einen und Praxisnähe auf der anderen Seite suchen und finden müssen. […] Sicher liegt noch ein weiter Weg vor den Wissenschaftler:innen des Netzwerkes, ihre Ansätze international sichtbar zu machen und sie gleichzeitig in den Alltag bundesdeutscher Pädagogikstudiengänge zu verankern.

Die Gruppe hatte Glück, dass ihr auf intensive Kommunikation im Rahmen persönlicher Begegnungen ausgerichtetes Vorhaben noch vor Beginn der Covid 19 Pandemie weitgehend umgesetzt werden konnten. Gerade jetzt angesichts der vielen Einschränkungen, die Kinder und Jugendliche zum Schutz anderer Generationen auf sich nehmen mussten und müssen, ist für die Krisenbewältigung der Mentalisierungsansatz dringend erforderlich, wobei es wohl nicht nur darauf ankommt, Minderjährigen einen mentalisierenden Umgang miteinander zu vermitteln, sondern auch die Mentalisierungsfähigkeit in der Gesamtbevölkerung im Hinblick auf ein sich Hineindenken in die kindliche und jugendliche Psyche zu fördern« (DFG-Projekt: »Mentalisierungsbasierte Pädagogik (MentEd) – Having the Child in Mind« GZ: GI 1274/1-1).

Auch hier wird, ganz im Sinne dieses Buches, unmissverständlich die gesamtgesellschaftliche Bedeutung der Netzwerkarbeit hervorgehoben. Als weiteres Ergebnis der Netzwerkarbeit und als Folgeprojekt der Netzwerkpartner:innen wurde das Modellcurriculum *Mentalisierungstraining für pädagogische Fachkräfte* konzipiert und durchgeführt. Dieses Projekt wird mit Mitteln der Europäischen Union im Rahmen der Erasmus+-Förderlinie Strategische Partnerschaften gefördert (2019-1-DE01-KA203-004968). Die Projektpartnerorganisationen aus Deutschland (PH-Ludwigsburg, EH-Darmstadt), Österreich (Uni-Klagenfurt), den Niederlanden (DeViersprong, Bergen op Zoom) und aus dem Vereinigten Königreich (University College London) haben ein Curriculum entwickelt und an drei beteiligten Hochschulen erprobt. Das *Mentalisierungstraining für pädagogische Fachkräfte* besteht aus drei Teilen: der Vermittlung von theoretischen Grundlagen, der Supervision und fallbezogenen Selbstreflexion in regional organisierten Gruppen sowie einem Abschlussworkshop zur Förderung einer mentalisierenden Haltung, zur Erprobung von Interventionen und zur Reflexion von Organisationen und Institutionen. Die Erfahrungen im ersten Durchlauf sind vielversprechend, auch wenn die Ergebnisse der Evaluation noch nicht vollständig vorliegen. Durch die intensive Zusammenarbeit mit den Studierenden der beteiligten Hochschulen entstanden auch neue Fragestellungen, z. B. »Wie können individuumsbezogene und auf das System bezogene Perspektiven vermittelt werden?« oder »Was kennzeichnet eigentlich mentalisierende Institutionen?« Daran knüpft dieser dritte Band »Soziales Lernen, Beziehung und Mentalisierung« an. Ziel des Buches ist es, Impulse zu geben, neue Fragen zu stellen und neue Perspektiven zu entwickeln.

Wir haben die spannenden und anregenden Beiträge der Autor:innen vier Teilen zugeordnet: 1. Grundlagen zu sozialem Lernen und Mentalisieren, 2. Mentalisieren in Organisationen und 3. die Bedeutung von Mentalisieren in soziokulturellen Kontexten. Schließlich wird im vierten Teil eine Podiumsdiskussion der Ludwigsburger Tagung zwischen Peter Fonagy, Michael Tomasello, Isabel Dziobek, Heidi Keller sowie Svenja Taubner und Tobias Nolte als Moderierenden vorgestellt.

Der erste Teil dieses Bandes widmet sich aktuellen Diskursen zu den Grundlagen des Mentalisierungsansatzes. Zuerst beschreiben Holger Kirsch und Josef Brockmann einige Verbindungen von Mentalisierung und Psychoanalyse in ihrem Aufsatz »Ist das noch Psychoanalyse?«. Modelle zur Entwicklung des Selbst, zur Repräsentation von Erfahrung sowie zur Affektregulierung bilden wichtige theoretische Grundpfeiler sowohl des Mentalisierungsansatzes als auch der Gegenwartspsychoanalyse. Gleichzeitig werden Kernbereiche psychoanalytischer Theoriebildung neu konzipiert, z. B. triebhaftes Begehren und Psychosexualität oder das Verhältnis von Unbewusstem und Bewusstsein. Dieser Perspektivenwechsel hat Auswirkungen auf die Ziele pädagogischer und therapeutischer Arbeit, auf die Haltung und die Interventionen.

Ausgehend von den psychoanalytischen Wurzeln und der Bindungstheorie beschäftigte sich das Mentalisierungsmodell intensiv mit entwicklungspsychologischen Fragestellungen. Für die Arbeitsgruppe um Peter Fonagy (Fonagy u. Target, 2006) regte eine empirische Untersuchung zur Sicherheit der frühkindlichen Bindung Anfang der 1990er Jahre die intensivere Auseinandersetzung mit dem Thema Mentalisieren an. Bindungssicherheit konnte in einem größeren Maß durch die Fähigkeit der Mütter, ihre Beziehungen zu den eigenen

Eltern zu reflektieren (Fonagy, Steele, Moran u. Higgitt, 1991), vorausgesagt werden. »Wir haben den Prozeß zu identifizieren versucht, durch den das Verstehen des Selbst als mentaler Urheber aus interpersonellen Erfahrungen und insbesondere aus den primären Objektbeziehungen hervorgeht« (Fonagy u. Target, 2006, S. 364). Die ersten Publikationen zum Thema Mentalisierung (1989–1997) stehen daher in engem Zusammenhang mit der Bindungstheorie und einer Rekonstruktion der kindlichen Entwicklung durch die moderne Kleinkindforschung (vgl. Stern, 1985).

Bowlby (1969, 1973, 1980) betonte die Bedeutung der Sicherheit in den frühen Beziehungen (Sensibilität und Berechenbarkeit). Bindung ist jedoch kein Selbstzweck, sondern ermöglicht die Entwicklung eines Repräsentationssystems (Taubner, 2015; Fonagy, Gergely, Jurist u. Target, 2004, S. 10). Bowlbys Modell der Internalisierung interpersonaler Beziehungen (innere Arbeitsmodelle) ist gut mit der Objektbeziehungstheorie der Psychoanalyse vereinbar. Bowlby zufolge konstruiert das Kind Erwartungen in Bezug auf das Verhalten der Bezugsperson sowie hinsichtlich des eigenen Verhaltens (Fonagy u. Target, 2006, S. 53). Die Evolutionsfunktion früher Objektbeziehungen besteht also darin, für das Kleinkind eine Umwelt zu gewährleisten, in der sich das Verstehen eigener mentaler Zustände sowie der inneren Verfassung anderer Menschen gefahrlos entwickeln kann (Fonagy u. Target, 2006, S. 366). Das Verständnis für Psychisches entsteht also, wenn die Bezugspersonen das Kind als eigenständiges psychisches Wesen mit eigenen Intentionen, Gefühlen und Motiven wahrnehmen und mentalisieren. Fonagy und Target (2006) sowie Mertens (2012) haben Mentalisieren als Brückenmodell von Psychoanalyse und zeitgenössischer Bindungstheorie gesehen und ihre Therapiemodelle in der Entwicklungspsychologie verankert (Allen, Fonagy u. Bateman, 2011, S. 33). Damit gilt die Mentalisierungstheorie als ein integrierendes Brückenkonzept, das Theory of Mind, Bindungstheorie und die psychoanalytische Vorstellung von Symbolisierung verbindet (Choi-Kain u. Gunderson, 2008).

Gegen Ende der 1990er und zu Beginn der 2000er Jahre finden sich die ersten deutschsprachigen Veröffentlichungen in psychoanalytischen Fachzeitschriften oder als Übersetzungen englischer Publikationen (Fonagy, 1998; Fonagy u. Target, 2002; Fonagy, 2003, Fonagy u. Target, 2003; Fonagy et al., 2004; Dornes, 2004; Köhler, 2004; Fonagy u. Target, 2006). Damit wurden auch im deutschsprachigen Raum die entwicklungspsychologischen Grundlagen einer Mentalisierungstheorie gelegt.

Daniela Mayer, Julia Berkic und *Markus Paulus* vom renommierten Staatsinstitut für Frühpädagogik und der Ludwig-Maximilians-Universität in München stellen in ihrem Beitrag aktuelle »entwicklungspsychologische Perspektiven auf das Mentalisieren« vor. Ausgangspunkt ist die These, dass die Fähigkeit, sich selbst und anderen mentale Zustände zuzuschreiben und Verhalten unter Rückgriff auf mentale Zustände zu verstehen und vorherzusagen, im Kontext von frühen emotionalen Beziehungen erworben wird. Der erste Teil gibt einen empirisch fundierten Überblick über den Zusammenhang zwischen der Qualität von Bindungsbeziehungen und der Entwicklung der Mentalisierungsfähigkeit. Im zweiten Teil werden aus einer systemtheoretischen Perspektive Überlegungen zu weiteren Einflussfaktoren auf die Entwicklung und Konsolidierung von Mentalisieren angestellt und Fragen für zukünftige Forschung diskutiert.

Die klassische psychoanalytische Sichtweise hat das intrapsychische Erleben des Individuums sehr betont und sich relativ wenig für die reale soziale Umwelt interessiert, innerhalb derer sich das intrapsychische Erleben entwickelt. Es wurde stillschweigend angenommen, dass die Entwicklungsstufen der Triebe wichtiger seien als die Bedeutung der realen Umwelt. Dabei weisen viele neuere Theorien darauf hin, dass auch dem tatsächlichen Verhalten der Bezugspersonen und dem soziokulturellen Kontext eine zentrale Bedeutung zugeschrieben werden kann. Bedenkt man die bedeutende Rolle, die kulturelle Faktoren für die Entwicklung des Selbst spielen, liege »der Verdacht nahe, dass Psychoanalytiker ihre eigene Verwurzelung in der westlichen Kultur ignoriert haben« (Fonagy u. Target, 2006, S. 32).

Auch das individuierte Selbst, das im Zentrum der meisten psychoanalytischen Formulierungen steht, ist in seiner Orientierung spezifisch abendländisch, im Gegensatz zum relationalen Selbst, das insbesondere von nicht westlichen Kulturen repräsentiert wird (Otto u. Keller, 2014; Keller, 2019). Charakteristisch für dieses relationale Selbst sind z. B. durchlässigere und beweglichere Selbst-Objekt-Grenzen oder eine Betonung der sozialen Kontrolle. Mit *Heidi Keller* konnten wir eine der wichtigsten Kritiker:innen der Bindungstheorie und des Mentalisierungsansatzes gewinnen. Mit ihrem Beitrag »Mentalisieren aus kulturvergleichender Perspektive« macht sie deutlich, wie stark das Mentalisierungskonzept in einen spezifischen historischen und ökosozialen Kontext eingebettet ist. Das dazugehörige Menschenbild und die Entwicklungsziele (z. B. Erziehungsziele oder Therapieziele) gehen von einem selbstbestimmten und selbstverantwortlichen, psychologisch autonomen Individuum aus. Dies geht einher mit einer besonderen Aufmerksamkeit auf die innere Welt und deren mentale Inhalte. Andere kulturelle Modelle prägen ihrerseits Entwicklungsprozesse und fördern eine hierarchische Relationalität. Diese Kontexte aufgreifend wird die Entwicklung von Kindern westlicher Mittelschichtfamilien und nicht westlicher Bauernfamilien gegenübergestellt. Eine ethische Problematik wird in der Bewertung eines anderen kulturellen Modells mit den Maßstäben des eigenen gesehen.

Ebenso wichtig wie die kulturvergleichende Perspektive ist die Rezeption von Befunden aus der evolutionären Anthropologie (z. B. Tomasello) oder der Forschung zu sozialen Kognitionen und der Theorie des Geistes (Theory of Mind). Die Theory of Mind beginnt, bildlich gesprochen, mit der Fragestellung, ob Schimpansen als unsere nächsten Verwandten eine Theorie des Denkens besitzen und ob sie sich darin vom Menschen unterscheiden (Premack u. Woodruff, 1978; Schlicht, 2018). Die Begriffe »Theory of Mind« (ToM) und »Mentalisierung« werden dabei häufig synonym verwendet (Böckler-Raettig, 2019; Förstl, 2012; Schlicht, 2018). Allen und Kollegen (Allen et al., 2011) sowie Taubner (2015) sehen die Theory of Mind als konzeptionellen Bezugsrahmen des Mentalisierungsmodells, innerhalb dessen Verhalten alltagspsychologisch auf mentale Zustände zurückgeführt wird. Die Mentalisierungstheorie stellt jedoch eine Erweiterung und Kritik der bisherigen ToM-Forschung dar, die als biologisch-verkürzt kritisiert wird. Die ToM mit ihrem Paradigma der »falschen Überzeugung« (Wimmer u. Perner, 1983) werde als zu eng gefasst gesehen, weil es die relationalen und affektregulierenden Aspekte der Verhaltensinterpretation auf der Grundlage mentaler Zustände nicht erfasst. Die Mentalisierungstheorie greift dagegen einen sozial-interaktionistischen Ansatz auf und erweitert diesen um die Perspektive des Entwicklungskontextes (Taubner, 2015, S. 21).

Tomasello (2014) beschäftigte sich intensiv mit der Frühzeit der menschlichen Entwicklung (also dem Zeitraum von vor etwa 400.000 bis vor ca. 10.000 Jahren). Seine Modelle der gemeinsamen und kollektiven Intentionalität und der daraus folgenden Entwicklung beruhen auf empirischen und vergleichenden Studien zur Kommunikation von Menschenaffen und von Kleinkindern und gehen der Frage nach: Was macht das menschliche Denken einzigartig?

Das menschliche Denken ist grundsätzlich kooperativ. Menschenaffen als Vorfahren des Homo sapiens sapiens sind zwar soziale Wesen, leben aber ein »individualistisches und konkurrenzbetontes Leben, […] ihr Denken richtet sich auf die Erreichung individueller Ziele« (Tomasello, 2014, S. 18). Das soziale Denken von Schimpansen, unseren nächsten Verwandten, entspricht in etwa dem dreijähriger Kinder im Äquivalenzmodus (S. 45). Menschenaffen bevorzugen es z. B., alleine zu essen (S. 58) und kennen keine kooperative Kinderbetreuung. Ihre sozialen Beziehungen sind stärker durch Konkurrenz und Hierarchien strukturiert.

»[D]ie Frühmenschen wurden an einem bestimmten Punkt […] zu kooperativen Lebensweisen gezwungen und daher richtete sich ihr Denken stärker darauf, Möglichkeiten der Kooperation mit anderen zu ersinnen, um gemeinsame Ziele zu erreichen. Das änderte alles« (Tomasello, 2014, S. 18). Wenn Menschen mit anderen an gemeinschaftlichen Aktivitäten teilnehmen, bilden sie gemeinsame Ziele (z. B.: »Wir wissen beide, dass wir den Hirsch jagen wollen«) und gemeinsame Aufmerksamkeit aus, die dann individuelle Rollen und individuelle Perspektiven erzeugen, die koordiniert werden müssen (z. B. durch Zeigen, Pantomime oder erste Symbole). Die Menschwerdung beginnt also mit dem Zeigefinger (Habermas, 2009) als Zeichen einer gemeinsamen Intentionalität, es ist eben nicht der Krieg der Vater aller Dinge (Heraklit), sondern die Kooperation. Nicht der Mythos vom Vatermord der Urhorde (als Ursprung menschlicher Kultur) bei Freud bestimmte die Kulturentwicklung alleine, sondern ganz erheblich auch die grundlegend soziale Natur des Menschen (Brauner, 2018, S. 83).

Ein weiterer Schritt zur kollektiven Intentionalität vollzog sich, als menschliche Populationen größer zu werden und miteinander zu konkurrieren begannen. Diese Konkurrenz bedeutete, dass das Gruppenleben zu einer gemeinschaftlichen Aktivität wurde und eine Gruppenkultur entstand. Das Gruppenbewusstsein beruhte auf der Fähigkeit, einen gemeinsamen kulturellen Hintergrund durch kulturelle Konventionen, Normen (Rituale) und Institutionen aufzubauen. Diese Gruppenidentität war nicht nur räumlich ausgedehnt, sondern bezog sich auch zeitlich auf die Vorfahren und Nachkommen.

Kollektive Intentionalität beinhaltet nach Tomasello (2014, S. 124) zwei Dimensionen:

1. Die synchrone soziale Organisation: Soziale Interaktionen werden koordiniert durch »Kultur« (Konventionen und Normen, z. B. »So machen wir es hier«). Durch die wechselseitige Kooperation und Abhängigkeit in der Gruppe gewann die erste soziale Bewertung an Bedeutung (z. B. die Wahl eines Betrügers oder Trödlers bedeutete weniger Erfolg bei der Jagd oder Nahrungssuche). Die Frühmenschen machten sich daher bereits Gedanken über die Bewertung durch andere, nämlich wie potenzielle Partner:innen (für die Jagd oder Nahrungssuche) die Zusammenarbeit bewerteten könnten (öffentliches Ansehen).
2. Eine diachrone Weitergabe von Wissen und den Ergebnissen kultureller Praktiken: Neue Arten kooperativer Kommunikation ermöglichen, dass Kinder in ihrer langen Entwicklungsphase neue Formen der kognitiven Repräsentation, des Schlussfolgerns und der Selbstbeobachtung aufbauen können. Soziales Lernen und Unterrichtung führen dann zu einer soziokulturellen Evolution, die viel schneller Anpassung und Entwicklung ermöglichte als eine biologisch-genetische Evolution. Dabei wird es wichtig, wem man in einer größeren Gruppe vertrauen kann und bei wem man eher vorsichtig sein muss, um nicht in die Irre oder in Gefahr geführt zu werden (epistemische Wachsamkeit).

Das Zusammenleben in größeren Populationen und die Konkurrenz rivalisierender Gruppen förderte die Entwicklung von sozialem Verstehen, Antizipation und imaginativen mentalen Strategien. Kooperation in Gruppen machte differenzierte Kommunikation notwendig, insbesondere Auffordern, Informieren und Teilen (z. B. Nahrung, Gefühle, Einstellungen). Menschenaffen können zwar Intentionen von anderen Affen und Menschen erfassen und kommunizieren gestisch, um aufzufordern. Aber nur Menschen kommunizieren zum Zweck des Informierens und des Teilens, weil nur sie Intentionen aufeinander abstimmen und koordinieren können.

Tomasello (2014) entwirft ein Modell der phylogenetischen Entwicklung des Menschen und damit ein Bild des Kerns unseres Wesens (z. B. geteilte Intentionalität, kooperatives Denken und Zusammenarbeit, Kommunikation und die Entwicklung von Sprachen, soziale Kognitionen, soziales Lernen sowie soziale Normen und moralische Identität als Ergebnis kollektiver Intentionalität). Es gibt gute Gründe anzunehmen, dass diese Kriterien primär sind, in dem Sinne, dass sie dem Individuum vorausgehen und eine kulturelle Matrix bilden, an der entlang sich die Entwicklung des Selbst und seiner Beziehungen vollzieht (einschließlich Bindungsmuster und innere Arbeitsmodelle).

Michael Tomasello beschreibt in seinem Beitrag »Wie Kinder falsche Überzeugungen verstehen lernen: Ein Konzept der geteilten Intentionalität« einen kleinen – aber bedeutsamen – Ausschnitt aus seiner Forschung. Um das Verhalten von anderen vorherzusagen und zu erklären, muss man verstehen, dass deren Handlungen nicht von der Realität, sondern von ihren Überzeugungen über die Realität bestimmt werden. Klassischerweise lernen Kinder im Alter von etwa vier bis fünf Jahren Überzeugungen einschließlich falscher Überzeugungen zu verstehen. Neuere Studien legen jedoch nahe, dass selbst Kleinkinder (und auch Affen!) bereits über einige dieser Fähigkeiten verfügen. Eine Lösung dieser Diskrepanz ist mit aktuellen, auf individueller Kognition basierenden Theorien nicht möglich. Stattdessen ist ein Ansatz erforderlich, der anerkennt, dass die soziale und mentale Koordination mit anderen Personen und deren (manchmal widersprüchlichen) Perspektiven die Schlüsselprozesse beim Aufbau eines Überzeugungsverständnisses sind. Eine solche soziale und mentale Koordination erfordert arttypische Fähigkeiten und Motivationen gemeinsamer Intentionalität – insbesondere solche, die sich in geteilter Aufmerksamkeit und sprachlicher Kommunikation manifestieren, sowie ausgefeilte Fähigkeiten der exekutiven Funktionen zur Koordination der verschiedenen Perspektiven. Dieses Konzept der gemeinsamen Intentionalität stimmt mit den dokumentierten Unterschieden in den kognitiven Fähigkeiten von Menschenaffen und Menschenkindern überein, und es erklärt, warum Kleinkinder und Affen einige Typen von False-Belief-Aufgaben erfolgreich lösen, während andere nur von älteren Kindern gelöst werden können.

Folgt man dieser anthropologischen und evolutionären Perspektive, so kann man die Mentalisierungsfähigkeit als wichtige anthropologische Konstante und Teil des Wesens des Menschen sehen. Denn die Fähigkeit zur Kooperation, Selbststeuerung und Integration in sozialen Gruppen, die Symbolisierungs- und Imaginationsfähigkeit, die Mythenbildung (z. B. auch die Bildung von Fiktionen und persönlichen Narrativen) und die Gestaltung von Konventionen und Gruppennormen sind Ergebnis der phylogenetischen Entwicklung und bauen auf der Fähigkeit zu sozialen Kognitionen auf. Damit ist die Mentalisierungstheorie nicht begrenzt auf eine – am Individuum orientierte – Subjekttheorie und kann z. B. zu soziologischen, anthropologischen, erziehungswissenschaftlichen und anderen sozialwissenschaftlichen Themenstellungen wichtige Beiträge leisten.

Vor diesem Hintergrund beschreiben *Peter Fonagy* und *Tobias Nolte* die neuesten Weiterentwicklungen zum Thema »Epistemisches Vertrauen und Mentalisieren: Ihre Bedeutung in Kultur und Psychopathologie«. Dieser Ansatz rückt das soziale Umfeld des Individuums ins Zentrum und betont dessen Bedeutung für die subjektive Erfahrung und die Anfälligkeit für psychische Erkrankungen. Dabei werden evolutionäre und soziokulturelle Perspektiven integriert zu einem Modell, wie Kommunikation und soziales Lernen zur individuellen und kulturellen Entwicklung beitragen.

Schließlich widmet sich *Nicola-Hans Schwarzer* dem Thema »Mentalisieren und psychische Gesundheit« und verknüpft damit den Mentalisierungsansatz mit dem Thema Resilienz. Im Beitrag wird das Verhältnis von psychischer Gesundheit und der Fähigkeit, Verhaltensweisen als das Ergebnis intentionaler mentaler Zustände wahrnehmen und bedenken zu können, skizziert. Hierbei wird die Mentalisierungsfähigkeit als vermittelnder Mechanismus konzeptualisiert, der an der Verarbeitung aversiver Erfahrungen beteiligt ist und so zum Erhalt psychischer Gesundheit beitragen könnte.

Der zweite Teil beschäftigt sich mit psychosozialer Inklusion sowie mit Mentalisieren in Institutionen, Organisationen und Netzwerken. Unter der Überschrift »Psychosoziale Inklusion: Mentalisieren und Epistemisches Vertrauen als Schlüssel zu einem barriereminderndem sozialen Lernen in institutionalisierten Gruppen« beschäftigt sich *Stephan Gingelmaier* mit sozialem Lernen unter erschwerten Bedingungen. Im Inklusionsdiskurs wird bisher zu wenig berücksichtigt, dass Inklusion neben kognitiven Anreizen vor allem gelingende soziale Lernanlässe für das Individuum bereitstellen muss. Gleichzeitig werden die psychosozialen Barrieren hervorgehoben, die entstehen können, wenn diese

Form der Enkulturation (z. B. in der Schule) aufgrund kumulierter (früher) aversiver Erfahrungen nicht genutzt werden kann. Insbesondere der soziale Lernzugang über den sogenannten Wir-Modus durch institutionalisierte Gruppenerfahrungen in (pädagogischen) Organisationen, wird als wichtige und neue Perspektive im Inklusionsdiskurs diskutiert.

Manfred Gerspach beschäftigt sich in seinem Beitrag mit »Anforderungen an eine mentalisierungsfördernde Institution«. Er kommt zu dem Schluss, dass das Mentalisierungskonzept in der Pädagogik rasch und interessiert aufgenommen wurde, weil insbesondere pädagogische Gruppensettings eine polyadische Spiegelung ermöglichen und Mentalisieren fördern. Epistemisches Misstrauen und traumainduzierte Beziehungsszenarien erschweren jedoch die Arbeit in pädagogischen Institutionen. Supervision ist daher wichtig, um das eigene Erleben differenzierter wahrzunehmen und zu reflektieren. Pilotprojekte zeigen die Wirksamkeit eines mentalisierungsfördernden Systemklimas, indem Gruppenprozesse reflektiert werden können und nicht individuell mit sogenannten »Störer:innen« gearbeitet wird. Jedoch sind in Institutionen regelmäßig bewusste und unbewusste Widerstände gegen das Mentalisieren wirksam, obwohl das Explizit-Machen impliziter (Gruppen-)Dynamiken entlastend wirken könnte.

In dem Beitrag von *Andrea Dlugosch, Dickon Bevington, Melanie Henter* und *Tobias Nolte*: »Epistemisches Vertrauen in sozialen Netzwerken – Kulturen des Mentalisierens in und zwischen Organisationen und Unterstützungssystemen« wird das Konzept des Mentalisierens im Rahmen eines Mehrebenenmodells vorgestellt und als übergreifende Perspektive für die Arbeit in (pädagogischen) Institutionen und Organisationen erläutert. Im Mittelpunkt steht eine Interaktionsqualität, die durch epistemisches Vertrauen in sozialen Systemen und Netzwerken geprägt ist. Es gilt hierbei, neben der direkten Arbeit mit den Adressat:innen eine vertrauensvolle Interaktionsqualität mit den Beteiligten der Umgebungssysteme (Familie, Schule, Peers, Unterstützungssysteme) anzusteuern und somit eine Kultur des Mentalisierens zu etablieren, die Desintegrationsprozessen entgegenzuwirken versucht, auch vonseiten der Leitungs- beziehungsweise Führungsebene in Organisationen. Die Erweiterung des Mentalisierungskonzeptes wird abschließend in Bezüge zur sozialen Netzwerkforschung eingebettet.

Schließlich wird in einem dritten Teil die Bedeutung von Mentalisieren in ganz unterschiedlichen soziokulturellen Kontexten untersucht. *Liz Allison* und *Chloe Campbell* leiten die Psychoanalyseabteilung am University College London. Sie beschreiben in ihrem Aufsatzgemeinsam mit *Peter Fonagy* und *Patrick Luyten*, was notwendig ist, um »Die Welt, wie sie heute ist, zu mentalisieren« und wie die Mentalisierungstheorie mit den Modellen des epistemischen Vertrauens und der sozialen Kommunikation dazu verwendet werden kann, die Beziehungen zwischen sozialen Systemen und individueller Psychopathologie umfassender zu betrachten. Eine Voraussetzung dafür ist, dass das Individuum das Gefühl haben muss, als Akteur anerkannt zu werden und in seiner Umgebung und seinem sozialen System mentalisiert zu werden, um ein Gefühl der Verbindung zu einer größeren sozialen Gemeinschaft zu erfahren. Die Mentalisierungstheorie hat immer betont, dass Menschen anfällig für die Entwicklung von Psychopathologien sind, wenn ihr unmittelbarer sozialer Kontext diese Art von Erfahrung nicht ermöglicht. Die Autorinnen schlagen daher vor, den Mechanismus für die Zusammenhänge zwischen Psychopathologie, sozioökonomischer Entfremdung und Ungleichheit in der Erfahrung des benachteiligten Individuums zu suchen. Zu häufig wird der subjektive Reichtum der individuellen Psyche der Menschen mit sehr niedrigem sozioökonomischem Status oder sozialem Kapital nicht berücksichtigt, wie es in sehr ungleichen sozialen Systemen in der Regel der Fall ist.

Daran knüpft *Felix Brauner* mit seinem Beitrag »Mentalisieren und Emotionsdynamiken in antidemokratischen Vorurteilen« an. Er stellt eine Analyse antidemokratischer Vorurteile bei rechtspopulistisch eingestellten Jugendlichen vor. Hierfür wird die Verbreitung rechtspopulistischer Vorurteile in der deutschen Gegenwartsbevölkerung aufgezeigt und es wird ein mentalisierungstheoretisches Modell vorgestellt, mit dem sich die sozioemotionale Entstehung antidemokratischer Vorurteile begreifen lässt. Darauf aufbauend werden Forschungsergebnisse aus dem pädagogischen Kontext dargestellt, die den Abbau von Vorurteilen durch Intergruppenprozesse in Schulen untersuchen und eine mentalisierungsfördernde Kommunikation stärken. Abschließend werden Strategien diskutiert, die aufzeigen, wie (sozial-)pädagogische Fachkräfte durch mentalisierungsfördernde Kommunikation auf rechtspopulistische Aussagen reagieren können.

Einen sehr lohnenden Blick aus der Gegenwart in die Zukunft wagen *Eva Weber-Guskar* und *Tobias Schlicht* mit dem Thema: »Soziale Interaktionen mit Systemen künstlicher Intelligenz. Kognitionstheoretische Grundlagen und normative Fragen«. Fortschritte in der Entwicklung von Systemen künstlicher Intelligenz (KI) führen dazu, dass solche mehr und mehr in unseren Alltag einziehen. Doch bei den potenziellen Nutzenden besteht noch eine gewisse Abneigung gegenüber künstlichen intelligenten Systemen und ein allgemeines Misstrauen gegenüber sozialen Robotern, gerade im Pflegebereich. Der Einsatz humanoider Roboter im menschlichen Alltag wirft daher eine Reihe theoretischer und ethisch-moralischer Fragen auf. Welche Strategien der Mentalisierung wenden wir in diesem Kontext an? Wie können wir mit einem Roboter interagieren, ohne diesen als rationalen Akteur oder sogar als Person anzusehen? Daran schließen sich auch normative Fragen an: Inwieweit ist es ethisch wünschenswert oder moralisch gut, dass wir diesen Systemen geistige Eigenschaften, mit welchen Vorbehalten auch immer, zuschreiben? Muss man davon ausgehen, dass die soziale Interaktion mit KI-Systemen sich auch auf unsere Fähigkeiten zur sozialen Kognition insgesamt auswirkt?

Statt eines Blickes in die Zukunft wählt *Holger Kirsch* einen Blick »vorwärts in die Vergangenheit«. Mit der Frage »Mentalisierte Odysseus?« geht er in die Anfänge europäischer Literatur zurück und untersucht, ob Odysseus, einer der ersten Helden der europäischen Literatur, schon mentalisierte. Ausgehend von der These, dass die Fähigkeit, zu mentalisieren, anthropologisch begründet werden kann und beeinflusst wird durch individuelle und kulturhistorische Faktoren, soll am Beispiel von Homers Odyssee gezeigt werden, dass Aspekte der Mentalisierungsfähigkeit bereits in der sehr frühen europäischen Literatur abgebildet wurden und unsere europäische Denk- und Erzählweise prägen.

Im vierten und abschließenden Teil lassen wir *Peter Fonagy, Michael Tomasello, Isabel Dziobek* und *Heidi Keller* selbst für eine Zwischenbilanz und einen Ausblick zu Wort kommen. Auf der gleichnamigen Tagung des Netzwerkes *mentalisierungsbasierte Pädagogik* (www.mented.de) im Oktober 2019 an der Pädagogischen Hochschule in Ludwigsburg haben die Vortragenden zum Thema soziales Lernen, Beziehung und Mentalisieren (So_Be_Me) nicht nur eigene Gedankengänge vorgestellt, sondern sind in einer Podiumsdiskussion (moderiert von Svenja Taubner und Tobias Nolte) eben jener zukunftsweisenden und dieses Buch konstituierenden Frage nachgegangen: Wie lernt der Mensch das Soziale und das Kulturelle und welche Rolle spielt dabei Mentalisierung?

Holger Kirsch, Tobias Nolte und Stephan Gingelmaier

Dank

Wir Herausgeber möchten uns bei vielen Menschen bedanken, die direkt oder indirekt zum Entstehen dieses Bandes beigetragen haben:
Den Mitgliedern des Netzwerkes mentalisierungsbasierte Pädagogik (Mented.de).
Allen Beteiligten und Vortragenden sowie der PH Ludwigsburg, die die erfolgreiche Tagung SoBeMe im Oktober 2019 in Ludwigsburg gestaltet haben.
Unseren Partnerinnen und unseren Kindern, die unsere Videokonferenzen und unsere Beschäftigung mit dem Buch toleriert und uns unterstützt haben.
Anna Beyer für ihre äußerst hilfreiche Übersetzungsarbeit englischer Texte.

Alina Geisen für ihre kritische Durchsicht der Manuskripte.
Vandenhoeck & Ruprecht, insbesondere Imke Heuer und Günter Presting sowie dem Lektorat.
Den Studierenden und pädagogischen Fachkräften, die durch Fragen oder Denkanstöße dieses Buch angeregt haben.
Sowie allen Autorinnen und Autoren dieses Bandes.

Literatur

Allen, J. G., Fonagy, P., Bateman, A. W. (2011). Mentalisieren in der psychotherapeutischen Praxis. Stuttgart: Klett-Cotta.
Böckler-Raettig, A. (2019). Theory of Mind. München: Ernst Reinhardt.
Bowlby, J. (1969). Attachment and loss. Vol. I: Attachment. London: Hogarth.
Bowlby, J. (1973). Attachment and loss. Vol. II: Separation. New York: Basic Books.
Bowlby, J. (1980). Attachment and loss. Vol III: Sadness and depression: New York: Basic Books.
Brauner, F. (2018). Mentalisieren und Fremdenfeindlichkeit. Gießen: Psychosozial-Verlag.
Choi-Kain, L. W., Gunderson, J. G. (2008). Mentalization: Ontogeny, assessment, and application in the Treatment of borderline personality disorder. The American Journal of Psychiatry, 165 (9), 1127–1135.
Dornes, M. (2004). Über Mentalisierung, Affektregulierung und die Entwicklung des Selbst. Forum Psychoanalyse, 20, 175–199.
Förstl, H. (Hrsg.) (2012). Theory of Mind (2. Aufl.). Heidelberg: Springer.
Fonagy, P. (1998). Die Bedeutung der Entwicklung metakognitiver Kontrolle der mentalen Repräsentanzen für die Betreuung und das Wachstum des Kindes. Psyche – Zeitschrift für Psychoanalyse und ihre Anwendungen, 52 (4), 349–368.
Fonagy, P. (2003). Bindungstheorie und Psychoanalyse. Die kognitive Untermauerung der emotionalen Entwicklung. Stuttgart: Klett-Cotta.
Fonagy, P., Target, M. (2002). Neubewertung der Entwicklung der Affektregulation vor dem Hintergrund von Winnicotts Konzept des »falschen Selbst«. Psyche – Zeitschrift für Psychoanalyse und ihre Anwendungen, 56 (9–10), 839–862.
Fonagy, P., Target, M. (2003). Frühe Bindung und psychische Entwicklung. Gießen: Psychosozial-Verlag.
Fonagy, P., Target, M. (2006). Psychoanalyse und die Psychopathologie der Entwicklung. Stuttgart: Klett Cotta.
Fonagy, P., Gergely, G., Jurist, E. L., Target, M. (2004). Affektregulierung, Mentalisierung und die Entwicklung des Selbst. Stuttgart: Klett-Cotta.
Fonagy, P., Steele, M., Steele, H., Moran, G., Higgitt, A. (1991). The capacity for understanding mental states: The reflective self in parent and child and its significance for security of attachment. Infant Mental Health Journal, 12, 201–218.
Gingelmaier, S., Taubner, S., Ramberg, A. (Hrsg.) (2018). Handbuch mentalisierungsbasierte Pädagogik. Göttingen: Vandenhoeck & Ruprecht.
Gingelmaier, S., Kirsch, H. (Hrsg.) (2020). Praxisbuch mentalisierungsbasierte Pädagogik. Göttingen: Vandenhoeck & Ruprecht.
Habermas, J. (2009). Es beginnt mit dem Zeigefinger. Die Zeit, 2009 (51). https://www.zeit.de/2009/51/Habermas-Tomasello/seite-2 (Zugriff: 11.05.2022).
Keller, H. (2019). Mythos Bindungstheorie. Konzept-Methode-Bilanz. Weimar: das netz Verlag.

Köhler, L. (2004). Frühe Störungen aus der Sicht zunehmender Mentalisierung. Forum Psychoanalyse, 20, 158–174.
Mertens, W. (2012). Psychoanalytische Schulen im Gespräch. Band 3: Psychoanalytische Bindungstheorie und moderne Kleinkindforschung. Bern: Hans Huber.
Otto, H., Keller, H. (Eds.) (2014). Different faces of attachment. Cambridge, UK: Cambridge University Press.
Premack, D., Woodruff, G. (1978). Does the chimpanzee have a theory of mind? The Behavioural and Brain Sciences, 1, 515–526.
Schlicht, T. (2018). Soziale Kognition. Eine Einführung. Hamburg: Junius Verlag.
Stern, D. (1985). The interpersonal world of the infant. New York: Basic Books.
Taubner, S. (2015). Konzept Mentalisieren. Gießen: Psychosozial-Verlag.
Tomasello, M. (2014). Eine Naturgeschichte des menschlichen Denkens. Berlin: Suhrkamp.
Wimmer, H., Perner, J. (1983). Beliefs about beliefs: Representation and constraining function of wrong beliefs in young children's understanding of deception. Cognition, 13 (1), 103–128.

Teil I
Grundlagen zu Sozialem Lernen und Mentalisierung

Ist das noch Psychoanalyse? – Anmerkungen zum Verhältnis von Psychoanalyse und Mentalisierung[1]

Holger Kirsch und Josef Brockmann

Das Mentalisierungsmodell wurzelt in der Psychoanalyse. Insbesondere psychoanalytische Konzepte zur Entwicklung des Selbst, zur Repräsentation von Erfahrung, zur Bedeutung von Affekten sowie zur Affektregulierung bilden wichtige theoretische Grundpfeiler des Mentalisierungsansatzes. Daher ist das Modell im Pluralismus der Gegenwartspsychoanalyse fest verankert. Es jedoch nur als eine Weiterentwicklung der Psychoanalyse zu sehen, greift zu kurz. Wichtige theoretische Neukonzeptionen, z. B. zum triebhaften Begehren und zur Sexualität oder zu Unbewusstem und Bewusstsein, verändern die zugrunde liegenden Konzepte der Psychoanalyse. Das Bild vom Subjekt im Mentalisierungsmodell hat sich entfernt vom klassischen Subjekt der Psychoanalyse.

The mentalization model is rooted in psychoanalysis. In particular, psychoanalytic concepts for the development of the self, for the representation of experience and the meaning of affects and affect regulation, form an important theoretical background of the mentalization approach. The model is therefore firmly anchored in the pluralism of contemporary psychoanalysis. To see it only as a further development of psychoanalysis, however, falls short. Important theoretical new conceptions, e.g. on drive, desire and sexuality or on the unconscious and conscious, change the image of man. The subject in the mentalization model has moved away from the classic subject of psychoanalysis.

---

1   Eine frühere Version des Manuskriptes erscheint als Kapitel bei Brockmann, Kirsch und Taubner (2022).

Die Psychoanalyse gilt, neben der Entwicklungspsychologie, der Bindungstheorie und der Forschung zu sozialen Kognitionen, als eine der zentralen (theoretischen) Grundlagen des Mentalisierungsmodells. Die Psychoanalyse ist jedoch nach mehr als hundert Jahren Theorieentwicklung kein einheitliches Theoriegebäude mehr, sondern umfasst eine Vielzahl von konkurrierenden Modellen im Pluralismus der Gegenwartspsychoanalyse (vgl. Fonagy u. Target, 2006; Altmeyer u. Thomä, 2016). Auch beziehen sich Psychoanalyse als Therapie und psychoanalytische Pädagogik auf unterschiedliche Modelle für ihre jeweiligen Handlungsfelder und Aufgaben. Was also ist hier mit Psychoanalyse gemeint?

Wir beziehen uns einerseits auf wegweisende psychoanalytische Autoren, wie D. W. Winnicott, W. Bion, J. Sandler, O. Kernberg, auf Lecours und Bouchards (1997) und andere, sowie andererseits auf moderne intersubjektive Autoren der Gegenwartspsychoanalyse (z. B. Altmeyer u. Thomä, 2016). Gleichzeitig ist dies nur ein kleiner Ausschnitt der psychoanalytischen Theoriebildung. Man kann es also auch ganz anders sehen.

Klassische Autor:innen, wie z. B. René Spitz (1946/1969), John Bowlby (1969, 1972, 1980) sowie Donald W. Winnicott (1962) betonen, vor dem Hintergrund unterschiedlicher Grundannahmen, die Bedeutung früher Interaktionen zwischen den Bezugspersonen und dem Kind. Bion (1962) folgend, ermöglicht die Containmentfunktion[2] der Mutter, Versagungen auszuhalten. Über die »Alpha-Funktion« wird die Symbolisierungsfähigkeit erworben. Durch sie erfolgt eine Transformation innerer, konkretistisch wahrgenommener »Beta-Vorgänge« in erträgliche Erfahrungen. Fonagy und Target (2006), Mentzos (2017, S. 61) sowie Datler und Wininger (2018) betonen die enge Verbindung des Mentalisierungsansatzes zu Bions Containmentmodell. Mentzos (2017) kommt dabei zu dem Schluss, dass beide etwas Ähnliches meinen, jedoch sei der Mentalisierungsansatz in seiner Terminologie und Begründung durch Forschung überzeugender und präziser. Fonagy (2022, S. 9) betont, dass er nicht auf Originalität gepocht habe, sondern: »Wir verknüpften das Mentalisieren mit Freuds Konzept der psychischen Realität und schlugen eine Reihe von Heuristiken vor, die zu einem differenzierten Gebrauch des Begriffs ›Symbolisierung‹ in der Psychoanalyse beitrugen. Auch versuchten wir, unser Denken sowohl mit Wilfred Bion (Alphafunktion) als auch mit Donald Winnicott (Spiegelung und *containment*) in Einklang zu bringen.«

---

2 Für die Umwandlung unerträglicher seelischer Inhalte (Beta-Elemente) in erträgliche, verdauliche verwendet Bion den Begriff des Containing (Alpha-Funktion der Mutter). Dies geschieht z. B. durch eine Umwandlung diffuser Präkonzepte (Spannungen) in konkrete Konzepte (Hunger, Angst, Müdigkeit) und deren Beruhigung oder Befriedigung.

Sandler (1960) führte Repräsentanzen und innere Arbeitsmodelle in die psychoanalytische Theorie ein – bereits bevor Bowlby sie weiter ausarbeitete. Ebenso sehen Joffe und Sandler (1967) in der repräsentationalen Welt einen Bezugsrahmen für die innere psychische Realität, in deren Mittelpunkt die Repräsentation von Gefühlszuständen und Beziehungserfahrungen steht. Damit schuf Sandler eine plausible Plattform für die Objektbeziehungstheorie, die das psychoanalytische Denken wieder mit dem sozialwissenschaftlichen Denken des ausgehenden 20. Jahrhunderts verband (Fonagy u. Cooper, 1999; Fonagy, 2022).

Das besondere Merkmal psychoanalytischer Theorien ist die Aufmerksamkeit, die sie unbewussten psychischen Prozessen und Motivationskräften widmen, um komplexe und häufig paradoxe menschliche Verhaltensweisen zu erklären. In diesem Sinne gehen Altmeyer und Thomä (2016, S. II) davon aus: »dass das Mentalisierungskonzept, das interessanteste, umfassendste und einflussreichste Theorieprojekt der Gegenwartspsychoanalyse [ist], entwicklungspsychologisch, wie in der therapeutischen Anwendung mit einem relationalen Modell der Psyche arbeitet, das auf dem besten Weg ist, zum ›common ground‹ des psychoanalytischen Pluralismus zu werden«. Auch Taubner versteht das Mentalisierungskonzept als »eine der bedeutendsten neuen Theorien im Bereich der Psychoanalyse« (Taubner, 2015, S. 9). Ebenso positioniert die Arbeitsgruppe um Peter Fonagy am Anna Freud National Center for Children and Families in London den Mentalisierungsansatz auf dem Fundament der Psychoanalyse (Fonagy u. Target, 2006, S. 19 ff.), insbesondere mit Bezug auf:
– Die biologische Natur des Menschen, die als Antriebskraft hinter der psychischen Anpassung steht.
– Komplexe unbewusste psychische Prozesse, die für den Inhalt des bewussten Denkens und für unser Verhalten verantwortlich sind. Unbewusste Fantasien motivieren und determinieren unser Verhalten, die Affektregulierung und die Fähigkeit, sich in einer komplexen sozialen Welt zurechtzufinden.
– Konstitutionelle und frühe Umwelt- und Interaktionserfahrungen, die am Aufbau von Selbstregulierungsprozessen beteiligt sind.
– Den Aufbau innerpsychischer, »repräsentationaler« Strukturen auf der Basis von Trieb-Affekt-Motiven und interpersonalen Erfahrungen. Diese Repräsentanzen erzeugen Erwartungen in Bezug auf andere Menschen, sie determinieren die Selbst- und Objektrepräsentanzen und lassen eine »innere Welt« entstehen.
– Unbewusste Wünsche, die durch eine entwicklungsabhängige Hierarchie von Abwehrmechanismen modifiziert werden.

Vor diesem Hintergrund psychoanalytischer Theorieentwicklung wird die Entwicklung nachgezeichnet, um deutlich zu machen, wo die »Schnittstellen« zwischen Psychoanalyse und dem Mentalisierungsansatz liegen. Dabei wird erstens auf ein Modell der Emotionsregulierung mit dem Aufbau einer Selbststruktur näher eingegangen. Zweitens wird, ausgehend von den frankokanadischen Autoren Lecours und Bouchard (1997), der Repräsentationsprozess beschrieben, wie rohe, unverarbeitete Affekte oder Erfahrungen in mentale Inhalte transformiert werden. Drittens werden neue Perspektiven gezeigt: das Konzept von Bewusstem und Unbewusstem sowie das Verständnis von Sexualität.

Die zentrale Bedeutung der Emotionen und ihrer Repräsentation

Freuds Annahmen über Affekte[3] und deren Regulation veränderten sich über die Zeit. In einer ersten Phase (bis ca. 1897) waren es in traumatischen Situationen entstandene und in ihrer Abfuhr blockierte Affektbeträge, die für die Symptome verantwortlich gemacht wurden. »Die Blockierung der Abfuhr führt zur Konversion der im Affekt enthaltenen Energie in hysterische Symptome« (Dornes, 1992, S. 133). Affekte wurden später, neben den Vorstellungen und Fantasien, als die psychische Manifestation der Triebe gesehen. Affekte haben hier ihren Ursprung im Es. Wird die Triebabfuhr gehemmt, z. B. durch Erziehung oder Kultur, bilden sich intensive Affekte, die sich ihren Weg suchen. Schließlich setzte sich bei Freud die Vorstellung durch, dass Emotionen von Geburt an vorhanden sind und einem Lust-Unlust-Prinzip folgen (vgl. Freud, 1911). Sie haben eine Signal- und Anpassungsfunktion und unterliegen zu einem gewissen Grad der Steuerung durch das Ich (vgl. Freud, 1926).

Auch aus heutiger Sicht erfolgt die Affektverarbeitung überwiegend automatisch, außerhalb des Bewusstseins. Die unbewusste Verarbeitung unterscheidet sich dabei qualitativ von ihrer bewussten Verarbeitung. Die Annahme einer Motivation durch unbewusste Affekte geht von verschiedenen, voneinander unabhängigen Verarbeitungseinheiten aus (neuronale Netzwerke), die manchmal kooperativ, manchmal rivalisierend (konflikthaft) nebeneinander operieren und bewusste wie unbewusste Entscheidungen beeinflussen. Die Tatsache, dass individuelle mentale Zustände von jeweils unabhängigen Schaltkreisen erzeugt werden, bedeutet, dass diese Zustände auch miteinander in Konflikt

---

3   In diesem Zusammenhang werden die Begriffe »Affekt« und »Emotion« weitgehend synonym verwendet, auch wenn den Autoren bewusst ist, dass es wichtige Unterschiede gibt.

geraten können. Innere Konflikte sind auftauchende, sich aus dem Zusammenspiel des Systems herausbildende (emergente), Eigenschaften des menschlichen Gehirns. Die Anforderungen, die das Ich bewältigen muss, sind dabei sowohl äußerlicher (kontextabhängiger) als auch innerer (emotionaler und motivationaler) Natur (Fonagy u. Target, 2006, S. 413).

Es besteht ein grundlegendes menschliches Bedürfnis nach der »bestmöglichen Regulation von Emotionen« (Datler u. Wininger, 2018 S. 319), das bedeutet, dass lustvolle Qualitäten gesucht oder stabilisiert und unlustvolle verändert werden sollen. Für eine »bestmögliche« Regulierung von Affekten (einschließlich spezifischer Abwehrmechanismen) entwickelt sich, erfahrungsabhängig, eine innere (psychische) Struktur. Die körpernahen Trieb-Affekt-Erfahrungen werden zusammen mit Beziehungserfahrungen (z. B. abhängig von Bindungssicherheit) psychisch repräsentiert, führen zum Aufbau komplexer psychischer Strukturen und ermöglichen eine zunehmende Selbststeuerung (vgl. Fonagy, Gergely, Jurist u. Target, 2004). Kinder wandeln frühe Interaktionen mit primären Bezugspersonen in kognitiv-affektive Schemata des Selbst und der anderen um. Gleichzeitig sind die Repräsentationen geprägt durch Trieb-Affekt-geleitete Motive, z. B. Wünsche oder Erwartungen (vgl. Fonagy u. Target, 2006).

Situativ zusammengehörige Gefühle, Wahrnehmungen und Verhaltensweisen führen im Gedächtnis zu funktionellen Einheiten. Funktionell ähnliche »integrierte Fühl-Denk- und Wahrnehmungsprogramme« (Ciompi, 2013, S. 29) bilden mit der Zeit komplexere affektiv-kognitive Strukturen. Im Gedächtnis werden nicht isoliert Ereignisse gespeichert, sondern Beziehungsepisoden, also soziale Interaktionen mit den zugehörigen Emotionen, Wünschen und Reaktionen. Prozesse dieser Art führen zur Ausbildung von Selbst- und Objektrepräsentanzen. Das Gefüge der Selbst- und Objektrepräsentanzen kann als psychische Struktur begriffen werden (Stolorow, Atwood u. Ross, 1978; vgl. Datler u. Wininger, 2018). Sind psychische Strukturen einmal als Niederschlag der Erfahrungen und der Regulation von Affekten ausgebildet, so erweisen sich diese Strukturen als relativ stabil.

Innere Arbeitsmodelle und Repräsentanzen entsprechen daher nicht einer konsensuellen Realität, sondern sie sind individuell, durch Konstitution, Abwehrmechanismen und Triebstrebungen verzerrt. »Mentale Repräsentationen von Beziehungserfahrungen werden von Bindungsforschern und Objektbeziehungstheoretikern als vorsprachliche Inhalte des prozeduralen Gedächtnisses angesehen, die nicht bewusstseinsfähig sind und dem Individuum nur innerhalb einer Handlung ein Schema des ›Wie‹ bereitstellen« (Taubner, Nolte, Luyten u. Fonagy, 2010, S. 244).

Auf diesen Modellen der Affektregulierung als (vorbewusste) Ich-Funktion und dem Aufbau zunehmend komplexerer Repräsentationen (Selbst- und Objektrepräsentanzen) mit der entwicklungspsychologisch erworbenen Fähigkeit zur Selbstregulation baut das Mentalisierungsmodell auf. Aus dem Bisherigen lässt sich ableiten: Die Entwicklung kognitiv-emotionaler Strukturen, die Trieb-Affekt-Erregungen und Interaktionserfahrungen bewältigen, ist ein zentrales Entwicklungsziel sowohl in psychodynamischen Psychotherapien als auch in psychoanalytischer Pädagogik.

Über die Transformation von Erregungen in mentale Inhalte

Im Rahmen der psychoanalytischen Theoriebildung waren französische Psychoanalytiker:innen die ersten, die mit einem Mentalisierungsbegriff arbeiteten. Um psychosomatische Störungen und eine fantasiearme, konkretistische Art des Denkens zu verstehen (Alexithymie), führten sie den Begriff »mentalisation« bereits in den 1960er Jahren in die Psychoanalyse ein (vgl. Fain u. David, 1963; Fain u. Marty, 1964; Luquet, 1987; Marty, 1990). Sie beschreiben dabei differenziert Transformationsprozesse körperlicher Trieb-Affekt-Erregungen in symbolisierte mentale Inhalte.

Lecours und Bouchard (1997), beide kanadische Psychoanalytiker aus Montreal, verbinden die englischsprachige (z. B. Bion, Winnicott) mit der französischen Denktradition in der Psychoanalyse wie folgt. Der Prozess des Mentalisierens bezieht sich auf die vorbewusste Ich-Funktion, Körpererregungen in innerpsychische Repräsentationen zu transformieren. Eine psychische Transformation ist notwendig, um die frühen rohen, konkreten, unmentalisierten Erfahrungen zu verarbeiten. Dies beinhaltet die Bindung von Energie und die Verbindung von Vorstellungen im Übergang vom Primärprozess zum Sekundärprozess.[4] Zuvor frei fließende (Trieb-)Energie bindet sich durch eine Niveauerhöhung des Besetzungsvorganges in eine psychische Energie und ermöglicht die psychische Verarbeitung oder Repräsentation (vgl. Fonagy et al., 2004).

Aus Sicht der Autoren (Lecours u. Bouchard, 1997) meint Mentalisieren also einen kontinuierlichen, niemals endenden Transformationsprozess psychischer Inhalte durch die Organisation von Repräsentationen. Dies erlaubt den Aufbau

---

4   Unter Primärprozess wird in der Psychoanalyse das Lustprinzip verstanden, psychische Energie sucht Befriedigung und strömt frei ab, wie z. B. in Traum, freier Assoziation (Verschiebung, Verdichtung). Der Sekundärprozess folgt dem Realitätsprinzip, z. B. Aufmerksamkeit, logisches Denken (vgl. Laplanche u. Pontalis, 1973).

psychischer Strukturen zunehmender Komplexität, hin zu Symbolisierung und Abstraktion. Das impliziert, dass das symbolische und verdrängte Unbewusste nicht etwas Ursprüngliches ist, sondern als notwendigerweise zuvor mentalisiert verstanden werden muss.

Von der Repräsentation und Symbolisierung zur Mentalisierung

Die Prozesse der Repräsentation, Symbolisierung und Mentalisierung werden oft synonym verwandt. Folgt man jedoch Lecours und Bouchard (1997), so ist Mentalisierung ein übergeordnetes Konzept, das die Prozesse der Repräsentation und der Symbolisierung umfasst. Mentalisierung geschieht durch Assoziationen körperlicher und sensorischer Empfindungen mit psychischen Vorstellungen und durch die Bildung von Repräsentanzen sowie einer zunehmenden Strukturierung dieser Repräsentanzen. Lecours und Bouchard (1997) unterscheiden dabei spezifische Funktionen:
- *Repräsentation* meint den Prozess der Ausarbeitung und des Gebrauchs der Vorstellungen von einem Gegenstand anstatt des Gegenstandes selbst. Das Erschaffen von Repräsentationen verbindet basale Erfahrungen mit Bildern und Worten.
- Die *Symbolisierungsfunktion* baut darauf auf, verbindet die mentalen Repräsentationen und führt zu einer psychischen, imaginativen Nutzung der Repräsentationen (z. B. durch Annahme von Motiven und Intentionen für Handlungen), anstelle von und im Gegensatz zum konkreten Umgang mit unmittelbaren Erfahrungen. Symbolisierung verbindet Repräsentanzen und gilt als zweiter Baustein von Mentalisierung.

Dabei unterstreichen die Autoren die grundlegende Bedeutung, die das Mentalisieren für die Tolerierung und Regulation von Affekten besitzt, und bezeichnen es als »Immunsystem der Psyche« (Lecours u. Bouchard, 1997, S. 857). Mentalisierung absorbiert Stress aus inneren und äußeren Stressoren, durch eine nie endende psychische Verarbeitung der körperlichen Erregung und Umwandlung in psychische Inhalte und Repräsentanzen.

Nach dem Modell von Luquet (1987, zit. nach Lecours u. Boucard, 1997, S. 858) geschieht die Transformation auf verschiedenen Ebenen entlang von Reifungsschritten der psychischen Struktur:
1. Im primärprozesshaften Denken (Kreativität in den Assoziationen) werden basale sensorische Erfahrungen mit affektaufgeladenen Bildern assoziativ

verbunden (z. B. im Äquivalenzmodus, z. B. innere Vorstellungen werden mit Realität gleichgesetzt, Ding gleich Repräsentation).
2. In vorbewussten Denkprozessen: Mit zunehmender Symbolisierung und Verknüpfung von Symbolen zu Repräsentationsstrukturen geschieht ein Übergang von primärprozesshaftem Denken zu sekundärprozesshaftem Denken (Metakognitionen, Assoziationen werden zu Wörtern und Sprache verbunden).
3. Bewusstes, reflektierendes Denken (Mentalisierung im Sinne des kontrollierten, expliziten Mentalisierens). Innere Erfahrungen werden transformiert entlang der Gesetze von Diskurs und Syntax (sekundärprozesshaft, logisch), angepasst an soziale Kommunikation und für andere verständlich.

Lecours und Bouchard (1997) entwickelten das Modell der verschiedenen Transformationsebenen von Luquet (1987) weiter. Das Vorhandensein oder Fehlen von Mentalisierung bildet sich in ihrem Modell auf verschiedenen Ebenen des Repräsentationssystems ab (siehe Tabelle 1, mod. n. Lecours u. Bouchard, 1997, S. 857 f.; vgl. Allen, Fonagy u. Bateman, 2011, S. 31):

Tabelle 1: Ebenen des Repräsentationssystems

Repräsentationsebene	Beispiele
1. Abwesende Mentalisierung: disruptive Impulsaktivität,[5] Trieb-Affekterfahrungen werden weder toleriert noch contained. Ein »Kurzschluss« der psychischen Verarbeitung	Nicht auszuhaltender Aktionsdrang, gewalttätiges Verhalten, »acting out«, Selbstverletzung (willkürliche Muskulatur), oder Affekte werden viszeral über physiologische Sensationen ausgedrückt, z. B. funktionale Störungen, Schmerzen oder somatische Läsionen (Somatisierung)
2. Beginnende Mentalisierung: modulierte Impulsaktivität, Affektäußerungen, die ein wenig besser verarbeitet und adaptiver sind	Unerklärliche Tränenausbrüche oder die Fantasie, jemanden zu schlagen
3. Prämentalisierende Modi: Externalisierung: mentale Repräsentation eines Wunsches oder Affektzustandes, der gleichzeitig durch Projektion oder Zuschreibung partiell nach außen verlagert wird (z. B. Externalisierung eines fremden Selbst, teleologischer Modus)	Die Begründung von Wut mit der Provokation durch einen anderen; die pauschale Behauptung, dass in einer bestimmten Situation jeder genauso empfinden würde

---

5 Inhalte des Trieb-Affekt-Impulses können entweder abgewehrt (also vorher symbolisiert, dann abgewehrt) oder noch gar nicht symbolisiert sein, im Sinne von unmentalisierten und unrepräsentierten, rohen, sensorischen Erfahrungen.

Repräsentationsebene	Beispiele
4. **Basales Mentalisieren: Aneignung oder psychische Inbesitznahme:** umfassende Anerkennung der eigenen Wünsche und Affekte als subjektive und tolerierbare Erfahrungen	Identifizierung und Benennung spezifischer emotionaler Zustände, z. B. Zurückführung von physiologischem Arousal auf Angst. Psychische Inhalte werden in Bildern, Träumen, Fantasien, Metaphern ausgedrückt
5. **Komplexes Mentalisieren, Bedeutungsassoziationen:** komplexe, verbale Repräsentationen, die dem mentalen Erleben Tiefe verleihen (z. B. mentalisierte Affektivität)	Ausdruck durch Worte, Repräsentationen, (Sekundärprozess). Einsicht, Reflexion, die mit authentischer Emotion einhergeht und den Patient:innen eine neue Perspektive erschließt

Folgt man diesem Modell, wird mit zunehmender Mentalisierung der Affekt besser toleriert, weniger intensiv und als modulierbar erlebt, dies ermöglicht reflexive Aktivität. Darin stimmen die angloamerikanischen Publikationen mit den frankokanadischen Psychoanalytikern und der Arbeitsgruppe um Fonagy (vgl. Allen et al., 2011) überein. Die komplexe Zuordnung in Transformationsebenen, verschiedenen Ausdrucks- und Organisationsebenen hat sich in der Literatur jedoch nicht durchgesetzt. Einige Aspekte finden sich aber in der »Reflective Functioning Scale« (RF-Skala; Fonagy et al., 1998) zur Beschreibung von Mentalisierungsniveaus wieder, haben Überschneidungen mit der Beschreibung der Strukturebene (vgl. OPD-2) oder dienen zur Erklärung psychosomatischer Störungen (»Somatischer Modus«, Schultz-Venrath, 2021).

Mentalisieren umfasst also eine Gruppe basaler psychischer Prozesse, einschließlich der Repräsentation und Symbolisierung, welche zu einer Umwandlung von Trieb-Affekt-Erfahrungen in psychische Phänomene und Strukturen führen. Die Fähigkeit zu Mentalisieren als Teil der Selbstentwicklung entwickelt sich über die Erfahrungen (früher) sozialer Interaktionen (z. B. Bindungsverhalten und Pflegeverhalten der Betreuungspersonen), diese werden internalisiert als innere Arbeitsmodelle und bilden generalisierte Erwartungshaltungen und organisierende intrapsychische Strukturen ab. Effektives und nicht effektives Mentalisieren hängen also eng mit dem Aufbau einer inneren psychischen Struktur zusammen, einem komplexen Repräsentationssystem als unbewussten Teil des Selbst.

Was in der aktuellen Begriffsverwendung mit Mentalisieren bezeichnet wird, ist aber nur eine Teilmenge der gesamten Prozesse, den die französischen Psychoanalytiker mit »Mentalisation« bezeichnet haben.

Das Mentalisierungsmodell

Der noch junge Mentalisierungsansatz ist ebenso wie die Psychoanalyse kein einheitliches Gebäude. Während ein breiter Konsens über die wissenschaftlichen Grundlagen besteht (z. B. Bedeutung der Entwicklungspsychologie), entstehen neue Anwendungsmodelle in unterschiedlichen Handlungsfeldern, von mentalisierungsbasierter Therapie (MBT) über Mentalisieren in der psychoanalytischen Psychotherapie (Target, 2016; Brockmann et al., 2022), über mentalisierungsbasierte Familientherapie (Asen u. Fonagy, 2015) hin zu AMBIT (Adaptive Mentalization Based Integrative Treatment; Bevington, Fuggle, Cracknell u. Fonagy, 2017) und mentalisierungsbasierter Pädagogik (Gingelmaier, Taubner u. Ramberg, 2018; Gingelmaier u. Kirsch, 2020). Im Sinne eines integrierenden Brückenkonzeptes verbindet Mentalisierung Theoriemodelle aus verschiedenen Therapieschulen (vgl. Taubner, 2015, S. 22; Choi-Kain u. Gunderson, 2008).

Aber ist der Mentalisierungsansatz eine psychoanalytische Theorie? Ist er eine Weiterentwicklung der Psychoanalyse? Ist das noch Psychoanalyse? Oder ist das Mentalisierungsmodell »alter Wein in neuen Schläuchen« (vgl. Brockmann u. Kirsch 2010b; Langnickel u. Link, 2018)?

Yudofsky (2011) zieht ein klassisches Rätsel als Metapher heran, um die Bedeutung des Mentalisierungsmodells zu illustrieren. »Was ist der wichtigste Teil an einem Ochsenkarren?« Zunächst fällt einem wohl ein: »die Räder«, »der Karren« oder »die Deichsel«. Das Wesentliche am Ochsenkarren sei jedoch: »das Konzept«. Das Konzept ist der bedeutendste und machtvolle Teil beim Ochsenkarren, obwohl man es nicht sehen und auch nicht messend erfassen kann. Auch wenn das Mentalisierungsmodell als Brückenkonzept wichtige Erkenntnisse aus Nachbardisziplinen oder der Psychotherapieforschung aufgreift, ordnet der Mentalisierungsansatz diese Erkenntnisse neu, fügt sie auf eine neue Art und Weise zusammen. »Der Begriff der Mentalisierung ermöglicht eine Konzeption dieser intersubjektiven und introspektiven Fähigkeiten, die Ergebnisse der empirischen Entwicklungspsychologie, der Bindungstheorie, der Neurowissenschaften mit psychoanalytischen Theorien integriert« (Taubner et al., 2010, S. 243).

Der Mentalisierungsansatz ist jedoch nicht nur eine Weiterentwicklung und Differenzierung der psychoanalytischen Theorie, sondern in dieser Weiterentwicklung steckt auch eine Kritik am Bestehenden und eine Veränderung zentraler psychoanalytischer Inhalte, wie Langnickel und Link (2018) sowie Gerspach (2020) angemerkt haben. An den Beispielen Unbewusstes und Bewusstsein sowie Sexualität und Trieb wird gezeigt, wie die Mentalisierungstheorie neue Perspektiven auf diese Kernkonzepte der Psychoanalyse entwickelt.

Eine neue Perspektive I: Das Unbewusste und das Bewusstsein

Mit dem Perspektivenwechsel von einer biologisch angelegten Trieb- und Strukturtheorie zu einer Theorie der Objektbeziehungen, der Sozialisation und Inkulturation (Shaked, 2011), rücken verinnerlichte Beziehungserfahrungen, soziale Umwelt und Mikroprozesse der Kommunikation in den Vordergrund. Dies verändert das Verständnis unbewusster Prozesse und der Vorstellungen über das Bewusstsein. Gödde und Buchholz (2011), Gödde (2018) sowie Fonagy und Allison (2016) haben aktuelle psychoanalytische Diskurse über Bewusstsein und Unbewusstes in Gang gebracht, die psychoanalytische Modelle mit den Nachbarwissenschaften in Verbindung bringen. Dadurch werden neue Perspektiven hinsichtlich der Komplexität bewusster und unbewusster Vorgänge deutlich.

Gödde und Buchholz (2011) sowie Gödde (2018) unterscheiden eine vertikale und eine horizontale Dimension des Unbewussten. Das Unbewusste, da nicht direkt beobachtbar, lässt sich am ehesten durch Metaphern beschreiben. Freuds Metaphern beschreiben ein vertikales Modell des Unbewussten: unten (primitiv, triebhaft) versus oben (kultiviert, kontrolliert, reif) mit dem Kernaspekt der Verdrängung und Repression. Das vertikale Modell unterscheidet zwischen Oberfläche und Tiefe (Tiefenpsychologie), während die Verdrängungsschranke das Untere (z. B. das Es, Triebhaftes, Verdrängtes) vom Oberen (z. B. Kultur, Über-Ich) trennt. Die Annahmen zum vertikalen Modell reichen jedoch als Erklärungsansatz nicht aus. Nicht nur in therapeutischen Situationen kommen unbewusste Resonanzen zum Tragen, die im vertikalen Modell nicht ausgedrückt werden können, aber für die Beziehungsgestaltung von großer Bedeutung sind.

Der Fokus der Aufmerksamkeit innerhalb der Gegenwartspsychoanalyse hat sich auf den Einfluss der Beziehungserfahrungen verschoben, die internalisiert werden und ihren Niederschlag in Selbst- und Objektrepräsentanzen und prägenden Beziehungsmustern finden. Sie werden am besten mit einer horizontalen Dimension des Unbewussten, einem sozial-interaktiven Modell, beschrieben. Das horizontale Modell betont die sozialen Resonanzphänomene, »schätzt die Oberfläche und sucht Sinn im verbalen und gestischen Austausch, nicht dahinter« (Gödde u. Buchholz, 2011, S. 11). In diesem System sozialer Resonanzen steht das sichtbare Verhalten den unsichtbaren Motiven und Intentionen gegenüber.

Bereits bei Freud finden sich Ansätze zu einem sozial-interaktiven Modell (freie Assoziation und gleichschwebende Aufmerksamkeit), auch wenn sie nicht weiter ausgearbeitet wurden. Seine Aufforderung zur freien Assoziation und zur gleichschwebenden Aufmerksamkeit soll die Möglichkeit fördern, Unbewusstes, also subtile Details, Irritationen, Themenwechsel im Dialog wahrzunehmen, und ähnelt der frühen, feinfühligen Interaktion zwischen Bezugsperson und Säugling.

Bereits Säuglinge sind initiativ in der Beziehungsgestaltung und suchen soziale Resonanz. Soziale Resonanz ist lebensnotwendig zum Aufbau des Bewusstseins und lebenslang zur Kohärenz des Selbst. Auf den Emotionen wichtiger Bezugspersonen baut sich die Wahrnehmung von anderen als absichtsvoll Handelnde auf, verbunden mit dem Wunsch, selbst als Initiator Reaktionen auslösen zu können. Das schafft Kohärenz und Erweiterung der Komplexität der Selbstorganisationszustände (Gödde u. Buchholz, 2011). Gödde (2018, S. 40) unterscheidet folgende Zugangswege zum (horizontalen) Unbewussten:

- das Zusammenspiel von freien Einfällen und gleichschwebender Aufmerksamkeit,
- die Übertragung und Gegenübertragung,
- das szenische Verstehen,
- die Fähigkeit, das intersubjektive Geschehen in der Beziehung wahrzunehmen, mitzuerleben und zu gestalten. Motive und Intentionen zu erkunden und damit die Entwicklung des psychischen Innenraums, der Symbolisierung und Mentalisierung zu fördern.

Bewusstsein als eine Integrationsleistung des Gehirns

Während Freud das Bewusstsein lediglich als eine Wahrnehmung unbewusster psychischer Aktivität verstand, beschreibt Bion (1962), wie das Bewusstsein durch die »Verdauungsarbeit« der Alpha-Funktion erworben wird. Unverdaute, diffuse Empfindungen (»Beta-Elemente«) werden durch kommunikative Prozesse bewusst und verfügbar gemacht (Symbolisierung). Lorenzer (1973) geht in seiner Theorie der Interaktionsformen davon aus, dass aus den triebhaft-körperbezogenen Prozessen der Bedürfnisbefriedigung in den sozialen Beziehungen der frühen Kindheit Interaktionsmuster entstehen. Diese werden in Sprache symbolisiert, in ein Netz allgemeiner Regeln eingebunden und damit vergesellschaftet und kommunizierbar. Kommt es nicht zur Verbindung zwischen körperlich-triebhaftem Verhaltensentwurf und Sprache oder wird diese Verbindung später im Konflikt zerstört, entstehen neurotische Deformationen, deren Sinn der Analytiker oder die Analytikerin im szenischen Verstehen erfassen und bearbeiten kann. Fonagy und Allison (2016) gehen einen Schritt weiter und schlagen vor, die Fähigkeit, bewusst wahrzunehmen, als Integrationsleistung des Gehirns und zugleich auch als einen verletzlichen Entwicklungsprozess anzunehmen.

Bewusste Wahrnehmung beinhalte die Synthese von Eindrücken zu einem zusammenhängenden Ganzen. Bewusstsein von etwas ist dabei eine Eigenschaft, die »*Intentionalität*« erfasst. Intentionalität beschreibt die menschliche Fähigkeit, sich auf etwas zu beziehen, umgangssprachlich vereinfachend als »Absicht« ausgedrückt. Daher kann das Bewusstsein als eine absichtsvolle Synthese von Wahrnehmungen zu einem kohärenten Ganzen gesehen werden, mit dem Ziel, diese Erfahrung anderen mitzuteilen. Das bedeutet, die Absicht, zu kommunizieren, ist darin implizit. Es ist das soziale Lernen, die Kommunikation von Erfahrungen, die uns von anderen Arten unterscheidet und die soziale Zusammenarbeit sowie den Wettbewerb zu einem zentralen Bestandteil unserer Natur macht (vgl. Tomasello, 2014). Wenn wir in sozialen Gruppen funktionieren, lieben und arbeiten, umfasst unsere subjektive Erfahrung die Eigenschaften von Kohärenz und Intentionalität.

Bewusstsein beinhaltet also eine Verarbeitung von Erfahrung. Bevor diese Verarbeitung (Symbolisierung, z. B. durch Sprache) stattgefunden hat, sind die Erfahrungen zu diffus, um kommuniziert zu werden. Die Psyche braucht einen Mechanismus zum Hervorheben von Erfahrungen, der nützlich und mit anderen teilbar ist, eine Art Suchscheinwerfer, um sozial relevante Informationen herauszusuchen. Bewusstsein wird hier gesehen als eine Art Erfahrungsfilter (Fonagy u. Allison, 2016). Die Synthese von Eindrücken dient dazu, das Kommunizierbare vom latenten Feld aller Möglichkeiten zu trennen. Intentionalität, auf etwas gerichtet zu sein, ist die zentrale Struktur bewusster Erfahrung und beinhaltet einen Prozess der Hervorhebung sozialer Relevanz.

Dieses Bewusstsein wird sozial vermittelt. Das Kind muss sich nach außen wenden, um zu lernen, wie es die Aspekte seiner inneren Erfahrung erkennen lernt, die die Grundlage für seine Fähigkeit zur Zusammenarbeit mit anderen bilden. Indem es die Reaktionen anderer Menschen beobachtet, lernt es, auf welche Elemente seiner Erfahrungen andere Menschen ebenfalls reagieren. Die Elemente der inneren Erfahrung des Babys, die durch die Spiegelreaktionen anderer Menschen herausgegriffen werden, werden zu Bausteinen der mentalen Funktion, die es ihm ermöglichen, in einer Welt zu leben, die von ihm soziale Zusammenarbeit bietet und verlangt.

Die Entwicklung sekundärer Repräsentanzen[6] emotionaler Zustände ermöglicht ein inneres Gleichgewicht (Selbstkohärenz, wenn primärer Affekt und

---

6 Der Säugling verknüpft das Erleben seiner primären Emotionen mit der Beobachtung von Affektausdrücken anderer auf seine inneren Zustände. »Seine als ›automatisch‹ zu verstehenden Primäremotionen werden so mit sekundären Kontrollstrukturen verbunden, die die Sensibilisierung, Identifizierung, Repräsentanz und somit Kontrolle des inneren Zustands ermöglichen« (Taubner et al., 2010, S. 245).

sekundäre Repräsentanz übereinstimmen) sowie eine Integration in die soziale Welt, in der man die Getrenntheit anderer Psychen respektiert, aber gleichzeitig enge emotionale Beziehungen und Arbeitsbeziehungen aufbaut (Fonagy et al., 2004).

Das Kind braucht die Nähe zu einem anderen Menschen, der durch markierte Spiegelungsaktionen ein äußeres Bild erzeugen kann, das im besten Fall mit dem inneren Zustand des Kindes übereinstimmt oder ihm zumindest nicht grundlegend widerspricht (vgl. Bion, 1962; Fonagy et al., 2004).

Die Konsequenz aus der Annahme, dass Subjektivität durch Spiegelung konstituiert wird, liegt darin, dass innere Zustände nur dann eine angemessene Repräsentation im Bewusstsein erreichen, wenn sie durch markierte und übereinstimmende Antworten von den Bezugspersonen bestätigt werden. Es sind die nicht gespiegelten, nicht reflektierten inneren Zustände des Kindes, die das ausmachen, was Freud als dynamisch Unbewusstes, als den brodelnden Kessel des Es konzipiert hat (Fonagy u. Allison, 2016).

Fonagy und Allison (2016) unterscheiden drei Formen des Unbewussten:
1. *Nicht bewusste Gehirnfunktionen:* Es ist ein Merkmal der Gehirnfunktion, dass bestimmte Gehirnaktivitäten nicht mit Bewusstsein verbunden sind. Die unbewusste Gehirnfunktion ist allgemein anerkannt in der modernen Neurowissenschaft, um implizite, prozedurale Mechanismen zu beschreiben.
2. *Primäres Unbewusstes:* Die nicht bewussten Zustände von Fragmentierung und Bewusstseinsstörungen, z. B. nach Traumatisierungen oder bei schweren Depressionen, die keine Intentionalität besitzen, werden hier als *primäres Unbewusstes* bezeichnet. In der normalen Entwicklung bleiben diese Inhalte für bewusstes Erleben unzugänglich.
3. *Psychoanalytisches Unbewusstes:* »Aufdringliche«, störende mentale Inhalte, die intentional sind, aber durch Abwehrmechanismen verzerrte Wahrnehmungen ausmachen, werden als *psychoanalytisches Unbewusstes* vom primären Unbewussten abgegrenzt (Fonagy u. Allison, 2016, S. 11).

Zur Unterscheidung und Differenzierung von primärem Unbewussten und psychoanalytischem Unbewussten trägt die genauere Betrachtung markierter Spiegelungsprozesse bei, wie sie im Abschnitt »Sexualität, Affektspiegelung und die Entwicklung des Selbst« dargestellt werden.

Die wichtigste Aufgabe markierter Spiegelung ist es, unintegrierte Aspekte von Selbstzuständen in kohärente Repräsentationen einzubinden. Die Bildung einer symbolischen Repräsentation von Affektzuständen (das heißt sekundärer Repräsentationen) erzeugt erst die Grundlage für Affektregulation und Impulskontrolle. Ein diffuses, ungespiegeltes Selbstempfinden bleibt potenziell überwältigend und unintegriert. Wenn die Spiegelung misslingt, weil die Betreuungsperson unmarkiert und/oder verzerrt spiegelt, internalisiert das Kind ein Mismatch (fremdes Selbst), welches projiziert werden muss (vgl. Bateman u. Fonagy, 2007).

Obwohl solche unmarkiert gespiegelten Inhalte als störend und aufdringlich für das bewusste Erleben empfunden werden, sind sie in ihrer Struktur »intentional« und daher bedeutungsvoll. Sie sind ein durch Abwehrvorgänge verzerrter Ausdruck von Trieb-Affekt-Motiven, die sich in Richtung Bewusstsein bewegen. Sie werden als Wünsche und Bedürfnisse, Gedanken und Gefühle ausgedrückt – mit anderen Worten als mentale Zustände. Das psychoanalytische Verständnis unbewusster Prozesse und Verzerrungen, z. B. in der Übertragung und Gegenübertragung, kann helfen, diese bewusst zu machen und zu verändern.

Aber es gibt noch eine andere Art von nicht gespiegelten inneren Zuständen, die den Inhalt des primären Unbewussten ausmachen. Traumatische Umstände wie Vernachlässigung, körperliche oder emotionale Misshandlung spiegeln Zustände von Destruktivität, Isolation und Verzweiflung wider, die unerträglich sind und normalerweise nicht ins Bewusstsein gelangen dürfen. Eine solche Destruktion stört den Aufbau von Bindungen und stellt unweigerlich die Kohärenz und Intentionalität bewusster Erfahrung infrage, was sich in aufdrängenden Gedanken und störenden Bildern (z. B. Flashbacks oder Intrusionen) manifestiert. Der Inhalt des primären Unbewussten manifestiert sich daher als Bewusstseinsstörung, da er die Kohärenz und Intentionalität des Bewusstseins (zer)stört. Das Eindringen des primären Unbewussten untergräbt den implizit zielgerichteten Charakter menschlicher Erfahrung und ersetzt Intentionalität im Extremfall durch diffuse Sinnlosigkeit und eine bruchstückhafte, fragmentierte Qualität von Erfahrungen (Fonagy u. Allison, 2016).

Die Beziehungen zwischen bewusster Wahrnehmung und unbewussten Prozessen sind komplex. Bewusstsein kann sowohl als evolutionäre Errungenschaft gesehen werden als auch als entwicklungspsychologisch erworbene Fähigkeit, die über Spiegelungsprozesse mit den nahen Bezugspersonen gestaltet wird. Bewusstsein ist also nicht oberflächlich im Vergleich zur »Tiefe« des Unbewussten. Die Gleichzeitigkeit bewusster und unbewusster Beziehungsgestaltung richtet die Aufmerksamkeit auf soziale Resonanzphänomene, also kommunikative (Mikro-)Prozesse in der gemeinsamen Gestaltung von (professionellen) Beziehungen.

Etwas vereinfachend kann Freuds Triebpsychologie als Ein-Personen-Psychologie verstanden werden, die von einer Autonomie des Individuums ausgeht, die durch (unbewusste) Triebbedürfnisse eingeschränkt wird. Der andere oder die Bezugsperson hat erst in zweiter Linie eine Bedeutung, insofern er oder sie die Triebbedürfnisse erfüllt oder frustriert. Ausgehend von der Bindungstheorie und intersubjektiven oder relationalen Modellen wird jedoch im Mentalisierungsansatz der Einfluss der primären Umwelt in den Vordergrund gestellt. Hier wird das Subjekt von Anfang an im Kontext seiner Beziehungen, der Kultur, der nahen und distalen Umwelt verstanden, die sich als innere Struktur (Repräsentationssystem) fortsetzt.

Eine neue Perspektive II: Entwicklungspsychologische Aspekte zur Bedeutung von Sexualität

Die Arbeitsgruppe um Peter Fonagy greift das Thema sexuelles Begehren aus Sicht des Mentalisierungskonzeptes in verschiedenen Beiträgen auf (vgl. Fonagy, 2008; Fonagy u. Allison, 2019; Target, 2013, 2019). Als Grundlage für die Integration von Trieberleben, sexuellem Begehren, Affekt und Bindungserfahrungen wird die allgemeine Verführungstheorie des französischen Psychoanalytikers Laplanche (1995; Laplanche u. Pontis, 1968) herangezogen, der die unbewusste Kommunikation lustvoller Erfahrungen in der frühen Mutter-Kind-Beziehung untersucht hatte und ein Modell verwendet, wie es später als markierte Affektspiegelung im Mentalisierungsansatz genauer beschrieben wird. Laplanche (1988/2017) nimmt eine Sexualisierung früher Erregung an. Die Mutter sexualisiert die Erregung des Kindes, unbewusst »verführt« sie es, lässt es aber allein mit einer unerreichbaren und unverstehbaren Bedeutung. Fonagy (2008) und Target (2013, 2019) gehen, wie Laplanche, dem Gedanken nach, wie und warum sich notwendigerweise Geheimnisvolles und Beunruhigendes in der Sexualität entwickelt und zu ihr gehört. Sie führen dies darauf zurück, dass sexuelles Begehren und Affekte zwischen Bindungsperson und Kind keine adäquate Spiegelung und kein Containment erfahren.

Sexualität, Affektspiegelung und die Entwicklung des Selbst

Folgt man der Arbeitsgruppe um Fonagy, ist das psychische Leben aufgebaut auf Repräsentationen körperlicher Erfahrungen des Kindes. Dessen sensomotorische Erfahrungen bilden die Basis für Empfindungen. Psychosexualität wurzelt daher in sensomotorischen Wahrnehmungen und sexuelle Erregung ist allgegenwärtig seit der frühen Kindheit. Die wichtigste Aufgabe markierter Spiegelung durch eine Bezugsperson ist es dabei, unintegrierte Aspekte von Selbst-Zuständen in kohärente Repräsentationen einzubinden. Die Bildung einer symbolischen Repräsentation von Affektzuständen erzeugt so die Grundlage für Affektregulation und Impulskontrolle (Target, 2013). Mütter und Väter finden es jedoch meist schwierig, die sexuelle Erregung des Kindes akkurat zu spiegeln. Die häufigsten Reaktionen sind Ablehnung oder »Wegschauen«. Fonagy (2008) beschreibt hierzu Untersuchungsergebnisse, in denen Mütter darüber befragt wurden, wie sie auf die affektiven Signale, einschließlich sexueller Erregung, bei ihren drei bis sechs Monate alten Babys reagieren. Alle Mütter gaben an, dass sie auf Freude, Angst etc. regelmäßig reagieren und diese spiegeln, aber sexuelle Erregung in den meisten Fällen gänzlich ignorieren (z. B. indem sie wegschauen), obwohl in der Befragung die allermeisten Mütter sexuelle Erregung ihrer Babys wahrgenommen hatten. In Säuglings- und Kleinkindbeobachtungen wird der sexuellen Erregung selten Beachtung geschenkt, eine positive Reaktion seitens der Eltern darauf war dabei noch seltener.

Die Erwartung, auch sexuelle Erregung und Affekte des Kindes zu spiegeln, führt die Bindungsperson in ein Dilemma. Wenn das Kind eine Affektspiegelung überhaupt erfährt, so geschieht dies auf eine Weise, die Laplanche (1995) als »enigmatisch« (rätselhaft) beschrieben hat. Es ist eine meist unbewusste verführerische Spiegelung des Begehrens des Kindes, zusammen mit dem Begehren der Bindungsperson gegenüber dem Kind und einer gleichzeitigen Frustration der Bedürfnisse und des Begehrens.

Die Verarbeitung von affektivem Erleben, das verzerrt oder unmarkiert gespiegelt wird, führt dazu, dass das Erlebte nicht erkannt oder verfälscht wahrgenommen wird. Dies bewirkt im Selbst ein diffuses Missempfinden bezüglich dieses Erlebensaspekts, das potenziell überwältigend bleibt. Wenn die Spiegelung misslingt, weil die Betreuungsperson unmarkiert oder inakkurat spiegelt, internalisiert das Kind ein »Mismatch«, welches als fremd, unintegriert im Selbst wahrgenommen wird und projiziert werden muss; es sind Teile eines »fremden Selbst«.

Sexuelle Erregung wird häufig als fremd, als nicht zum Selbst gehörend erlebt. Die sexuelle Erregung wird nicht als etwas ursprünglich Eigenes erlebt, weil sie nicht ausreichend markiert gespiegelt wurde. »Die rätselhafte Dimension der Sexualität lädt dazu ein, sie auszuarbeiten, was normalerweise durch einen anderen geschieht« (Target, 2019, S. 69). Im sexuellen Erleben werden die als fremd empfundenen Anteile nach außen projiziert (z. B. führt die Erregung des anderen zur eigenen Erregung). Sexuelle Erregung ist daher eng in ein fantasiertes oder reales intersubjektives Erleben eingebunden (vgl. Fonagy, 2008).

Eine befriedigende Sexualität des Erwachsenen ist an komplexe Voraussetzungen gebunden: In der Beziehung muss es unbewusste und bewusste Möglichkeiten geben, sich für die Projektionen des jeweils anderen zu öffnen.

Die Bindungserfahrungen müssen hierzu eine ausreichende Sicherheit liefern. Ein zuverlässiges Gefühl von sicheren Grenzen des körperlichen Selbst sowie ein als sicher erlebtes Körperselbst sind die Voraussetzungen dafür, die Grenzen ohne eine zu starke Bedrohung kurzfristig aufgeben zu können oder sogar als lustvoll zu erleben. Ein gegenseitiges Begehren, eine gegenseitige Erregung, letztlich projektiv- identifikatorische Prozesse, sind der Schlüssel für ein volles psychosexuelles Erleben. Eine Wiederaufnahme der projizierten Anteile nach dem Abklingen der sexuellen Erregung und sexuellen Erfahrungen muss aber ebenso möglich sein. Der Bogen vom sexuellen Begehren, in dem anderen aufzugehen und danach wieder zu sich zu kommen, sollte idealerweise geschlossen werden. Gelingt dies einer Person nicht, so bleibt die Person in bedrohlicher Weise »beim anderen hängen« (Fonagy, 2008, S. 26).

Mit diesen Betrachtungen entfernen sich Fonagy (2008), Fonagy und Allison (2019) sowie Target (2013, 2019) von triebpsychologischen Annahmen und weisen auf die intersubjektive Entstehungsgeschichte eines triebhaft drängenden Begehrens hin. Drängende (unbewusste) Motive aus verschiedenen Quellen und Austauschprozessen (z. B. projektive Identifizierung oder Externalisierung eines fremden Selbst) spielen in der Sexualität Erwachsener eine bedeutsame Rolle. Diese Annahmen zeigen einmal mehr die Bedeutung von Mentalisieren in der Umwandlung von intensiven Trieb-Affekt-Erfahrungen in tolerierbare Affektzustände beziehungsweise deren passagere Umkehrung.

Dieses Modell ist anschlussfähig an moderne, psychoanalytisch inspirierte Modelle zur Sexualität. Neben (biologischen) Trieberregungen spielen frühe Affektspiegelungsprozesse, also soziale Interaktionsprozesse eine entscheidende Rolle. »Die menschliche Sexualität bezieht ihr Erregungspotential nicht in erster Linie aus erogenen Zonen oder einer hormongesteuerten körperlichen Erregbarkeit, sondern der Beimengung nicht sexueller Affekte wie Ohnmacht, Einsamkeit, Wertlosigkeit, Wut oder Verschmelzungswünschen, die Ausdruck unbewusster Probleme sind« (Dornes, 2012, S. 374). Erst durch die »Auflaadung« mit solchen Affekten erhält die Sexualität ihren »thrill«, der sie von bloß körperlicher Erregung unterscheidet und zur Psychosexualität macht. »Der Genuss, die Erregung kommt daher, dass gleichzeitig unbewältigte Probleme inszeniert und in quasi spielerischer Weise gelöst werden« (Dornes, 2012, S. 369 ff.).

Ein vorläufiges Resümee

»*Mentalisation is a slow and progressive process,
perhaps the venture of a lifetime*«.
(Lecours u. Bouchard, 1997, S. 865)

Die entscheidende Schwäche des Mentalisierungsansatzes ist zugleich seine Stärke: Er rückt von einigen traditionellen psychoanalytischen Konzepten und vor allem von der klassischen psychoanalytischen Behandlungstechnik ab (vgl. Brockmann et al., 2022) und arbeitet Ergebnisse von Nachbarwissenschaften ein (vgl. Fonagy u. Target, 2006; Fonagy u. Allison, 2016). Sowohl für die Psychoanalyse als Therapie als auch für die psychoanalytische Pädagogik ergeben diese Neuformulierungen grundlegender Ideen neue Perspektiven und Konzepte, z. B. eine nicht wissende (und nicht deutende, sondern fragende), interessiert-neugierige Haltung, die aktive Unterstützung bei der Emotionsregulierung (markierte Affektspiegelung), die stärkere Fokussierung auf Prozesse (und erst später auf Inhalte) sowie die gezielte Förderung reflektierender Prozesse zur Wiederherstellung der Mentalisierungsfähigkeit von Fachkräften in Supervision und Fallarbeit (vgl. Behringer, 2021).

Nicht zuletzt wird das Menschenbild der Freud'schen Triebpsychologie zugunsten eines intersubjektiven Verständnisses von Selbst und anderen aufgegeben. Die Bedeutung von sozialer Resonanz, sozialem Lernen und vor allem von Mentalisierung und mentalisierter Affektivität gerät in den Fokus. Vereint sind die psychoanalytische und mentalisierungsbasierte Pädagogik indes mit ihrer Haltung, den Mut aufzubringen, Nichtwissen auszuhalten (Langnickel u. Link, 2018, S. 129).

Die Erfahrungen mit den verschiedenen Anwendungsformen des Mentalisierungsansatzes in den nächsten Jahren, ihre kritische Reflexion und empirische Überprüfung können zeigen, ob die Hoffnungen, die mit dem Mentalisierungsmodell verbunden sind, tatsächlich erfüllt werden können.

Dabei besteht die Gefahr, dass das Modell aus seinem psychoanalytischen Bezugsrahmen herausgelöst und auf seine Interventionstechniken reduziert wird (vgl. Kirsch, 2018). Auch Gerspach (2020) sieht die Gefahr einer eindimensionalen, technizistisch verkürzten Anwendung der hinter dem mentalisierungsbasierten Verstehens- und Behandlungsmodell stehenden Konzepte. Der Wunsch nach Handlungsanweisungen und Rat sei zwar nachvollziehbar, jedoch stehe das Aushalten von Nichtwissen immer am Anfang.

Erst ein psychoanalytischer Bezugsrahmen ermöglicht eine spezifische reflexive Haltung und Offenheit für unbewusste Prozesse (z. B. Reinszenierungen, Übertragung und Gegenübertragung) sowie ein Wissen um die Komplexität psychischer Vorgänge und Strukturen. Geschickte Pädagog:innen und Therapeut:innen stimmen sich selbst zunächst auf die affektiv-kognitive Eigenwelt und aktuelle Verfassung ihrer Partner:innen ein. »Sie lassen sich bewusst ›emotional anstecken‹ – genau dies ist ja der Zweck der systematischen Betrachtung von Übertragung und Gegenübertragung in der Psychoanalyse – und ›senden‹ dann auf einer emotional ähnlichen ›Wellenlänge‹, docken sich gewissermaßen an die vorgefundenen Fühl-, Denk-, und Verhaltensprogramme an, bestärken hier, dämpfen dort, bringen neue Informationen ein« (Ciompi, 2013, S. 43) und entwickeln allmählich neue Perspektiven und eine größere Kohärenz der Selbstzustände.

Literatur

Allen, J. G., Fonagy, P., Bateman, A. W. (2011). Mentalisieren in der psychotherapeutischen Praxis. Stuttgart: Klett-Cotta.
Altmeyer, M., Thomä, H. (Hrsg.) (2016). Die vernetzte Seele. Die intersubjektive Wende in der Psychoanalyse (3. Aufl.). Stuttgart: Klett-Cotta.
Asen, E., Fonagy, P. (2015). Mentalisierungsbasierte Familientherapie. In A. W. Bateman, P. Fonagy (Hrsg.), Handbuch Mentalisieren (S. 135–158). Gießen: Psychosozial-Verlag.
Bateman, A. W., Fonagy, P. (2007). Psychotherapie der Borderline-Persönlichkeitsstörung. Ein mentalisierungsgestütztes Behandlungskonzept. Gießen: Psychosozial-Verlag.
Behringer, N. (2021). Mentalisieren in der Heimerziehung. Eine qualitative Untersuchung zu reflexiven Prozessen bei pädagogischen Fachkräften. Wiesbaden: Springer VS.
Bevington, D., Fuggle, P., Cracknell, L., Fonagy, P. (2017). Adaptive mentalization based integrative treatment. Oxford: Oxford University Press.
Bion, W. R. (1962). Learning from experience. London: Heinemann.
Bowlby, J. (1969). Bindung. Eine Analyse der Mutter-Kind-Beziehung. München: Kindler.
Bowlby, J. (1980). Verlust, Trauer und Depression. Frankfurt a. M.: Fischer.
Brockmann, J., Kirsch, H. (2010a). Das Konzept der Mentalisierung. Psychotherapeut, 55, 279–290.
Brockmann, J., Kirsch, H. (2010b). Mentalisierung: alter Wein in neuen Schläuchen? In P. Wahl, H. Sasse, U. Lehmkuhl (Hrsg.), Intersubjektivität oder Robinson Crusoe (S. 52–70). Göttingen: Vandenhoeck & Ruprecht.
Brockmann, J., Kirsch, H., Taubner, S. (2022, im Druck). Mentalisieren in der psychodynamischen und psychoanalytischen Psychotherapie. Stuttgart: Klett-Cotta.
Choi-Kain, L. W., Gunderson, J. G. (2008). Mentalization, ontogeny, assessment and application in the treatment of borderline personality disorder. The American Journal of Psychiatry, 165, 1127–1135.
Ciompi, L. (2013). Gefühle, Affekte, Affektlogik. Wien: Picus Verlag.
Datler, W., Wininger, M. (2018). Zu Entwicklung von Emotionen unter besonderer Berücksichtigung psychoanalytischer Perspektiven. In M. Huber, S. Krause (Hrsg.), Bildung und Emotion (S. 313–333). Wiesbaden: Springer VS.
Dornes, M. (1992). Der kompetente Säugling. Die präverbale Entwicklung des Menschen. Frankfurt a. M.: Fischer.
Dornes, M. (2012). Die Modernisierung der Seele. Kind – Familie – Gesellschaft. Frankfurt a. M.: Fischer.

Fain, M., David, C. (1963). Aspects fonctionnels de la vie onirique. Revue française de psychanalyse, 27, 241–343.
Fain, M., Marty, P. (1964). Perspective psychosomatique sur la function des fantasmes. Revue française de psychanalyse, 28, 609–622.
Fonagy, P. (2008). A genuinely developmental theory of sexual enjoyment and its implications for psychoanalytic technique. Journal of the American Psychoanalytic Association, 56 (1), 11–36.
Fonagy, P. (2022, im Druck). Vorwort. In J. Brockmann, H. Kirsch, S. Taubner (Hrsg.), Mentalisieren in der psychodynamischen und psychoanalytischen Psychotherapie. Stuttgart: Klett-Cotta.
Fonagy, P., Allison, E. (2016). Psychic reality and the nature of consciousness. International Journal of Psychoanalysis, 97, 5–24.
Fonagy, P., Cooper, A. (1999). Joseph Sandler's intellectual contributions to theoretical and clinical psychoanalysis. In P. Fonagy, A. M. Cooper, R. Wallerstein (Eds.), Psychoanalysis on the move: The work of Joseph Sandler (pp. 1–29). London: Routledge.
Fonagy, P., Gergely, G., Jurist, E. L., Target, M. (2004). Affektregulierung, Mentalisierung und die Entwicklung des Selbst. Stuttgart: Klett-Cotta.
Fonagy, P., Target, M. (2006). Psychoanalyse und die Psychopathologie der Entwicklung. Stuttgart: Klett-Cotta.
Fonagy, P., Target, M., Steele, H., Steele, M. (1998). Reflective functioning manual. Version 5.0 for application to adult attachment interviews. London: University College London.
Freud, S. (1911). Formulierungen über die zwei Prinzipien des psychischen Geschehens. In G. W. Bd. VIII (S. 230–238). Frankfurt a. M.: Fischer.
Freud, S. (1926). Hemmung, Symptom und Angst. In G. W. Bd. XIV (S. 111–205). Frankfurt a. M.: Fischer.
Gerspach, M. (2020). Epistemologische Anmerkungen zur Bedeutung der Mentalisierung in der Pädagogik. In S. Gingelmaier, H. Kirsch (Hrsg.), Praxisbuch Mentalisierungsbasierte Pädagogik (S. 9–18). Göttingen: Vandenhoeck & Ruprecht.
Gingelmaier, S., Kirsch, H. (Hrsg.) (2020). Praxisbuch mentalisierungsbasierte Pädagogik. Göttingen: Vandenhoeck & Ruprecht.
Gingelmaier, S., Taubner, S., Ramberg, A. (Hrsg.) (2018). Handbuch mentalisierungsbasierte Pädagogik. Göttingen: Vandenhoeck & Ruprecht.
Gödde, G. (2018). Mit dem Unbewussten arbeiten. Göttingen: Vandenhoeck & Ruprecht.
Gödde, G., Buchholz, M. B. (2011). Unbewusstes. Gießen: Psychosozial-Verlag.
Joffe, W. G., Sandler, J. (1967). Über einige begriffliche Probleme im Zusammenhang mit dem Studium narzißtischer Störungen. Psyche – Zeitschrift für Psychoanalyse und ihre Anwendungen, 21, 152–165.
Kirsch, H. (2018). Mentalisieren in der Sozialen Arbeit. In S. Gingelmaier, S. Taubner, A. Ramberg (Hrsg.), Handbuch mentalisierungsbasierte Pädagogik (S. 208–219). Göttingen: Vandenhoeck & Ruprecht.
Langnickel, R., Link, P.-C. (2018). Freuds Rasiermesser und die Mentalisierungstheorie. Psychoanalytische Pädagogik und Mentalisierung – ein kritischer psychoanalytischer Blick. In S. Gingelmaier, S. Taubner, A. Ramberg (Hrsg.), Handbuch mentalisierungsbasierte Pädagogik (S. 120–132). Göttingen: Vandenhoeck & Ruprecht.
Laplanche, J. (1988/2017). Die allgemeine Verführungstheorie und andere Aufsätze (2., durchges. Aufl.). Frankfurt a. M.: Brandes & Apsel.
Laplanche, J. (1995). Seduction, persecution, revelation. International Journal of Psychoanalysis, 76, 663–682.
Laplanche, J., Pontalis, J.-B. (1973). Das Vokabular der Psychoanalyse. Frankfurt a. M.: Suhrkamp.
Laplanche, J., Pontis, J. B. (1968). Fantasy and the origins of sexuality. International Journal of Psychoanalysis, 49, 1–19.

Lecours, S., Bouchard, M.-A. (1997). Dimensions of mentalisation: Outlining levels of psychic transformation. International Journal of Psychoanalysis, 78, 855–875.
Lorenzer, A. (1973). Über den Gegenstand der Psychoanalyse oder: Sprache und Interaktion. Frankfurt a. M.: Suhrkamp.
Luquet, P. (1987). Le changement dans la mentalisation. Revue française de psychanalyse, 45, 1023–1028.
Marty, P. (1990). La psychosomatique de l'adulte. Paris: Presses Univ. France.
Mentzos, S. (2017). Lehrbuch der Psychodynamik (8. Aufl.). Göttingen: Vandenhoeck & Ruprecht.
Sandler, J. (1960). On the concept of superego. The Psychoanalytic Study of the Child, 15, 128–162.
Schultz-Venrath, U. (2021). Mentalisieren des Körpers. Stuttgart: Klett-Cotta.
Shaked, J. (2011). Ein Leben im Zeichen der Psychoanalyse. Gießen: Psychosozial-Verlag.
Spitz, R. (1946/1969). Die anaklitische Depression. In G. Bittner, E. Schmid-Cords (Hrsg.), Erziehung in der frühen Kindheit (S. 104–135). München: Piper.
Stolorow, R. D., Atwood, G. E., Ross, J. M. (1978). The representational world in psychoanalytic therapy. International Review of Psychoanalysis, 5, 247–256.
Target, M. (2013). Ist unsere Sexualität unsere eigene? Ein Entwicklungsmodell der Sexualität auf der Basis früher Affektspiegelung. Zeitschrift für Individualpsychologie, 38, 125–141.
Target, M. (2016). Mentalisation within intensive analysis. British Journal of Psychotherapy, 32 (2), 202–214.
Target, M. (2019). Ein Entwicklungsmodell für sexuelle Erregung, Begehren und Entfremdung. In A. Lemma, P. E. Lynch (Hrsg.), Psychoanalyse der Sexualitäten– Sexualitäten der Psychoanalyse (S. 59–84) Frankfurt a. M.: Brandes & Apsel.
Taubner, S. (2015). Konzept Mentalisieren. Eine Einführung in Forschung und Praxis. Gießen: Psychosozial-Verlag.
Taubner, S., Nolte, T., Luyten, P., Fonagy, P. (2010). Mentalisierung und das Selbst. Persönlichkeitsstörungen, 14, 243–258.
Tomasello, M. (2014). Eine Naturgeschichte des menschlichen Denkens. Berlin: Suhrkamp.
Winnicott, D. W. (1962). Ego integration and child development. In D. W. Winnicott (Ed.), The maturational processes and the facilitating environment: Studies in the theory of emotional development (pp. 56–63). London: Karnac Books.
Yudofsky, S. C. (2011). Vorwort. In J. G. Allen, P. Fonagy, A. W. Bateman (Hrsg.), Mentalisieren in der psychotherapeutischen Praxis (S. 7–15). Stuttgart: Klett Cotta.

Entwicklungspsychologische Perspektiven auf das Mentalisieren

Daniela Mayer, Julia Berkic und Markus Paulus

Dieser Beitrag zeichnet die Entwicklung und Bedeutung des Mentalisierens in der Kindheit nach. Ausgangspunkt ist die These, dass die Fähigkeit, sich selbst und anderen mentale Zustände zuzuschreiben und Verhalten unter Rückgriff auf mentale Zustände zu verstehen und vorherzusagen, im Kontext von frühen emotionalen Beziehungen erworben wird. Der erste Teil gibt einen empirisch fundierten Überblick über den Zusammenhang zwischen der Qualität von Bindungsbeziehungen und der Entwicklung der Mentalisierungsfähigkeit. Im zweiten Teil werden aus einer systemischen Perspektive theoretische Überlegungen zu weiteren Einflussfaktoren auf die Entwicklung und Konsolidierung von Mentalisieren angestellt und Fragen für zukünftige Forschung diskutiert.

This article traces the development and importance of mentalization in childhood. The starting point is the thesis that the ability to ascribe mental states to oneself and others and to understand and predict behavior using mental states is acquired in the context of early emotional relationships. The first part gives an empirically based overview of the connection between the quality of attachment relationships and the development of the ability to mentalize. In the second part, theoretical considerations on further influencing factors on the development and consolidation of mentalization are made from a systemic perspective and questions for future research are discussed.

Die Resilienz- und Bindungsforschung hat überzeugend gezeigt, dass eine vertrauensvolle Beziehung zu wenigstens einer Person – innerhalb oder außerhalb der Familie – ein entscheidender Schutzfaktor für eine gesunde Entwicklung ist (z. B. Sroufe, Egeland, Carlson u. Collins, 2005; Werner, 2002). Ein Fokus der entwicklungspsychologischen Forschung der letzten dreißig Jahre liegt dabei auf den Fähigkeiten, das Verhalten von Selbst und anderen unter der Berücksichtigung der dem Verhalten zugrunde liegenden mentalen Zustände (das heißt Bedürfnisse, Wünsche, Gefühle, Ziele, Absichten, Einstellungen etc.) zu verstehen (Fonagy, Gergely, Jurist u. Target, 2002; Fonagy, Steele, Steele, Moran u. Higgitt, 1991; Slade, 2005; Wellman, 2014). Dabei handelt es sich insofern um eine »imaginative Fähigkeit« (Taubner, Fonagy u. Bateman, 2019, S. 4), als hinter dem wahrnehmbaren Verhalten psychische Prozesse vermutet werden, die das Verhalten erklärbar machen. Eine zentrale Frage ist, inwieweit Menschen in alltäglichen Interaktionen dazu tendieren, sich selbst und anderen mentale Zustände zuzuschreiben. Diese Tendenz wird als *Mentalisieren* bezeichnet, dabei kann Mentalisieren qualitativ und quantitativ unterschiedlich ausgeprägt sein.

Unter effektivem Mentalisieren versteht man einen fortlaufenden Prozess der Bedeutungszuschreibung, der dadurch gekennzeichnet ist, die Interpretation der eigenen Gefühle, Wünsche und Absichten mit gegebenen Fakten (z. B. einer sozialen Situation) sowie vermuteten Gefühlen, Wünschen oder Absichten anderer Personen in Einklang zu bringen und zu integrieren (Fonagy et al., 2002). Dieser Prozess umfasst sowohl das explizite Nachdenken oder Sprechen über Personen, Beziehungen oder Gefühle als auch die weitgehend implizit oder automatisch ablaufenden Bedeutungszuschreibungen in der Interaktion mit anderen. In beiden Fällen fördert ein höherer Grad an Mentalisierung die autonome Selbstregulation und ermöglicht so nicht nur größere Freiräume im Denken und Handeln, sondern auch Verhaltensweisen in der Interaktion mit anderen Personen, die durch Autonomie, Gegenseitigkeit und Respekt geprägt sind. Dabei beinhaltet jener Grad an Mentalisierung sowohl eine quantitative als auch qualitative Differenzierung. Auf einem Kontinuum können Ausprägungen von nicht vorhanden oder übermäßig viel, aber nicht angemessen, hin zu ausreichend bis hoch und angemessen unterschieden werden.

Entwicklungspsychologisch beschreibt das Konzept der Entwicklung der Mentalisierungsfähigkeit den Prozess, in dessen Verlauf das Kind lernt, seine Affektregungen zu differenzieren, ihnen Bedeutung zuzuschreiben, sie selbstreflexiv im Sinne mentaler Zustände zu verstehen und dieses Verständnis auf die Interaktionen mit seiner sozialen Umwelt anzuwenden (Fonagy et al., 2002; Fonagy u. Target, 1997). Durch die Attribution von mentalen Zuständen in anderen wird dem Verhalten von anderen ein Sinn zugeschrieben und es wird erklärbar und vorhersagbar. So ermöglicht die Fähigkeit des Mentalisierens einem Individuum, stabile und tragfähige soziale Beziehungen einzugehen, in produktive Interaktion und Austausch mit dem sozialen Umfeld zu treten, und Formen des sozialen Lernens zu vertiefen (Fonagy, 2020).

Während in einer ersten Phase der Forschung zur Entwicklung von mentalisierenden Fähigkeiten die Schlüsselrolle exklusiv in dyadischen Bindungsbeziehungen gesehen wurde (Fonagy et al., 1991, 2002; Sharp u. Fonagy, 2008), nehmen neuere Konzeptualisierungen eine breitere stärker systemische Perspektive ein und berücksichtigen zusätzlich die weitere soziokulturelle Entwicklungsumwelt des Kindes (Luyten, Campbell, Allison u. Fonagy, 2020). Im Folgenden soll zuerst eine Übersicht über den Einfluss der Eltern auf die Entwicklung der Mentalisierungsfähigkeit gegeben werden. Darauf aufbauend werden aus einer systemischen Perspektive die Beiträge anderer Sozialisationsagenten diskutiert.

Die Bedeutung von Bindungsbeziehungen und elterlichem Mentalisieren für die Entwicklung der Mentalisierungsfähigkeit

Zunächst war hierbei vor allem die auf John Bowlby (1969, 1973) zurückgehende Bindungstheorie wegweisend, die die Bedeutung von Bindungsbeziehungen für die kindliche Entwicklung in den Vordergrund stellt (Bowlby, 1969, 1973). Auch wenn Mentalisieren als eine zentrale menschliche Fähigkeit beschrieben wird, ist deren Entwicklung nicht notwendigerweise garantiert. Es handelt sich dabei vielmehr um ein Potenzial und einen offenen Entwicklungsprozess, der sich zunächst im Kontext von (sicheren) Bindungsbeziehungen in den frühen Lebensjahren vollzieht (Fonagy u. Allison, 2014). Diese ersten Beziehungen bestimmen, inwieweit die subjektiven Erfahrungen des Kindes kontingent und angemessen durch die vertrauten Bindungspersonen benannt und interpretiert werden, sodass das Kind – basierend auf der Entwicklung sprachlicher Fertigkeiten – adäquate Begriffe und Deutungen seiner eigenen subjektiven Erfahrungen entwickeln kann. Dabei spielt insbesondere die elterliche Fähigkeit, sowohl über die eigenen mentalen Erfahrungen als auch die des Kindes zu reflektieren, eine entscheidende Rolle (Sharp u. Fonagy, 2008; Slade, 2005). Fonagy und Kolleg:innen nehmen an, dass vertraute Betreuungspersonen mit hoch ausgeprägten mentalisierenden Fähigkeiten in der Lage sind, die subjektiven internalen Erfahrungen des Kindes kontingent und angemessen durch markierten Emotionsausdruck und dadurch weder auf eine überwältigende noch eine missachtende Art und Weise widerzuspiegeln. Dadurch erfährt das Kind in der Reaktion der engsten Bezugspersonen eine Repräsentation des eigenen mentalen Zustandes, diese werden internalisiert und es entwickeln sich internale Emotionsregulationsstrategien (Fonagy u. Allison, 2014; Fonagy et al., 2002; Fonagy u. Target, 1997). Eine andere Perspektive legt den Fokus auf die Rolle der sprachlichen Reflexion. Sie geht von der Perspektive aus, dass Sprache dasjenige Format ist, das es uns überhaupt erlaubt, Begriffe für mentale Zustände zu bilden und diese auf uns selbst und andere anzuwenden (Paulus, 2014). Dementsprechend entwickelt sich die Mentalisierungsfähigkeit in Kontexten, in denen Kinder lernen, ihre eigenen Handlungen und Zustände (wie auch diejenigen anderer Personen) mithilfe mentaler Begriffe zu erklären und dadurch sich selbst und andere besser zu verstehen.

Zur Operationalisierung des elterlichen Mentalisierens wurden verschiedene Konstrukte entwickelt. Zu nennen sind hier insbesondere die im Rahmen der bindungstheoretischen Forschung entstanden Konstrukte des *Reflective Functioning* (Fonagy et al., 2002), der *mind-mindedness* (Meins, 2013) sowie der *Insightfulness* (Oppenheim u. Koren-Karie, 2013). Die Maße unterscheiden sich unter anderem darin, ob sie den Fokus »online« auf direkte Interaktionen zwischen Bezugsperson und Kind legen und das Ausmaß sowie die Qualität der Mentalisierung erfassen –, oder ob sie »offline« aufgezeichnete und transkribierte Interviews mit den Eltern (z. B. lebensgeschichtliche Narrative im »Adult Attachment Interview«) auf den Gebrauch mentalisierender Begriffe codieren (Fonagy u. Target, 2006). Interindividuelle Unterschiede in der Mentalisierungsfähigkeit, wie sie beispielsweise mit der »Reflective Functioning Scale« von Fonagy und Kolleg:innen (RF; Fonagy, Target, Steele u. Steele, 1998; Slade, Bernbach, Grienenberger, Levy u. Locker, 2005) für die Narrative des »Adult Attachment Interviews« (AAI; George, Kaplan u. Main, 2001) und des »Parent Development Interviews« (PDI-R; Slade, Aber, Bresgi, Berger u. Kaplan, 2004) erhoben werden können, beziehen sich auf den Grad, in dem Personen bei der Beschreibung und Interpretation von Verhalten über beobachtbare Phänomene hinausgehen und zugrunde liegende mentale Zustände wie Wünsche, Gefühle und Absichten berücksichtigen. Die Arbeitsgruppe um David Oppenheim (2013) entwickelte das Konzept der *Insightfulness* und beschreibt es als die Fähigkeit, die kindliche Perspektive einzunehmen und die eigenen Gedanken und Gefühle und die des Kindes zu verstehen (Oppenheim u. Koren-Karie, 2013). Im Insightfulness Assessment wird anhand einer Video-Replay-Methode erfasst, wie Eltern über die Gedanken und Gefühle, die das Verhalten ihrer Kinder bestimmen, sprechen. Elizabeth Meins und Mitarbeiter:innen (2001) operationalisierten die Qualität der Interaktion zwischen Mutter und Kind im ersten Lebensjahr als *mind-mindedness* (Meins, Ferryhough, Fradley u. Tuckey, 2001). Mind-mindedness wird beschrieben als die Neigung der Mutter, ihr Kind als ein Individuum mit eigenen Gefühlen und internalen Zuständen anzusehen, und als die Fähigkeit, sich in die Gefühle und internalen Zustände des Kindes hineinzufühlen (Meins, 2013). Mind-mindedness zeigt sich in angemessenen versus unangemessenen mind-minded-Verbalisationen der Gefühle und mentalen Zustände des Kindes durch die Betreuungsperson während der Interaktionen mit dem »vorsprachlichen Kind«. Gemeinsam ist diesen Konstrukten, dass sie erfassen, wie Mütter ihre Kinder mental repräsentieren, das Kind als psychologischen Akteur erkennen und die kindlichen Signale interpretieren. Diese Konstrukte hängen mit Ainsworths (1969) Feinfühligkeitskonzept zusammen, welches in der mütterlichen Fähigkeit, »die Dinge aus der Perspektive des Kindes zu sehen« (»seeing things from the child's point of view«; Ainsworth, 1969), eine wesentliche Grundvoraussetzung für feinfühliges Verhalten ausmacht (für einen Überblick siehe Mesman u. Emmen, 2013). Dabei ist noch zu klären, inwieweit die Konzepte Mentalisieren und Feinfühligkeit überlappende Konstrukte beschreiben.

Damit gehen diese Konzepte über die in der kognitiven Wissenspsychologie verankerte *Theory-of-Mind*(ToM)-Forschungstradition hinaus. In dieser liegt der Fokus auf der Frage, aufgrund welcher kognitiven Mechanismen Menschen in der Lage sind, über das eigene Wissen (Metakognition) und das Wissen anderer Personen (Theory of Mind) nachzudenken, wie das zugrunde liegende repräsentationale Format beschaffen ist und ob es ein genuin eigenes kognitives Format (z. B. Metarepräsentationen: Repräsentationen von Repräsentationen; »Ich weiß, dass er weiß, dass X der Fall ist«) darstellt (z. B. Perner, 1991; Sodian, 2005). Letztlich zeigen beide Forschungsbereiche aber auch große Überlappungen. Dementsprechend finden sich empirische Zusammenhänge zwischen der elterlichen Mentalisierung und der Entwicklung der Theory of Mind im Kindesalter (Meins et al., 2002, 2003).

Empirisch konnte gezeigt werden, dass das Ausmaß der mütterlichen Mentalisierungsfähigkeit im »Parent Development Interview« ihre auf der Verhaltensebene erfasste Feinfühligkeit für ihr Kind vorhersagt (Grienenberger, Kelley u. Slade, 2005; Stacks et al., 2014) und einen wichtigen Prädiktor für die Bindungsqualität des Kindes darstellt (Fonagy et al., 1991; Slade et al., 2005; Stacks et al., 2014). Dabei deuten die Ergebnisse einer aktuellen Metaanalyse von Zeegers und Kolleg:innen (2017) darauf hin, dass das verbal erfasste elterliche Mentalisieren und die beobachtete Feinfühligkeit relativ unabhängige Einflüsse auf die Bindungssicherheit des Kindes darstellen, auch wenn ein kleiner Teil des Einflusses des Mentalisierens durch die Feinfühligkeit mediiert wird (Zeegers, Colonnesi, Stams u. Meins, 2017).

Querschnitts- und Längsschnittstudien zeigen förderliche Effekte der Bindungssicherheit des Kindes auf seine eigenen mentalisierenden Fähigkeiten: Eine sichere Eltern-Kind-Bindung stand mit höheren mentalisierenden Fähigkeiten von Kindern und Jugendlichen in Zusammenhang, dabei wurden sowohl kognitive Aspekte wie »joint attention«, Perspektivenübernahme und

Theory of Mind als auch emotionale Komponenten wie Emotionsverarbeitung, Empathie und die Verwendung von auf mentale Zustände bezogener Sprache erfasst (vgl. Luyten et al., 2020 für einen Überblick; siehe auch Tomasello in diesem Band). Hierbei können mehrere Prozesse eine vermittelnde Rolle spielen. So wird angenommen, dass eine höhere Bindungssicherheit mit einem adäquateren Emotionsausdruck (Siegler, DeLoache u. Eisenberg, 2005; Spangler u. Zimmermann, 1999), einer größeren Offenheit für Emotionen anderer Personen (Kammermeier, Duran Perez, König u. Paulus, 2020), einer besseren Emotionsregulation (Cassidy, 1994) und kommunikativem Austausch mit Bezugspersonen und Peers einhergeht. Diese Prozesse selbst sind vermutlich direkt an der Entwicklung von mentalisierenden Fähigkeiten und sozialem Verstehen beteiligt (Fonagy u. Target, 1997; Fonagy et al., 2002).

In ähnlicher Weise wirken sich Mentalisierungsfähigkeiten wiederum auf die soziale und emotionale Entwicklung aus. Einschränkungen in der Entwicklung der Mentalisierungsfähigkeit in der Kindheit stehen in Zusammenhang mit einer Bandbreite an weniger günstigen sozial-emotionalen und kognitiven Entwicklungsverläufen (z. B. mangelnde Aufmerksamkeitssteuerung und Impulskontrolle, internalisierendes und externalisierendes Problemverhalten, geringerer Schulerfolg) im weiteren Entwicklungsverlauf (Fonagy u. Luyten, 2016, 2018; Luyten u. Fonagy, 2018). Mentalisierendes Verständnis stellt folglich einen wichtigen Faktor für gelingende Interaktions- und Beziehungserfahrungen dar.

Die skizzierten Zusammenhänge sind in Abbildung 1 dargestellt und werden von Luyten und Kolleg:innen (2020) wie folgt zusammengefasst: Die elterliche Bindung beeinflusst sowohl direkt als auch indirekt die Bindungsentwicklung und sozial-emotionale Entwicklung des Kindes. Eine sichere Bindungsrepräsentation von Eltern führt zum einen dazu, dass die Eltern ihren Kindern eine sichere Basis bieten, von der aus die Kinder explorieren und kognitive und sozial-emotionale Fähigkeiten erwerben können. Zum anderen wird auch ein indirekter Pfad einer sicheren Bindungsrepräsentation über hohe Mentalisierungsfähigkeiten auf die kindliche Entwicklung angenommen. Eltern mit hoch ausgeprägten mentalisierenden Fähigkeiten sind in der Lage, die Perspektive des Kindes einzunehmen, sie bieten dem Kind dadurch einen adäquaten Entwicklungskontext für mentalisierende Verstehens- und soziale Lernprozesse und fördern so die Bindungs- und sozial-emotionale Entwicklung des Kindes. Dies führt zu einer höheren Wahrscheinlichkeit für eine gesunde psychische Entwicklung und Resilienz bei schwierigen Lebenssituationen und negativen Erfahrungen.

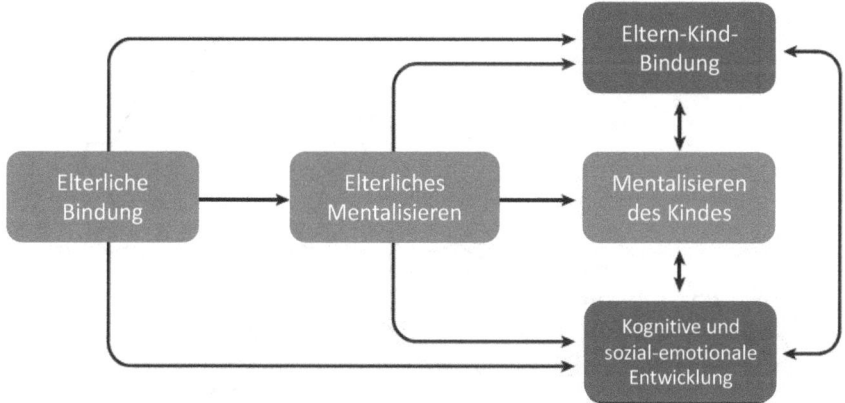

Abbildung 1: Vereinfachtes Modell der Rolle von Bindung und Mentalisieren in der Entwicklung (Luyten et al., 2020, S. 299).

Systemische Perspektive bei der Entwicklung der Mentalisierungsfähigkeit

In den letzten Jahren gab es bedeutsame Veränderungen beziehungsweise Erweiterungen des oben skizzierten Entwicklungsmodells (Fonagy, Luyten, Allison u. Campbell, 2017a, 2017b; Luyten et al., 2020). Während in einer ersten Forschungsphase der Schwerpunkt auf der einzigartigen Rolle von dyadischen Bindungsbeziehungen lag, finden in aktuellen Ausarbeitungen des Modells darüber hinaus die Familie und andere Bezugspersonen außerhalb der Familie sowie Peers Berücksichtigung. Das heißt, die Entwicklung der Mentalisierungsfähigkeit ist eingebettet in einen breiteren soziokulturellen Entwicklungskontext. Diese Überlegungen knüpfen an gut etablierten Entwicklungsmodellen an, nach denen kindliche Entwicklung nicht ohne Berücksichtigung der weiteren sozialen und kulturellen Kontexte verstanden werden kann (Bronfenbrenner, 1993). Konkret bedeutet dies, dass Mentalisieren nicht nur innerhalb der Eltern-Kind-Beziehung erworben und »geübt« wird. Eine anthropologische Sicht legt nahe, dass in dem Maße, in dem mentale Begriffe ein Teil unserer kulturell vermittelten sprachlichen Praxis sind (Canfield, 2007; Wittgenstein, 1953), auch die Eltern-Kind-Interaktion im Kontext dieser sozial geteilten sprachlichen Praxis gesehen werden muss. In der Tat weisen empirische Studien auf kulturelle Unterschiede im Gebrauch mentaler Begriffe (Wang, Doan u. Song, 2010) und die Entwicklung von Mentalisierungsfähigkeiten hin (z. B. Kim et al., 2020). Ein weiterer Aspekt ist, dass eine positive Bindungsbeziehung auch die Entwicklung »epistemischen Vertrauens« in die größere soziale Umwelt fördert,

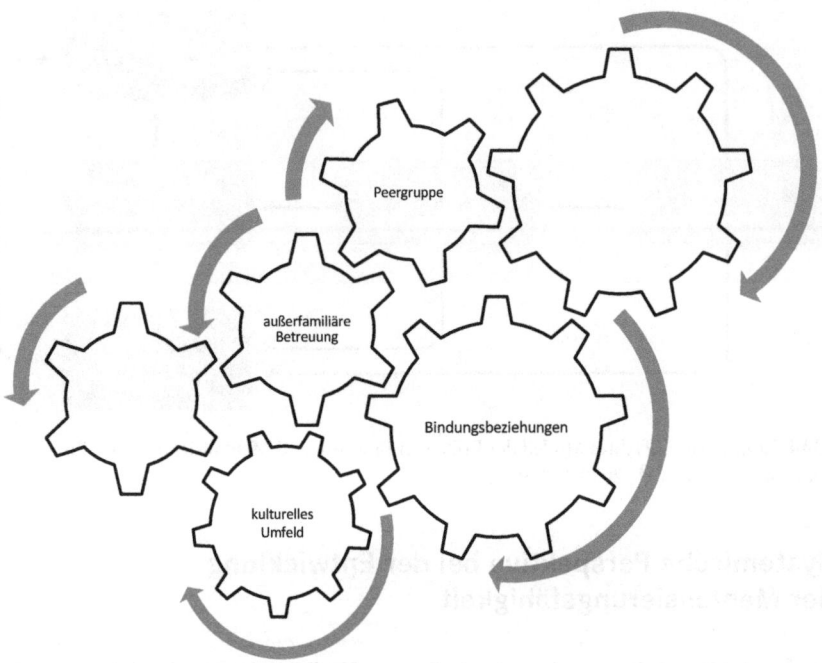

Abbildung 2: Systemisches Entwicklungsmodell des Mentalisierens

welche soziales und kulturelles Wissen bereitstellt (vgl. z. B. Luyten et al., 2020; Bevington, Fuggle u. Fonagy, 2015). So gibt es Hinweise darauf, dass sicher gebundene Kinder kognitiv offener und flexibler auf neue Informationen auch aus anderer Quelle als die der eigenen Bindungspersonen reagieren als Kinder mit unsicheren Bindungserfahrungen (z. B. Grossmann, Grossmann, Kindler u. Zimmermann, 2008). Darauf aufbauend sollen im Folgenden theoretische Überlegungen zur Rolle weiterer sozialer und kultureller Kontexte/Faktoren für das Mentalisieren skizziert werden. Dabei soll hier paradigmatisch auf die Rolle der außerfamiliären Betreuung, die Rolle der Peergruppe und kultureller Umfeldfaktoren wie Medien eingegangen werden. Wie in Abbildung 2 zu sehen, kann man sich diese als ineinander verzahnte Bereiche vorstellen.

Mentalisierung in der außerfamiliären Betreuung

In Zeiten, in denen frühe und ganztägige institutionelle Betreuung und Bildung zunehmen (Autorengruppe Bildungsberichterstattung, 2016), gewinnen professionelle Bezugspersonen wie pädagogische Fachkräfte in Krippen, Kindergärten und Horten sowie Lehrkräfte in Schulen an Bedeutung für Kinder. Studien belegen, dass kontinuierliche, anerkennende und unterstützende Beziehungen zu außerfamiliären Bezugspersonen Kindern, insbesondere Kindern in belasteten Lebenslagen, helfen, sich gut zu entwickeln (z. B. Sabol u. Pianta, 2012; Sroufe et al., 2005). Die Beziehung zwischen jungen Kindern und außerfamiliären Bezugspersonen lässt sich dabei in gewissem Rahmen als Bindungsbeziehung verstehen (Ahnert, 2010). So können positive Beziehungen zu Fachkräften und Lehrkräften unter gewissen Umständen kompensatorisch zu negativen Beziehungserfahrungen in der Familie auf verschiedene Entwicklungsbereiche einwirken (z. B. O'Connor, Collins u. Supplee, 2012; Spilt, Hughes, Wu u. Kwok, 2012; Watamura, Phillips, Morrissey, McCartney u. Bub, 2011).

Es wird angenommen, dass eine mentalisierende Haltung der Betreuungspersonen eine entscheidende Determinante für das Erlernen und Üben der Mentalisierungsfähigkeit und weiterer sozial-emotionaler Kompetenzen der Kinder darstellt (Fonagy, Gergely, Jurist u. Target, 2015; Schwarzer, 2020; Taubner, 2015). In einem eigenen Forschungsprojekt untersuchen wir die Mentalisierungsfähigkeit von pädagogischen Fachkräften in Krippen und Kindergärten im Hinblick auf ihre Beziehung zum Kind. Erste Ergebnisse deuten auf ähnliche Mechanismen hin, die auch in Eltern-Kind-Beziehungen wirksam sind. So zeigen sich Zusammenhänge zwischen den Bindungsrepräsentationen der Fachkräfte, ihrer Mentalisierungsfähigkeit und ihrem feinfühligen Verhalten gegenüber den Kindern (Mayer, Berkic, Danay u. Becker-Stoll, 2019; Mayer, Berkic u. Beckh, 2020). Weitere Studien beschäftigen sich außerdem mit den Zusammenhängen zwischen den Mentalisierungsfähigkeiten von pädagogischen Fachkräften und den von ihnen betreuten Kindern (z. B. Mata López, Santelices Álvarez u. Vergés Gómez, 2020).

In den letzten Jahren wurde das Konzept des Mentalisierens auf pädagogische Handlungsfelder wie die Frühpädagogik, Schule und Soziale Arbeit übertragen (Gingelmaier, Taubner u. Ramberg, 2018). Auch mentalisierungsbasierte Präventions- und Interventionsprogramme z. B. »The Peaceful Schools Program« (Twemlow, Fonagy u. Sacco, 2005a, 2005b); »Thought in Mind Project« (Bak, 2012), mentalisierungsbasiertes Eingewöhnungsprogramm (Bark, 2018) fokussieren auf mentalisierende Prozesse bei pädagogischen Fachkräften und Lehrpersonen beziehungsweise auf die systemische Ebene, um dadurch mentalisierende Prozesse der betreuten Kinder zu fördern. Evaluationsstudien zeigen positive Effekte der Programme auf erfasste Maße des kindlichen Mentalisierens (Bak, Midgley, Zhu, Wistoft u. Obel, 2015; Fonagy et al., 2009; Valle et al., 2016). Insgesamt spricht dies dafür, dass auch in Betreuungskontexten außerhalb der Kernfamilie mentalisierende Prozesse bedeutsam sind und auf die Entwicklung der Mentalisierungsfähigkeit einwirken.

Rolle der Peergruppe

Spätestens ab dem Kindergartenalter beginnen Kinder, sich von einer exklusiven Anbindung an das engere familiäre Umfeld zu lösen und freundschaftliche Beziehungen mit anderen Kindern einzugehen. Im Laufe der Entwicklung nimmt die Rolle der Peergruppe weiter zu und die Peers werden zunehmend die wichtigsten Ansprechpartner:innen (Burmeister, 1996). Das bedeutet, dass eigene und fremde mentale Zustände nun auch im Kontext erweiterter alltäglicher sozialer Beziehungen mit Gleichaltrigen reflektiert werden und folglich die Mentalisierungsfähigkeit eine Rolle für gelingende soziale Interaktionen spielt. Aus der Bindungsforschung ist lange bekannt, dass Kinder mit sicheren familiären Bindungserfahrungen auch in der Interaktion mit Peers Vorteile genießen (Groh et al., 2014): So zeigen sie mehr prosoziales Verhalten (Beier et al., 2019; Paulus, Becker, Scheub u. König, 2016), deuten zweideutige Verhaltensweisen eher nicht als feindselig (Dykas u. Cassidy, 2011), können Konflikte besser lösen und haben qualitativ tiefere Freundschaftsbeziehungen in ihrer Peergruppe (Kerns, 1996). Diese Vorteile werden dabei einer günstigeren Explorationsbereitschaft sicher gebundener Kinder sowie einer besseren Emotionsregulationsstrategie zugeschrieben (Kerns u. Brumariu, 2016) – selten wurde bislang jedoch die Rolle der Mentalisierungsfähigkeit beleuchtet.

Schon in der frühen Kindheit kommt dem Verständnis mentaler Zustände eine entscheidende Rolle zu. Im Gegensatz zu den asymmetrischen Beziehungen mit Erwachsenen sind die Beziehungen zu Gleichaltrigen im Sinne vergleichbarer Erfahrungs- und Kompetenzvoraussetzungen eher symmetrische Beziehungen (Piaget, 1932). Gemeinsame Fantasiespiele, Rollenspiele und alle Arten von Als-ob-Aktivitäten funktionieren nur auf der Basis einer geteilten mentalen Welt und auf Basis eines Verständnisses der mentalen Zustände anderer Personen. Es sind vielfältige Kompetenzen, die dabei kombiniert werden müssen, wie das eigene Handeln auf das der anderen abzustimmen, komplex mit anderen Spielpartner:innen zu kommunizieren und die (fiktive) Spielhandlung miteinander zu erschaffen und zu verhandeln. Auf konzeptueller Ebene gibt es hier einige Überlappungsbereiche mit dem Konzept der Mentalisierung, jedoch wurde dieses theoretische Potenzial empirisch bislang nicht ausgeschöpft.

Eine zentrale Frage betrifft die Interaktionsmuster zwischen den Kindern beziehungsweise Jugendlichen. Im Jugendalter kommt den Freund:innen eine entscheidende Rolle zu, sind sie doch die ersten Ansprechpartner:innen, während die Offenheit gegenüber den Eltern tendenziell abnimmt (Burmeister, 1996). Zugleich sind die Heranwachsenden mit neuen emotionalen Herausforderungen konfrontiert. Gerade in dieser Situation und in diesem Alter spielt ein Verständnis der mentalen Zustände anderer Personen eine wichtige Rolle (z. B. Bosacki u. Wilde Astington, 1999). In dem Maße, in dem enge Freundschaften ein zentraler Ort für die Entwicklung des Selbst- und Fremdverständnisses sind (Youniss, 1980), ist davon auszugehen, dass der Mentalisierungsfähigkeit eine wichtige Rolle zukommt. In diesem Zusammenhang eröffnet sich auch die Frage, inwieweit die Mentalisierung bei der Entstehung von Freundschaften bedeutsam ist. Mit zunehmendem Alter werden Ähnlichkeiten (im Gegensatz zu beispielsweise räumlicher Nähe) für die Entstehung von Freundschaften entscheidend (Epstein, 1989). Die Fähigkeit zur Mentalisierung könnte dabei von Gewicht sein: Kinder beziehungsweise Jugendliche, die eher mentalisieren, neigen gegebenenfalls dazu, sich Freund:innen zu suchen, die ihnen ähnlich sind. Und im Rahmen dieser Interaktionen stabilisieren sich ihre Fähigkeiten (reziproker Determinismus). Leider gibt es bislang kaum Forschung, die die Rolle der Mentalisierung im Freundschaftskontext näher beleuchtet.

Aus einer Anwendungsperspektive gibt es erste vielversprechende Ansätze, die mentalisierungsbasierte Elemente in die Behandlung schwer zu erreichender und mehrfach belasteter Jugendlicher integrieren. Das Adolescent Mentalization-Based Integrative Treatment (AMBIT; Bevington et al., 2015; siehe auch Dlugosch et al. in diesem Band) zeichnet sich beispielsweise dadurch aus, dass die akkurate Mentalisierung der Jugendlichen durch die Therapeutin beziehungsweise die pädagogische Fachkraft eine Basis für neue Lernmöglichkeiten schafft. Diese ist wiederum eingebettet in ein größeres therapeutisches Team, das eine Teamkultur des gemeinsamen Reflektierens und des Unterstützens der therapeutischen Beziehung sicherstellt. Insgesamt zeigt dies, wie mentalisierungsbasierte und systemische Ansätze fruchtbar miteinander integriert werden können.

Kulturelle Umfeldfaktoren

Ein abschließender Blick soll auf weitere Umfeldfaktoren geworfen werden. Nahezu alle Menschen sind heutzutage (mehr oder weniger stark) eingebettet in eine mediale Welt, in der sie einen großen Teil ihrer Informationen und zu ihrer Unterhaltung aus verschiedenen medialen Formen erhalten (Printmedien, Fernsehen, Internet, Streaming). Der bekannte Medienforscher Marshall McLuhan (1962) bezeichnete die vom Buchdruck und dem Fokus auf das geschriebene Wort geprägte Welt als »Gutenberg-Galaxis« (McLuhan, 1962). Heute nutzen insgesamt 96 Prozent der befragten Jugendlichen der JIM-Studie (Jugend, Information, Medien) täglich oder mehrmals in der Woche ein Smartphone, Kinder und Jugendliche verbringen im Schnitt mehr als zwei Stunden täglich im Internet und/oder vor dem Fernseher (MPFS, 2019). Die Art und Weise, wie dort über menschliches Erleben und Verhalten gesprochen beziehungsweise wie es gezeigt wird, beeinflusst auch die Wahrnehmung und das Denken der Rezipient:innen (Castells, 2001). Studien belegen zudem, dass die Empathiefähigkeit von Kindern (z. B. Wilson, 1985, 2008) und Erwachsenen (Melchers, Li, Chen, Zhang u. Montag, 2015) durch Medienkonsum beeinflusst wird – konkrete Zusammenhänge mit der Fähigkeit zu Mentalisieren wurden jedoch bisher nicht untersucht. Ist davon auszugehen, dass der Konsum bestimmter Medieninhalte die Entwicklung des Mentalisierens entsprechend fördern oder sogar negativ beeinflussen kann? Oder ist die Fähigkeit zur Mentalisierung, wenn sie sich einmal auf einer bestimmten Ebene eingependelt hat, relativ stabil und unabhängig von der Außenwelt? Es könnte sein, dass Personen, die bereits über eine entsprechende Mentalisierungsfähigkeit verfügen, »immunisiert« sind gegen wenig differenzierte oder wenig reflexive Medieninhalte – und sich medialen Input suchen, welcher wiederum ihr mentales Verständnis der Zustände und Handlungen anderer Menschen konsolidiert? Hier sehen wir ein vielversprechendes neues Forschungsgebiet im Schnittpunkt von Kommunikationswissenschaft, Pädagogik und Entwicklungspsychologie.

Fazit

Ein Entwicklungs- und Sozialisationskontext, in dessen Zentrum mentale Zustände und mentalisierendes Verstehen stehen, wird als förderlich für die Entwicklung einer sicheren Bindung und mentalisierender Fähigkeiten angenommen, welche mit einer Reihe positiver Entwicklungsergebnisse in Zusammenhang stehen und einen Engelskreis in Gang setzen, der zu positiver sozial-emotionaler Entwicklung, psychischer Gesundheit und Resilienz führt. Aus diesem Grund gilt ein besonderes Augenmerk der Frage, wie sich die Entwicklung der Mentalisierungsfähigkeit fördern und wie sich diese stabilisieren lässt. Während sich frühere Forschung exklusiv mit der Eltern-Kind-Beziehung beschäftigt hat, legen neuere Ansätze ein weiteres, systemisches Entwicklungskonzept zugrunde. In diesem Rahmen wurde gezeigt, dass die Mentalisierungsfähigkeit auch bei außerfamiliären Bezugspersonen nicht zu vernachlässigen ist. Interessante Forschungsperspektiven wären, die Rolle der Mentalisierung in der Genese von Freundschaften und in der Rezeption von Medien genauer zu beleuchten. Insgesamt zeigt sich, dass das Konzept der Mentalisierung viele fruchtbare Anknüpfungspunkte für die (allgemeine) Pädagogik und die (nicht klinische) Psychologie bietet.

Literatur

Ahnert, L. (2010). Wieviel Mutter braucht ein Kind? Bindung – Bildung – Betreuung: öffentlich und privat. Heidelberg: Spektrum Akademischer Verlag.

Ainsworth, M. D. S. (1969). Scales for home visits. Retrievable as »Sensitivity scales« from http://www.psychology.sunysb.edu/attachment/measures/content/ainsworth_scales.html (Zugriff am 01.03.2022).

Autorengruppe Bildungsberichterstattung (2016). Bildung in Deutschland 2016. Ein indikatorengestützter Bericht mit einer Analyse zu Bildung und Migration. Bielefeld: W. Bertelsmann Verlag.

Bak, P. L. (2012). »Thoughts in mind«: Promoting mentalizing communities for children. In I. Vrouva, N. Midgley (Eds.), Minding the child: Mentalization-based interventions with children, young people and their families (pp. 202–218). London: Routledge.

Bak, P. L., Midgley, N., Zhu, J., Wistoft, K., Obel, C. (2015). The resilience program: preliminary evaluation of a mentalization-based education program. Frontiers in Psychology, 6, 753. DOI: 10.3389/fpsyg.2015.00753 (Zugriff am 13.06.2022).

Bark, C. (2018). Ein mentalisierungsbasiertes Präventionsprogramm zum Übergang von der Familie in die Kindertageseinrichtung. In S. Gingelmaier, S. Taubner, A. Ramberg (Hrsg.), Handbuch mentalisierungsbasierte Pädagogik (S. 145–156). Göttingen: Vandenhoeck & Ruprecht.

Beier, J. S., Gross, J. T., Brett, B. E., Stern, J. A., Martin, D. R., Cassidy, J. (2019). Helping, sharing, and comforting in young children: Links to individual differences in attachment. Child Development, 90 (2), 273–289.

Bevington, D., Fuggle, P., Fonagy, P. (2015). Applying attachment theory to effective practice with hard-to-reach youth: The AMBIT approach. Attachment & Human Development, 17, 157–174. DOI: 10.1080/14616734.2015.1006385 (Zugriff am 13.06.2022).

Bosacki, S., Wilde Astington, J. (1999). Theory of mind in preadolescence: Relations between social understanding and social competence. Social development, 8 (2), 237–255.

Bowlby, J. (1969). Attachment and loss. Vol. 1: Attachment. New York: Basic Books.

Bowlby, J. (1973). Attachment and loss. Vol. 2: Separation: Anxiety and anger. New York: Basic Books.

Bronfenbrenner, U. (1993). Ecological models of human development. In M. Gauvain, M. Cole (Eds.), Readings on the development of children (2nd ed.). New York: Freeman.

Burmeister, D. (1996). Need fulfilment, interpersonal competence, and the developmental contexts of early adolescent friendship. In W. M. Bukowski, A. F. Newcomb, W. W. Hartup (Eds.), The company they keep. Friendship in childhood and adolescence (pp. 66–86). Cambridge, UK: Cambridge University Press.

Canfield, J. V. (2007). Becoming human: The development of language, self, and self-consciousness. London: Palgrave Macmillian.

Cassidy, J. (1994). Emotion regulation: Influences of attachment relationships. Monographs of the society for research in child development, 59 (2–3), 228–249.

Castells, M. (2001). Das Informationszeitalter. Wirtschaft, Gesellschaft, Kultur. Band I. Der Aufstieg der Netzwerkgesellschaft. Opladen: Leske & Budrich.

Dykas, M. J., Cassidy, J. (2011). Attachment and the processing of social information across the life span: theory and evidence. Psychological Bulletin, 137 (1), 19.

Epstein, J. L. (1989). The selection of friends: Changes across the grades and in different school environments. In T. J. Berndt, G. W. Ladd (Eds.), Peer relationships in child development (pp. 158–187). New York: Wiley.

Fonagy, P. (2020). Geleitwort. Eingeschränkte Mentalisierung: eine bedeutende Barriere für das Lernen. In S. Gingelmaier, S. Taubner, A. Ramberg (Hrsg.), Handbuch mentalisierungsbasierte Pädagogik (S. 9–13). Göttingen: Vandenhoeck & Ruprecht.

Fonagy, P., Allison, E. (2014). The role of mentalizing and epistemic trust in the therapeutic relationship. Psychotherapy, 51 (3), 372–380.

Fonagy, P., Gergely, G., Jurist, E., Target, M. (2002). Affect regulation, mentalization, and the development of the self. New York: Other Press.

Fonagy, P., Gergely, G., Jurist, E., Target, M. (2015). Affektregulierung, Mentalisierung und die Entwicklung des Selbst. Stuttgart: Klett-Cotta.

Fonagy, P., Luyten, P. (2016). A multilevel perspective on the development of borderline personality disorder. Developmental Psychopathology, 3, 1–67.

Fonagy, P., Luyten, P. (2018). Attachment, mentalizing, and the self. In W. J. Livesley, R. Larstone (Eds.), Handbook of personality disorders: Theory, research, and treatment (pp. 123–140). New York: The Guilford Press.

Fonagy, P., Luyten, P., Allison, E., Campbell, C. (2017a). What we have changed our minds about: Part 1. Borderline personality disorder as a limitation of resilience. Borderline Personality Disorder and Emotion Dysregulation, 4, 11.

Fonagy, P., Luyten, P., Allison, E., Campbell, C. (2017b). What we have changed our minds about: Part 2. Borderline personality disorder, epistemic trust and the developmental significance of social communication. Borderline Personality Disorder and Emotion Dysregulation, 4, 9.

Fonagy, P., Steele, M., Steele, H., Moran, G., Higgitt, A. (1991). The capacity for understanding mental states: The reflective self in parent and child and its significance for security of attachment. Infant Mental Health Journal, 13, 200–216.

Fonagy, P., Target, M. (1997). Attachment and reflective function: Their role in self-organization. Development and Psychopathology, 9, 679–700.

Fonagy, P., Target, M. (2006). The mentalization-focused approach to self pathology. Journal of Personality Disorders, 20, 544–576.

Fonagy, P., Target, M., Steele, H., Steele, M. (1998). Reflective-Functioning Manual, version 5.0, for Application to Adult Attachment Interviews. London: University College.

Fonagy, P., Twemlow, S. W., Vernberg, E. M., Nelson, J. M., Dill, E. J., Little, T. D., Sargent, J. A. (2009). A cluster randomized controlled trial of child-focused psychiatric consultation and a school systems-focused intervention to reduce aggression. The Journal of Child Psychology and Psychiatry 50, 607–616.

George, C., Kaplan, N., Main, M. (2001). Adult Attachment Interview Protokoll. In G. Gloger-Tippelt (Hrsg.), Bindung im Erwachsenenalter. Ein Handbuch für Forschung und Praxis (S. 364–387). Bern: Huber.

Gingelmaier, S., Taubner, S., Ramberg, A. (Hrsg.) (2018). Handbuch mentalisierungsbasierte Pädagogik. Göttingen: Vandenhoeck & Ruprecht.

Grienenberger, J., Kelley, K., Slade, A. (2005). Maternal reflective functioning, mother-infant affective communication, and infant attachment: Exploring the link between mental states and observed caregiving behavior in the intergenerational transmission of attachment. Attachment & Human Development, 7, 299–311.

Groh, A. M., Fearon, P., Bakermans-Kranenburg, M., van IJzendoorn, M., Steele, R., Roisman, G. (2014) The significance of attachment security for children's social competence with peers: a meta-analytic study. Attachment & Human Development, 16 (2), 103–136.

Grossmann, K., Grossmann, K. E., Kindler, H., Zimmermann, P. (2008). A wider view of attachment and exploration: The influence of mothers and fathers on the development of psychological security from infancy to young adulthood. In J. Cassidy, P. R. Shaver (Eds.), Handbook of attachment theory and research (2nd ed., pp. 857–879). New York: Guilford Press.

Kammermeier, M., Duran Perez, L., König, L., Paulus, M. (2020). Attachment security and attention to facial emotional expressions in preschoolers: An eye-tracking study. British Journal of Developmental Psychology, 38, 167–185.

Kerns, K. A. (1996). Individual differences in friendship quality: Links to child–mother attachment. In W. M. Bukowski, A. F. Newcomb, W. W. Hartup (Eds.), Cambridge studies in social and emotional development. The company they keep: Friendship in childhood and adolescence (pp. 137–157). Cambridge, UK: Cambridge University Press.

Kerns, K. A., Brumariu, L. E. (2016). Attachment in middle childhood. In J. Cassidy, P. Shaver (Eds.), Handbook of attachment: Theory, research & clinical applications (pp. 349–365). New York: The Guilford Press.

Kim, S., Sodian, B., Paulus, M., Senju, A., Okuno, A., Ueno, M., Itakura, S., Proust, S. (2020). Metacognition and mindreading in young children: A cross-cultural study. Consciousness and Cognition, 85, 103017.

Luyten, P., Campbell, C., Allison, E., Fonagy, P. (2020) The mentalizing approach to psychopathology: State of the art and future directions. Annual Review of Clinical Psychology, 16, 297–325.

Luyten, P., Fonagy, P. (2018). The stress-reward-mentalizing model of depression: An integrative developmental cascade approach to child and adolescent depressive disorder based on the Research Domain Criteria (RDoC) approach. Clinical Psychology Review, 64, 87–98.

Mata López, C., Santelices Álvarez, M. P., Vergés Gómez, A. (2020). Do educators matter? Associations between caregivers' mentalization and preschoolers' attachment, social emotional development and theory of mind. Early Child Development and Care. DOI: 10.1080/03004430.2020.1755664

Mayer, D., Berkic, J., Beckh, K. (2020). Mentalisieren als Voraussetzung für feinfühliges Verhalten von pädagogischen Fachkräften: Methodenentwicklung und Ergebnisse einer Pilotstudie. Diskurs Kindheits- und Jugendforschung, 3, 318–330.

Mayer, D., Berkic, J., Danay, E., Becker-Stoll, F. (2019). Bindungsrepräsentationen von pädagogischen Fachkräften und ihre unterstützende Präsenz in der Kindertagesbetreuung. Vortrag auf der gemeinsamen Tagung der Fachgruppen Entwicklungspsychologie und Pädagogische Psychologie PAEPSY, 9.–12. September 2019 in Leipzig.

McLuhan, M. (1962). The Gutenberg galaxy. The making of typographic man. Toronto: University of Toronto Press.

Meins, E. (2013). Sensitive attunement to infants' internal states: operationalizing the construct of mind-mindedness. Attachment & Human Development, 15, 524–544.

Meins, E., Ferryhough, C., Fradley, E., Tuckey, M. (2001). Rethinking maternal sensitivity: Mothers' comments on infants' mental processes predict security of attachment at 12 months. Journal of Child Psychology and Psychiatry, 42, 637–648.

Meins, E., Fernyhough, C., Wainwright, R., Clark-Carter, D., Das Gupta, M., Fradley, E., Tuckey, M. (2003). Pathways to understanding mind: construct validity and predictive validity of maternal mind-mindedness. Child Development, 74, 1194–1211.

Meins, E., Fernyhough, C., Wainwright, R., Das Gupta, M., Fradley, E., Tuckey, M. (2002). Maternal mind-mindedness and attachment security as predictors of theory of mind understanding. Child Development, 73, 1715–1726.

Melchers, M., Li, M., Chen, Y., Zhang, W., Montag, C. (2015). Low empathy is associated with problematic use of the internet: Empirical evidence from China and Germany. Asian Journal of Psychiatry, 17, 56–60.

Mesman, J., Emmen, R. A. G. (2013). Mary Ainsworth's legacy: A systematic review of observational instruments measuring parental sensitivity. Attachment & Human Development, 15 (5–6), 485–506.

MPFS (Medienpädagogischer Forschungsverbund Südwest) (Hrsg.) (2019). JIM-Studie 2019. Jugend, Information, Medien. Basisuntersuchung zum Medienumgang 12- bis 19-Jähriger. https://www.mpfs.de/studien/jim-studie/2019/ (Zugriff am 13.06.2022).

O'Connor, E., Collins, B. A., Supplee, L. (2012). Behavior problems in late childhood: The roles of early maternal attachment and teacher-child relationship trajectories. Attachment & Human Development, 14 (3), 265–288.

Oppenheim, D., Koren-Karie, N. (2013). The insightfulness assessment: Measuring the internal processes underlying maternal sensitivity. Attachment & Human Development, 15, 545–561.

Paulus, M. (2014). Die frühkindliche Entwicklung sozial-kognitiver und metakognitiver Fertigkeiten: Empirische Befunde, theoretische Kontroversen und Implikationen für die Ontogenese des Selbstbewusstseins. Deutsche Zeitschrift für Philosophie, 62, 879–912.
Paulus, M., Becker, E., Scheub, A., König, L. (2016). Preschool children's attachment security is associated with their sharing with others. Attachment & Human Development, 18 (1), 1–15.
Perner, J. (1991). Understanding the representational mind. Cambridge: The MIT Press.
Piaget, J. (1932). The moral development of the child. London: Routledge & Kegan Paul.
Sabol, T. J., Pianta, R. C. (2012). Recent trends in research on teacher-child relationships. Attachment & Human Development, 14 (3), 213–231.
Schwarzer, N. H. (2020). Mentalisieren in der Frühpädagogik. In S. Gingelmaier, S. Taubner, A. Ramberg (Hrsg.), Handbuch mentalisierungsbasierte Pädagogik (S. 145–156). Göttingen: Vandenhoeck & Ruprecht.
Sharp, C., Fonagy, P. (2008). The parent's capacity to treat the child as a psychological agent: Constructs, measures and implications for developmental psychopathology. Social Development, 17 (3), 737–754.
Siegler, R., DeLoache, J., Eisenberg, N. (2005). Entwicklungspsychologie im Kindes- und Jugendalter. Heidelberg: Spektrum Akademischer Verlag.
Slade, A. (2005). Parental reflective functioning: An introduction. Attachment & Human Development, 7 (3), 269–281.
Slade, A., Aber, J. L., Bresgi, I., Berger, B., Kaplan, M. (2004). The Parent Development Interview – Revised. Unpublished protocol. New York: The City University of New York.
Slade, A., Bernbach, E., Grienenberger, J., Levy, D., Locker, A. (2005). Addendum to Fonagy, Target, Steele, Steele reflective functioning scoring manual for use with the Parent Development Interview. Unpublished Manuscript.
Sodian, B. (2005). Theory of mind. The case for conceptual development. In W. Schneider, R. Schumann-Hengsteler, B. Sodian (Eds.), Young children's cognitive development. Interrelationships among working memory, theory of mind, and executive functions. (pp. 95–130). Hillsdale: Erlbaum.
Spangler, G., Zimmermann, P. (1999). Attachment representation and emotion regulation in adolescents: A psychobiological perspective on internal working models. Attachment & Human Development, 1, 270–290.
Spilt, J. L., Hughes, J. N., Wu, J.-Y., Kwok, O.-M. (2012). Dynamics of teacher-student relationships: Stability and change across elementary school and the influence on children's academic success. Child Development, 83 (4), 1180–1195.
Sroufe, L. A., Egeland, B., Carlson, E. A., Collins, A. W. (2005). The development of the person. The Minnesota study of risk and adaption from birth to adulthood. New York: The Guilford Press.
Stacks, A. M., Muzik, M., Wong, K., Beeghly, M., Huth-Bocks, A., Irwin, J. L., Rosenblum, K. L. (2014). Maternal reflective functioning among mothers with childhood maltreatment histories: links to sensitive parenting and infant attachment security. Attachment & Human Development, 16, 515–533.
Taubner, S. (2015). Konzept Mentalisieren. Eine Einführung in Forschung und Praxis. Gießen: Psychosozial-Verlag.
Taubner, S., Fonagy, P., Bateman, A.W. (2019). Mentalisierungsbasierte Therapie. Göttingen: Hogrefe.
Twemlow, S., Fonagy, P., Sacco, F. (2005a). A developmental approach to mentalizing communities: I. A model for social change. Bulletin of the Menninger Clinic, 69, 265–281. DOI: 10.1521/bumc.2005.69.4.265
Twemlow, S., Fonagy, P., Sacco, F. (2005b). A developmental approach to mentalizing communities: II. The Peaceful Schools experiment. Bulletin of the Menninger Clinic, 69, 282–304. DOI: 10.1521/bumc.2005.69.4.282

Valle, A., Massaro, D., Castellil, I., Sangiuliano, F., Lombardi, E., Bracaglia, E., Marchetti, A. (2016). Promoting mentalizing in pupils by acting on teachers: Preliminary Italian evidence of the »thought in mind« project. Frontiers in Psychology, 7, 12–13.
Wang, Q., Doan, S. N., Song, Q. (2010). Talking about internal states in mother-child reminiscing influences children's self-representations: A cross-cultural study. Cognitive Development, 25, 380–393.
Watamura, S. E., Phillips, D. A., Morrissey, T. W., McCartney, K., Bub, K. (2011). Double Jeopardy: Poorer social-emotional outcomes for children in the NICHD SECCYD experiencing home and child-care environments that confer risk. Child Development, 82 (1), 48–65.
Wellman, H. M. (2014). Making minds: How theory of mind develops. Oxford: Oxford University Press.
Werner, E. E. (2002). Looking for trouble in paradise. Some lessons learned from the Kauai longitudinal study. In E. Phelbs, F. Fürstenberg jr., A. Cobly (Eds.), Looking at lives American longitudinal studies in the twentieth century (pp. 297–312). New York: Russell Sage Foundation.
Wilson, B., Cantor, J. (1985). Developmental differences in empathy with a television protagonist's fear. Journal of Experimental Child Psychology, 39 (2), 284–299.
Wilson, B. (2008). Media and children's aggression, fear and altruism. Children and Electronic Media, 18 (1), 87–118.
Wittgenstein, L. (1953). Philosophical investigations. Oxford: Oxford University Press.
Youniss, J. (1980). Parents and peers in social development: A Sullivan-Piaget perspective. Chicago: University of Chicago Press.
Zeegers, M. A., Colonnesi, C., Stams, G. J. J., Meins, E. (2017). Mind matters: A meta-analysis on parental mentalization and sensitivity as predictors of infant-parent attachment. Psychological Bulletin, 143, 1245–1272.

Mentalisierung aus kulturvergleichender Perspektive

Heidi Keller

Das Mentalisierungskonzept ist in einen historischen und ökosozialen Kontext eingebettet. Das dazugehörige Menschenbild und Entwicklungsziel umfasst ein selbstbestimmtes und selbstverantwortliches, psychologisch autonomes Individuum. Dies geht einher mit einem Fokus auf die innere Welt und mentale Inhalte. Andere kulturelle Modelle prägen ihrerseits Entwicklungsprozesse und fördern eine hierarchische Relationalität. Diese Kontexte aufgreifend wird die Entwicklung von Kindern westlicher Mittelschichtfamilien und nicht westlicher Bauernfamilien gegenübergestellt. Eine ethische Problematik wird in der Bewertung eines anderen kulturellen Modells mit den Maßstäben des eigenen gesehen.

The concept of mentalization is embedded in a historical and eco-social context. The associated idea of man and development goal includes a self-determined and self-responsible, psychologically autonomous, individual. This goes hand in hand with a focus on the inner world and mental content. Other cultural models, for their part, shape development processes and promote hierarchical relationality. Taking up these contexts, the development of children of western middle-class families and non-western farming families is contrasted. An ethical problem is seen in the evaluation of another cultural model against the standards of one's own.

Mentalisierung wird als die imaginative Fähigkeit, mentale Gründe für Verhalten zu attribuieren und dem Verhalten damit einen Sinn zu geben, verstanden (Taubner, 2015; Kirsch, Brockmann u. Taubner, 2016). Mentalisierung basiert auf Subjektivität, da es als ein individueller Prozess eines bestimmten Individuums verstanden wird. Damit wird Urheberschaft zugewiesen, das heißt, das Individuum ist Eigentümer der Mentalisierung und damit auch verantwortlich für seine Handlungen. Konzeptionell ist Mentalisierung verwandt mit der Theory of Mind (ToM), der Theorie des Geistes. Theory of Mind betrifft psychische Inhalte, wie Wünsche, Überzeugungen, Intentionen, Gefühle, die anderen zugeschrieben werden und die als getrennt von den eigenen psychischen Inhalten wahrgenommen und verstanden werden (Wellman, 1992). Die Entwicklung einer Theory of Mind ist wichtig, um Verhalten anderer aufgrund angenommener mentaler Konzepte vorherzusagen. Sie entwickelt sich, ebenso wie die Mentalisierung, im Laufe der ersten vier bis fünf Lebensjahre. Peter Fonagy, einer der prominentesten Vertreter des Mentalisierungskonzeptes, verortet die Entwicklung der Mentalisierungsfähigkeit in verbaler Kommunikation, Affektspiegelung und aufbauend auf den Annahmen und Konzepten der Bindungstheorie (Fonagy, Gergely, Jurist u. Target, 2002). Damit sind das Konzept der Mentalisierung und seine Entstehung in einen zeithistorischen und kulturellen Hintergrund eingebettet. Zentral ist dabei ein bestimmtes Menschenbild, nämlich das des aus der individuellen Perspektive definierten selbstbestimmten, unabhängigen, eigenständigen und selbstverantwortlichen Individuums. Das zugrundliegende kulturelle Modell ist das der psychologischen Autonomie. Dieses Modell basiert auf der Annahme der Individualität und Einzigartigkeit des Menschen von Geburt an mit einem Fokus auf die innere Welt der Wünsche, Meinungen, Intentionen. Objektbezogenheit ist wichtig, auch für die Betonung der kognitiven Dimension. Sprache und verbale Elaboriertheit sind weitere Bausteine, ebenso wie das Erleben und der Ausdruck von Emotionen. Dabei spielt positive Emotionalität die Rolle einer Leitemotion, deren Aufrechterhaltung angestrebt wird. Negative Emotionen sollen eher nicht auftreten beziehungsweise minimiert werden. Soziale Beziehungen sind natürlich wichtig, beruhen aber auf den freiwilligen und selbst gewählten Vereinbarungen unabhängiger Individuen.

Das Modell der psychologischen Autonomie hat spezifische Voraussetzungen, nämlich eine hohe formale Bildung, die die Verbalisierung und Mentalisierung erst ermöglicht. Diese Entwicklung ist zeitgeschichtlich eher jung und mit dem sogenannten »inward turn« und der daraus resultierenden Selbstreflexivität verbunden (Taylor, 1989; für eine ausführliche Diskussion und Herleitung des Begriffs siehe Eksen, 2010). Die zunehmende Lockerung sozialer Regeln und Konventionen, verbunden mit der Säkularisierung in westlichen Gesellschaften, führte zur weitgehenden Auflösung identitätsstiftender sozialer Strukturen, das heißt, Identitäten wurden nicht mehr ausschließlich durch Zugehörigkeit zu sozialen Gruppen festgelegt. Es entstand ein gesellschaftliches Klima, das dem Individuum die Definition der verbindlichen Werte und damit eigenen Identität weitgehend überließ. Mentalisierung in dieser Form kann damit als ein Phänomen der euroamerikanischen Mittelschichtgesellschaft identifiziert werden. Diese Bedeutung des Geistes und der mentalen Welt insgesamt ist aber eher ungewöhnlich auf einer globalen Skala (siehe dazu ausführlich Lillard, 1997), ebenso wie die Konzeption des Selbst anhand der kulturellen Orientierung der psychologischen Autonomie. In der Tat sind hier etwa 5 % der Weltbevölkerung angesprochen (Henrich, Heine u. Norenzayan, 2010). Da kulturelle Modelle als Repräsentationen ökokultureller Kontexte verstanden werden können, das heißt als System von Werten, Normen, Vorstellungen und Verhaltenskonventionen, die an diese Kontexte angepasst sind, muss es notwendigerweise auch andere Konzeptionen des Geistes und des Selbst geben (Keller, 2019). Tatsächlich sind unterschiedliche Konzeptionen von Kulturanthropolog:innen und -psycholog:innen beschrieben worden. Diese Konzeptionen werden im folgenden Abschnitt zusammengefasst.

Mentalisierung und Kultur

Der Begriff des Geistes, wie er dem Mentalisierungskonzept zugrunde liegt, hat seinen Ursprung in der griechischen Philosophie und wird im Wesentlichen durch Bewusstsein, Verstand, Denkfähigkeit, also kognitiven Dimensionen, abgebildet. Der Mensch wird in einer Trilogie von Körper, Geist und Seele definiert, die als unterscheidbare, wenn auch häufig definitorisch schwierig abgrenzbare Bereiche verstanden werden. Berichte aus anderen Kulturen zeichnen hier andere Bilder. Da es hierzu keine systematische kulturvergleichende Forschung gibt, sind die folgenden Ausführungen als exemplarisch zu verstehen. Der wichtige Punkt dabei ist es zu demonstrieren, dass es andere als die westliche Konzeption gibt, diese also nicht, wie häufig angenommen, universell ist.

Bei den Ilongot, einer Volksgruppe von Jäger:innen, Fischer:innen und Kleinbauern auf den Philippinen existiert beispielsweise das Konzept des *runawa* als Sitz von Gedanken, Handlungen, Bewusstheit, Konzentration, Kreativität, Gefühlen. Lokalisiert ist *runawa* in der Brusthöhle. Es hängt zusammen mit der Lebensenergie, Gesundheit, sozialen Beziehungen und Fruchtbarkeit. Menschen verfügen bei Geburt über eine bestimmte Menge *runawa*, die im Laufe des Lebens weniger wird. *Runawa* kann gestohlen, aber auch zurückgebracht werden.

Die Ifaluk-Insulaner:innen in Mikronesien trennen ebenfalls nicht zwischen Denken und Fühlen (Lutz, 1987), bei den Samoaner:innen sind Emotionen und Verhalten identisch (Ochs, 1988). Bei den malaiischen Chewong werden fünf mentale Konzepte unterschieden: möchten (»want«), sehr gerne möchten (»want very much«), wissen (»know«), vergessen (»forget«), vermissen oder erinnern (»miss or remember«). In der Sprache der Chewong gibt es 23 Wörter, die Emotionen und Eigenschaften ausdrücken, während es im Englischen allein für Emotionen über zweitausend Wörter gibt. Im Gegensatz zur westlichen Doktrin »know theyself«, das heißt, sich selbst zu kennen, leben die Chewong die Doktrin »suppress theyself«, also unterdrücke/kontrolliere das Selbst (Howell, 1981, S. 141; 1984).

Die Ilongot auf der philippinischen Insel Luzon sind ebenfalls nicht interessiert an der inneren Welt der Menschen. Ihr Fokus liegt auf den sozialen Beziehungen (Rosaldo, 1980). Auch in anderen sozialen Gruppen liegt das Handlungszentrum in sozialen Beziehungen. Bei den nordamerikanischen Cheyenne-Indianer:innen z. B. motiviert nicht der individuelle Wille das Verhalten, sondern soziale Beziehungen (Lévi-Strauss, 1967), bei den Inuit-Eskimos sind es die Wünsche anderer, und nicht die eigenen, die Verhalten erklären (Briggs, 1970). Bei den Beng, die an der Elfenbeinküste leben, sind es die Ahnen, die das Verhalten regulieren (Gottlieb, 2013), bei den Azande, die im Norden Zentralafrikas leben, erklärt Hexerei die Ereignisse, besonders ungünstige (Evans-Pritchard, 1976).

Diese Beispiele zeigen, dass mentale Konzepte in unterschiedlichen Kulturen unterschiedlich sortiert und definiert werden. Das gilt auch für andere psychologische Konstrukte, wie z. B. Intelligenz (Sternberg u. Grigorenko, 1997) oder Bindung (Keller, 2019).

Ein zentraler Aspekt vieler nicht westlicher Konzeptionen ist, dass Innensicht und Mentalisierung müßig sind, weil man nicht wissen kann, was in anderen Menschen vorgeht, oder unangemessen, weil die Konzentration auf die eigene Person der normativen sozialen Orientierung zuwiderläuft. Die sogenannte Opacity-of-mind-Doktrin besagt, dass die mentalen Zustände einer Person, das heißt Emotionen, Gedanken, Motive, unbekannt sind. Spekulationen und Fragen sind unangemessen. Mentale Zustände sind ultimativ opak (undurchsichtig) und sollten so bleiben (Robbins, 2008).

Einige Beispiele dazu sind im Folgenden aufgeführt. Die Nachfahren der mexikanischen Urbewohner:innen der Zapoteken aus der Provinz Oaxaca sagen, dass sie nicht wissen, was im Herzen ist, und das bedeutet, dass es auch nicht interessant ist (Selby, 1974). Die Kaluli aus Papua Neuguinea sagen ebenfalls, dass man nicht wissen kann, was andere denken oder fühlen (Ochs u. Schieffelin, 1984), und da man den Geist nicht kennen kann, ist er unwichtig (Ochs, 1988). In vielen Kulturen ist die Orientierung auf das Hier und Jetzt ausgeprägt und man spricht über Verhalten und nicht über mentale Zustände:

Die nordwestkamerunischen Nso beispielsweise sprechen über die Gegenwart und kaum über Vergangenheit und Zukunft (Demuth, Keller u. Yovsi,

2012). Ebenso ist es bei den Piraha-Indianer:innen in den Urwäldern des brasilianischen Amazonasgebietes. Es existiert nur, was man selbst sieht, oder jemand, den man kennt, gesehen hat (Everett, 2014). Auch die kenianischen Gusii sprechen offen über Verhalten und vermeiden es, über Intentionen und andere mentale Zustände zu sprechen (LeVine u. LeVine, 2016). Bei den melanesischen Korowai-Waldnomad:innen wird ebenfalls nicht über die mentalen Zustände anderer gesprochen oder spekuliert (Stasch, 2008). Ebenfalls in Papua Neuguinea leben die Urapmin. Auch sie sind der Meinung, dass man mentale Zustände anderer nicht kennen kann und auch nicht berücksichtigen sollte, wenn man das Verhalten anderer interpretiert. Sie sind zusätzlich der Meinung, dass Sprache ein unzuverlässiges Fenster in den Geist anderer darstellt (Robbins, 2008). Dieses Phänomen beschrieb ebenfalls der Anthropologe Alessandro Duranti (2008) auf der Grundlage seiner Kommunikationsstudien auf Samoa. Er kam zu der Schlussfolgerung, dass die Zuhörer:innen bei den Samoaner:innen eine entscheidende Rolle spielen bei der Generierung von Bedeutung.

Bei aller Verschiedenheit sind in diesen Beispielen allgemeine Muster erkennbar, die sich deutlich von dem westlichen Konzept der Mentalisierung unterscheiden lassen. Unabhängig von der Art der Ökonomie (Sammler:innen, Jäger:innen, Bauern, Fischer:innen, Nomad:innen) und dem geografischen Ort – die Beispiele kommen aus der Südsee, Ländern südlich der Sahara und Mittel- und Südamerika – steht eine soziale Orientierung/Verankerung und Selbstminimierung im Widerspruch zu der Selbstzentrierung/Selbstakzentierung, die in der westlichen Mittelschicht gefordert ist; weiterhin ersetzt eine Handlungsorientierung im Hier und Jetzt die Mentalisierung und die autobiografische Inszenierung des Selbst.

Damit sind allgemeine Prinzipien angesprochen, die maßgeblich für die Konstituierung kultureller Modelle sind. Im folgenden Abschnitt werden daher kulturelle Modelle als Kontexte von Entwicklungsprozessen näher spezifiziert unter besonderer Berücksichtigung der Dimensionen Affektspiegelung, verbale Kommunikation und den Konzepten der Bindungstheorie, die Fonagy als konstitutiv für Mentalisierung vorgeschlagen hat. Wie bereits gesagt, entsteht Mentalisierung in den ersten vier bis fünf Lebensjahren. Untersuchungen des autobiografischen Gedächtnisses, in denen die Gespräche zwischen Müttern oder Versuchsleiter:innen mit Kindern über vergangene Ereignisse analysiert werden, haben gezeigt, dass Kinder aus westlichen Mittelschichtfamilien mit ca. drei bis vier Jahren bereits viele eigene Konversationsinhalte in diese Gespräche einbringen und dabei viele mentale Konzepte und Begriffe nutzen. Daher wird auf die Entwicklungsprozesse dieser frühen Jahre fokussiert.

Kulturelle Modelle als Kontexte von Entwicklung

Die Entwicklung des Kindes in einer westlichen Mittelschichtfamilie

Wie bereits ausgeführt, muss das Mentalisierungskonzept im Zusammenhang mit dem kulturellen Modell der psychologischen Autonomie verstanden werden. Psychologische Autonomie erfordert auch eine bestimmte Form der sozialen Beziehungen, nämlich die zwischen abgegrenzten und selbstbestimmten Individuen, die ihre Beziehung gleichberechtigt miteinander verhandeln. Die Bindungstheorie (Bowlby, 1984) verkörpert dieses Entwicklungsmodell in exemplarischer Weise (Keller, 2019). Die Bindungstheorie stellt das Kind in den Mittelpunkt und betrachtet es vom ersten Lebenstag an als ein eigenständiges, intentionales Wesen mit einem eigenen Willen, den es zu respektieren gilt (Ainsworth, 1985). Es wird erwartet, dass sich eine oder wenige erwachsene Bezugspersonen – in der Regel ist die biologische Mutter gemeint und angesprochen – exklusiv in dyadischer Zweisamkeit um das Baby kümmern. Responsivität beziehungsweise Sensitivität bedeutet, jedes kleinste Signal des Babys direkt, angemessen und emotional involviert[1] zu beantworten. Gemeint sind dabei Signale im distalen Verhaltenskanal, das heißt das, was sich im Face-to-face-Modus und mit Sprache kommunikativ konstituieren lässt. Das bedeutet ungeteilte Aufmerksamkeit und Konzentration auf das Baby, primär auf sein Gesicht und seine Stimme. Die Bezugsperson sollte dabei auf jedes kleinste mimische, vokale Signal des Säuglings reagieren in der Struktur eines Quasidialogs. Das Baby äußert ein Signal und die Bezugsperson spiegelt das Signal, insbesondere alle emotionalen Hinweisreize (Zeigen des gleichen Signals/Ausdrucks, Affektspiegelung) und sie reagiert kontingent, das heißt innerhalb eines Zeitfensters von weniger als einer Sekunde nach dem abgeschlossenen Kindsignal (intuitives Elternprogramm: Papoušek u. Papoušek, 1995; Keller, 2007). Hier sind in erster Linie verbal/vokale Beiträge gemeint, aber auch Blickänderungen und reaktive Berührungen. Diese Kontingenzerfahrungen ermöglichen dem Säugling, Kausalitätserfahrungen zu machen und sich damit als Verursacher von Verhalten anderer zu erleben. Das unterstützt die Entwicklung eines abgegrenzten, unabhängigen Selbst (kate-

---

1 Von manchen Bindungsforscher:innen (z. B. Mesman et al., 2017) wird im Zusammenhang mit der universellen Gültigkeit von Sensitivität argumentiert, dass emotionale Involviertheit oder Wärme nicht Teil der ursprünglichen Ainsworth'schen Definition von Sensitivität seien – diese Argumentation ist jedoch nicht überzeugend, da die dort definierte Sensitivität emotionale Empathie voraussetzt. Zudem wurde die Sensitivitätsskala im Kontext mit anderen Skalen, wobei Emotionalität explizit genannt wird, konzipiert (siehe ausführlicher Keller, 2019).

goriales Selbst) und Selbstwirksamkeit als unabhängiges Handlungszentrum. Körperkontakt und motorische Stimulation sind sekundär.

Der Ausdruck positiver Emotionen wird unterstützt und möglichst lange aufrechterhalten. Mütter und Bezugspersonen allgemein möchten, dass das Baby möglichst viel lächelt und positive Vokalisationen äußert. Der Ausdruck negativer Emotionen soll sofort beendet werden, einmal durch Bedürfnisbefriedigung, Stillen/Füttern, Positionsveränderung oder durch Ablenkung, z. B. mit einem Spielzeug.

Das gesamte Interaktionsgeschehen ist in einen sprachlichen Umschlag (Stern, 1985) eingehüllt. Mütter sprechen nicht nur kontingent auf kindliche Vokalisationen, sondern handlungsbegleitend. Sie stellen dem Baby viele Fragen, die auf sein Befinden, seine Wünsche, Präferenzen, Intentionen abzielen, und interpretieren kleine Signale, die das Baby möglicherweise zufällig äußert, als intentionale kommunikative Akte. Sie interpretieren dem Baby dessen innere Welt und sprechen über seine Kognitionen, Emotionen, Wünsche, Intentionen usw. Hier kommt das Mentalisieren ins Spiel. Das Sprechen über innere Befindlichkeiten und mentale Konzepte wird als mindestens ebenso wichtig wie Sensitivität für die Ausbildung einer sicheren Bindung, ebenso wie zur Entwicklung einer Theory of Mind betrachtet (Meins et al., 2002). Die Sprache ist elaboriert, das heißt voluminös, differenziert und ausmalend. Die kommunikativen Beiträge der Kinder werden lobend evaluiert. Dieser Sprachmodus ändert sich über die nächsten Jahre nicht. Drei- bis vierjährige Kinder können dann schon aktiv an den Gesprächen mitwirken und viele eigene Gesprächsbeiträge mit mentalen Begriffen wie Wünschen, Präferenzen, Intentionen und Evaluationen einbringen.

Das hier skizzierte Bild ist natürlich ein allgemeines, das im Einzelfall Variationen aufweisen kann. Es ist sozusagen ein Modell dieses Entwicklungspfades, den es allerdings auch in dieser reinen Form durchaus gibt. Der Modellcharakter gilt auch für den nächsten skizzierten Entwicklungspfad.

Die Entwicklung des Kindes aus einer nicht westlichen Bauernfamilie

Traditionell lebende Bauern in nicht westlichen Ländern stellen etwa 30–40 % der Weltbevölkerung dar und einen Großteil der in westliche Länder migrierenden Familien. Daher ist es wichtig, diese Vorstellungen und Erziehungshaltungen zu kennen. Das kulturelle Modell, das die Sozialisationsstrategien des traditionell lebenden Bauernkindes informiert, besteht ebenfalls aus einer Mischung von Autonomie und Verbundenheit, allerdings gänzlich anders definiert als in der westlichen Mittelschichtphilosophie. Das leitende Motiv für die

Verbindung der beiden menschlichen Grundbedürfnisse ist eine bestimmte Definition von Verbundenheit: hierarchische Relationalität. Das heißt, (familiäre) Beziehungen sind verpflichtend, lebenslang und in ein hierarchisch definiertes soziales System eingebunden. Dieses soziale System ist das primäre Bezugssystem, nicht das individuelle Selbst. Diese Definition von Verbundenheit ist nicht mit dem Konzept der psychologischen Autonomie vereinbar. Autonomie ist handlungsbezogen und auf das Hier und Jetzt ausgerichtet im Dienste des sozialen Systems. Wir haben diese Form von Autonomie als Handlungsautonomie definiert, die aus selbstständigem und durchaus eigenverantwortlichem Handeln im Dienste des sozialen Systems besteht. Es ist wichtig festzustellen, dass die unterschiedlichen kulturellen Modelle gleichwertig sind – es ist nicht ein System weniger wert als das andere. Dies führt zu ethischen Fragen, die im letzten Abschnitt angesprochen werden.

Offensichtlich ist das Kind aus einer traditionell lebenden Bauernfamilie nicht Gegenstand der Bindungstheorie (Keller, 2019). Hier steht das Kind nicht im Mittelpunkt, sondern wächst in ein soziales System hinein, in dem es eine bestimmte Rolle übernimmt und bestimmte Verantwortlichkeiten hat (Lancy, 2015). Das Betreuungssystem ist multipel, das heißt, es sind in der Regel mehrere Personen. Das können verwandte und nicht verwandte Erwachsene sein, häufig sind es Kinder, die nicht viel älter sind als das zu betreuende Kind (Scheidecker, 2017). Großmütter sind auch häufig wichtige Betreuungspersonen. Die verschiedenen Personen können vollständig austauschbar sein oder aber spezifische Funktionen erfüllen. Die Mutter stillt in der Regel das Kind, wenn auch nicht unbedingt als Einzige, und kann ansonsten sehr unterschiedliche Rollen übernehmen: Sie kann eine sehr wichtige Bezugsperson sein, die von anderen unterstützt wird, eine von mehreren mit gleichen Funktionen oder nur marginal im Leben des Kindes vorkommen. Alle diese unterschiedlichen Systeme sind beobachtet worden, wobei noch nicht genügend Informationen vorhanden sind, um spezifizieren zu können, unter genau welchen kontextuellen Bedingungen welches System auftritt (siehe Keller u. Chaudhary, 2017).

In multiplen Betreuungssystemen sind natürlich auch die Kommunikationsstrukturen andere. Das exklusiv dyadische Format ist eher selten, häufiger ist das polyadische. Das bedeutet, dass verschiedene Personen gleichzeitig in unterschiedlichen Kommunikationsabläufen agieren. Das trifft auch für Kinder zu, die zudem unterschiedliche Personen in unterschiedlichen sozialen Zusammenhängen beobachten. Das impliziert die Ausbildung geteilter Aufmerksamkeit. Kommunikationsverhalten kann dabei indirekt sein, dass z. B. die Mutter oder andere Erwachsene ältere Kinder ansprechen, die dann die Inhalte an die kleineren Kinder weitergeben – das hat die Anthropologin Elinor Ochs in einem samoanischen Dorf beobachtet – ein großer Teil der Kommunikation ist nonverbal, soziale Regulierungen durch körperliche Signale und ein differenziertes System von Gesten sind weitverbreitet (Ochs, 1988). Entsprechend ist der hauptsächliche Verhaltenskanal proximal, das heißt Körperkontakt und entsprechende körperliche Regulierungen und motorische Stimulation. Dabei finden kontingente Reaktionen auf die kindlichen Signale in dem proximalen Modus statt, das heißt durch körperliche Reaktionen. Es findet aber auch sehr viel Synchronisierung statt, wenn das kleine Kind in einen körperlichen Rhythmus mit der Betreuungsperson gebracht wird. Das geschieht natürlicherweise beim Laufen, wenn sich das Baby z. B. auf dem Rücken der Betreuungsperson befindet, es wird aber auch in speziellen Situationen durch rhythmische motorische Stimulation, die zudem noch verbal/vokal skandiert werden kann, praktiziert. Dabei macht das kleine Kind Erfahrungen sozialer Einheit und Gemeinsamkeit, wodurch die Entwicklung eines kommunalen Selbst unterstützt wird. Die Aufmerksamkeit der Betreuungspersonen ist häufig verteilt, indem die visuelle Aufmerksamkeit auf eine Tätigkeit, z. B. Haus- oder Farmarbeit, gerichtet ist, die körperliche Aufmerksamkeit aber auf das kleine Kind. Das darf keinesfalls als mangelnde Beachtung des Kindes oder gar Vernachlässigung missverstanden werden – es ist einfach eine andere Art der Wahrnehmungs- und Aufmerksamkeitsorganisation.

In der Bindungstheorie wird Bindung als ein emotionales Band mit einer spezifischen Bezugsperson definiert. Diese Definition trifft auf Kinder aus traditionell lebenden Bauernfamilien weniger zu. Einmal wachsen die Kinder in Betreuungsnetzwerken auf mit mehreren Betreuungspersonen, zu denen nicht zwangsläufig eine spezifische Bindung besteht. Andererseits sind es nicht emotionale Verbindungen in dem Sinne, wie Emotionen in der westlichen Mittelschicht verstanden werden. Die Entwicklung von Vertrauen in sich selbst und andere als Kern der Bindungsentwickelung geschieht durch die Erfahrung zuverlässiger Verfügbarkeit von Betreuungspersonen. Die physische Verfügbarkeit, die Erfahrung körperlicher Wärme und Synchronie sind möglicherweise eine stabilere Basis für die Vertrauensentwicklung als die emotionale Aushandlung von Beziehungen (Keller u. Chaudhary, 2017). Das Verständnis von Emotionen ist hier ein anderes – außer dem direkten körperlichen Ausdruck von Wärme ist Fürsorge im Verhalten Ausdruck von Nähe und Gefühl. Dabei spielen Nahrung und Füttern eine besondere Rolle (siehe dazu ausführlicher Keller, 2019). Der Ausdruck von Emotionen im Gesicht oder auch Küssen gilt dagegen als unangebracht. Kinder lernen von früh an, keine Emotionen im Gesicht zu zeigen, was aber nicht das Unterdrücken von Gefühlen bedeutet – es wird eine andere Emotionsgrammatik gelernt (Otto, 2014). Gusii-Mütter aus Kenia z. B.

schauen sofort weg, wenn ein Baby positive Emotionen zeigt (LeVine et al., 1994). Während westliche Mütter aus der Mittelschicht mit dem sogenannten »two months shift«, das heißt dem Ansteigen der Wachzeit von Babys um den zweiten Lebensmonat herum, auch höhere Blickkontaktraten und mehr Lächeln zeigen, ist ein solcher Verhaltenswechsel bei den Nso- (Kärtner, Holodynski u. Wörmann, 2013) oder den !Kung-Müttern (Barr, Konner, Bakeman u. Adamson, 1991) nicht zu registrieren. In der Folge unterscheiden sich auch die entsprechenden Verhaltensweisen der Babys (Kärtner et al., 2013). Mütter in Kenia und Fidschi reagieren auf positiven Emotionsausdruck ihrer Babys weniger als euroamerikanische Mittelschichtmütter (Broesch, Rochat, Olah, Broesch u. Henrich, 2016).

Schreien bei Babys in den Bauerndörfern ist eher selten, was daran liegt, dass durch die körperliche Kommunikation frühe Anzeichen von Unwohlsein erkannt und bereits antizipatorisch beantwortet werden, z. B. durch Stillen, bevor die negative Emotion ganz zum Ausdruck kommt (Rothbaum, Pott, Azuma, Miyake u. Weisz, 2000). Auch dieses Verhalten verwischt die Ich-Grenzen, so dass auch dies eine weitere Unterstützung der Entwicklung eines kommunalen Selbst darstellt.

Sprache spielt natürlich auch in der Entwicklung des Bauernkindes eine Rolle, doch sie ist anders strukturiert, es werden andere Inhalte angesprochen und die sozialen Konventionen sprachlicher Interaktionen sind anders formatiert. An Babys und Kleinkinder gerichtete Sprache ist sehr repetitiv, besteht im Wesentlichen aus Feststellungen konkreter Sachverhalte, bringt Aufforderungen an das Kind zum Ausdruck und ist sparsam – sie wird als skeletthaft charakterisiert. Inhaltlich geht es um soziale Zusammenhänge, andere Personen, soziale Konventionen und moralische Botschaften. Über Vergangenes und Zukünftiges wird nicht gesprochen (Demuth et al., 2012). Dieser Sprachmodus bleibt so auch über die nächsten Jahre bestehen. Aus kulturvergleichenden Untersuchungen zur Entwicklung des autobiografischen Gedächtnisses kann der repetitive Stil gut rekonstruiert werden (z. B. Reese u. Fivush, 1993; Reese, Haden u. Fivush, 1993; Schröder, Kärtner, Keller u. Chaudhary, 2012). Ein Schwerpunkt der Forschung betrifft den Vergleich euroamerikanischer und südostasiatischer Mutter-Kind-Konversationen. In diesen Studien sind in der Regel Mittelschichtfamilien untersucht worden. Dabei zeigt sich, dass in südostasiatischen Familien eher weniger über vergangene Ereignisse gesprochen wird (Mullen u. Yi, 1995), der Konversationsstil eher repetitiv ist (z. B. Wang, 2007). Inhaltlich wird eher über Verhalten, soziale Konventionen und moralische Themen gesprochen (z. B. Wang u. Leichtman, 2000). Emotionen werden weniger angesprochen. Kinder erwerben die Sprachstile, die in den Familien gesprochen werden (z. B. Wang u. Leichtman, 2000). Lisa Schröder und Kolleg:innen (2012) haben den mütterlichen Sprachstil der nordwestkamerunischen Nso-Mütter untersucht und konnten den repetitiven Stil ebenfalls bei drei- bis vierjährigen Kindern nachweisen. Die Mütter kontrollieren die Gespräche, mit vielen Wiederholungen und Feststellungen. Von den Kindern wird nicht erwartet, eigene Gesprächsbeiträge einzubringen, sondern das, was die Mutter sagt, zu bestätigen. Inhaltlich werden soziale Themen und konkrete Handlungen angesprochen. Gespräche über Emotionen, Kognitionen und andere mentale Konzepte kommen nicht vor.

Der Sprachstil in Kindergruppen mag anders organisiert sein. Jacqueline Rabain-Jamin (2001) hat Wolof sprechende Familien im ländlichen Senegal untersucht. Sie konnte beobachten, dass die Sprache von Kindern untereinander in verschiedener Hinsicht von der zwischen Erwachsenen und Kindern verschieden war. Ältere Kinder haben z. B. jüngeren (zwei Jahre alten Kindern) Gelegenheiten geboten, eine aktive Rolle in der sprachlichen Konversation zu übernehmen, was zwischen Erwachsenen und Kindern nicht der Fall war. Das bedeutet, Kinder, die wesentlich in Kindergruppen sozialisiert werden, erwerben grundsätzlich verschiedene soziale Formate.

Ausblick

Die hier präsentierten Konzeptionen des Geistes und des mentalen Apparates machen deutlich, dass Mentalisierung ein kulturspezifisches Konzept ist, das in einem bestimmten ökosozialen und zeithistorischen Kontext entstanden und an diesen angepasst ist. Spezifische Sozialisationserfahrungen informieren unterschiedliche Entwicklungspfade. Die hier berichteten Sichtweisen, die zumeist von Anthropolog:innen und Kulturpsycholog:innen dokumentiert wurden, weisen bei aller Vielfalt doch einige Gemeinsamkeiten auf, die sie von dem westlich geprägten Mentalisierungskonzept unterscheiden. So sind etwa Gedanken und Gefühle keine getrennten Konzepte, sondern bilden mit zum Teil weiteren Konzepten ein System. Das Interesse an der inneren Welt ist eher nicht ausgeprägt und zum Teil tabuisiert. Verhalten im Hier und Jetzt hat Priorität gegenüber Reflexionen und biografischen Bezügen. Bedeutung wird nicht vom Individuum individuell generiert, sondern im sozialen Austausch ko-konstruiert. Allerdings wird das westlich geprägte Mentalisierungskonzept als universell betrachtet und sein Nichtvorhandensein als Defizit. Das kann in der Ethnozentrizität der westlichen Sozialwissenschaften (Psychologie, Pädagogik) lokalisiert werden. Wissenschaftler:innen gehören zu über 90 % selbst der westlichen Mittelschicht an, ebenso wie ihre Untersuchungsteilnehmer:innen (Henrich et al., 2010; Nielsen,

Haun, Kärtner u. Legare, 2017). Dazu kommt die – unbegründete – normative Haltung, die eigenen Sichtweisen als allgemeingültige Standards zu betrachten. Das gilt nicht nur für das Mentalisierungskonzept. Besonders ausgeprägt ist es z. B. auch in Bezug auf die Bindungstheorie und ihre vielfältigen Anwendungen in den unterschiedlichsten Bereichen. Und da kommt die ethische Problematik ins Bild. Diese besteht einerseits in der ungerechtfertigten Abwertung anderer Modelle und Lebensperspektiven. Sie besteht weiterhin in der Bewertung eines anderen kulturellen Modells mit den Maßstäben des eigenen. Und schließlich kann die Anwendung eines Konzeptes bei Menschen, die andere Prinzipien wählen, negative oder schädliche Auswirkungen haben. Besonders bei Kindern werden Konflikte zwischen Familie und Institution geschaffen, die sicherlich nicht förderlich für Entwicklungs- und Bildungsprozesse ist. In der Lehr- und Lernforschung ist hinreichend dokumentiert worden, dass Lernen dann am besten gelingt, wenn an Vertrautes angeknüpft werden kann (siehe ausführlicher Keller, 2019). Die normative Orientierung an einer Doktrin bewirkt demnach das Gegenteil von dem, was möglicherweise intendiert ist. Um die Situation zu verbessern, müssen pädagogische Theorien und Konzepte sich öffnen und Variabilität als die Konstante des Lehrens und Lernens akzeptieren.

Literatur

Ainsworth, M. D. S. (1985). Patterns of infant-mother attachments: Antecedents and effects on development. Bulletin of the New York Academy of Medicine, 61, 771–791.

Barr, R. G., Konner, M. J., Bakeman, R., Adamson, L. (1991). Crying in!Kung San Infants: A test of the cultural specificity hypothesis. Developmental Medicine and Child Neurology, 33, 601–610.

Bowlby, J. (1984). Bindung. Eine Analyse der Mutter-Kind-Beziehung. Frankfurt a. M.: S. Fischer Verlag.

Briggs, J. L. (1970). Never in anger. Portrait of an Eskimo family. Cambridge/London: Harvard University Press.

Broesch, T., Rochat, P., Olah, K., Broesch, J., Henrich, J. (2016). Similarities and differences in maternal responsiveness in three societies: Evidence from Fiji, Kenya and the United States. Child Development, 87 (3), 700–711.

Demuth, C., Keller, H., Yovsi, D. R. (2012). Cultural models in communication with infants: Lessons from Kikaikelaki, Cameroon and Münster, Germany. Journal of Early Childhood Research, 10, 1, 70–87

Duranti, A. (2008). Further reflections on reading other minds. Anthropological Quarterly, 18 (2), 483–494.

Eksen, K. (2010). »Inward turn« and the Augustinian self. Diametros, 25, 132–145.

Evans-Pritchard, E. E. (1976). Witchcraft, oracles and magic among the Azande. Oxford: Oxford University Press.

Everett, D. L. (2014). Concentric circles of attachment among the Pirāhã: A brief survey. In H. Otto, H. Keller (Eds.), Different faces of attachment (pp. 169–186). Cambridge, UK: Cambridge University Press.

Fonagy, P., Gergely, G., Jurist, E., Target, M. (2002). Affektregulierung, Mentalisierung und die Entwicklung des Selbst. Stuttgart: Klett-Cotta.
Gottlieb, A. (2003). The afterlife is where we come from. The culture of infancy in West Africa. Chicago: The University of Chicago Press.
Henrich, J., Heine, S., Norenzayan, A. (2010). The weirdest people in the world? Behavioral and Brain Sciences, 33, 61–135.
Howell, S. (1981). Chewong modes of thought. Doctoral dissertation. Oxford: University of Oxford.
Howell, S. (1984). Society and cosmos: Chewong of peninsular Malaysia. Singapore/Oxford: Oxford University Press.
Kärtner, J., Holodynski, M., Wörmann, V. (2013). Parental ethnotheories, social practice and the culture-specific development of social smiling in infants. Mind, Culture and Activity, 20 (1), 1–17.
Keller, H. (2007). Cultures of infancy. Mahwah: Erlbaum.
Keller, H. (2019). Mythos Bindungstheorie. Kiliansroda: das netz.
Keller, H., Chaudhary, N. (2017). Is the mother esssential for attachment? Models of care in different cultures. In H. Keller, K. H. Bard (Eds.), The cultural nature of attachment: Contextualizing relationships and development (pp. 109–138). Cambridge: MIT Press.
Kirsch, H., Brockmann, J., Taubner, S. (2016). Praxis des Mentalisierens. Stuttgart: Klett-Cotta.
Lancy, D. F. (2015). The anthropology of childhood. Cherubs, chattel, changelings (2nd ed.). Cambridge, UK: Cambridge University Press.
LeVine, R. A., Dixon, S., LeVine, S., Richman, A., Leiderman, P. H., Keefer, C. H., & Brazelton, T. B. (1994). Child Care and Culture: Lessons from Africa. New York: Cambridge University Press. https://doi.org/10.1017/CBO9780511720321
LeVine, R. A., LeVine, S. (2016). Do parents matter? Why Japanese babies sleep soundly, Mexican siblings don't fight, and American families should just relax. New York: Public Affair.
Lévi-Strauss, C. (1967). Strukturale Anthropologie. Frankfurt a. M.: Suhrkamp.
Lillard, A. S. (1997). Other folk's theories of mind and behavior. Psychological Science, 8 (4), 268–274.
Lutz, C. (1987). Goals, events, and understanding in Ifaluk emotion theory. In D. Holland, N. Quinn (Eds.), Cultural models in language and thought (pp. 290–312). New York: Cambridge University Press.
Meins, E., Fernyhough, C., Wainwright, R., Das Gupta, M., Fradley, E., Tuckey, M. (2002). Maternal mind-mindedness and attachment security as predictors of theory of mind understanding. Child Development, 73, 1715–1726.
Mesman, J., Minter, T., Angnged, A., Cissé, I. A. H., Salali, G. D., Migliano, A. B. (2017). Universality without uniformity: A culturally inclusive approach to sensitive responsiveness in infant caregiving. Child Development, 89 (3), 837–850.
Mullen, M. K., Yi, S. (1995). The cultural context of talk about the past: Implications for the development of autobiographical memory. Cognitive Development, 10, 407–419.
Nielsen, M., Haun, D., Kärtner, J., Legare, C. H. (2017). The persistent sampling bias in developmental psychology. Journal of Experimental Child Psychology, 162, 31–38.
Ochs, E. (1988). Culture and language development: Language acquisition and language socialization in a Samoan village. New York: Cambridge University Press.
Ochs, E., Schieffelin, B. (1984). Language acquisition and socialization. Three developmental stories and their implications. In R. Shweder, R. Levine (Eds.), Culture theory: Essays on mind, self, and emotion (pp. 276–320). New York: Cambridge University Press.
Otto, H. (2014). Don't show your emotions! Emotion regulation and attachment in the Cameroonian Nso. In H. Otto, H. Keller (Eds.), Different faces of attachment. Cultural variations on a universal human need (pp. 215–229). Cambridge, UK: Cambridge University Press.
Papoušek, H., Papoušek, M. (1995). Intuitive parenting. In M. H. Bornstein (Ed.), Handbook of

parenting. Volume 2: Biology and ecology of parenting (pp. 117–136). Mahwah: Lawrence Erlbaum Associates.
Rabain-Jamin, J. (2001). Language use in mother-child and young sibling interactions in Senegal. First Language, 21 (63), 357–385.
Reese, E., Fivush, R. (1993). Parental styles of talking about the past. Developmental Psychology, 29, 596–606.
Reese, E., Haden, C. A., Fivush, R. (1993). Mother child conversations about the past: Relationships of style and memory over time. Cognitive Development, 8, 403–430.
Robbins, J. (2008). On not knowing other minds. Confession, intention, and linguistic exchange in a Papua New Guinea Community. Anthropological Quarterly, 81, 421–429.
Rosaldo, R. (1980). Ilongot Headhunting: 1883–1974: A Study in Society and History. Redwood City: Stanford University Press.
Rothbaum, F., Pott, M., Azuma, H., Miyake, K., Weisz, J. (2000). The development of close relationships in Japan and the United States: Paths of symbiotic harmony and generative tension. Child Development, 71 (5), 1121–1142.
Scheidecker, G. (2017). Kindheit, Kultur und moralische Emotionen: Zur Sozialisation von Furcht und Wut im ländlichen Madagaskar. Bielefeld: Transcript.
Schröder, L., Kärtner, J., Keller, H., Chaudhary, N. (2012). Sticking out and fitting in: Culture specific predictors of 3-years-old autobiographical memories during joint reminiscing. Infant Behavior and Development, 35 (4), 627–634.
Selby, H. A. (1974). Zapotec deviance: The convergence of folk and modern sociology. Austin: University of Texas Press.
Stasch, R. (2008). Knowing minds is a matter of authority: Political dimensions of opacity statements in Korowai moral psychology. Anthropological Quarterly, 81, 443–453.
Stern, D. N. (1985). The interpersonal world of the infant. A view from psychanalysis and developmental psychology. New York: Routledge.
Sternberg, R. J., Grigorenko, E. (Eds.) (2009). Intelligence, heredity and environment. Cambridge, UK: Cambridge University Press.
Taubner, S. (2015). Konzept Mentalisieren. Eine Einführung in Forschung und Praxis. Gießen: Psychosozial-Verlag.
Taylor, C. (1989). Sources of the self: The making of the modern identity. Cambridge: Harvard University Press.
Wang, Q. (2007). »Remember when you got the big, big bulldozer?« Mother-child reminiscing over time and across cultures. Social Cognition, 25 (4), 455–471.
Wang, Q., Leichtman, D. (2000). Same beginnings, different stories: A comparison of American and Chinese mothers and their 3-years-old children. Memory, 8, 159–177.
Wellman, H. M. (1992). The MIT Press series in learning, development, and conceptual change. The child's theory of mind. New York: The MIT Press.

Wie Kinder falsche Überzeugungen verstehen lernen: Ein Konzept der geteilten Intentionalität[1]

Michael Tomasello

Um das Verhalten von anderen vorherzusagen und zu erklären, muss man verstehen, dass deren Handlungen nicht von der Realität, sondern von ihren Überzeugungen über die Realität bestimmt werden. Klassischerweise lernen Kinder im Alter von etwa vier bis fünf Jahren, Überzeugungen einschließlich falscher Überzeugungen zu verstehen. Neuere Studien legen jedoch nahe, dass selbst Kleinkinder (und Affen!) bereits über einige dieser Fähigkeiten verfügen. Eine Lösung dieser Diskrepanz ist mit aktuellen, auf individueller Kognition basierenden Theorien nicht möglich. Stattdessen ist ein Ansatz erforderlich, der anerkennt, dass die soziale und mentale Koordination mit anderen Personen und deren (manchmal widersprüchlichen) Perspektiven die Schlüsselprozesse beim Aufbau eines Überzeugungsverständnisses sind. Eine solche soziale und mentale Koordination erfordert arttypische Fähigkeiten und Motivationen gemeinsamer Intentionalität – insbesondere solche, die sich in geteilter Aufmerksamkeit und sprachlicher Kommunikation manifestieren, sowie ausgefeilte Fähigkeiten der exekutiven Funktionen zur Koordination der verschiedenen Perspektiven. Dieses Konzept der gemeinsamen Intentionalität stimmt mit den dokumentierten Unterschieden in den kognitiven Fähigkeiten von Menschenaffen und Menschenkindern überein, und es erklärt, warum Kleinkinder und Affen einige False-Belief-Aufgaben erfolgreich lösen, während andere nur von älteren Kindern gelöst werden können.

To predict and explain the behavior of others, one must understand that their actions are determined not by reality but by their beliefs about reality. Classically, children come to understand beliefs, including false beliefs, at

---

1 Eine vorherige Version erschien unter dem Titel: Tomasello, M. (2018) How children come to understand false beliefs: A shared intentionality account. Proceedings of the National Academy of the United States of America (PNAS), 115:, 8491–8498. DOI: 10.1073/pnas.1804761115

about 4–5 years of age, but recent studies using different response measures suggest that even infants (and apes!) have some skills as well. Resolving this discrepancy is not possible with current theories based on individual cognition. Instead, what is needed is an account recognizing that the key processes in constructing an understanding of belief are social and mental coordination with other persons and their (sometimes conflicting) perspectives. Engaging in such social and mental coordination involves species-unique skills and motivations of shared intentionality, especially as they are manifest in joint attention and linguistic communication, as well as sophisticated skills of executive function to coordinate the different perspectives involved. This shared intentionality account accords well with documented differences in the cognitive capacities of great apes and human children, and it explains why infants and apes pass some versions of false-belief tasks whereas only older children pass others.

Auf dem Weg zum Verständnis des Geistes liegt die größte Herausforderung für kleine Kinder darin zu verstehen, wann andere einer falschen Überzeugung folgen. Warum sucht diese Person dort nach dem Spielzeug, wenn es hier drüben ist? Es ist derzeit sehr umstritten, wann Kinder dieses Verständnis erlangen, weil Experimente unterschiedlicher Art verschiedene Ergebnisse liefern. Dieser Aufsatz versucht, die Kontroverse zu lösen, indem er Theorie und Forschungsdaten auf eine andere Art und Weise integriert. Insbesondere wird argumentiert, dass kleine Kinder sich nicht einfach nur vorstellen, was in den Köpfen anderer vorgeht, sondern dass sie zu diesem Verständnis durch bestimmte Arten von sozialen und kommunikativen Interaktionen mit anderen gelangen, die einen Vergleich der jeweiligen Perspektiven erfordern.

Premack und Woodruff (1978) prägten den heute weitverbreiteten Begriff »Theory of Mind«. Sie schrieben einem Schimpansen eine Theory of Mind zu, der die Absichten eines Handlungsbeteiligten als von dessen offenem Verhalten verschieden wahrnehmen konnte (Premack u. Woodruff, 1978). In der anschließenden Diskussion im Fachgebiet bildete sich ein Konsens darüber heraus, dass die Essenz einer Theory of Mind nicht Intentionen, sondern eher Überzeugungen sind. Das heißt, um das Verhalten einer handelnden Person unter neuen Umständen vorherzusagen und zu erklären, muss man verstehen, dass sich diese nicht in Bezug auf die Realität, sondern in Bezug auf ihre Annahmen über die Realität verhält: Sie sucht dort drüben nach seinem Spielzeug (obwohl es sich objektiv hier befindet), weil sie glaubt, dass es dort drüben ist. Um zu verstehen, wie Überzeugungen funktionieren, muss man also die grundlegende (bis zu den alten Griechen zurück verfolgbare) Unterscheidung zwischen einer subjektiven (Erscheinung, Meinung, Annahme) und einer objektiven Perspektive (Realität, Tatsache, Wahrheit) verstehen.

Dementsprechend können wir sagen, dass es sich bei Überzeugungen um mentale Repräsentationen handelt, die von ihren Urheber:innen angenommen werden, um einer objektiven Realität zu begegnen, von denen aber jede:r, die:der etwas von solchen Dingen versteht, weiß, dass sie nicht mit der Realität übereinstimmen müssen. Die Probe dafür, ob jemand Überzeugungen versteht, besteht also darin, das Verhalten einer handelnden Person vorhersagen (und gegebenenfalls erklären) zu können, wenn diese eine falsche Überzeugung hat, das heißt, wenn die:der Handelnde aus ihrer:seiner subjektiven Perspektive betrachtet rational, aus einer objektiven Perspektive gesehen jedoch irrational handelt. Klassischerweise beginnen Kinder im Alter von etwa vier bis fünf Jahren, falsche Überzeugungen zu verstehen (vgl. Wellman, Cross u. Watson, 2001 für eine Übersicht und Metaanalyse). Diese Erkenntnis beruht auf Testaufgaben, bei denen die Kinder vorhersagen müssen, was ein Mensch mit einer falschen Überzeugung tun wird, entweder verbal oder indem sie darauf hinweisen, wohin der Mensch gehen wird. In den vergangenen zehn Jahren haben Forschende allerdings über ein überraschend kompetentes Verhalten von ein- bis zweijährigen Kindern bei einer Vielzahl von sogenannten »impliziten« oder »indirekten« False-Belief-Aufgaben berichtet. Einige Theoretiker:innen glauben, dass diese neuen Aufgaben für Kleinkinder ein Verständnis von falschen Überzeugungen messen und dass die klassischen Aufgaben erst im Alter von vier bis fünf Jahren gelöst werden, weil sie andere, fremde Aufgabenanforderungen beinhalten (Scott u. Baillargeon, 2017). Andere Forscher:innen nehmen dagegen an, dass die Aufgaben für Kleinkinder zwar eine interessante Kompetenz, aber nicht das Verständnis von falschen Überzeugungen betreffen (Apperly u. Butterfill, 2009; Perner u. Roessler, 2012; Rakoczy, 2017).

Vor Kurzem wurde der Einsatz in dieser Debatte erhöht. Zwei verschiedene Studien haben ergeben, dass sich Menschenaffen bei zwei der wichtigsten False-Belief-Aufgaben für Kleinkinder genauso kompetent verhalten wie menschliche Kleinkinder (Krupenye, Kano, Hirata, Call u. Tomasello, 2016; Buttelmann, Buttelmann, Carpenter, Call u. Tomasello, 2017). Dies steht im Gegensatz zu fünf früheren Studien mit Menschenaffen, die negative Ergebnisse bei Aufgaben gefunden haben, die so konstruiert wurden, dass sie den klassischen False-Belief-Aufgaben ähneln (Call u. Tomasello, 1999; Hare, Call u. Tomasello, 2001; Kaminski, Call u. Tomasello, 2008; Krachun, Carpenter, Call u. Tomasello, 2009; Krachun, Carpenter, Call u. Tomasello, 2010; siehe Tomasello u. Moll, 2013, für einen Überblick). Diese Diskrepanz zwischen der Leistung von Menschenaffen in den Kleinkind- und den klassischen Aufgaben, bei denen keine Unterschiede in den Fähigkeiten zur Bewältigung fremder Aufgabenanforderungen bestehen, stützt den Befund, dass die beiden Aufgabentypen unterschiedliche kognitive Fähigkeiten ansprechen und somit in den Jahren, die zwischen dem Erfolg in den beiden Aufgabentypen liegen, etwas Wichtiges in der sozialen Kognition der Kinder geschehen muss. Außerdem kommt dadurch die Möglichkeit in Betracht, dass die Erklärung für diesen Entwicklungsfortschritt in irgendeiner Weise mit den kognitiven und sozialen Prozessen zusammenhängt, die die Psychologie des Menschen am deutlichsten von derjenigen anderer Menschenaffen unterscheidet.

An dieser Stelle wird versucht zu erklären, was Kleinkinder bei den kindlichen False-Belief-Aufgaben tun, was ältere Kinder bei den klassischen False-Belief-Aufgaben tun und wie Kinder von der einen zur anderen Kompetenz gelangen. Die allgemeine Annahme ist hier, dass Kleinkinder die Kleinkinderaufgaben mithilfe der allgemeinen sozial-kognitiven Fähigkeiten der Menschenaffen lösen, die sich für den Wettbewerb mit anderen entwickelt haben, während ältere Kinder die klassischen Aufgaben mithilfe einzigartiger menschlicher sozial-kognitiver Fähigkeiten lösen, die sich für die Koordination psychischer Zustände mit kooperativen Partnern entwickelt haben und die auch als »Fähigkeiten und Motivationen gemeinsamer Intentionalität« (Tomasello, 2014, 2016) bekannt sind. Nach dieser Auffassung gelangen Kinder durch ihre fortwährenden Erfahrungen bei der Koordination mentaler Zustände mit anderen zu einem Verständnis falscher Überzeugungen, insbesondere im Zusammenhang mit ihren artspezifischen Formen der kooperativen sozialen Interaktion und Kommunikation. Diese Ansicht unterscheidet sich von bestehenden Theorien, z. B. Theorie-Theorien und den Simulationist-Theorien insofern, als es sich nicht nur um einen Prozess handelt, bei dem sich Kinder vorstellen, was in den Köpfen anderer Menschen vor sich geht. Es geht vielmehr um einen Vorgang, bei dem Kinder versuchen, ihre eigenen und die unterschiedlichen, manchmal widersprüchlichen Perspektiven ihrer Sozialpartner:innen zu koordinieren, oft mit einer zusätzlichen objektiven Perspektive im Hintergrund.

Was tun Kleinkinder (und Affen)?

Onishi und Baillargeon (2005) berichteten, dass 15 Monate alte Säuglinge überrascht sind (»länger schauen«), wenn eine Person, die die falsche Information über den Standort eines Objekts hat, nach wie vor an der richtigen Stelle danach sucht (Onishi u. Baillargeon, 2005). Southgate, Senju und Csibra (2007) stellten fest, dass 25 Monate alte Säuglinge in Antizipation zu dem Ort schauten, an dem eine Person (die sich auf die Suche machte) glaubte, dass ein Objekt sich befand, und nicht dorthin, wo es wirklich war (Southgate et al., 2007). Über diese Blickmessungen hinaus stellten Buttelmann, Carpenter und Tomasello (2009) fest, dass 18 Monate alte Säuglinge daraus folgerten, dass eine Person, die versuchte, einen leeren Eimer zu öffnen, wohl versuche, ihr Lieblingsspielzeug zurückzuholen, weil sie glaubte, dass es sich darin befinde (anstatt der Person beim Öffnen des Eimers zu helfen, holten sie das verlorene Spielzeug von einem anderen Ort; Buttelmann et al., 2009). In den neuen Studien mit Menschenaffen ermittelten Krupenye et al. (2016) positive Ergebnisse, indem sie das Paradigma von Southgate et al. (2007) verwendeten.[2] Auch hier stehen diese neuen Studien im Widerspruch zu fünf anderen Studien, die negative Ergebnisse mit Menschenaffen bei Aufgaben feststellten, die den klassischen Aufgaben ähneln (siehe Tomasello u. Moll, 2013).

Wie lässt sich die Tatsache erklären, dass sowohl Kleinkinder als auch Menschenaffen bei den False-Belief-Aufgaben für Kleinkinder erfolgreich sind, nicht aber bei den klassischen False-Belief-Aufgaben? Unsere Hypothese ist, dass sie bei der Lösung der (impliziten) Kleinkinderaufgaben die gleichen sozialkognitiven Fähigkeiten einsetzen, die sie bei einer Reihe anderer Aufgaben verwenden, die nicht als Maßstab für das Verständnis von falschen Überzeugungen gelten. Viele Studien zeigen, dass Kleinkinder und Affen das Verhalten einer handelnden Person vorhersagen können – entweder auf der Grundlage dessen, was diese gerade sieht, oder auf Basis von dem, was sie in der jüngsten Vergangenheit gesehen hat (und somit »weiß«, im Sinne von Wissen durch Erfahrung). Beispielsweise meiden rangniedrige Menschenaffen ein Stück Futter, wenn ein in der Nähe befindlicher dominanter Affe dieses sehen kann. Sie meiden es sogar, wenn der dominante Affe (der das Futter in diesem Moment nicht sehen kann) es wenige Augenblicke zuvor an seinem aktuellen Standort versteckt gesehen hat: Sie wissen nicht nur, was der dominante Affe sieht, sondern auch, was er weiß (Hare et al., 2001; Hare, Call, Agnetta u. Tomasello, 2000). Auch menschliche Kleinkinder sagen in einer Reihe verschiedener experimenteller Paradigmen voraus, was eine Person auf der Grundlage dessen, was sie sieht und weiß, tun wird (z. B. Flavell, Everett, Croft u. Flavell, 1981; Tomasello u. Haberl 2003; Moll, Koring, Carpenter u. Tomasello, 2006). Diese Experimente und viele ähnliche werden normalerweise so interpretiert, dass sie zeigen, dass Säuglinge und

---

2 Buttelmann et al. (2017) erzielten positive Ergebnisse, indem sie das Paradigma von Buttelmann et al. (2009) verwendeten.

Menschenaffen sich die epistemischen Zustände von Handelnden vorstellen und verfolgen sowie deren Verhalten entsprechend vorhersagen können.

Unsere Behauptung ist, dass Kleinkinder und Affen bei den False-Belief-Aufgaben im Grunde dasselbe tun wie in diesen anderen Studien: Sie stellen sich die epistemischen Zustände anderer vor und verfolgen sie. Theoretiker:innen, die behaupten, dass sie mehr tun als das, berufen sich auf die Tatsache, dass die Kleinkinder und Affen bei den False-Belief-Aufgaben über andere Informationen hinsichtlich des Ortes des gesuchten Objekts verfügen als die handelnde Person. Aus dieser Sichtweise greifen sie vermutlich auf ihr eigenes Wissen über den realen aktuellen Standort des gesuchten Objekts zurück, um festzustellen, dass die diesbezügliche Überzeugung der handelnden Person falsch ist.

Was wäre jedoch, wenn die Kleinkinder und Affen gar keine solche Feststellung träfen, sondern lediglich zu erkennen versuchten, was die handelnde Person sieht und weiß, ohne sich überhaupt um ihr eigenes (diskrepantes) Wissen hinsichtlich der Situation oder um die objektive Sachlage zu kümmern? In diesem Fall würden sie sich die epistemischen Zustände einer:eines Handelnden lediglich vorstellen und nachverfolgen, ebenso wie in vielen anderen Experimenten (siehe auch Southgate et al., 2007; Southgate, 2013).

Um bei den False-Belief-Aufgaben für Kleinkinder gut arbeiten zu können, müssen die Kinder und Affen nicht verstehen, dass die Überzeugung der handelnden Person falsch ist. Alles, was sie tun müssen, ist zu verfolgen, was diese in der jeweiligen Situation sieht oder gesehen hat und wie sich diese Information auf ihr Verhalten auswirkt, ohne jeglichen Bezug zu ihrer eigenen Sichtweise oder zur objektiven Situation herzustellen. Um dies zu verdeutlichen: Wir vertreten nicht die Meinung, dass die Kleinkinder und Affen nur prämentalisieren, das heißt Verhalten ohne Bezug auf irgendwelche psychischen Zustände vorhersagen (z. B. Heyes, 2017; siehe Krupenye, Kano, Hirata, Call u. Tomasello, 2017, für eine Widerlegung). Um vorherzusagen, was die handelnde Person tun wird, müssen sie mentale Zustände wie die visuelle Wahrnehmung, Absichten und Wissen verstehen, vielleicht in Analogie zu ihren eigenen mentalen Zuständen (Meltzoff u. Brooks, 2008; Karg, Schmelz, Call u. Tomasello, 2015), und wissen, wie diese mentalen Zustände die Verhaltensentscheidungen der handelnden Person beeinflussen. Sie müssen diese psychischen Zustände jedoch nicht mit ihrem eigenen Wissen bezüglich der objektiven Situation vergleichen.

Was machen ältere Kinder anders?

Auf Basis der aktuellen Daten können wir uns dieser Interpretation nicht sicher sein, aber lassen Sie uns für den Moment annehmen, dass sie zutrifft. Das Problem ist, dass im Prinzip die gleiche Interpretation auch für die klassischen False-Belief-Aufgaben gelten könnte, die nur vier- bis fünfjährige Kinder erfolgreich lösen können. Angenommen eine Person sieht, wie ein Gegenstand in die Kiste gelegt wird und dieser dann, nachdem die Person den Raum verlassen hat, in den Schrank gebracht wird. Um vorherzusagen, wo die Person bei ihrer Rückkehr suchen wird, muss das Kind in diesem Fall lediglich die bereits erlebte Erfahrung verallgemeinert haben, dass Menschen normalerweise dort nach Dingen suchen, wo sie sie zuletzt gesehen haben. (Dies funktioniert sinngemäß auch unter den Bedingungen der »True-Belief«-Kontrolle sowie bei der alternativen Hauptaufgabe der False-Belief-Kontrolle, wie der Change-Identity-Aufgabe: In diesem Fall muss das Kind die Verallgemeinerung gebildet haben, dass die Leute glauben, dass das Bild auf der Außenseite des Kastens das widerspiegelt, was sich im Inneren befindet.) Bei den klassischen False-Belief-Aufgaben wie auch bei den Versionen für Kleinkinder scheint es daher für den Erfolg einfach auszureichen, sich die epistemischen Zustände der handelnden Person vorzustellen oder sie nachzuverfolgen, ohne dass man diese Zustände mit den eigenen epistemischen Zuständen oder mit der objektiven Situation vergleichen muss.

Es gibt allerdings noch eine wichtige zusätzliche Tatsache: Wenn Kinder sich die epistemischen Zustände der handelnden Person einfach nur vorstellen oder verfolgen, müssten sie im Alter von einem bis fünf Jahren in den Kleinkind- und klassischen Aufgaben kontinuierlich erfolgreich sein, wobei mangelndes Verständnis zu zufälligem Raten führt. Doch bekanntermaßen erraten dreijährige Kinder nicht einfach zufällig, wo die Person suchen wird; stattdessen sagen sie systematisch voraus, dass die Person an dem Ort suchen wird, von dem sie selbst wissen (nicht aber die andere Person), dass das Objekt sich dort befindet (was die sogenannte »Anziehungskraft des Realen« widerspiegelt). Warum machen Dreijährige diesen Fehler, wenn selbst Kleinkinder ihn nicht machen? Eine Möglichkeit ist, dass dieser Fehler tatsächlich einen konzeptuellen Fortschritt darstellt, da er auf einer sich herausbildenden Konzeptualisierung einer objektiven Perspektive auf die Situation basiert, das heißt, was »wirklich ist«, unabhängig von der subjektiven Perspektive des Einzelnen. Da dieses Verständnis gerade erst im Entstehen begriffen ist, wenden die Dreijährigen es zu weit an, wenn sie davon ausgehen, dass Menschen ihre Suche nach Dingen an einer objektiven Perspektive orientieren (Perner u. Roessler, 2012). Diese Annahme macht durchaus Sinn, da Kinder häufig Situationen ausgesetzt sind, in denen ein:e Erwachsene:r etwas weiß, von dem sie selbst nicht mitbekommen haben, dass die:der Erwachsene es gelernt hat; z. B. weiß die Mutter oft, was im Haus eines Freundes passiert ist, obwohl sie nicht dort war. Die Verwirrung der Dreijährigen wird nur noch dadurch verstärkt, dass sie über eine kooperative Voreingenommenheit verfügen, die sie dazu veranlassen kann, die Frage des Versuchsleitenden nach dem Ort, an dem die Person suchen wird, als eine Frage nach dem Ort, an dem die Person suchen soll, zu interpretieren (Helming, Strickland u. Jacob, 2014).

So begreifen Dreijährige möglicherweise eine objektive Perspektive auf die Situation, aber sie koordinieren diese objektive Perspektive nur unzureichend mit den subjektiven Perspektiven (siehe Rubio-Fernández u. Geurts, 2013, für ein Experiment, das diese Koordination erleichtert und bei den Dreijährigen erfolgreich durchgeführt wird). Tatsächlich schließt ein Verständnis, das dem einer:eines Erwachsenen ähnelt, drei koordinierte Perspektiven ein: die Perspektive der handelnden Person, die eigene Perspektive des Kindes und die objektive Perspektive darauf, wie die Dinge wirklich sind. Bei der klassischen Aufgabe werden die Perspektive des Kindes und die objektive Perspektive gewissermaßen vermischt (das Kind hat gesehen, wie das Spielzeug an einen neuen Ort gebracht wurde, von dem es nun annimmt, dass es sich auch tatsächlich dort befindet). Ein vollwertiges, erwachsenenähnliches Verständnis würde jedoch den Vorbehalt einschließen, dass das Kind selbst möglicherweise falschliegen könnte; vielleicht hat das Möbelstück einen falschen Boden oder jemand hat es ausgetrickst. Die objektive Situation ist nicht nur unabhängig von dem, was die handelnde Person glaubt, sondern auch von dem, was das Kind als Beobachter glaubt. Eine völlig dem Verständnis Erwachsener entsprechende Vorstellung wäre demnach, dass die handelnde Person glaubt, der Gegenstand befinde sich in der Schachtel; das Kind als Beobachter glaubt, dass er sich im Schrank befindet, weil es gesehen hat, dass er dorthin gebracht wurde; daher ist die sinnvollste Vermutung des Kindes, dass die objektive Situation mit seiner eigenen Überzeugung übereinstimmt (weil es selbst gute Belege dafür hat, während diejenigen der handelnden Person irreführend sind). Um den Begriff der Überzeugung vollständig zu erfassen, muss man verstehen, dass die:der Betreffende – die handelnde Person, die Beobachterin oder beide – unabhängig davon, ob die Beweise schwach oder stark sind, aus objektiver Sicht immer falschliegen kann beziehungsweise können. Das definiert den Begriff »Überzeugung«.

Zusätzlich zu diesem interessanten u-förmigen Entwicklungsmuster – Kleinkinder liegen bei den Aufgaben für Kleinkinder meist richtig, Dreijährige orientieren sich bei den klassischen Aufgaben systematisch an der Realität, und ältere Kinder koordinieren die verschiedenen Perspektiven wie Erwachsene – deutet eine zweite wichtige Tatsache darauf hin, dass nur die älteren Kinder ein vollständiges Verständnis des Begriffs »Überzeugung« haben. Bei älteren Kindern korreliert die Leistung in der False-Belief-Aufgabe mit der Leistung in mehreren anderen Aufgaben, die nicht durch einfaches Vorstellen oder Verfolgen epistemischer Zustände gelöst werden können (siehe Rakoczy, 2017, für eine selektive Betrachtung). Wichtig ist, dass Experimente, die diese Aufgaben untersuchen, zudem dazu beigetragen haben, die Natur des kindlichen Denkens zu identifizieren (und damit natürlich auch die False-Belief-Aufgabe). Diese Studien basieren alle auf der Konzeptualisierung der falschen Überzeugung von Perner und Kolleg:innen (Perner, Brandl u. Garnham, 2003) und den damit in Zusammenhang stehenden Aufgaben, die Kinder mit »Perspektivproblemen« konfrontieren, das heißt mit Problemen, die dadurch entstehen, dass verschiedene Personen scheinbar unvereinbare Perspektiven auf dieselbe objektive Situation (wie das Kind sie sich vorstellt) haben.

Eine solche Aufgabe ist die visuelle Perspektivenübernahme. Moll und Meltzoff (2011) vermittelten Dreijährigen die Erfahrung mit einem Farbfilter, der beim Durchschauen die scheinbare Farbe der Dinge dahinter verändert. Der Trick bestand darin, dass ein Erwachsener auf der anderen Seite eines Tisches eines der Objekte durch einen Gelbfilter sah, sodass das Objekt grün erschien. Der Erwachsene, der geradeaus schaute, verlangte dann entweder »das blaue« oder »das grüne«. Obwohl die Objekte aus der Perspektive der Kinder identisch zu sein schienen, wählten sie in beiden Fällen das korrekte Objekt für den Erwachsenen aus. In dieser Studie konnten die Kinder jedoch einfach die beiden Objekte anschauen und bestimmen, welches von ihnen dem Erwachsenen grün erscheinen würde, ohne die Perspektive des Erwachsenen mit ihrer eigenen zu kontrastieren (Moll u. Meltzoff, 2011). Moll, Meltzoff, Merzsch und Tomasello (2013) modifizierten daher die Aufgabe so, dass die Kinder die Farbe des Objekts sowohl aus ihrer eigenen Perspektive als auch aus der Perspektive eines Erwachsenen auf der anderen Seite eines Farbfilters identifizieren mussten (entweder verbal oder durch Zeigen auf ein Farbmuster): Sie wurden gefragt: »Wie sieht es für dich aus? Und für mich?« Nun ließen sich die Dreijährigen von der Realität leiten und gaben an, dass das Objekt sowohl für den Erwachsenen als auch für sie selbst blau erscheine; erst Viereinhalbjährige verstanden, dass das Objekt, das ihnen blau erschien, für den Erwachsenen auf der anderen Seite des Tisches grün aussah. Obwohl es nichts Unvereinbares ist, dass etwas für mich blau und für Sie grün erscheint, wenn Farbfilter im Spiel sind, ist es wahrscheinlich, dass die Dreijährigen die Farbe eines Objekts als ein objektives Attribut betrachten: Etwas kann nicht gleichzeitig komplett grün und auch komplett blau sein. Wenn man also bedenkt, dass Dreijährige sich gut vorstellen können, was andere in gewöhnlichen Situationen sehen, ist es wahrscheinlich, dass ihr aufkommender Sinn für eine objektive Perspektive – die Farbe, die der Gegenstand wirklich hat – und/oder ihre Unfähigkeit, zwei Perspektiven gleichzeitig zu koordinieren, ihre Fähigkeit beeinträchtigt, die visuelle Perspektive des anderen einzunehmen, wenn sie diese explizit mit ihrer eigenen vergleichen müssen (Moll et al., 2013).

Eine zweite Aufgabe dieser Art ist die Scheinrealitäts-Aufgabe (»appearance-reality task«). Dabei müssen Kinder verstehen, dass es sich bei einem Objekt, das eine Sache zu sein scheint, in Wirklichkeit um eine andere handelt, z. B. dass ein Objekt, das wie ein Stein aussieht, in Wirklichkeit aber ein Schwamm ist (Flavell et al., 1981). Kinder haben auch mit dieser Aufgabe zu kämpfen, bis sie vier oder fünf Jahre alt sind. Moll und Tomasello (2012) haben die klassische Aufgabe ebenfalls modifiziert, um Fälle mit und ohne widersprüchliche Perspektiven zu unterscheiden. In einer ersten Studie stellten sie Dreijährigen einen nicht trügerischen Gegenstand und einen trügerischen Gegenstand vor: z. B. eine Tafel Schokolade zusammen mit einem Radiergummi, der wie eine Tafel Schokolade aussah. Dann baten sie die Kinder, auf die »echte Schokoladentafel« zu zeigen oder alternativ auf »diejenige, die nur wie eine Tafel Schokolade aussieht«. Die Dreijährigen konnten die einzelnen Objekte meist korrekt identifizieren. In einer zweiten Studie wurde Kindern im gleichen Alter jedoch ein einzelner mehrdeutiger Gegenstand vorgelegt und sie wurden gebeten, auf eines von zwei Objekten zu zeigen – einen Radiergummi oder eine Tafel Schokolade –, wenn sie gefragt wurden, wie dieser einzelne Gegenstand »nur aussieht« und »was er wirklich ist«. Dieselben Kinder, die zuvor mit zwei verschiedenen Objekten erfolgreich waren, waren nicht in der Lage, dieses Paar von Fragen zu einem einzelnen Objekt korrekt zu beantworten. Moll und Tomasello (2012) interpretierten diesen Befund in der gleichen Weise wie ihre Erkenntnisse über die visuelle Perspektivenübernahme: In der ersten Aufgabe brauchten die Kinder ein Objekt nur auf eine Weise zu konzeptualisieren (das heißt entweder als Schokolade oder als Radiergummi), während sie das Objekt bei der zweiten Aufgabe auf zwei verschiedene Arten gleichzeitig konzeptualisieren mussten, und die beiden Möglichkeiten schienen sich zu widersprechen. Wie bei der Aufgabe zur visuellen Perspektivenübernahme ist es wahrscheinlich, dass die Dreijährigen Schwierigkeiten hatten, weil sie sich an einer objektiven Perspektive orientierten, sodass es sich bei einem Gegenstand nicht um zwei verschiedene Dinge zugleich handeln kann. Vierjährige lösen diesen scheinbaren Konflikt oder sehen ihn gar nicht erst, wenn sie ein neues Verständnis der Situation entwickeln, das den verschiedenen Perspektiven Rechnung trägt: Objekte können als eine Sache erscheinen, aber als eine andere funktionieren (Moll u. Tomasello, 2012).

Eine letzte Aufgabe derselben allgemeinen Art ist die sogenannte »Dualnaming-Aufgabe« (Doherty u. Perner, 1998). Kinder, die jünger als vier oder fünf Jahre alt sind, haben Schwierigkeiten, die Tatsache in Einklang zu bringen, dass derselbe Gegenstand »ein Pferd« oder »ein Pony« oder in einem anderen Fall »ein Pferd« oder »ein Tier« genannt werden kann (die klassische Klasseninklusionsaufgabe). Auch hier gibt es in der Tat keinen Konflikt, wenn man erst einmal gelernt hat, wie sprachliche Bezeichnungen funktionieren; man kann etwas »ein Tier« oder »ein Pferd« oder »ein Pony« oder »ein Fohlen« oder »die Nervensäge« oder »ein Ärgernis« nennen, je nachdem, wie man die Entität oder Situation für seine:n Kommunikationspartner:in perspektivisch einschätzen will. In der linguistischen Philosophie sagt man, dass derselbe Gegenstand unter verschiedenen Beschreibungen oder verschiedenen Aspekten gesehen oder konstruiert wird. Kleinkinder begreifen die Situation zunächst vermutlich nicht auf diese Weise und nehmen wahrscheinlich an, dass die Bezeichnung eines Gegenstandes eine inhärente Eigenschaft ist, sodass es nur eine einzige objektiv korrekte Bezeichnung auf einmal gibt; diese Annahme erzeugt den Konflikt (Markman, 1989). Kürzlich haben Rakoczy et al. (2014; siehe auch Perner, Mauer u. Hildenbrand 2011; Oktay-Gür, Schulz u. Rakoczy, 2018) kleine Kinder auf ein Verständnis von Aspektualität getestet. Zuerst sahen sie ein Trickobjekt in einem bestimmten Zustand und nahmen an, es sei eine Spielzeugkarotte; später sahen sie es in einem anderen Zustand und nahmen an, es sei ein Spielzeugkaninchen. Erst im Alter von vier bis fünf Jahren begriffen die Kinder, dass es sich bei einem Objekt, das sie unter zwei verschiedenen Beschreibungen kannten – Karotte und Kaninchen – tatsächlich um denselben Gegenstand handeln konnte. Auch hier ist festzustellen, dass die jüngeren Kinder wohl annahmen, dass ein Objekt, wenn es einmal eine Bezeichnung hatte, durch diese Bezeichnung als das definiert wurde, was es objektiv war, und dass es nicht gleichzeitig etwas anderes sein konnte. Wichtig ist, dass Rakoczy et al. (2014) auch herausgefunden haben, dass die Fähigkeit der Kinder, diese »Dual-Identity-Aufgabe« gut zu erfüllen, ziemlich stark mit ihrer Leistung bei einer False-Belief-Aufgabe korreliert, die so gestaltet ist, dass sie in ihrer Aufgabenstruktur und ihren Anforderungen sehr ähnlich ist. Dieses Ergebnis stützt zusätzlich den Vorschlag, dass Vorschulkinder bei der Lösung perspektivischer Probleme einschließlich der klassischen False-Belief-Aufgabe auf ähnliche kognitive Prozesse zurückgreifen.

Auf diese Weise präsentierte perspektivische Probleme konfrontieren Kinder daher mit widersprüchlichen Perspektiven auf eine objektive Situation, die irgendwie gelöst oder koordiniert werden müssen, gegebenenfalls durch die Konstruktion neuer Konzepte. So sehen die Kinder ein Objekt, das aus verschiedenen Richtungen entweder grün oder blau erscheint, und dies scheint auf den ersten Blick nicht möglich zu sein. Die Lösung besteht in der Erkenntnis, dass dieselbe objektive Situation gleichzeitig aus verschiedenen Blickwinkeln (insbesondere durch einen Farbfilter) auf unterschiedliche Weise erscheinen kann. In ähnlicher Weise kann ein Objekt so aussehen, als gehöre es zu einem bestimmten Objekttyp, aber aus einer anderen Perspektive (mit abweichender Wahrnehmungsinformation) kann es sich in Bezug auf das, worum es sich tatsächlich handelt oder wozu es bestimmt ist, als etwas ganz anderes herausstellen (z. B. als ein Stein oder ein Schwamm). Die Lösung besteht wiederum in der Erkenntnis, dass es zwei mögliche Perspektiven auf dieselbe objektive Sache gibt, in diesem Fall eine, die mit ihrem Aussehen und eine, die mit ihrer Funktion übereinstimmt. Schließlich finden es jüngere Vorschulkinder ganz natürlich, die Bezeichnung eines Gegenstandes als eine objektive Eigenschaft dieses Objektes zu betrachten, was bei ihnen – anders als bei Erwachsenen – zu einer Abneigung gegen die gleichzeitige Bezeichnung desselben Gegenstandes mit unterschiedlichen Begriffen führt. Ein Verständnis der perspektivischen beziehungsweise aspektuellen Natur der sprachlichen Konventionen löst das Problem. In all diesen Fällen erfordert die Lösung eine flexible Koordination der verschiedenen Perspektiven, einschließlich einer objektiven Perspektive, mit der alle anderen irgendwie kompatibel sein müssen. Auf die False-Belief-Aufgabe angewandt, kann sich das Spielzeug eindeutig nicht an zwei Orten gleichzeitig befinden, da eine objektive Perspektive nur einen einzigen Ort spezifizieren kann und die Lösung darin besteht, dass entweder die handelnde Person oder das Kind (oder beide) eine falsche Perspektive auf die (beziehungsweise eine falsche Überzeugung bezüglich der) Situation hat beziehungsweise haben.

Auch wenn wir uns dieser Interpretation nicht sicher sein können, so bringt sie doch Kohärenz in das Verhalten der Kinder in einer Reihe von verschiedenen Aufgaben im Alter von vier bis fünf Jahren. Bei all diesen Aufgaben beginnen die Vier- bis Fünfjährigen zu verstehen, dass individuelle Perspektiven die objektive Situation widerspiegeln können oder auch nicht. Sie beginnen, zwischen subjektiven und objektiven Perspektiven zu unterscheiden, und diese Einsicht hilft ihnen, verschiedene spezifische Perspektivenkonflikte zu lösen.

Ein Ansatz der gemeinsamen Intentionalität

Theorien darüber, wie Kinder falsche Überzeugungen verstehen lernen, reichen von Ansätzen eines angeborenen Theory-of-Mind-Moduls (Leslie, Friedman u. German, 2004) bis hin zu der Idee, dass Kinder von den Erwachsenen explizit gelehrt werden müssen, die Gedanken anderer Menschen zu lesen, so wie ihnen das Lesen von Büchern beigebracht wird (Heyes u. Frith, 2014). Zwischen diesen Extremen liegt die Auffassung, dass kleine Kinder, ebenso wie Wissenschaftler:innen, neues Wissen durch Prozesse der Hypothesenprüfung und des Lernens erwerben, wobei hypothetische Konstrukte wie eine »Überzeugung« konstruiert werden, um Verhalten zu erklären (z. B., wenn jemand so handelt, als ob er die Realität nicht wahrnimmt; Gopnik u. Wellman, 2012). Es gibt auch Überlegungen, dass menschliche Erwachsene sowohl mit einem evolutionär alten System des Gedankenlesens arbeiten, das in der Kindheit entsteht und insofern minimal ist, als es sich nicht auf psychische Zustände an sich konzentriert, als auch mit einem ausgefeilteren System des »Gedankenlesens«, das bei älteren Kindern entsteht, auf verschiedene ausgefeilte Arten von psychischen Zuständen ausgerichtet ist und vermutlich durch individuelle Erfahrung gelernt wird (Apperly u. Butterfill, 2009; Butterfill u. Apperly, 2013).

Im Gegensatz zu den Ansätzen, die sich auf das einzelne Kind beziehen, konzentriert sich diese Darstellung auf die Versuche der Kinder, sich sozial und mental mit anderen zu koordinieren. Der Punkt ist, dass ich, um zu verstehen, dass Sie eine falsche Überzeugung haben, mich entscheiden muss, dass Ihre Vorstellung der objektiven Situation nicht mit meiner Vorstellung der objektiven Situation übereinstimmt. Ich gehe davon aus, dass meine Darstellung mit der objektiven Situation übereinstimmt, verstehe aber, dass dem nicht zwingend so sein muss. Dies erfordert genau die Art der Koordination von Perspektiven einschließlich einer objektiven Perspektive, die wir bereits oben bei vierjährigen Kindern gesehen haben, wenn sie Aufgaben zur visuellen Perspektivenübernahme, zur Scheinrealität oder zu linguistischen Aspekten lösen. Die zentrale Behauptung, die diese Darstellung von anderen in diesem Bereich unterscheidet, ist, dass diese Koordination der mentalen Perspektiven nichts ist, was ein Individuum alleine tun kann oder überhaupt könnte. Ein einzelnes Individuum kann nicht zu dieser neuen Art des Begreifens solcher Sachverhalte gelangen, weder durch die Erfindung einer klugen Theorie noch durch die Nachahmung der Erfahrungen anderer.

Vielmehr muss ein Individuum, um Perspektiven zu koordinieren und so den Unterschied zwischen subjektiver und objektiver Perspektive zu verstehen, gleichzeitig mit einem anderen Individuum über eine gemeinsame Situation triangulieren:[3] Wir beide beschäftigen uns mit X, aber du siehst es auf deine und ich sehe es auf meine Weise. Wir verstehen, dass wir beide die Aufmerksamkeit auf dieselbe Sache (unter derselben Beschreibung) richten, aber gleichzeitig hat jede:r von uns eine eigene Perspektive darauf.

---

3   Um Davidsons (2001) Begriff zu verwenden.

Ontogenetisch gesehen liegt der Ausgangspunkt für das Entstehen der arttypischen einzigartigen Kompetenzen und Motivationen der gemeinsamen Aufmerksamkeit von Kleinkindern im Alter von etwa neun Monaten. So handeln Säuglinge etwa im gleichen Alter, in dem sie sich die epistemischen Zustände anderer in kindlichen False-Belief-Aufgaben vorstellen und verfolgen, auch gemeinsam mit anderen, um gemeinsam Dinge zu tun. Im Kontext der geteilten Aufmerksamkeit könnte man sagen, dass das Kleinkind und sein Gegenüber sich zwar als gemeinsam an derselben Sache beteiligt verstehen, aber gleichzeitig begreifen, dass sie dies aus unterschiedlichen Perspektiven tun; sie triangulieren darüber. Geteilte Aufmerksamkeit und unterschiedliche Perspektiven stellen psychologisch gesehen also eine Einheit dar, denn ohne geteilte Aufmerksamkeit gibt es kein gemeinsames Objekt, auf das beide unterschiedliche Perspektiven haben können; sie sehen schlicht unterschiedliche Dinge (Moll u. Tomasello, 2007). Diese Art des sozialen Zusammenwirkens wurde als »Struktur auf zwei Ebenen« der gemeinsamen Intentionalität bezeichnet, weil sie gleichzeitig einen gemeinsamen Fokus auf etwas und individuelle Perspektiven darauf beinhaltet (Tomasello, 2014).

In den Interaktionen mit geteilter Aufmerksamkeit versuchen die Partner:innen, ihre Ziele und ihre Aufmerksamkeit fortwährend aufeinander abzustimmen. Die Ausrichtung der Aufmerksamkeit kann dadurch erfolgen, dass ein Individuum einfach der Aufmerksamkeit des anderen folgt und dann auf irgendeine Weise (z. B. durch einen gegenseitigen Blick) bestätigt, dass es sich nun um eine geteilte Aufmerksamkeit handelt. Doch oftmals versucht ein Individuum durch referenzielle Kommunikation aktiv, die Aufmerksamkeit des anderen mit seiner eigenen in Einklang zu bringen. In der prototypischen Situation zwischen Kind und Erwachsenem initiiert einer der Partner den Prozess, indem er dem anderen einen Gegenstand anbietet, ihm einen Gegenstand zeigt, auf ein interessantes Ereignis hinweist oder einfach sprachliche Mittel benutzt. Das Ziel des Kommunizierenden ist es, dass die Adressatin ihre Aufmerksamkeit auf das richtet, worauf diejenige des Kommunizierenden bereits gerichtet ist; das (referenzielle) Ziel des Kommunizierenden ist die Zusammenführung der Aufmerksamkeit beider zu einer geteilten Aufmerksamkeit (Tomasello, 1998; Tomasello, 2008). Wenn die Adressatin darauf eingeht, verschiebt sie ihre eigene individuelle Aufmerksamkeit von etwas anderem auf die gemeinsame Wahrnehmung mit der Partnerin oder dem Partner. Die zwischenmenschliche Aushandlung beinhaltet also die sequenzielle Umstellung jedes Partners von der individuellen auf die geteilte Aufmerksamkeit, entweder als Kommunikator oder als Empfängerin. Anders als wenn man sich einfach vorstellt, was eine andere Person sieht oder worauf sie achtet, ohne das zu berücksichtigen, was man selbst sieht oder worauf man achtet, rückt beim Aushandeln der geteilten Aufmerksamkeit die Beziehung zwischen den beiden Perspektiven in den Mittelpunkt. Die beiden Perspektiven sind noch nicht miteinander koordiniert, und um zu wissen, dass sie jetzt aufeinander abgestimmt sind – nach der Kommunikation – muss man zumindest eine gewisse Vorstellung vom Inhalt beider Perspektiven und deren Beziehung haben. Dies erfordert eine exekutive Ebene der kognitiven Funktion (eine Vogelperspektive), auf der die beiden Perspektiven in derselben Darstellungsform verglichen werden können, um zu sehen, ob eine Übereinstimmung besteht (siehe im Folgenden für eine weitere Diskussion der Rolle der exekutiven Funktion).

Dann, im Alter von einem bis drei Jahren, beginnen die Kinder, die Kommunikation über eine konventionelle Sprache zu lernen. Ihre früheste Sprache ist hauptsächlich auf der Ebene der individuellen Äußerung organisiert, aber im Alter von etwa zweieinhalb Jahren beginnen sie, an relativ ausgedehnten Gesprächen teilzunehmen, in denen die Partner:innen abwechselnd Kommentare zu einem wechselseitig verstandenen Thema abgeben. Unterhaltungen, in denen das Thema sprachlich ausgedrückt wurde, beinhalten somit eine geteilte Aufmerksamkeit auf einer neuen Ebene: die geteilte Aufmerksamkeit auf den mentalen Inhalt, definiert als gemeinsamer Fokus auf ein mentales Konstrukt von etwas, zu dem unterschiedliche Perspektiven oder Einstellungen zum Ausdruck gebracht werden (O'Madagain u. Tomasello, 2021; siehe auch Harris, 2005, für eine entsprechende Übersicht). Die Themen-Kommentar-Struktur des Diskurses kann somit als eine weitere Ausformung der Zwei-Ebenen-Struktur von gleichzeitiger Teilhabe und Individualität gesehen werden: Eine Äußerung wird gemacht, die eine bestimmte Art von mentalem Inhalt ausdrückt, z. B. »Schau dir diese Katze an«, und sie wird beantwortet mit einem Kommentar zu demselben wechselseitig verstandenen Thema, z. B. »Es ist eine Abessinier«. Dies kann dann wiederum beantwortet werden mit: »Das ist die Katze von meiner Schwester.« Auf ein gemeinsam betrachtetes Thema, die Katze, werden verschiedene Haltungen und/oder Perspektiven geäußert. Diese Art der Triangulation im Diskurs ist die Basis, von der aus kleine Kinder entdecken, dass die mentalen Perspektiven selbst, das heißt der mentale Inhalt konventioneller sprachlicher Ausdrucksformen, aus verschiedenen Perspektiven betrachtet werden können.

Von besonderer Bedeutung für die gegenwärtige Fragestellung sind Gespräche von Kindern, in denen das Thema eine Aussage ist, das heißt eine Art wahrheitsgemäße Behauptung wie »Diese Katze ist krank«, auf die die Antwort »Nein, sie ist nicht krank« oder »Du irrst dich« lauten kann. Bei einem solchen Dialog erfolgt eine sprachlich ausgedrückte Tatsachenbehauptung, gefolgt von der Äußerung einer widersprüchlichen Haltung (oder Perspektive) bezüglich des gedanklichen Inhalts dieser Tatsachenbehauptung; es kann jedoch nicht beides korrekt sein. Gespräche dieser Art werden erst dann denen von Erwachsenen ähnlich, wenn das Kind eine objektive Perspektive einnehmen und die Behauptung im Hinblick auf die objektive Situation beurteilen kann. Eine Fülle von Daten deutet darauf hin, dass dies bei vielen Aktivitäten im Alter von etwa drei Jahren geschieht, das heißt, in diesem Alter beginnen Kinder, die Dinge objektiv aus der Perspektive von »jedermann« zu verstehen. Sie verstehen z. B., dass einige Wissensinhalte von allen in der Kultur, sogar von Fremden, geteilt werden (Liebal, Carpenter u. Tomasello, 2013); sie verstehen, dass jede:r in der Kultur die gleichen sprachlichen Konventionen kennt (Diesendruck, Carmel u. Markson, 2010); sie verstehen Pädagogik als Vermittlung von kulturellem Allgemeinwissen (Butler u. Tomasello, 2016); sie korrigieren Menschen, die falsche Aussagen machen, auf normative Weise (Rakoczy u. Tomasello, 2009); und sie setzen soziale Normen durch und zeigen andere Anzeichen von verstehender Normativität, die für jede:n in der Kultur gleichermaßen gilt (Rakoczy, Warneken u. Tomasello, 2008; siehe auch Schmidt, Rakoczy u. Tomasello, 2012 für eine Übersicht). Wichtig ist, dass es bei den meisten dieser Handlungen auch gute Belege dafür gibt, dass die Zweijährigen über diese universelle Perspektive noch nicht verfügen (siehe auch Tomasello, 2019 für einen Überblick). Die wichtigste Schlussfolgerung für die aktuelle Fragestellung ist also, dass die objektive Perspektive, die einen Diskurs über die Wahrheit von Aussagen ermöglicht, im Alter von etwa drei Jahren auftaucht. Tomasello (2014) geht davon aus, dass die Fähigkeit und die Tendenz, Dinge objektiv zu konzeptualisieren, in der Evolution des Menschen als Teil der menschlichen Anpassung an die Kultur entstanden sind. Mit dem Entstehen kultureller Gruppen begannen Dinge wie Konventionen, soziale Normen und Institutionen, die sozialen Interaktionen zu strukturieren. Diese überindividuellen sozialen Strukturen erforderten von den einzelnen Gruppenmitgliedern nicht nur die individuelle Perspektive, sondern auch eine Art verallgemeinerte kulturelle Perspektive auf die jeweiligen Umstände. Dabei wird die Behauptung aufgestellt, dass in der Ontogenese das Alter von drei Jahren der Zeitpunkt ist, an dem kleine Kinder beginnen, gruppenorientiert und kulturell zu denken und somit eine objektive Perspektive einzunehmen. Vermutlich entsteht in diesem Alter eine ausreifende Fähigkeit, die sich aber nur durch soziale Interaktion mit anderen vollziehen kann (Tomasello, 2014, 2019).

Die für ein zufriedenstellendes Ergebnis notwendige Abstimmung in einem solchen Diskurs beinhaltet also die Koordination von drei Perspektiven – die des anderen, meine und die objektive Perspektive – und beruht oft auf der Erkenntnis, dass einige Perspektiven ungenau sind oder dass die verschiedenen Perspektiven vielleicht doch nicht unvereinbar sind, z. B. weil es sich um verschiedene

Katzen oder verschiedene Kriterien für Krankheiten handelt. Diese Funktionsweise ist auch entscheidend für die Beherrschung dessen, was man als »propositionale Haltungskonstruktionen« oder »Komplementsatzkonstruktionen« bezeichnet, wie z. B. »Sie glaubt, dass die Katze krank ist« oder »Ich hoffe, die Katze ist nicht krank«. In diesen Konstruktionen formuliert die:der Sprechende einen Satz, bettet ihn aber in eine propositionale Haltung wie »Ich glaube, dass ...« ein. Diessel und Tomasello (2001) stellten fest, dass Dreijährige solche Konstruktionen zwar verwenden, aber meist auf sehr formelhafte Weise, die keine Konzeptualisierung von mentalen Zuständen oder Perspektiven erfordert (z. B. bedeutet »Ich glaube, es regnet« für sie lediglich »Vielleicht regnet es«). Erst im Alter von vier oder fünf Jahren verstehen die Kinder die Koordination der beteiligten Perspektiven, das heißt, die Katze ist objektiv krank oder nicht, und dies ist unabhängig von der Einstellung zu dieser Tatsache, die die:der Sprechende im Hauptsatz ausdrückt (Diessel u. Tomasello, 2001). Wenn sie diese aussagenlogischen Haltungskonstruktionen vollständig verstanden haben, erwerben kleine Kinder ein einziges repräsentatives Format, um sowohl die objektive Perspektive als auch eine gewisse subjektive Einstellung dazu auszudrücken (de Villiers, 2000). Der theoretische Grundgedanke ist also, dass der durch die Entstehung einer objektiven Perspektive ermöglichte Perspektivenaustausch im sprachlichen Diskurs über wahrheitstragende Aussagen bereits im Alter von etwa drei Jahren beginnt und entscheidend dafür ist, dass Kinder die Situation, wie sie objektiv ist, von der Situation unterscheiden können, wie verschiedene Individuen subjektiv glauben, dass sie ist (Bartsch u. Wellman, 1995).

Zusammenfassend lässt sich sagen, dass Affen sich epistemische Zustände nur vorstellen oder nachverfolgen können; sie verstehen keine unterschiedlichen Perspektiven auf eine gemeinsame Situation. Das bedeutet, dass es keine Möglichkeit für Perspektivprobleme gibt, keine Gelegenheit für eine Diskrepanz zwischen einer subjektiven Perspektive und der objektiven Situation und keine Koordination verschiedener Perspektiven zu einem neuen Verständnis. Diese Einschränkungen sind darauf zurückzuführen, dass Affen keine Triangulierung von Situationen vornehmen, indem sie sich mit anderen in geteilter Aufmerksamkeit mit der Doppelstruktur von Gemeinsamkeit (gemeinsamer Fokus) und Individualität (individuelle Perspektiven) beschäftigen. Bei menschlichen Kleinkindern verhält es sich zunächst genauso. Etwa um ihren ersten Geburtstag herum beginnen sie jedoch, geteilte Aufmerksamkeit mit anderen einzugehen und die beiden Perspektiven miteinander zu verbinden. Es ist jedoch viel soziale und kommunikative Interaktion mit anderen erforderlich, bevor sie eine objektive Perspektive konstruieren und dann ihre eigene Perspektive sowohl mit der Perspektive der anderen Person als auch mit dieser objektiven

Perspektive angemessen koordinieren können. Diese konstruktiven Prozesse werden vor allem im sprachlichen Diskurs realisiert, der durch einen kommunikativen Austausch gekennzeichnet ist, welcher die geteilte Aufmerksamkeit auf mentale Inhalte beinhaltet.

Evidenz für die Theorie

Belege für die Annahmen, wie kleine Kinder dazu kommen, Perspektiven zu koordinieren und so falsche Überzeugungen zu verstehen, stammen aus den vielen Studien, die jedem in diesem Bereich bekannt sind und die dokumentieren, dass das Verständnis von Kindern für falsche Überzeugungen zuverlässig mit zwei anderen psychologischen Prozessen verbunden ist: der sprachlichen Kommunikation und der exekutiven Funktion. Der Schlüssel liegt jedoch darin, zu erkennen, welche Aspekte dieser komplexen Prozesse ausschlaggebend sind.

Zuerst hat eine Reihe von Studien Korrelationen zwischen den verschiedenen sprachlichen Fähigkeiten von Kindern und ihrem Verständnis von falschen Überzeugungen gefunden (siehe auch Milligan, Astington u. Dack, 2007, für eine Übersicht). Dann berichten Peterson und Siegal (1995; siehe auch Woolfe, Want u. Siegal, 2002) über solche allgemeinen Korrelationen hinaus, dass Kinder, die gehörlos aufwachsen und keine optimale Erfahrung mit einer konventionellen Gebärdensprache haben, in ihrem Verständnis falscher Überzeugungen erhebliche Verzögerungen aufweisen. Darüber hinaus besteht eine Korrelation dahingehend, dass die Fähigkeiten dieser Kinder in Bezug auf falsche Überzeugungen umso besser sind, je mehr sprachliche Erfahrung sie haben. Noch eindrucksvoller berichten Pyers und Senghas (2009) über den Extremfall von gehörlosen Kindern, die mit wenig oder gar keiner Erfahrung mit einer konventionellen Gebärdensprache aufwachsen; diese Personen sind selbst als Erwachsene nicht in der Lage, sprachfrei vermittelte False-Belief-Aufgaben zu lösen! Erfahrung mit einer Sprache ist also unerlässlich, um ein Verständnis für falsche Überzeugungen zu erlangen (Pyers u. Senghas, 2009).

Allerdings besteht in der Literatur kein Konsens darüber, welche Aspekte der sprachlichen Kommunikation ausschlaggebend sind. In dieser Arbeit wurde der Austausch von (manchmal widersprüchlichen) Perspektiven betont, der in der alltäglichen Kommunikation stattfindet, da diese durch die geteilte Aufmerksamkeit für mentale Inhalte strukturiert ist. Diese Annahme wird durch die Trainingsstudie von Lohmann und Tomasello (2003; siehe auch Hale u. Tager-Flusberg, 2003) gestützt. Sie unterzogen dreijährige Kinder, die bei einer False-Belief-Aufgabe gescheitert waren, drei Trainingseinheiten und führten dann eine vergleichbare, jedoch nicht identische False-Belief-Aufgabe durch. Es gab vier Trainingsbedingungen. In einer Kontrollbedingung wurden den Kindern Erfahrungen mit täuschenden Objekten vermittelt, die dazu führten, dass sie anfangs eine falsche Überzeugung hinsichtlich der Identität der Objekte hatten (z. B. ein scheinbarer Schokoladenriegel, der sich später als Radiergummi herausstellte). In dieser Gruppe gab es keine relevante Sprache (nur Dinge wie »Oh, schau!«), und die Kinder machten keine Fortschritte in ihrem Verständnis falscher Überzeugungen. Kinder in den drei anderen Bedingungen machten jedoch Fortschritte. Eine Bedingung beinhaltete die gleiche Erfahrung mit täuschenden Objekten, aber der Versuchsleiter und das Kind führten einen Diskurs über die Erfahrung, während diese sich vollzog (ohne Gebrauch jeglicher auf mentale Zustände bezogenen Sprache oder propositionaler Einstellungskonstruktionen); beispielsweise bat der Versuchsleiter das Kind, zu erläutern, was das Objekt ursprünglich war und worum es sich handelte, nachdem das Kind neue Informationen erhalten hatte. Dies wurde als »perspektivverändernder Diskurs« bezeichnet und diente dazu, dem Kind sprachlich unterschiedliche Perspektiven auf oder Überzeugungen über dasselbe Objekt zu verdeutlichen.

In einer weiteren erfolgreichen Bedingung wurde den Kindern keine täuschende Erfahrung vermittelt, sondern sie erhielten lediglich ein zusätzliches Training in propositionalen Einstellungskonstruktionen von der Art »Er weiß, dass es ein Radiergummi ist« oder »Er glaubt, dass es eine Katze ist«. Aufbauend auf den theoretischen und empirischen Arbeiten von de Villiers (2000) argumentieren Tomasello und Rakoczy (2003), dass solche Sätze eine Art potenzielle Perspektivenverschiebung innerhalb eines einzigen Satzes bewirken, indem der Satzteil »Er weiß ...« verschiedene mögliche Perspektiven oder Überzeugungen über die Tatsache signalisiert, dass es sich bei dem Objekt um einen Radiergummi oder eine Katze handelt. Bezeichnenderweise brachte die dritte erfolgreiche Bedingung sogar noch größere Fortschritte bei den Kindern als die anderen beiden, weil sie eine Kombination aus beiden war: Die Kinder machten Erfahrungen mit täuschenden Objekten, während sie sich auf einen perspektivverändernden Diskurs einließen, der aussagenlogische Haltungskonstruktionen über diese Erfahrung enthielt (Tomasello u. Rakoczy, 2003).

Diese Studie zeigt, dass ein perspektivwechselnder Diskurs ausreicht, um in relativ kurzer Zeit ein Verständnis falscher Überzeugungen bei Kindern zu erzeugen, die dieses sonst nicht erreichen würden (wie in der Kontrollbedingung) – insbesondere, wenn er propositionale Einstellungskonstruktionen enthält, die eine subjektive Einstellung mit einer potenziell objektiven Tatsache koordinieren. Warum führt ein solcher Diskurs gerade bei Dreijährigen zu einem Verständnis von falschen Überzeugungen? Kinder machen den ganzen Tag über nicht-sprachliche Erfahrungen, bei denen sie glauben, dass etwas der Fall ist und dann stellt sich dies als falsch heraus oder bei denen sie sehen, dass eine Person einen Fehler macht, den sie niemals machen würden, wenn sie Kenntnis von der wirklichen Situation hätten. Warum sind derartige Erfahrungen nicht ausreichend, wie in der Kontrollbedingung der Studie von Lohmann und Tomasello (2003)? Wie oben angedeutet, wird hier die Ansicht vertreten, dass eine konventionelle Sprache den offenen Ausdruck mentaler Inhalte ermöglicht, und dieser offene Ausdruck macht den mentalen Inhalt als Fokus der geteilten Aufmerksamkeit verfügbar. Mit der geteilten Aufmerksamkeit auf mentale Inhalte ergibt sich die Möglichkeit verschiedener Perspektiven. Wenn es sich um eine wahrheitsgemäße Aussage handelt, können verschiedene (aussagenlogische) Diskursperspektiven im Hinblick auf den mentalen Inhalt tatsächlich in Konflikt geraten, da nicht beide ohne Weiteres mit der objektiven Situation übereinstimmen können. Vor dem Hintergrund der Entstehung der Fähigkeit, eine objektive Perspektive zu konzeptualisieren, wird behauptet, dass die Erfahrung mit dieser Art von Diskurs Kinder dazu bringt, eine Unterscheidung zwischen subjektiven Perspektiven (Erscheinung, Meinung, Glaube) und der objektiven Situation (Realität, Tatsache, Wahrheit) zu konstruieren. Möglicherweise ist ein solcher Diskurs besonders effektiv, wenn er zwischen Gleichaltrigen stattfindet; die Tatsache, dass Kinder mit Geschwistern False-Belief-Aufgaben früher erfolgreich bewältigen als Kinder ohne Geschwister, liefert dafür einen suggestiven Beleg (z. B. Ruffman, Perner, Naito, Parkin u. Clements, 1998).

Die andere Variable, die sich durchwegs als mit dem Verständnis falscher Überzeugungen korrelierend herausgestellt hat, sind die exekutiven Funktionen. Die exekutiven Funktionen beziehen sich auf eine Gruppe von Fähigkeiten, bei denen das Individuum eine übergeordnete Ebene einsetzt, um verhaltensbezogene oder kognitive Prozesse auf einem Basisniveau zu kontrollieren oder zu koordinieren. Ein Beispiel dafür ist die inhibitorische Kontrolle, z. B. der »Belohnungsaufschub«, wenn das Individuum auf eine Belohnung verzichtet, die es jetzt wünscht (diesen Wunsch aber hemmt), um später eine größere Belohnung zu erhalten. Ein weiteres Beispiel, das im aktuellen Kontext besonders relevant ist, ist die Fähigkeit, mehrere Elemente gleichzeitig in der Aufmerksamkeit oder im Arbeitsgedächtnis zu halten und sie möglicherweise in irgendeiner Form zu koordinieren, z. B. eine Gruppe von Objekten auf mehrere Arten zu sortieren, basierend auf mehreren physikalischen Dimensionen wie Farbe und/oder Form. Viele Studien haben relativ starke Korrelationen zwischen dem Verständnis falscher Überzeugungen und der einen oder anderen dieser Dimensionen der Exekutivfunktion gefunden; außerdem legen Längsschnittstudien nahe, dass die exekutiven Funktionen das Verständnis falscher Überzeugungen erleichtern und nicht umgekehrt (siehe auch Devine u. Hughes, 2014, für eine Übersicht und Metaanalyse). In jüngster Zeit bieten experimentelle Methoden (Erschöpfung der exekutiven Funktionsfähigkeiten durch gleichzeitige Arbeit an einer anspruchsvollen exekutiven Aufgabe) weitere Beweise für einen kausalen Zusammenhang, der von den exekutiven Funktionen hin zum Verständnis falscher Überzeugungen führt und nicht umgekehrt (Powell u. Carey, 2017).

Ebenso wie im Hinblick auf die Sprache gibt es keinen Konsens darüber, welche Fähigkeiten der Exekutivfunktion genau an der Entwicklung des Verständnisses falscher Überzeugungen beteiligt sind. Drei verschiedene Studien deuten jedoch darauf hin, dass es nicht nur Fähigkeiten der inhibitorischen Kontrolle während der Arbeit sind (z. B. das Kind, das es schafft, die Anziehungskraft des Realen zu unterdrücken), sondern vielmehr Fähigkeiten zur Koordination von Perspektiven oder mentalen Zuständen. Erstens war in der Metaanalyse von Devine und Hughes (2014) in vielen Studien die stärkste Korrelation mit dem Verständnis falscher Überzeugungen nicht irgendein Maß für den Belohnungsaufschub (nur Inhibition), sondern die »Dimension-Change-Card-Sort(DCCS)-Aufgabe«, die eher so etwas wie die Koordination von Perspektiven (oft als »kognitive Flexibilität« bezeichnet) misst (Devine u. Hughes, 2014). Zweitens fanden Diaz und Farrar (2018) im Grunde das Gleiche, wobei die DCCS-Aufgabe in ihrer Längsschnittstudie eine stärkere Korrelation mit dem späteren Verständnis falscher Überzeugungen zeigte als andere (inhibitorische Kontroll-)Maßnahmen der exekutiven Funktionen. Darüber hinaus haben Fizke, Barthel, Peters und Rakoczy (2014) bei Vierjährigen mehrere Messungen der exekutiven Funktionen des Verständnisses mentaler Zustände durchgeführt und festgestellt, dass »die stärksten Beziehungen [zwischen exekutiven Funktionen und dem Verständnis falscher Überzeugungen] bei solchen Aufgaben zu finden sind, bei denen die zuschreibende Person selbst eine der beiden handelnden Personen ist, das heißt selbst eine Überzeugung oder einen Wunsch hat, die beziehungsweise der im Gegensatz zu demjenigen steht, der jemand anderem zugeschrieben werden soll [...]. Diese Ergebnisse legen nahe, dass die exekutiven Funktionen bei der Koordinierung von Perspektiven generell eine Rolle spielen, nicht nur bei epistemischen Perspektiven, und insbesondere bei der Koordinierung von eigenen und fremden widersprüchlichen Perspektiven« (Fizke et al., 2014, Zusammenfassung). Relevant ist sicherlich auch, dass eine neuere Studie herausgefunden hat, dass die exekutiven Funktionen nicht mit der Leistung in False-Belief-Aufgaben für Kleinkinder korreliert (möglicherweise, weil diese keinerlei Koordination erfordern), allerdings korrelieren sie mit klassischen False-Belief-Aufgaben (Grosse Wiesmann, Friederici, Disla, Steinbeis u. Singer, 2017).

Insgesamt können wir also den Beitrag der sich entwickelnden Fähigkeiten der Kinder in den exekutiven Funktionen zum Verständnis falscher Überzeugungen wie folgt charakterisieren: Kinder verfügen, ebenso wie Menschenaffen, über einige Fähigkeiten der exekutiven Funktionen, die mit der Fähigkeit zum Belohnungsaufschub und anderen Formen der Hemmung präpotenter Reaktionen einhergehen. Im Alter von neun Monaten beginnen Säuglinge auch, ihre Aufmerksamkeit mit einem Partner zu koordinieren, indem sie geteilte Aufmerksamkeit und referenzielle Kommunikation einsetzen. Im Alter von drei Jahren beginnen die Kinder, arttypische Fähigkeiten zu entwickeln, um mehrere mentale Zustände innerhalb einer einzigen Aufgabe zu koordinieren. Diese Tatsache wird durch Studien belegt, die zeigen, dass die Fähigkeiten menschlicher Kinder hinsichtlich ihrer exekutiven Funktionen, einschließlich der Koordination von Perspektiven, erst ab einem Alter von drei oder vier Jahren über diejenigen von Menschenaffen hinausgehen (Herrmann, Misch, Hernandez-Lloreda u. Tomasello, 2015; Herrmann u. Tomasello, 2015). Diese Fähigkeiten, die zumindest bis zu einem gewissen Grad von allgemeiner Natur sind (der Grad dieser Allgemeingültigkeit steht zur Debatte), scheinen für die Fähigkeit von Kleinkindern verantwortlich zu sein, ihre eigenen und die Perspektiven anderer als unterschiedliche Vorstellungen von mentalen Repräsentationen, einschließlich Aussagen, zu vergleichen und zu koordinieren. Insbesondere im Falle des Verständnisses falscher Überzeugungen erfordert die Koordination der eigenen Perspektive und derjenigen eines Partners auf dieselbe Situation, dass die beiden Perspektiven und auch eine objektive Perspektive verglichen und der scheinbare Konflikt gelöst werden müssen, vermutlich in der gemeinsamen Darstellungsform, die von der Exekutivebene zur Verfügung gestellt wird.

Schließlich ist noch eine weitere Reihe von Korrelationsergebnissen für diese sozial-interaktive Theorie relevant. Mehrere Studien haben Kleinkinder vom Säuglingsalter bis zur frühen Kindheit im Längsschnitt begleitet und über verschiedene Messungen ihre frühen sozialen Kognitionen und Interaktionen mit ihrem späteren Verständnis von falschen Überzeugungen korreliert. Angesichts der Tatsache, dass das Verständnis falscher Überzeugungen die Vorstellung und das Nachvollziehen grundlegender mentaler Zustände voraussetzt, ist es nicht überraschend, dass einige Studien Korrelationen gefunden haben zwischen der Fähigkeit von Kleinkindern, die Wahrnehmungen und Absichten anderer zu verfolgen, einschließlich von False-Belief-Aufgaben im Kleinkindalter und ihrer späteren Fähigkeit, klassische False-Belief-Aufgaben zu verstehen (Brink,

Lane u. Wellman, 2015), während andere keine solche Korrelation feststellen konnten (Grosse Wiesmann et al., 2017). Am bedeutsamsten für die aktuelle Hypothese sind jedoch mehrere Längsschnittstudien, die starke Korrelationen zwischen den Fähigkeiten von Kleinkindern in der geteilten Aufmerksamkeit und ihren späteren Kompetenzen in klassischen False-Belief-Aufgaben feststellen konnten (z. B. Brink et al., 2015; Nelson, Adamson u. Bakeman, 2008; Sodian u. Kristen-Antonow, 2015). Darüber hinaus korrelieren die Fähigkeiten zur geteilten Aufmerksamkeit von Kleinkindern mit Autismusstörungen recht stark mit ihren späteren Fähigkeiten im Verständnis falscher Überzeugungen (z. B. Brink, Lane u. Wellman, 2015; Nelson et al., 2008; Sodian u. Kristen-Antonow, 2015). Es scheint also, als ob die geteilte Aufmerksamkeit von Kleinkindern mindestens ein ebenso guter, wenn nicht sogar besserer Prädiktor für das False-Belief-Verständnis von Kindern ist als die Leistung von Kleinkindern bei impliziten False-Belief-Aufgaben.

Eine evolutionäre Spekulation

Diese sozial-interaktive Sichtweise wird indirekt durch evolutionäre Überlegungen weiter gestützt. Menschenaffen imaginieren und verfolgen die (nicht perspektivischen) mentalen Zustände anderer. Das bedeutet, dass sie mit großer Regelmäßigkeit auf die Art von Hinweisen stoßen, die die Theorie und andere auf individuellem Lernen basierende Berichte für kritisch halten: Sie beobachten, wie andere dort nach Futter suchen, wo es sich nicht befindet, sie selbst sind überrascht, wenn sich die Situation anders als erwartet herausstellt, und so weiter. Warum also entwickeln Menschenaffen nicht wie Menschen eine Theorie des psychologischen Funktionierens, die Überzeugungen und falsche Überzeugungen einbezieht und sie so in die Lage versetzt, klassische Aufgaben erfolgreich zu bewältigen?

Diese evolutionsbasierte Spekulation geht davon aus, dass sich die evolutionär uralte Fähigkeit, sich die psychischen Zustände anderer vorzustellen und diese nachzuverfolgen, im Kontext des sozialen Wettbewerbs entwickelt hat. Da Menschenaffen und die meisten anderen Säugetiere sich mit ihren Gruppengefährten überwiegend konkurrierend verhalten, haben sie grundlegende Fähigkeiten entwickelt, um vorauszusagen, was ein:e Konkurrent:in in verschiedenen Situationen tun wird, basierend auf der Fähigkeit, sich vorzustellen, was diese:r Wettbewerber:in möchte (Ziele) und was er oder sie wahrnimmt (oder weiß). Um solche Vorhersagen zu treffen, muss in keiner Weise entschieden werden, ob die mentalen Zustände der:des Konkurrenten mit der

Realität übereinstimmen oder nicht; das Einzige, was zählt, ist, was die:der Konkurrent:in wahrnimmt oder weiß. Fähigkeiten der gleichen allgemeinen Art wurden nicht nur bei Menschenaffen beobachtet, sondern auch bei anderen nicht menschlichen Primaten (z. B. Santos, Nissan u. Ferrugia, 2006; Sandel, MacLean u. Hare, 2011), anderen Säugetieren wie Haushunden (Call, Bräuer, Kaminski u. Tomasello, 2003) und Ziegen (Kaminski, Call u. Tomasello, 2006) sowie verschiedenen Vogelarten (Dally, Emery u. Clayton, 2006). Das alte System umfasst die grundlegenden Fähigkeiten der sozialen Kognition, die für soziale Tiere notwendig sind, um erfolgreich mit anderen in ihrer Gruppe um Nahrung, Partner und andere Ressourcen zu konkurrieren. In der menschlichen Ontogenese entstehen solche Fähigkeiten im Kleinkindalter, einschließlich der False-Belief-Aufgaben für Kleinkinder, und es gibt keine bekannten erfahrungsbedingten Entsprechungen.

Die einzigartige menschliche Fähigkeit, andere im Sinne von Überzeugungen zu verstehen, die im Gegensatz zur objektiven Realität stehen können, hat keine direkten, sondern nur indirekte evolutionäre Grundlagen. Der Schlüssel liegt in der Evolution der bemerkenswerten Kooperationsfähigkeit des Menschen. Im Kontext des selektiven Drucks in Richtung einer stärkeren Kooperation haben Menschen besondere Fähigkeiten der sozialen Koordination und Kommunikation entwickelt; es handelt sich dabei um artspezifische Fähigkeiten und Motivationen gemeinsamer Intentionalität (Tomasello, 2014, 2016). Während Individuen im Wettbewerb gegen den Willen des Konkurrenten dessen Gedanken lesen (wenn wir miteinander konkurrieren, möchte ich meine psychischen Zustände vor dir verbergen), möchten Individuen im Rahmen von Kooperation und Koordination, dass ihr:e Partner:in ihre Gedanken liest (wenn wir kooperieren und uns koordinieren, tue ich alles, was ich kann, um dir meine psychischen Zustände zu zeigen oder sie dir mitzuteilen, um so den Prozess zu erleichtern). In der geteilten Aufmerksamkeit tue ich also, was ich kann, um dir zu helfen, sich um das zu kümmern, worum ich mich kümmere, und auch du arbeitest auf dasselbe Ziel hin. Im Gespräch tue ich, was ich kann, um dir zu helfen, mich zu verstehen, und auch du strebst dasselbe Ziel an. Wie Sperber et al. (2010) jedoch betonen, muss ich im Zusammenhang mit solch starken Annahmen zur Zusammenarbeit auch eine »epistemische Wachsamkeit« entwickeln, um mich vor Personen zu schützen, die meine Kooperativität durch Lügen oder Täuschung ausnutzen könnten, und dies rückt die Frage in den Vordergrund, ob die kommunikativen Versuche meines Partners die objektive Situation genau widerspiegeln. Paradoxerweise entsteht das Bedürfnis, seine Partner in Bezug auf mögliche Täuschungsversuche zu überwachen, offenbar nur in hochgradig kooperativen sozialen Kontexten, in denen Altruismus und Ehrlichkeit und damit Leichtgläubigkeit die Norm sind. Kleinkinder lernen dies, wenn sie in der frühen Kindheit und darüber hinaus beginnen, sich umfassender und unabhängiger mit verschiedenen Kommunikationspartner:innen auseinanderzusetzen (Sperber et al., 2010).

In diesem Szenario ist das Verständnis falscher Überzeugungen ein aufkommendes ontogenetisches Ergebnis für Individuen, die sich kooperativ in geteilter Aufmerksamkeit und sprachlichem Austausch mit anderen auseinandersetzen, was im Grunde alle gesunden Menschen einschließt, die sich unter normalen sozialen Umständen entwickeln. Wenn Individuen nicht in der Lage sind, sich an diesen Prozessen zu beteiligen (z. B. Kinder mit Autismusspektrumstörungen, die Defizite in der gemeinsamen Aufmerksamkeit und Sprache haben, oder gehörlose Kinder, die sich in einem sprachlich unzureichenden Umfeld entwickeln), dann sind sie nicht den Erfahrungsgrundlagen ausgesetzt, die für die Konstruktion des Überzeugungskonzeptes notwendig sind. Interessanterweise finden es sechsjährige Kinder ganz natürlich, nicht nur die falschen Überzeugungen des anderen zu verstehen, sondern auch die gegenseitigen falschen Überzeugungen zweiter Ordnung, das heißt Überzeugungen über Überzeugungen (Grueneisen, Wyman u. Tomasello, 2015), wenn sie sich mit anderen kooperativ koordinieren, z. B. in einem Koordinationsspiel, in dem sie die Gedanken des anderen lesen müssen, um gegenseitig erfolgreich zu sein. Ob sich besondere Fähigkeiten der exekutiven Funktionen zusammen mit der gemeinsamen Intentionalität entwickelt haben, um diese zu unterstützen, oder ob sie einer anderen evolutionären Quelle entstammen, bleibt an dieser Stelle eine offene Frage.

Fazit

Es muss noch einmal darauf hingewiesen werden, dass viele Tierarten sich die mentalen Zustände ihrer Artgenossen vorstellen, diese nachverfolgen und dass ihnen potenziell alle Informationen zur Verfügung stehen, die sie benötigen, um zu verstehen, dass andere falsche Überzeugungen haben. Um zu erklären, warum nur Menschen mit dem Konzept der falschen Überzeugung arbeiten, müssen wir etwas finden, das die Natur der sozialen Erfahrungen der Menschen von denen anderer Spezies unterscheidet. Der wahrscheinlich plausibelste Ansatzpunkt ist unserer Ansicht nach die kooperative mentale Koordination mit anderen, die durch Fähigkeiten und Motivationen gemeinsamer Intentionalität strukturiert ist (Tomasello, 2009). Der Mensch ist ultrakooperativ, sowohl kognitiv als auch motivational, und zwar in einer Weise, die ihn selbst von seinen nächsten Primatenverwandten deutlich unterscheidet. Dies schafft die Möglichkeit, verschiedene Perspektiven (einschließlich einer objektiven Perspektive) auf ein und dieselbe Situation einzunehmen und zu koordinieren, und gibt gleichzeitig Anlass zur Besorgnis über die Wahrhaftigkeit beziehungsweise deren Fehlen bei den Sozialpartner:innen.

Literatur

Apperly, I. A., Butterfill, S. A. (2009). Do humans have two systems to track beliefs and belief-like states? Psychological Review, 116, 953–970.

Bartsch, K., Wellman, H. M. (1995). Children talk about the mind. New York: Oxford University Press.

Brink, K. A., Lane, J. D., Wellman, H. M. (2015). Developmental pathways for social understanding: Linking social cognition to social contexts. Frontiers in Psychology, 6, 719.

Butler, L. P., Tomasello, M. (2016). Two- and 3-year-olds integrate linguistic and pedagogical cues in guiding inductive generalization and exploration. Journal of Experimental Child Psychology, 145, 64–78.

Buttelmann, D., Buttelmann, F., Carpenter, M., Call, J., Tomasello, M. (2017). Great apes distinguish true from false beliefs in an interactive helping task. PLoS ONE, 12 (4). e0173793. https://doi.org/10.1371/journal.pone.0173793 (Zugriff am 14.06.2022).

Buttelmann, D., Carpenter, M., Tomasello, M. (2009). Eighteen-month-old infants show false belief understanding in an active helping paradigm. Cognition, 112 (2), 337–342.

Butterfill, S. A., Apperly, I. A. (2013). How to construct a minimal theory of mind. Mind & Language, 28 (5), 606–637.

Call, J., Bräuer, J., Kaminski, J., Tomasello, M. (2003). Domestic dogs (Canis familiaris) are sensitive to the attentional state of humans. Journal of Comparative Psychology, 117 (3), 257–263.

Call, J., Tomasello, M. (1999). A nonverbal false belief task: The performance of children and great apes. Child Development, 70 (2), 381–395.

Dally, J. M., Emery, N. J., Clayton, N. S. (2006). Food-caching western scrub-jays keep track of who was watching when. Science, 312, 1662–1665.

Davidson, D. (2001). Subjective, Intersubjective, Objective. Oxford: Clarendon.

de Villiers, J. (2000). Language and theory of mind: What are the developmental relationships? Understanding other minds: Perspectives from developmental cognitive neuroscience. In S. Baron-Cohen, H. Tager-Flusberg, D. J. Cohen (Eds.), Understanding other minds: Perspectives from developmental cognitive neuroscience (pp. 83–123). New York: Oxford University Press.

Devine, R. T., Hughes, C. (2014). Relations between false belief understanding and executive function in early childhood: A meta-analysis. Child Development, 85, 1777–1794.

Diaz, V., Farrar, M. J. (2018). The missing explanation of bilinguals false-belief advantage: A longitudinal study. Developmental Science, 21 (4).

Diesendruck, G., Carmel, N., Markson, L. (2010). Children's sensitivity to the conventionality of sources. Child Development, 81 (2), 652–668.

Diessel, H., Tomasello, M. (2001). The acquisition of finite complement clauses in English: A corpus-based analysis. Cognitive Linguistics, 12 (12), 97–141.

Doherty, M. J., Perner, J. (1998). Metalinguistic awareness and theory of mind: Just two words for the same thing? Cognitive Development, 13 (3), 279–305.

Fizke, E., Barthel, D., Peters, T., Rakoczy, H. (2014). Executive function plays a role in coordinating different perspectives, particularly when one's own perspective is involved. Cognition, 130 (3), 315–334.

Flavell, J. H., Everett, B. A., Croft, K., Flavell, E. R. (1981). Young children's knowledge about visual perception: Further evidence for the Level 1–Level 2 distinction. Developmental Psychology, 17, 99–103.

Gopnik, A., Wellman, H. M. (2012). Reconstructing constructivism: Causal models, Bayesian learning mechanisms, and the theory theory. Psychological Bulletin, 138 (6), 1085–1108.

Grosse Wiesmann, C., Friederici, A. D., Disla, D., Steinbeis, N., Singer, T. (2017). Longitudinal evidence for 4-year-olds' but not 2- and 3-year-olds' false belief-related action anticipation. Cognitive Development, 46 (4–6), 58–68. DOI: 10.1016/j.cogdev.2017.08.007 (Zugriff am 14.06.2022).

Grueneisen, S., Wyman, E., Tomasello, M. (2015). »I know you don't know I know ...« Children use second-order false-belief reasoning for peer coordination. Child Development, 86 (1), 287–293.

Hale, C. M., Tager-Flusberg, H. (2003). The influence of language on theory of mind: A training study. Developmental Science, 6 (3), 346–359.

Hare, B., Call, J., Agnetta, B., Tomasello, M. (2000). Chimpanzees know what conspecifics do and do not see. Animal Behaviour, 59 (4), 771–785.

Hare, B., Call, J., Tomasello, M. (2001). Do chimpanzees know what conspecifics know? Animal Behaviour, 61 (4), 139–151.

Harris, P. L. (2005). Conversation, pretence, and theory of mind. Why language matters for theory of mind. In J. W. Astington, J. Baird (Eds.), Why language matters for theory of mind (pp. 70–83). New York: Oxford University Press.

Helming, K. A., Strickland, B., Jacob, P. (2014). Making sense of early false-belief understanding. Trends in Cognitive Science, 18 (4), 167–170.

Herrmann, E., Misch, A., Hernandez-Lloreda, V., Tomasello, M. (2015). Uniquely human self-control begins at school age. Developmental Science, 18 (6), 979–993.

Herrmann, E., Tomasello, M. (2015). Focusing and shifting attention in human children (Homo sapiens) and chimpanzees (Pan troglodytes). Journal of Comparative Psychology, 129 (3), 268–274.

Heyes, C. (2017). Apes submentalise. Trends in Cognitive Science, 21 (1), 1–2.

Heyes, C. M., Frith, C. D. (2014). The cultural evolution of mind reading. Science, 344 (6190). doi: 10.1126/science.1243091 (Zugriff am 14.06.2022).

Kaminski, J., Call, J., Tomasello, M. (2006). Goats' behaviour in a competitive food paradigm: Evidence for perspective taking? Behaviour, 143 (11), 1341–1356.

Kaminski, J., Call, J., Tomasello, M. (2008). Chimpanzees know what others know, but not what they believe. Cognition, 109 (2), 224–234.

Karg, K., Schmelz, M., Call, J., Tomasello, M. (2015). The goggles experiment: Can chimpanzees use self-experience to infer what a competitor can see? Animal Behaviour, 105, 211–221.

Krachun, C., Carpenter, M., Call, J., Tomasello, M. (2009). A competitive nonverbal false belief task for children and apes. Developmental Science, 12 (4), 521–535.

Krachun, C., Carpenter, M., Call, J., Tomasello, M. (2010). A new change-of-contents false belief test: Children and chimpanzees compared. International Journal of Comparative Psychology, 23 (2), 145–165.

Krupenye, C., Kano, F., Hirata, S., Call, J., Tomasello, M. (2016). Great apes anticipate that other individuals will act according to false beliefs. Science, 354, 110–114.

Krupenye, C., Kano, F., Hirata, S., Call, J., Tomasello, M. (2017). A test of the submentalizing hypothesis: Apes' performance in a false belief task inanimate control. Communicative & Integrative Biology, 10 (4), e1343771.

Leslie, A. M., Friedman, O., German, T. P. (2004). Core mechanisms in »theory of mind«. Trends in Cognitive Science, 8 (12), 528–533.

Liebal, K., Carpenter, M., Tomasello, M. (2013). Young children's understanding of cultural common ground. British Journal of Developmental Psychology, 31 (1), 88–96.

Lohmann, H., Tomasello, M. (2003). The role of language in the development of false belief understanding: A training study. Child Development, 74, 1130–1144.

Markman, E. M. (1989). Categorization in children: Problems of induction. Cambridge: MIT Press, Bradford Books.

Meltzoff, A. N., Brooks, R. (2008). Self-experience as a mechanism for learning about others: A training study in social cognition. Developmental Psychology, 44 (5), 1257–1265.

Milligan, K., Astington, J. W., Dack, L. A. (2007). Language and theory of mind: Metaanalysis of the relation between language ability and false-belief understanding. Child Development, 78 (2), 622–646.

Moll, H., Koring, C., Carpenter, M., Tomasello, M. (2006). Infants determine others' focus of attention by pragmatics and exclusion. Journal of Cognition and Development, 7 (3), 411–430.

Moll, H., Meltzoff, A. N. (2011). How does it look? Level 2 perspective-taking at 36 months of age. Child Development, 82 (2), 661–673.

Moll, H., Meltzoff, A. N., Merzsch, K., Tomasello, M. (2013). Taking versus confronting visual perspectives in preschool children. Developmental Psychology, 49 (4), 646–654.

Moll, H., Tomasello, M. (2007). How 14- and 18-month-olds know what others have experienced. Developmental Psychology, 43, 309–317.

Moll, H., Tomasello, M. (2012). Three-year-olds understand appearance and reality – just not about the same object at the same time. Developmental Psychology, 48, 1124–1132.

Nelson, P. B., Adamson, L. B., Bakeman, R. (2008). Toddlers' joint engagement experience facilitates preschoolers' acquisition of theory of mind. Developmental Science, 11 (6), 847–852.

Oktay-Gür, N., Schulz, A., Rakoczy, H. (2018). Children exhibit different performance patterns in explicit and implicit theory of mind tasks. Cognition, 173, 60–74.

O'Madagain, C., Tomasello, M. (2021). Joint attention to mental content and the social origin of reasoning. Synthese, 198 (5), 4057–4078.

Onishi, K. H., Baillargeon, R. (2005). Do 15-month-old infants understand false beliefs? Science, 308, 255–258.

Peterson, C. C., Siegal, M. (1995). Deafness, conversation and theory of mind. Child Psychology & Psychiatry & Allied Disciplines, 36 (3), 459–474.

Perner, J., Brandl, J., Garnham, A. (2003). What is a perspective problem? Developmental issues in belief ascription and dual identity. Facta Philosophica, 5, 355–378.

Perner, J., Mauer, M. C., Hildenbrand, M. (2011). Identity: Key to children's understanding of belief. Science, 333, 474–477.

Perner, J., Roessler, J. (2012). From infants' to children's appreciation of belief. Trends in Cognitive Sciences, 16 (10), 519–525.

Powell, L. J., Carey, S. (2017). Executive function depletion in children and its impact on theory of mind. Cognition, 164, 150–162.

Premack, D., Woodruff, G. (1978). Does the chimpanzee have a theory of mind? Behavioral and Brain Sciences, 1 (4), 515–629.

Pyers, J. E., Senghas, A. (2009). Language promotes false-belief understanding: Evidence from learners of a new sign language. Psychological Science, 20 (7), 805–812.

Rakoczy, H. (2017). In defense of a developmental dogma: Children acquire propositional attitude folk psychology around age 4. Synthese, 194 (3), 689–707.

Rakoczy, H., Clüver, A., Saucke, A., Stoffregen, N., Gräbener, A., Migura, J., Call, J. (2014). Apes are intuitive statisticians. Cognition, 11, 60–68.

Rakoczy, H., Tomasello, M. (2009). Done wrong or said wrong? Young children understand the normative directions of fit of different speech acts. Cognition, 113, 205–212.

Rakoczy, H., Warneken, F., Tomasello, M. (2008). The sources of normativity: Young children's awareness of the normative structure of games. Developmental Psychology, 44 (3), 875–881.

Rubio-Fernández, P., Geurts, B. (2013). How to pass the false-belief task before your fourth birthday. Psychological Science , 24 (1), 27–33.

Ruffman, T., Perner, J., Naito, M., Parkin, L., Clements, W. A. (1998). Older (but not younger) siblings facilitate false belief understanding. Developmental Psychology, 34 (1), 161–174.

Sandel, A. A., MacLean, E. L., Hare, B. (2011). Evidence from four lemur species that ringtailed lemur social cognition converges with that of haplorhine primates. Animal Behaviour, 81 (5), 925–931.

Santos, L., Nissan, A., Ferrugia, J. (2006). Rhesus monkeys, Macaca mulatta, know what others can and cannot hear. Animal Behaviour, 71, 1175–1181.

Schmidt, M. F., Rakoczy, H., Tomasello, M. (2012). Young children enforce social norms selectively depending on the violator's group affiliation. Cognition, 124, 325–333.

Scott, R. M., Baillargeon, R. (2017). Early false-belief understanding.Trends in Cognitive Science, 21 (4), 237–249.

Sodian, B., Kristen-Antonow, S. (2015). Declarative joint attention as a foundation of theory of mind. Developmental Psychology, 51 (9), 1190–1200.

Southgate, V. (2013). Early manifestations of mindreading. In S. Baron-Cohen, H. Tager-Flusberg, M. V. Lombardo (Eds.), Understanding other minds: Perspectives from developmental social neuroscience (pp. 3–18). Oxford: Oxford University Press. DOI: 10.1093/acprof:oso/9780199692972.003.0001

Southgate, V., Senju, A., Csibra, G. (2007). Action anticipation through attribution of false belief by 2-year-olds. Psychological Science, 18 (7), 587–592.

Sperber, D., Clément, F., Heintz, C., Mascaro, O., Mercier, H., Origgi, G., Wilson, D. (2010). Epistemic vigilance. Mind & Language, 25 (4), 359–393.

Tomasello, M. (1998). Reference: Intending that others jointly attend. Pragmatics & Cognition, 6 (1–2), 229–243.

Tomasello, M. (2008). Origins of human communication. Cambridge: MIT Press.

Tomasello, M. (2009). Why we co-operate. Cambridge: MIT Press.

Tomasello, M. (2014). A natural history of human thinking. Cambridge: Harvard University Press.

Tomasello, M. (2016). A natural history of human morality. Cambridge: Harvard University Press.

Tomasello, M. (2019). Becoming human: A theory of ontogeny. Cambridge: Harvard University Press.

Tomasello, M., Haberl, K. (2003). Understanding attention: 12- and 18-month-olds know what is new for other persons. Developmental Psychology , 39 (5), 906–912.

Tomasello, M., Moll, H. (2013). Why don't apes understand false beliefs? In M. R. Banaji, S. A Gelman (Eds.), Navigating the social world: What infants, children, and other species can teach us (pp. 81–88). New York: Oxford University Press.

Tomasello, M., Rakoczy, H. (2003). What makes human cognition unique? From individual to shared to collective intentionality. Mind & Language, 18 (2), 121–147.

Wellman, H. M., Cross, D., Watson, J. (2001). Meta-analysis of theory-of-mind development: The truth about false belief. Child Development, 72 (3), 655–684.

Woolfe, T., Want, S. C., Siegal, M. (2002). Signposts to development: Theory of mind in deaf children. Child Development, 73 (3), 768–778.

Mentalisieren und soziales Lernen: Ihre Bedeutung in Kultur und Psychopathologie

Peter Fonagy und Tobias Nolte[1]

Dieses Kapitel postuliert ein Modell für Entwicklungspathologie, das sich auf jüngste Forschung stützt, die einen einzelnen Faktor für psychische Störungen (den p-Faktor) ausmacht, und das darüber hinaus versucht, die Rolle der weitergefassten sozialen und kulturellen Umgebung zu integrieren. Es wird ein kulturell-entwicklungsbasierter Ansatz zum Verständnis von Psychopathologie vorgeschlagen, der das Denken zur sozial und kulturell vermittelten Natur der menschlichen sozio-kognitiven Entwicklung im Blick hat. Dieser Blick berücksichtigt die Art und Weise, wie Menschen Kultur lernen, kommunizieren und wie sich unter einer Mentalisierungsperspektive die subjektive Fähigkeit zur Affektregulation und zum sozialen Leben entwickelt.

This chapter proposes a model for developmental psychopathology that is informed by recent research suggestive of a single model of mental health disorder (the p factor) and seeks to integrate the role of the wider social and cultural environment into the model. Informed by recently emerging thinking on the social and culturally driven nature of human cognitive development, the ways in which humans are primed to learn and communicate culture, and a mentalizing perspective on the highly intersubjective nature of our capacity for affect regulation and social functioning, we set out a cultural–developmental approach to psychopathology.

---

1 Dieses Kapitel basiert im Wesentlichen auf zwei Texten, deren Autor:innen hier ausdrücklich für ihre Mitarbeit gewürdigt werden sollen:
Fonagy, P., Campbell, C., Constantinou, M., Higgitt, A., Allison, E., Luyten, P. (2021). Culture and psychopathology: An attempt at reconsidering the role of social learning. Development and Psychopathology, 1–16.
Nolte, T., Campbell, C., Fonagy, P. (2019). A mentalization-based and neuroscience-informed model of severe and persistent psychopathology. In J. G. Pereira, J. Concalves, V. Bizzari (Eds.), The neurobiology-psychotherapy-pharmacology intervention triangle: The need for common sense in 21st century mental health (pp. 161–183). Wilmington: Vernon Press.

Wir möchten im Folgenden einen Ansatz darlegen, der das soziale Umfeld des Individuums als zentral für dessen subjektive Erfahrung und damit auch für die Anfälligkeit für psychische Erkrankungen ansieht. Es handelt sich dabei um einen teilweise evolutionären Ansatz, der geprägt ist von der sozial und kulturell bedingten Natur der menschlichen Entwicklung sowie von der Art und Weise, wie Menschen darauf ausgerichtet sind, Kultur zu lernen und zu kommunizieren. Diese Art des Austausches wird gefördert durch die menschliche Fähigkeit zu mentalisieren, die die hochgradig intersubjektive Natur unserer Möglichkeit zur Affektregulierung und des sozialen Zusammenlebens ermöglicht.

Zunächst möchten wir die Argumente für ein neues sozial-kommunikatives Modell der Psychopathologie darlegen (Fonagy et al., 2021), welches auf der Annahme beruht, dass die Mechanismen, durch die Kultur über Generationen hinweg aufrechterhalten und weitergegeben wird, sich in weiten Teilen mit der entwicklungsbedingten Entstehung von psychischen Störungen überschneiden und teilweise damit isomorph sind. Um diese Annahme zu stützen, wenden wir uns den jüngsten Forschungsergebnissen zur Struktur der Psychopathologie und den Erkenntnissen über einen allgemeinen Psychopathologie- oder »p«-Faktor zu.

Warum brauchen wir ein neues Modell für die Entstehung psychischer Erkrankungen?

Wir möchten mit einer Diskussion der Schwierigkeiten beginnen, mit denen sich unsere derzeitige Konzeptualisierung von Psychopathologie konfrontiert sieht. Wir gehen davon aus, dass die Fragmentierung von psychischen Störungen in Hunderte von diagnostischen Gruppierungen, die durch den Pragmatismus der Praxis und die Anwendung von spezifischen Behandlungsmodellen angetrieben werden, das Verständnis der Art und Weise behindert hat, wie globale Einflüsse, z. B kulturelle, die Entwicklung von psychischen Störungen beeinflussen.

Neue Forschungsansätze haben gezeigt, dass das Verständnis von Krankheitsmechanismen das Aufgeben von primär phänomenologisch verwurzelten Kategorien von Störungen erfordert (Insel et al., 2010). Diese Kategoriensysteme (z. B. DSM-5 oder ICD-10 – mit einigen Verbesserungen in Version 11) erzeugen psychometrische Probleme und Probleme der häufigen Komorbidität psychischer Störungen. Wir haben an anderer Stelle im Detail dargelegt, wie psychometrische, genetische und neurowissenschaftliche Befunde (Nolte et al., 2019; Fonagy et al., 2021) eine solche Rekonzeptualisierung nötig machen. Diese Belege weisen auf die Angemessenheit einer einzigen, einheitlichen Konzeptualisierung psychischer

Erkrankungen hin, welche einen Verständnisrahmen dafür bieten kann, wie Kultur mit der Entstehung von psychischen Störungen in Wechselwirkung steht.

Das Bestreben nach mehr Klarheit in Bezug auf die oft beklagte und empirisch belegte Unzulänglichkeit bei der Erfassung psychischer Krankheit hat mit jüngsten Forschungsergebnissen von Caspi und Kolleg:innen (2014) zu tun, die einen allgemeinen Faktor für Psychopathologie identifizieren konnten, den p-Faktor. Definiert von Caspi als »eine zugrunde liegende Dimension, welche die individuelle Veranlagung, eine und alle Arten von Psychopathologie zu entwickeln, beschreibt« (Caspi et al., 2014, S. 131; Übersetzung durch den Autor). In ihrer bahnbrechenden Studie fanden Caspi und Kolleg:innen, dass Vulnerabilität hinsichtlich des Entwickelns von psychischen Störungen besser durch einen übergeordneten allgemeinen Psychopathologiefaktor zu beschreiben war als durch die drei üblichen spektralen Faktoren höherer Ordnung, welche internalisierende, externalisierende und psychotische Störungen abbilden. Ein höherer p-Faktor war mit mehr Einschränkungen über die Lebenszeit gesehen assoziiert, dazu auch mit mehr Belastung in der Entwicklung und eingeschränkten Hirnfunktionen im frühen Alter (Caspi et al., 2014, S. 131). Befunde zum p-Faktor sind seitdem vielfach repliziert worden.

Die Frage, die sich dann stellt, hat damit zu tun, was der p-Faktor abbildet, wenn er mehr als nur ein statistisches Konstrukt repräsentiert. Dazu lässt sich bisher nur spekulieren, besonders hinsichtlich der ätiologischen Charakteristika. Adversive Erfahrungen in der Kindheit im weiten Sinne (inklusive Vernachlässigung) sind ein solcher weiter zu beforschender Faktor. Missbrauch kann in diesem Sinne als Ökophänotyp verstanden werden, der mit früherem Einsetzen, höherer Symptombelastung, mehr Komorbidität, größerem Suizidrisiko und schlechterem Ansprechen auf Behandlung und Förderung assoziiert ist (Teicher u. Samson, 2013). In früheren Publikationen haben wir die Ansicht belegt, dass entwicklungsbedingte Einschränkungen effektiven Mentalisierens eine Gemeinsamkeit verschiedenster psychischer Störungen darstellen könnten (Fonagy u. Luyten, 2009; Nolte et al., 2019; Luyten, Campbell, Allison u. Fonagy, 2020).

Kann der p-Faktor selbst tatsächlich mit Beeinträchtigungen des Mentalisierens und deren Folgen in Zusammenhang stehen? An dieser Stelle möchten wir an die These anknüpfen, dass das Individuum, um sich als selbstwirksamen Akteur zu erleben, das Gefühl haben muss, von seinem sozialen System mentalisiert zu werden. Nur dann kann sich eine Erfahrung von bedeutungsvoller Verbindung zur sozialen Gemeinschaft entwickeln (Fonagy et al., 2009; Twemlow, Fonagy u. Sacco, 2013; siehe auch Campbell und Allison in diesem Band). In der Mentalisierungstheorie wird seit jeher von der Ansicht ausgegangen, dass wir anfällig für die Entwicklung von Psychopathologien sind, wenn unser unmittelbarer sozialer Kontext diese Art von Erfahrung nicht bietet (Fonagy u. Luyten, 2009; Luyten et al., 2020). Darüber hinaus werden wir die Annahme untersuchen, dass Psychopathologie, soziale Entfremdung und sozioökonomische Ungleichheit vom Individuum als gleichartig erfahren werden, jeweils als ein sozialer Kontext, in dem es nicht gelingt, die subjektive Fülle und Komplexität der individuellen Psyche der betroffenen Person ausreichend zu validieren.

Die Entwicklung der Kultur und ihre Rolle in der menschlichen Entwicklung

In diesem Abschnitt möchten wir unsere Auffassung von der Entwicklung sozial-kognitiver, affektiver und kulturbildender Fähigkeiten darlegen, die unseren sozial-kommunikativen Ansatz zur Entwicklungspsychopathologie geprägt hat. Die Vorstellung, dass Psychopathologie und Kultur gemeinsame Wurzeln haben, hat eine bedeutende Geschichte, nicht zuletzt in den Ideen, die von Sigmund Freud in »Das Unbehagen in der Kultur« (1930) entwickelt wurden. Besonders einflussreich war auch der ökologische Ansatz von Bronfenbrenner, in dem Kultur als Teil des Exo- und Makrosystems betrachtet wird, das distale, kontextuelle oder situative Einflüsse unterscheidet und integriert (Bronfenbrenner, 1979). In jüngerer Zeit hat Causadias (2013) darauf hingewiesen, dass Kultur selbst dann, wenn sie in entwicklungsbezogenen Kontexten betrachtet wird, als eine Form von Umwelteinfluss auf die Entwicklung gilt. Kultur wird hier verstanden als tradierte Kodizes, Rituale, Techniken und Praktiken, die ansonsten opake Werkzeuge und Fertigkeiten weitergeben können, aber auch soziales Aufeinander-Bezogensein im breiteren Sinne inklusive des Wissens um mentale Zustände (zur genaueren Fassung des Begriffs siehe weiter unten und auch Gingelmaier in diesem Band). In Übereinstimmung mit den Zielen dieser Arbeit schlägt Causadias (2013) vor, Kultur in entwicklungsbezogenen Begriffen zu konzeptualisieren und diese sowohl auf der Ebene des Individuums als auch der sozialen Gruppe zu untersuchen. Causadias skizziert vier wissenschaftliche Anliegen (Causadias, 2013; Causadias u. Cicchetti, 2018):

a) auf der Ebene der Entwicklung eines Individuums zu erforschen, wie sich Kontinuitäten und Diskontinuitäten in kulturellen Prozessen auf die Anpassungs- und Fehlanpassungsprozesse dieser Person auswirken können;

b) zu untersuchen, wie Kultur die Entwicklung im Allgemeinen auf sozialer (situativer oder kontextueller) und auf individueller Ebene (unmittelbar und persönlich) prägt;

c) die Interaktion von Kultur mit genetischen, neurobiologischen und temperamentassoziierten Einflüssen zu untersuchen;
d) die Messung des kulturellen Einflusses durch direkte Beurteilungen zu entwickeln, die Diversität auf der Oberflächen- und Tiefenebene und die Prozesse auf sozialer und individueller Ebene zu evaluieren.

Unser Ansatz fügt sich in das zweite wissenschaftliche Anliegen (b) ein. Wir schlagen einen evolutionär begründeten Entwicklungsansatz vor, der einerseits die Beziehung zwischen den Entwicklungserfahrungen und sozialer, epistemisch gültiger Kommunikation beschreibt und andererseits die Fähigkeit eines Individuums untersucht, seine komplexe Form des sozialen Funktionierens, die seine kulturelle Aktivität ausmacht, zu realisieren und damit an Kultur teilzunehmen.

Wir werden zunächst erklären, was wir unter »Kultur« verstehen, und dann Überlegungen zu den Ursprüngen der menschlichen sozialen Kognition anstellen, die vor allem von Tomasello (2014, 2020; siehe auch Tomasello in diesem Band) beschrieben wurden. Unsere Arbeitsdefinition von Kultur stammt von Sperber, der sie in der folgenden Formulierung zusammenfasst: »Kultur ist die Essenz von Kognition und Kommunikation in der menschlichen Spezies« (Sperber, 1990, S. 42, Übersetzung durch den Autor). Soziale Kognitionen beziehen sich laut Sperber (2020) dabei auf Prozesse, deren Funktion es ist, spezifische inhaltliche oder semantische Zusammenhänge zwischen ihren »In- und Outputs« herzustellen. Gergely und Csibra haben die »Anforderungsmerkmale kognitiv opaker Kulturformen« (Gergely u. Csibra, 2006, S. 8), solcher also, die sich nicht direkt erschließen lassen, als ein zentrales Merkmal menschlicher Kultur beschrieben. Wir sehen diese Auffassung aber durchaus auch kritisch. Artefakte, egal ob in Form von abstrakten Ideen oder physischer Technologie, die die Eigenschaft der Opakheit haben – das heißt, ihr Zweck, ihre Funktion, ihr Grundprinzip oder ihre Verwendungsmethode ist nicht offensichtlich oder ohne eine:n Erklärenden nicht nachvollziehbar – erfordern Kommunikation, das heißt irgendeine Form von Bildung, Unterweisung oder Unterricht. Um das Erlernen komplexer/opaker Sachverhalte zu ermöglichen, »entwickelt der Mensch spezialisierte kognitive Ressourcen, die ein spezielles zwischenmenschliches System der gegenseitigen Gestaltung formen, wodurch man prädisponiert ist, neue und relevante kulturelle Informationen an (und von) Artgenossen zu ›lehren‹ und zu ›lernen‹« (Gergely u. Csibra, 2005, S. 472). Dies ist der Prozess der »natürlichen Pädagogik«, den wir im Folgenden mit Bezug auf die Entwicklungspsychopathologie genauer darstellen werden. Nach Gergely und Csibra ist Kultur nicht nur das Ergebnis von Kommunikation, sondern sie ist Kommunikation – allerdings von einer bestimmten Art und einem bestimmten Zweck, der sich aus der »natürlichen Pädagogik« ergibt (Gergely u. Csibra, 2006). Für Sperber sind psychologische Betrachtungen notwendig, um das, was Kultur ausmacht, vollständig zu erfassen. Psychologische Faktoren ermöglichen Kultur nicht nur, sondern sie formen sie auch maßgeblich (Sperber, 2020).

Kultur ist damit sowohl der Prozess als auch das Ergebnis der Kommunikation von opakem Wissen. Sie kann daher als ein dynamisches System von expliziten und impliziten Regeln definiert werden, das Einstellungen, Werte, Überzeugungen, Symbolbedeutungen, Traditionen, Bräuche, Normen und Verhaltensweisen – ein System von Wissen – umfasst, das von einer relativ großen Gruppe von Menschen geteilt und von Generation zu Generation in verschiedenen Maßen von Konsistenz weitergegeben wird. Kultur ist ein System, das die Anhäufung und Weitergabe eines Bestands an gemeinsamen Techniken und Praktiken ermöglicht, um die Interaktionen der Menschen mit ihrer Umwelt zu optimieren. Wichtig aus unserer Perspektive ist dabei, dass diese Kulturkommunikation auch die Weitergabe und das Verständnis von mentalen Zuständen mit einschließt, genauer: der Charakteristika, die sie ausmachen, wie auch das Potenzial, mit ihnen Verhalten vorherzusagen und das psychische Innenleben sowie interpersonelle Prozesse zu verstehen. Der Primatologe, Linguist und Entwicklungsforscher Tomasello beschrieb den Prozess der Wissensakkumulation (Tomasello, Carpenter, Call, Behne u. Moll, 2005) als die Übernahme neuer Elemente, die überlegen sind und es uns ermöglichen, auf früher gefundene Lösungen zu verzichten und somit durch Interaktion mit anderen, aber auch der Umgebung selbst Lösungen kontinuierlich zu optimieren. Dieser Prozess fördert die Anhäufung von Wissen innerhalb einer Gemeinschaft (und seine transgenerationale Weitergabe und Weiterentwicklung), das durch interpersonelles Lernen weitergegeben wird. Entscheidend ist dabei, dass soziales Lernen auf diese Weise von Ebenen des »gemeinsamen Denkens« abhängig ist – gemeinsame oder geteilte Aufmerksamkeit, intellektuelle Zusammenarbeit, empathische Verflechtungen in Bezug auf Verstehen und Missverstehen. Dies beinhaltet prominent ein zwischenmenschliches Sich-Einlassen und Funktionieren auf einem anspruchsvollen Niveau (O'Madagain u. Tomasello, 2019; Tomasello, 2020). Gemeinsames Denken erfordert robustes und zuweilen hoch reflektiertes Mentalisieren. Das wahrscheinlich überzeugendste Verständnis davon, wie sich Mentalisieren entwickelt, ist eine Darstellung, die Kollaboration als ein wesentliches artspezifisches Merkmal des Menschen in den Mittelpunkt stellt (Tomasello, 2018). Die menschliche Sozialität wird durch die bemerkenswerte Fähigkeit erklärt, an den mentalen Zuständen anderer teilzuhaben. Neuere Forschungen zum Mentalisieren über verschiedene Spezies hinweg haben ein überraschend hohes Maß an Verständnis für mentale Zustände nicht nur bei menschlichen Säuglingen, sondern auch bei anderen nicht menschlichen Primaten (Sandel, MacLean u. Hare, 2011) und anderen Säugetieren wie Haushunden (Call, Brauer, Kaminski u. Tomasello, 2003) und Ziegen (Tomasello, Call u. Kaminski, 2006) belegt. Menschliche Säuglinge sind eindeutig in der Lage, die mentalen Zustände anderer zu verfolgen (Kovacs, Teglas u. Endress, 2010). Etwa im Alter von neun Monaten erwerben sie eine entscheidende zusätzliche Kompetenz: die geteilte Aufmerksamkeit. Gemeint ist damit die Erfahrung, wenn der Säugling und dessen Gegenüber sich darauf verständigen, zur gleichen Zeit auf dieselbe Sache zu achten, dies aber, später in der Entwicklung, aus unterschiedlichen Perspektiven tun (Tomasello, 2018). Tomasello (O'Madagain u. Tomasello, 2019; Tomasello, 2019) weist darauf hin, dass der Hauptunterschied zwischen Menschen und anderen Spezies in dieser Fähigkeit zur Koordination von Perspektiven liegt. Ebenso wie Tomasello gehen wir davon aus, dass dieses Zusammenführen der Gedanken, bei dem ein gemeinsames Objekt identifiziert wird und gleichzeitig verschiedene Perspektiven darauf erkannt werden, die entscheidende Voraussetzung für das Mentalisieren beim Menschen, zum späteren Perspektiven-Übernehmen ist. Tomasello beschreibt dies als eine »duale Ebenenstruktur« geteilter Intentionalität (Tomasello, 2020), weil sie sowohl einen gemeinsamen Fokus als auch individuelle, getrennte Perspektiven auf dieselbe Sache umfasst (Tomasello, 2016).

Im Laufe der Entwicklung, wenn Erkenntnisse objektiver Realität mehr und mehr aufscheinen, erlangen der Säugling und später das Kind die Fähigkeit, die eigene (subjektive) Sichtweise mit der Sichtweise des anderen (der Bezugsperson) bezüglich desselben Aspekts der Realität abzugleichen. Damit lernt das Kind, sowohl mit der eigenen als auch mit der Sichtweise des Gegenübers bezüglich der tatsächlichen physischen Realität zu triangulieren (Davidson, 2001). Tomasello vermutet, dass der Übergang vom epistemischen »Tracking« (im Sinne von Nachverfolgen) zur geteilten Intentionalität durch die organisierende Funktion der sozialen Zusammenarbeit angetrieben wurde (Tomasello, 2020). Epistemisches Tracking an sich ist für den sozialen Wettbewerb prädestiniert: Es genügt zu wissen, was der Konkurrent vorhat, und es bietet keinen großen selektiven Vorteil, den mentalen Zustand des Konkurrenten mit dem Inhalt der eigenen Subjektivität oder mit der externen objektiven Realität zu koordinieren. Kooperation hingegen wird durch die Fähigkeit, verschiedene Perspektiven auf dieselbe Situation zu vergleichen und zu koordinieren, ungemein gefördert (Colle et al., 2020). Die Zusammenarbeit wird durch eine spezielle Reihe von mentalen Prozessen unterstützt, die der gemeinsamen Kognition vorbehalten sind – beschrieben als »Wir-Modus« oder relationales Mentalisieren. Es hat sich eine Denkrichtung herausgebildet, die soziale Kognition in der relationalen oder »Wir«-Haltung darstellt (Higgins, 2020). Es wird angenommen, dass jedes Individuum, das beabsichtigt, ein bestimmtes Ergebnis zusammen mit einem anderen zu erreichen, eine »Ich-Perspektive im Plural«, den »Wir-Modus«, einnehmen muss (Gallotti u. Frith, 2013, S. 160). Der Wir-Modus kann um kognitive und neuronale Strukturen herum organisiert sein, die unserer individuellen Konstitution angehören und das Produkt einer bestimmten Entwicklungs- und Evolutionsgeschichte sind (Tomasello, 2019). Auf der Grundlage gemeinsamer Intentionalität entsteht ein gemeinsamer Bezugsrahmen, in dem mentale Zustände aufeinander abgestimmt werden, um ein gemeinsames Ziel zu erreichen. Dies beruht auf dem Anerkennen der jeweiligen Rolle, die jede:r Beteiligte in der kollaborativen Aktivität aufbringt (Tomasello, 2016). Der Wir-Modus setzt eine gegenseitige Anerkennung der Subjektivität und Menschlichkeit des anderen voraus: »die Anerkennung der anderen Personen als Akteure oder Personen, die genauso real sind wie man selbst […], die Anerkennung einer unausweichlichen Tatsache, die die menschliche Existenz charakterisiert« (Tomasello, 2016, S. 56).

Gemeinsames und kollaboratives Handeln erfordert eine Reihe spezifischer Prozesse. Der Wir-Modus wird gemeinsam mit anderen aufrechterhalten und geteilt. Er kann vom Ich-Modus unterschieden werden, in dem die Überzeugungen, Gefühle und Wünsche des Individuums in sich geschlossen sind und in einer ontologisch eigenständigen Kategorie liegen. Im Ich-Modus dient die Anwendung der intentionalen Haltung auf andere dem Selbst, indem andere als soziale Hindernisse oder soziale »Werkzeuge« instrumentalisiert werden (Tomasello, 2019).

Aus einer systemisch-psychotherapeutischen Perspektive haben wir eine ähnliche Reihe von Prozessen unter dem Begriff des relationalen Mentalisierens diskutiert (Asen u. Fonagy, 2012, 2017; Bateman u. Fonagy, 2016), die sich auf das gemeinsame Denken und Fühlen innerhalb eines sozialen Systems, einer Dyade, einer Familie oder einer anderen sozialen Gruppe oder eines Hilfesystems beziehen. Der Wir-Modus oder das relationale Mentalisieren betrifft intentionale Zustände, die von den Individuen im System als gemeinsam oder von allen geteilt angenommen werden. Es wird davon ausgegangen, dass im »Wir-Modus« der soziale Kontext (die bloße Anwesenheit anderer) das Mentalisierungspotenzial einer Person verbessert, indem er das Bewusstsein für die verfügbaren Handlungsoptionen erweitert und neue Lösungen für das Handeln generiert. Dies beinhaltet die Ko-Repräsentation der Sichtweise des anderen als Voraussetzung für gemeinsames Handeln. Wenn Menschen (Familien oder andere »Ansammlungen« von Individuen) beschließen, zusammen zu sein und gemeinsam zu handeln, ihre »Kräfte also zu bündeln«, kann man davon ausgehen, dass kein Mitglied der Gruppe dies »allein« tut oder in angemessener Weise als isoliert von anderen in diesem »psychologischen Kollektiv« denkend oder fühlend betrachtet wird. Dieses »Wir-Gefühl« des gemeinsamen Denkens hat eine Irreduzibilität; das bedeutet, dass es getrennt vom individuellen Mentalisieren des Selbst und der anderen behandelt werden muss, da gemeinsame Handlungen qualitativ anders erlebt werden und gemeinsame »Wir-Absichten« beinhalten. Dieses relationale Mentalisieren stützt sich auf zugrunde liegende, gegenseitig akzeptierte, aber oft implizite konzeptionelle und situative Voraussetzungen und nicht notwendigerweise auf das Treffen von expliziten Vereinbarungen (Tuomela, 2005). Diese Bereitschaft, gemeinsam zu handeln, eine Handlungs(-absicht) zu teilen und einen Plan gemeinsam auszuführen, war wahrscheinlich die Fähigkeit, die es uns ermöglicht hat, alle anderen Spezies auf dem Planeten zu »überflügeln«. Sofern das angesichts der zweifelhaften Folgen unseres unzweifelhaften Erfolgs ein angemessener Begriff ist! Das Gefühl, das mit dieser gemeinsamen Intentionalität verbunden ist, das Gefühl des Wir-Seins, kann durch das Potenzial der sozialen Zusammenarbeit untermauert werden und erzeugt dieses sicherlich. Dieses Miteinanderteilen des mentalen Zustands in einem irreduzibel kollektiven Modus der Kognition ist von vielen anerkannt worden, darunter von Entwicklungswissenschaftler:innen (z. B. Tronick, 2008), von Psychoanalytiker:innen der meisten klassischen Schulen (z. B. Winnicott, 1956) und zunehmend von Neurowissenschaftler:innen (z. B. Gallotti u. Frith, 2013).

Psychopathologie als Nebenprodukt unserer Befähigung zur Kultur

Wie verhält sich der Wir-Modus zur Psychopathologie? Dieses Denken bezieht sich elementar auf Csibras und Gergelys Theorie der »natürlichen Pädagogik« (Csibra u. Gergely, 2009), die eine menschlich-spezifische, hinweisgesteuerte sozial-kognitive Anpassung der gegenseitigen Kommunikation postuliert (»ostensive cues«), welche darauf ausgerichtet ist, den effektivsten und effizientesten Transfer von kulturell relevantem Wissen zu gewährleisten. Sie vertreten die These, dass die menschliche Kommunikation das evolutionäre Produkt der Notwendigkeit ist, kognitiv opakes kulturelles Wissen zu übertragen: Wissen, das robust gegenüber Störfaktoren sich über Kontexte und Personen hinweg generalisieren lässt und in dem Sinne als geteilt erlebt wird, dass es sofort die Erwartung erzeugt, dass andere, die zur eigenen sozialen Gruppe gehören, dieses Wissen ebenfalls besitzen. Csibra und Gergely verstehen unter dem Konzept der »ostensive cues« (Csibra u. Gergely, 2009; Csibra u. Gergely, 2011) – ursprünglich von Bertrand Russell (1940/1967) diskutiert, aber von Sperber und Wilson (1995) ausgiebig verwendet –, dass bestimmte Signale von einem Akteur eingesetzt werden, um den:die Adressat:in auf die Kommunikationsabsicht des:der Akteur:in vorzubereiten. Beispiele für solche ostensiven, also Absicht anzeigenden Signale sind zunächst banal erscheinende Kommunikationsmarker wie Blickkontakt, das Hochziehen der Augenbrauen, kontingente Reaktivität und kindlich-direkte Sprache. Ostensive Signale können auch die Funktion haben, der natürlichen »epistemischen Wachsamkeit« entgegenzuwirken – dem selbstschützenden Misstrauen gegenüber potenziell schädlichen, trügerischen oder ungenauen Informationen (Sperber et al., 2010). Ostensive Signale erzeugen einen besonderen Aufmerksamkeitszustand, den wir mit dem oben besprochenen Wir-Modus in Verbindung bringen, bei dem die epistemische Vigilanz vorübergehend außer Kraft gesetzt wird und der:die Adressat:in das Gefühl hat, dass die nachfolgende Kommunikation speziell für sie:ihn relevante Informationen enthält, die er:sie sich merken und als Wissen kodieren sollte, das allgemein für soziale Situationen relevant ist, in denen das Selbst mit anderen zusammenarbeitet (Butler, Gibbs u. Levush, 2020; Gergely, 2013). Vereinfacht gesagt, die Adressat:innen werden empfänglicher für Wissensweitergabe. Solche Informationen können sich auf ein Objekt beziehen, auf die Ansichten und Einstellungen des anderen über das Objekt oder die vom anderen über das Selbst mitgeteilten Überzeugungen, die intuitiv und affektiv als verallgemeinerbar und situationsübergreifend relevant angesehen werden können (Egyed, Király u. Gergely, 2013; Futo, Teglas, Csibra u. Gergely, 2010). Wir konnten in einer metaanalytischen Auswertung verschiedener Lernparadigmen zeigen, dass Ostension einen großen Anteil des Lernerfolgs bei kleinen Kindern vorhersagen kann (Woll, Fillingham, Fonagy u. Nolte, eingereicht). So vermittelte Informationen können als Teil des prozeduralen und semantischen Gedächtnisses abgelegt und verwendet werden und dienen nicht ausschließlich oder primär der Speicherung im episodischen Gedächtnis (Kovacs, Teglas, Gergely u. Csibra, 2017). Wir empfinden den Begriff der ostensiven Hinweise als hilfreich, da er direkt mit unserem Verständnis des Wir-Modus der sozialen Kognition verknüpft ist.

Um etwas über die Realität zu erfahren, müssen wir uns an andere wenden. Die menschliche Welt, außen und innen, ist so komplex, dass es unmöglich ist, sie ganz allein zu entdecken. Wir lernen auch über uns selbst von anderen. Wir bauen Repräsentationen von uns selbst auf und aktualisieren sie ständig unbewusst durch unsere sozialen Interaktionen, die mit zahlreichen Lernmöglichkeiten einhergehen (Gergely u. Jacob, 2012; Gopnik u. Wellman, 2012). Das Wissen, das wir uns darüber aneignen, wer wir sind, entsteht nicht primär von innen heraus. Es wird vielmehr von anderen absorbiert, auf dem neuesten Stand gehalten und als Reaktion auf sich verändernde soziale Kontexte aktualisiert, was eine soziale Anpassung und eine Kalibrierung der eigenen Psyche ermöglicht, die für das menschliche Überleben psychisch und somatisch entscheidend ist. Der Schlüssel, um diesen Lernkanal während der gesamten Entwicklung offenzuhalten, ist die Erfahrung der Selbsterkenntnis, die im Idealfall dem echten Lernen am Objekt vorausgeht. Diese Erfahrung basiert darauf, wie man selbst erlebt wird. Es liegt in der Natur der Sache, dass diese Einschätzung, wie man selbst von einem anderen gesehen und gelesen wird, in hohem Maße von der Rückmeldung abhängt, die man von dem anderen erhält. Dies ermöglicht ein besonders reaktionsfähiges und adaptives soziales Lernen hinsichtlich der besonderen Beschaffenheit der sozialen Umgebung und erzeugt somit die besondere Flexibilität der menschlichen sozialen Kognition. Wir vermuten jedoch, dass dies auch eine potenzielle Verwundbarkeit in Bezug auf Psychopathologie erzeugt. Die Theorie der »natürlichen Pädagogik« unterstreicht die hochgradig interpersonelle Natur des Prozesses, durch den epistemisches Vertrauen – Vertrauen in kommunizierte Informationen – im Säuglingsalter generiert wird, und dies hat bedeutende Implikationen für den Bereich der Entwicklungspsychopathologie.

Epistemisches Vertrauen bezieht sich auf Vertrauen in kommuniziertes Wissen. Traditionell von Interesse als soziologisches und philosophisches Konstrukt, wurde es in jüngerer Zeit verwendet, um die soziokognitiven Prozesse, die mit Psychopathologie assoziiert sind, besser zu verstehen. Persönlichkeitspathologie steht demnach in Verbindung mit Unterbrechungen in der Fähigkeit, eine angemessene epistemische Strategie, eine angemessene epistemische Haltung hinsichtlich Vertrauen und Vigilanz gegenüber Neuem und sozial vermitteltem assoziativem Lernen zu entwickeln, also Kontingenzen herstellen; was früh in der Entwicklung bedeutsam wird, scheint prädiktiv für späteres soziales Funktionieren zu sein (Reeb-Sutherland, Levitt u. Fox, 2012). Lernstrategien, die früh in der Kindheit entstehen, können im Verlauf das Verhalten in komplexen sozialen Situationen maßgeblich beeinflussen (Hammock u. Levitt, 2006). Beziehungserfahrungen moderieren, wie jemand Informationen aus der Umwelt aufnimmt und verarbeitet; die Lernfähigkeit wird also durch die Beziehungsgeschichte eines Individuums bedingt. Dies wurde erfolgreich für Makaken (Capitanio, 1985; Mason u. Capitanio, 1988) und auch für menschliche Säuglinge (Bigelow u. DeCoste, 2003) gezeigt. Weniger kontingente responsive Fürsorge ist mit langsamerer Entwicklung des assoziativen Lernens bei Säuglingen verbunden (Papoušek u. Papoušek, 1975). Wir gehen davon aus, dass es die Lernfähigkeit des Säuglings untergraben kann, wenn dessen Bezugspersonen nicht zuverlässig reagieren, nicht wohlwollend sind und/oder nicht erkennen können, was für den Säugling bedeutsam und relevant ist – und zwar durch die unterdurchschnittliche Entwicklung von epistemischem Vertrauen. Es gibt Hinweise darauf, dass die Qualität der Beziehung eines Kindes zu einem Kommunikationspartner in hohem Maße das Ausmaß bestimmt, in dem das Kind Informationen von diesem aufnehmen und verallgemeinern wird (Corriveau et al., 2009; Lane u. Harris, 2015; Mascaro u. Sperber, 2009; Shafto, Eaves, Navarro u. Perfors, 2012). Diese Betonung der Bedeutung von Anerkennung innerhalb zwischenmenschlicher Prozesse steht im Einklang mit neueren Arbeiten, die die inhärent sozial angetriebene Natur von kognitiven Prozessen höherer Ordnung untersuchen (Rudrauf, 2014; Übersicht in Debbanè u. Nolte, 2019).

Unser hypothetisches Modell für soziales Lernen, das durch epistemisches Vertrauen moderiert wird, hängt von der Etablierung des Wir-Modus ab. Der prototypische Weg, über den der Wir-Modus die Lernsituation beeinflusst, könnte sein: (a) Das imaginierte Selbstverständnis des Lernenden (sein persönliches Narrativ) wird (b) vom Lehrenden imaginiert, wodurch ein Ausblick auf den Wir-Modus entsteht, (c) dieses Bild wird vom Lernenden wahrgenommen, wodurch das Potenzial für das Entstehen des Wir-Modus verstärkt wird, und (d) mit dem persönlichen Narrativ des Lernenden verglichen, (e) im Falle einer Übereinstimmung ist eine Ko-Repräsentation entstanden und der Wir-Modus hebt den Ich-Modus, der soziale Veränderung oder Lernen inhibiert, auf, wodurch der Kanal für einen schnellen, effizienten Wissenstransfer geöffnet wird. Relationales Mentalisieren ist also der Schlüssel zum Aufbau von epistemischem Vertrauen und Lernerfolg. Der:die Mitteilende muss in der Lage sein, die:den Adressat:in gut genug zu mentalisieren, damit der:die Adressat:in sich tatsächlich mentalisiert, also als psychischer Akteur mit eigener psychischer Verfasstheit wahrgenommen fühlt. Diese imaginative Erfahrung (Wir-Modus) senkt die Barriere der epistemischen Wachsamkeit. Während der gesamten Entwicklung liegt der Schlüssel zum Offenhalten des Lernkanals in der Erzeugung von Erfahrungen der Anerkennung, die echtes Lernen von der:dem Mitteilenden ermöglicht. Dies basiert auf der Wahrnehmung, wie man selbst wahrgenommen wird – was wir ein epistemisches Match oder epistemische Übereinstimmung nennen. Ganz pragmatisch ausgedrückt: Wenn ich das Gefühl habe, verstanden zu werden, bin ich bereit, von der Person zu lernen, von der ich mich verstanden fühle und die ich daher für einen vertrauenswürdigen potenziellen Kooperationspartner halte. Dazu gehört das Lernen über mich selbst, aber auch das Lernen über andere und über die Welt, in der ich lebe, also faktisches, kulturelles Wissen und solches um psychische Verfasstheiten oder Zustände beim Selbst und bei anderen.

Unsere entwicklungsbezogene, interpersonelle Sicht auf die Stimulation von epistemischem Vertrauen im Kontext früher Beziehungen verleiht der Bindungsbeziehung eine neue Rolle. Wir nehmen an, dass menschliche sozial-kognitive Entwicklungsprozesse die Bindungsbeziehung verwenden, um sie als einen, wenn auch nicht den einzigen, wichtigen Vermittler von epistemischem Vertrauen zu nutzen. Wir vermuten, dass einer der großen sozialen Vorteile, die sichere Bindung mit sich bringt, darin besteht, dass sie die Fähigkeit des Individuums zu sozialem Lernen fördert, weil sie eine allgemeine Fähigkeit zu epistemischem Vertrauen erleichtert (Luyten et al., 2020) und möglicherweise einen Teil des Vorteils erklärt, den sichere Bindung in Bezug auf die psychische Gesundheit mit sich bringt (Groh, Fearon, van IJzendoorn, Bakermans-Kranenburg u. Roisman, 2017). Forschungsergebnisse unterstützen die entwicklungsbedingte Natur von Vertrauen und die sozialen Faktoren, die es beeinflussen (Corriveau et al., 2009; Eaves u. Shafto, 2017; Markson u. Luo, 2020; Tong, Wang u. Danovitch, 2020). Die Bindungsbeziehung stellt eine wirkmächtige Quelle sozialer Informationen über die Umwelt dar und gibt Aufschluss darüber, inwieweit eine starke Orientierung an den mentalen Zuständen anderer Menschen eine angemessene Strategie zum Verständnis der (sozialen) Welt sein kann (Fonagy u. Campbell, 2017a). Der große Gewinn einer sicheren Bindungsbeziehung, wenn sie in Bezug auf Gruppen und nicht nur auf Einzelpersonen betrachtet wird (Hrdy, 2006, 2009, 2013; Mesman, van IJzendoorn et al., 2016b; Mesman et al., 2018; Mesman, Minter u. Angnged, 2016a), besteht darin, dass sie dem Kind ermöglicht, sich an Gelegenheiten für kulturelles Lernen aus seiner Umgebung zu orientieren und diese gewinnbringend, im Sinne von entwicklungsfördernd, wahrzunehmen (Fonagy, Luyten, Allison u. Campbell, 2017a, 2017b).

Diese Idee wird in Tomasellos (2016) Ansatz der *kollektiven Intentionalität* aufgegriffen, einer Form der geteilten Intentionalität, bei der das Kind beginnt, seine Handlungen mit einer immer größer werdenden Gruppe zu koordinieren, welche schließlich eine spezifische Kultur ergibt. Letztendlich ermöglicht uns dies, auch mit fremden Menschen in unserem Umfeld zu kommunizieren, von ihnen zu lernen und mit ihnen zusammenzuarbeiten, weil wir mit ihnen ein Gefühl der Identität teilen, das durch gemeinsame Praktiken, Überzeugungen, Einstellungen und ein Gefühl der Zugehörigkeit oder Identität vermittelt wird. Damit soll die Bedeutung dyadischer Ansätze der Bindung nicht negiert werden. Die Feinfühligkeit der Bezugsperson lehrt das Kind wahrscheinlich, sensibel für ostensive Hinweise zu sein, die die gemeinsame Intentionalität des Wir-Modus anregen. Dies könnte ein Teil der Erklärung für die erzieherischen Vorteile einer sicheren Bindung darstellen (Belsky u. Fearon, 2002; Stievenart, Roskam, Meunier u. Van de Moortele, 2011; van IJzendoorn, Dijkstra u. Bus,

1995). Wir gehen davon aus, dass Feinfühligkeit dazu dient, ein »Grundvertrauen« zu schaffen, das eine Betreuungsperson mit synchronem Verhalten auf den Säugling reagieren und verlässlich eine gemeinsame Intentionalität etablieren kann. Dies erfolgt, indem sie (für das Kind) eine wahrnehmbare Repräsentation seiner auch präverbalen Selbstnarrative schafft, die eine Ko-Repräsentation von ausreichender Klarheit erzeugt, um epistemisches Vertrauen zu generieren. Dies führt zu Exploration, zur Etablierung einer gemeinsamen Intentionalität und zum Lernen von der Bezugsperson beziehungsweise anderen sowie der Wiederherstellung des sicheren Hafens, für den der Wir-Modus notwendig ist, wenn das Kind Trost oder Unterstützung benötigt, wenn es darum geht, seine Affekte ko-regulieren zu lassen.

Natürlich stellt der Wir-Modus sicher, dass der Säugling über sich selbst (seine Gefühle, sein Denken und seine Identität) durch die sichere »Anleitung« der Bezugsperson lernt. Somit begünstigt Feinfühligkeit, die eine sichere Bindung fördert, auch die Fähigkeit zum sozialen Lernen und zu kulturübergreifenden Anpassungen. Vor Kurzem konnten Mesman (2020) und Kolleg:innen die kulturübergreifende Relevanz von Feinfühligkeit nachweisen, indem sie zeigten, dass sie auf der Basis von Interaktionen in sieben verschiedenen Kulturen (Brasilien, Kenia, Iran etc.) zuverlässig codiert werden kann. Es ist unwahrscheinlich, dass dyadische Feinfühligkeit, die eine Prädisposition für epistemisches Vertrauen erzeugt, eine exklusive Strategie ist, mit der diese soziale Orientierung erreicht werden kann. In vielen nicht westlichen Gemeinschaften gibt es gleichzeitige Mehrfachbetreuung ohne klare orts- oder zeitgebundene Aufgabenteilung (Hrdy, 2009). Anthropologische Studien beschreiben durchgängig die weite Verbreitung von kollektiv verteiltem Alloparenting: Säuglinge erhalten personengeleitete Fürsorge von einer Reihe von Bezugspersonen, wodurch multiple natürliche Bindungen entstehen und damit mehr Bindungen möglich sind, als eine westliche Kleinfamilie erwarten ließe (Hrdy, 2016; Marlowe, 2005; Meehan u. Hawks, 2015; siehe auch Heidi Keller in diesem Band).

Die Suche nach einer vordefinierten Charakterisierung wie z. B. Feinfühligkeit von dyadischen Interaktionen im kulturellen Kontext ist als etischer Ansatz zur Untersuchung von Verhalten bekannt und wird dem emischen Ansatz gegenübergestellt, der jede Kultur als eigenen Ausgangspunkt nimmt (Harris, 1976). Nach dem emischen Ansatz hat Feinfühligkeit in nicht westlichen Kulturen eine andere Färbung. Die Umgebungen unterscheiden sich im Maß an Sicherheit, das sie bieten, aber diese ist eine Funktion des sozialen Netzwerks, das für die Entwicklung des Kindes grundlegend ist (Meehan, Helfrecht u. Malcom, 2016). Selbst wenn es eine proximale Versorgung des Säuglings durch eine Bezugsperson gibt, ist das Kind metaphorisch »nach außen gerichtet«. Seine Priorität liegt darin, zu lernen, die Welt so zu sehen, wie andere sie sehen. Bezugspersonen orientieren Kinder buchstäblich nach außen, indem sie sie in die gleiche Richtung halten können, in die sie selbst schauen, ohne die körperliche Nähe dabei preiszugeben (Ochs u. Izquierdo, 2009). Sie leiten sie also bei Aktivitäten an und die Kinder folgen ihrer Führung (Keller, Kartner, Borke, Yovsi u. Kleis, 2005). Die Priorität der Betreuungsperson liegt also nicht darauf, Wissen über das Kind zu demonstrieren und es über sich selbst zu belehren, sondern es darin zu unterstützen, die Perspektive anderer einzunehmen. Nicht westliche Erwachsenen-Kind-Spiele und -Gespräche sind tendenziell seltener und wenn sie stattfinden, folgen sie meist nicht dem typischen interaktionellen »Drehbuch« westlicher Lebensgemeinschaften. Eine »Serve-and-Respond«-Interaktion von Angesicht zu Angesicht ist möglicherweise eine etwas abweichende Form ostensiver Signale in der menschlichen evolutionären Erfahrung (Keller u. Bard, 2017; Keller u. Chaudhary, 2017). Es gibt viele Wege der Anerkennung der Handlungsfähigkeit eines Kindes, die nicht dem westlichen Modell der elterlichen Interaktion folgen. Die Fürsorge ist möglicherweise weniger offenkundig psychologischer Natur oder emotionsorientiert und basiert viel stärker auf körperlichem Kontakt (Morelli et al., 2017). Die Betreuungsperson kommuniziert mit dem Säugling nicht über sich selbst, sondern sie lehrt, führt und leitet ihn an, die Handlungen anderer zu verstehen. Der Säugling ist ein »sozialer Lehrling«, der erst in zweiter Linie etwas über sich selbst lernt, indem er die Art und Weise erkennt, wie seine Erfahrungen denen der anderen in der Gemeinschaft ähneln. Auch wenn diese Art der Fürsorge nicht zu den interaktiven einfühlsamen Eins-zu-eins-Kontakten zu gehören scheint und das, was für Sicherheit und Vertrauen entscheidend ist, teilweise kulturspezifisch sein mag (Keller u. Chaudhary, 2017), so stellt sie doch ein bedeutendes Element der zwischenmenschlichen Kommunikation über die Fähigkeit der Umgebung dar, sich anzupassen und sich auf die eigene Anwesenheit einzustellen (Fonagy u. Campbell, 2017b). Die Art dieser Kommunikation schafft Momente der Anerkennung und ein Gefühl der geteilten Intentionalität, auch wenn diese im Kontext des sozialen Netzwerks erlebt werden und Verhaltensweisen privilegieren, die am ehesten die Sicherheit innerhalb dieser Gemeinschaft gewährleisten.

Die einfühlsame Eins-zu-eins-Antwort einer primären Betreuungsperson, im direkten Kontakt, ist ein Weg, um eine Wir-Form und epistemisches Vertrauen zu generieren, aber es gibt auch andere. Der Wir-Modus kann ebenso leicht durch die gemeinsame Absicht entstehen, andere zu ergründen, indem man z. B. gemeinsam versucht zu verstehen, wie sich andere fühlen. Epistemisches Vertrauen kann in vielen Kulturen affektiv isomorph mit Bindung sein (insbesondere in normativen, westlich orientierten Kulturen), aber epistemisches Vertrauen und Bindung können auch zwei separate Entwicklungsprozesse sein. Dyadische Feinfühligkeit stellt möglicherweise eine etwas anomale Form der Ostention des Wir-Modus in der evolutionären Erfahrung des Menschen dar (Keller et al., 2018). Es gibt viele Möglichkeiten, wie ein Kind sein Interesse und seine Handlungsfähigkeit anerkennen lassen kann, die nicht Ainsworths klassischem Modell der Eltern-Kind-Interaktion folgen. Die Erfahrung eines Kleinkindes, dass seine körperlichen Bedürfnisse befriedigt, seine innere Spannung oder Angst gelöst und sein Erkundungsdrang toleriert werden, muss nicht unbedingt mit einer konventionellen einfühlsamen Interaktion einhergehen. Es muss nicht immer dieselbe Betreuungsperson sein, sondern es kann eine breitere soziale Gruppe involvieren, die sich um das Kind kümmert. Es muss nicht unbedingt eine direkte Kommunikation und nicht einmal zwingend Blickkontakt stattfinden, möglicherweise gibt es nur wenig offene Anerkennung – dennoch können solche Interaktionen die intensive Erfahrung erzeugen, dass das eigene »Wissen« (das, was ich meiner Meinung nach »brauche«) bestätigt wird und sich zeigt, dass es mit dem übereinstimmt, was das soziale Umfeld bieten und tolerieren kann (Keller et al., 2018; Keller u. Chaudhary, 2017). Eine Möglichkeit, wie Bezugspersonen intentionale Haltungen umsetzen können, ist die Kommentierung psychologischer Zustände (Mind-Mindedness), eine andere die Unterstützung früher motorischer Unabhängigkeit. Das Involviert-Sein in der Zusammenarbeit und die geteilte Intentionalität sind es, die den »Wir«-Modus prägen, und das epistemische Vertrauen sorgt dafür, dass soziales Lernen stattfinden kann, wenn der »Ich«-Modus durch den »Wir«-Modus ersetzt wird.

Mit dem Fokus auf soziales Lernen wird deutlich, dass sich vulnerable oder sensible Entwicklungsphasen über die frühen Jahre hinaus bis in die spätere Kindheit und das Jugendalter erstrecken. Dies sind die entscheidenden Phasen, in denen Kinder und Jugendliche durch Frühpädagogik und Schule und den zunehmenden Kontakt mit der Außenwelt ihre Wahrnehmung der Welt als sicher und zuverlässig oder als gefährlich und unberechenbar verstärken. Während eine frühe Bindung die Chancen auf positive Entwicklung erhöht (Simpson, Collins, Tran u. Haydon, 2007), erweist sich die Unterstützung und Akzeptanz durch Gleichaltrige, nicht durch die Eltern, als der beste Prädiktor für die Resilienz im Jugendalter (van Harmelen et al., 2017). Doch die Mechanismen, die wir im Rahmen der Untersuchung der frühen Entwicklung identifizieren, können auch für das Verständnis späterer Einflüsse sehr hilfreich sein. Gemeinsame Intentionalität wird mit einer Reihe von Akteuren aufgebaut oder eben nicht. Darüber hinaus kann epistemisches Vertrauen zumindest auf einer heuristischen Ebene als ein verallgemeinertes Vertrauen in die eigene soziale Gemeinschaft verstanden werden: Gemeinsame Intentionalität kann vom Individuum sowohl auf Gruppen- als auch auf individueller Ebene erfahren werden und ist mit der Erwartung verbunden, dass das soziale Umfeld Ziele und Vorstellungen schützt, pflegt und bei deren Verwirklichung unterstützt.

Es liegt auf der Hand, dass das Fehlen von epistemischem Vertrauen für den Einzelnen in vielen sozialen Kontexten von großem Nachteil wäre. Der Verlust dieses Schlüsselprozesses für den effizienten Erwerb von Selbsterkenntnis (das Wissen um intentionale mentale Zustände und die Erfahrung, die eigene Psyche durch andere kalibrieren zu können) als Teil des kulturellen Wissens hat erhebliche Auswirkungen auf das soziale Funktionieren. Hier stellen wir die Verbindung zwischen unserer Fähigkeit, Kultur zu schaffen, und der Anfälligkeit für das her, was wir üblicherweise als Psychopathologie verstehen. Das Individuum kann in der Fähigkeit eingeschränkt werden, sein Verständnis von sich potenziell schnell verändernden sozialen Situationen zu aktualisieren, und würde angesichts sozialer Veränderungen unflexibel oder sogar rigide erscheinen. Warum sollte ein Individuum selbst in Situationen, in denen Vertrauen gerechtfertigt ist – das heißt, in denen seine persönliche Sichtweise geschätzt wird – kein epistemisches Vertrauen erfahren? Dafür gibt es zwei offensichtliche Gründe: Erstens können Widrigkeiten und Deprivation, wenn sie einem Trauma gleichkommen, chronisches Misstrauen erzeugen, indem sie die Vorstellungskraft in Bezug auf mentale Inhalte hemmen und eine übergreifende Vermeidung des Nachdenkens über die eigenen mentalen Zustände oder die anderer Menschen hervorrufen, was den Einzelnen in den meisten sozialen Situationen zutiefst verwundbar macht (Ensink et al., 2015; Levy, Goldstein u. Feldman, 2019; Macintosh, 2013; Taubner u. Curth, 2013). So zeigte sich beispielsweise in einer unserer eigenen Untersuchungen, dass epistemisches Vertrauen bei höherer adversiver Kindheitsbelastung deutlich eingeschränkt war (Nolte, O'Connor, Griem u. Fonagy, in Vorbereitung). Selbst ohne ein derartig tiefgreifendes Defizit in der Vorstellungskraft kann eine eingeschränkte Fähigkeit zur Mentalisierung dazu führen, dass traumatisierte Personen die soziale Realität voreingenommen wahrnehmen (Cicchetti u. Curtis, 2005; Germine, Dunn, McLaughlin u. Smoller, 2015; Kay u. Green, 2016) und die Darstellungen anderer falsch wiedergeben. Dies führt dazu, dass sie sich dauerhaft unverstanden fühlen und ein intensives und anhaltendes Gefühl der Ungerechtigkeit erleben. Zweitens kann das hier beschriebene langfristige Ergebnis der epistemischen Isolation als Folge des Versagens der Vorstellungskraft zu Problemen für Personen führen, die verzerrte persönliche Narrative haben, die also ungenaue Ansichten über das Selbst erzeugen, sodass selbst eine korrekte Wahrnehmung des eigenen persönlichen Narrativs durch andere nicht als übereinstimmend erlebt wird und eine schmerzhafte Erfahrung zwischenmenschlicher Entfremdung bestehen bleibt. Hierbei kommt es zu wiederholtem und im schlimmsten Fall beziehungs- und kontextübergreifendem Missverstanden-Werden, also zu relationalen Erfahrungen, die das Gegenteil eines epistemischen Matches ausmachen. Eine Person, deren persönliches Narrativ das Gefühl des Versagens oder von Bösartigkeit beinhaltet, wird paradoxerweise nicht von einer unterstützenden, positiven Reflexion ihres Selbstnarrativs profitieren, und sie hat das Gefühl, nicht verstanden zu werden. Umgekehrt können in anderen Fällen Entbehrungen und Traumata jedoch auch unangemessenes Vertrauen erzeugen. Wir gehen davon aus, dass eine solche übermäßige epistemische Leichtgläubigkeit durch eine hyperaktive oder nicht verankerte soziale Vorstellungskraft ausgelöst wird, die ein persönliches Narrativ erzeugt, das zu diffus ist, um ein genaues Gefühl für die Fähigkeit anderer zur Wahrnehmung der eigenen Person zu vermitteln. Übermäßige Leichtgläubigkeit entsteht, wenn alle persönlichen Narrative sich so anfühlen, als ob sie ausreichend »passen«, um Vertrauen zu schaffen, was die betroffene Person wiederum besonders anfällig dafür macht, von anderen ausgenutzt zu werden. Natürlich kann eine eingeschränkte Vorstellungskraft dazu führen, dass die Darstellung der eigenen persönlichen Narrative durch den anderen völlig falsch wahrgenommen wird, und es entsteht eine illusorische Übereinstimmung, die in Wirklichkeit nicht existiert. Es mag viele andere Möglichkeiten geben, aber diese haben alle die Eigenschaft, dass sie die Fähigkeit des Einzelnen – zum Teil erheblich – dabei stören, den Wir-Modus zu erleben, der auf der Triangulation von Selbst, anderem und externer Realität beruht.

Wenn man sich auf epidemiologische Zahlen verlässt, geht nur einer von fünf Menschen durch sein Leben, ohne eine diagnostizierbare psychische Erkrankung zu durchleben (Schaefer et al., 2017): Möglicherweise ist die menschliche Gesundheit und nicht die psychische Krankheit so etwas wie ein Mythos (Szasz, 1960). Betrachtet man solche Prävalenzzahlen aus der Perspektive der natürlichen Selektion, so ist klar, dass neuronale Systeme, die psychischen Störungen letztlich basal immer zugrunde liegen, andere Funktionen haben müssen, die für das Überleben entscheidend sind. Ein prominentes Merkmal psychischer Störungen ist die Erfahrung einer »wilden Imagination«, der zuvor beschriebenen Nicht-Verankerung oder fehlenden Triangulierung innerer Modelle des Selbst und der sozialen Welt. Neuere Konzeptualisierungen und erste empirische Befunde aus den Neurowissenschaften bezüglich der Prozesse von *Predictive Coding* und des *Free Energy Principles* aus der Arbeitsgruppe von Karl Friston verweisen auf die neuronale Prädisposition der Arbeitsweise unseres Gehirns – also ein erfahrungsbasiertes Lernen, das probabilistische generative Modelle von der (sozialen) Welt erstellt, diese mit neuen Wahrnehmungen abgleicht und gegebenenfalls anpasst (siehe Debbanè u. Nolte, 2019, für einen Überblick). Die menschliche

Vorstellungskraft ist für das Mentalisieren und damit für die Weitergabe von Kultur unerlässlich. Menschen müssen in der Lage sein, sich die Perspektiven anderer vorzustellen, um in einer sozialen Welt effektiv zusammenzuarbeiten. Dies scheint ein geringer Preis für die Fehler – oder die »Wildheit« – der Vorstellungskraft zu sein, die nach Widrigkeiten und Traumata auftreten können.

Carver, Johnson und Timpano (2017) haben in hilfreicher Weise auf den von Epstein (1994) vorgeschlagenen Gegensatz zwischen reflektivem und reflexivem Modus der Kognition hingewiesen, um eine Dichotomie zwischen einem grundlegenden, auf Emotionen reagierenden Modus (reflexiv) und einer bewussten mentalen Funktion (reflektiv) zu beschreiben. Ein gemeinsames Merkmal des reflexiven Modus ist die relative Spontaneität, Einfachheit und Reaktionsfähigkeit auf Gefühle (Metcalfe u. Mischel, 1999; Strack u. Deutsch, 2004). Der sozialen Kommunikation haftet immer eine gewisse Ungewissheit an, da der Verstand anderer Menschen letztlich undurchsichtig (opak) bleibt. Daher ist eine reflexive Funktionsweise möglicherweise besser für die Aufgabe geeignet, eine gemeinsame Intentionalität herzustellen, insbesondere in von Unsicherheit geprägten menschlichen Umgebungen. Der Gedanke, dass verschiedene Arten der Kognition durch die Umwelt ausgelöst werden können und wie dies mit der Einstellung eines Individuums zum sozialen Lernen interagieren kann, wird im letzten Abschnitt dieses Kapitels weiter untersucht, wobei auch die Risikofaktoren für Psychopathologien betrachtet werden, die sich aus sozioökonomischen Umständen ergeben. Den erheblichen Einfluss letzterer haben wir in Fonagy et al. (2021) vertiefend beschrieben.

Wie hilft uns das Modell des sozialen Lernens beziehungsweise des epistemischen Vertrauens dabei, die Wirkung des sozialen Umfelds – insbesondere von ökonomischer Deprivation, Erfahrungen von Diskriminierung, soziale Isolation oder einer feindselig eingestellten Umgebung – auf kindliche Entwicklung und das Entstehen von Psychopathologie zu verstehen? Wir gehen davon aus, dass derartige soziale Umgebungen dem Kind signalisieren können, dass es es nicht mit einer verlässlichen, sicheren Umgebung zu tun hat, in der es angemessen und von Nutzen wäre, zu vertrauen und eine Offenheit für soziales Lernen zu entwickeln (Luyten et al., 2020). Wenn Kinder in solchen sozialen Kontexten aufwachsen, kann es sein, dass Hochrisiko-Lebensstrategien (Del Giudice, 2016) vorteilhafter sind, um ein Überleben zu sichern. Dies kann geschehen, indem Lösungsvorstellungen generiert werden, die eher fantastisch im Sinne von ohne Kontakt zur objektiven Realität sind (sich beispielsweise auszumalen, dass eine vernachlässigende Mutter so handelt, weil sie damit ihre Zuneigung zeigen will) – im Gegensatz zu solchen Lösungsansätzen, die eher aufwendigen logischen Reflektierens und Verstehens bedürfen.

Es hat sich gezeigt, dass es die Qualität von Beziehungen in frühen Bindungskontexten ist, die das Kind mit Informationen versorgt, um die Sicherheit und Vorhersagbarkeit seiner Umgebung zu prädizieren (Chisholm, 1999). Kreative Lösungen der Art wie zuvor beschrieben, gehen unweigerlich mit hohem Risiko einher und sind damit am wahrscheinlichsten adaptiv in Kontexten einer nicht vorhersagbaren Umgebung oder Entwicklungsnische (Frankenhuis u. Del Giudice, 2012). Dies spiegelt schlichtweg natürliche Selektion wider sowie die Art und Weise, wie diese bestimmte Entwicklungsstrategien formt, welche wiederum zum Entstehen bestimmter Phänotypen führen, die an eine jeweilige lokale Ökologie angepasst sind (Panchanathan, Frankenhuis u. Barrett, 2010). Ein allgemeines Model zur Entstehung von Psychopathologie lässt sich somit vielleicht in der Idee der Entwicklungsdiskrepanz oder -fehlanpassung sehen (Gluckman, Low, Buklijas, Hanson u. Beedle, 2011). Ein Wechsel der Umgebung (z. B. auch im Sinne eines eigentlich wünschenswerten »Bildungsaufstieges«) kann dann Probleme einer solchen Fehlanpassung hervorrufen. Deshalb kann das Priorisieren reflexhafter Kognitionen, wie es in feindseligen frühen Umgebungen angezeigt ist, unter Umständen zu maladaptiven Reaktionen bei eher günstigen (späteren) Bedingungen führen, in denen ein reflektierender Modus adäquater wäre.

Eine weitere Eigenschaft unsicherer, ungewisser adversiver Umgebungen liegt darin, dass sie reflexhaftes Denken hervorrufen und damit einhergehend Spontaneität und ungebremste Imagination. Dies dient sowohl dazu, Lösungen zu finden, als auch, die Aussicht, geteilte Intentionalität mit denen herzustellen, die eine Quelle von Unterstützung durch gemeinsames Handeln sein könnten, zu erhöhen. In widrigen Umfeldern können einfallsreiche Lösungen, die eher »ziellos« sind und daher wenig mit der objektiven Realität zu tun haben, vorteilhafter sein als solche, die eher logische (und damit ressourcenaufwendige) Inferenzprozesse abbilden (Frankenhuis u. Del Giudice, 2012). Dies ist als evolutionäre Basis der risikohaften Strategien vorgeschlagen worden, die Jugendliche verwenden, die durch ihre Umwelt unter Druck geraten (Del Giudice, 2016). Unsere eigenen Arbeiten haben damit übereinstimmend gezeigt, dass die maladaptiven Lösungen dieser Entwicklungsperiode durch ungehemmtes Überschießen von Mentalisieren gekennzeichnet sind, ein Prozess, den Carla Sharp und Kolleg:innen als Hypermentalisieren bezeichnen (Sharp u. Vanwoerden, 2015). So kann das Priorisieren reflexhafter Kognitionen, wie es in feindseligen Umgebungen angebracht ist, adaptive Antworten unter ungünstigen Bedingungen generieren, damit aber auch das Risiko für tiefgreifende Fehlanpassung erhöhen.

Fazit

Wenn es also ein zweischneidiges Schwert sein kann, Vorstellungskraft oder Imagination wachzurufen, da damit das Risiko einhergeht, dass die Funktion des Verhandelns der sozialen Erlebenswelt, also interpersoneller Prozesse, eher ungehemmt und von der Realität entkoppelt zum Tragen kommt, dann ist es vielleicht nicht überraschend, dass Kinder dem größten Risiko, eine psychische Störung zu entwickeln, ausgesetzt sind, wenn sie in einer problembehafteten Umgebung ohne ausreichend soziale Unterstützung und ohne die Möglichkeit, ungehindertes oder überbordendes Vorstellen mit der Realität zu binden und abzugleichen, aufwachsen. Um nicht dem Verdacht einer Psychologisierung von sozioökonomischen Umständen zu erliegen, proklamieren wir an dieser Stelle nochmals deutlich, dass notwendige Veränderungen primär gesellschaftspolitisch sind. Auf einer psychosozial phänomenologischen Ebene gehen wir aber davon aus, dass epistemisches Vertrauen, das mit der Erfahrung, mentalisiert zu werden, einhergeht, auch dazu dienen könnte, imaginative Mentalisierungsaktivität zu regulieren: Der Wir-Modus, der die Triangulierung verschiedener Perspektiven und der äußeren Realität einschließt, verankert diese sozialkognitiven Prozesse. Vielleicht liegt der Nutzen von sozialer Unterstützung in der Gewissheit, dass wenn ein Kind oder ein:e Jugendliche:r gemeinsame Intentionalität mit anderen erlebt, sie:er nicht übermäßig viel darauf verwenden muss, sich selbst zu verstehen, sodass die Erfahrung von Vertrauen dann eine sichere Plattform bieten kann, von der aus man sich in der Entwicklung gewissermaßen nach außen, und damit nicht nur dem Selbst, sondern auch anderen zuwenden kann.

Literatur

Asen, E., Fonagy, P. (2012). Mentalization-based therapeutic interventions for families. Journal of Family Therapy, 34 (4), 347–370.

Asen, E., Fonagy, P. (2017). Mentalizing family violence part 1: Conceptual framework. Family Process, 56, 6–21.

Bateman, A., Fonagy, P. (2016). Mentalization-based treatment for personality disorders: A practical guide (2nd ed.). Oxford: Oxford University Press.

Belsky, J., Fearon, R. M. (2002). Infant-mother attachment security, contextual risk, and early development: A moderational analysis. Development and Psychopathology, 14 (2), 293–310.

Bigelow, A. E., DeCoste, C. (2003). Infants' sensitivity to contingency in social interactions with familiar and unfamiliar partners. Infancy, 4, 111–140.

Bronfenbrenner, U. (1979). The ecology of human development: Experiments by nature and design. Cambridge: Harvard University Press.

Butler, L., Gibbs, H., Levush, K. (2020). Look again: Pedagogical demonstration facilitates children's use of counterevidence. Child Development, 91, e1194–e1210.

Call, J., Brauer, J., Kaminski, J., Tomasello, M. (2003). Domestic dogs (Canis familiaris) are sensitive to the attentional state of humans. Journal of Comparative Psychology, 117, 257–263.

Capitanio, J. P. (1985). Early experience and social processes in rhesus macaques (Macaca mulatta): II. Complex social interaction. Journal of Comparative Psychology, 99, 133–144.

Carver, C. S., Johnson, S. L., Timpano, K. R. (2017). Toward a functional view of the p factor in psychopathology. Clinical Psychological Science, 5, 880–889.

Caspi, A., Houts, R. M., Belsky, D. W., Goldman-Mellor, S. J., Harrington, H., Israel, S., … Moffitt, T. E. (2014). The p factor: One general psychopathology factor in the structure of psychiatric disorders? Clinical Psychological Science, 2, 119–137.

Causadias, J. M. (2013). A roadmap for the integration of culture into developmental psychopathology. Development and Psychopathology, 25,1375–1398.

Causadias, J. M., Cicchetti, D. (2018). Cultural development and psychopathology. Development and Psychopathology, 30, 1549–1555.

Chisholm, J. S. (1999). Attachment and time preference: Relations between early stress and sexual behavior in a sample of American university women. Human Nature, 10, 51–83.

Cicchetti, D., Curtis, W. J. (2005). An event-related potential study of the processing of affective facial expressions in young children who experienced maltreatment during the first year of life. Development and Psychopathology, 17, 641–677.

Colle, L., Dimaggio, G., Carcione, A., Giuseppe, N., Semerari, A., Chiavarino, C. (2020). Do competitive contexts affect mindreading performance? Frontiers in Psychology, 11, 1284.

Corriveau, K. H., Harris, P. L., Meins, E., Fernyhough, C., Arnott, B., Elliott, L., … de Rosnay, M. (2009). Young children's trust in their mother's claims: Longitudinal links with attachment security in infancy. Child Development, 80, 750–761.

Crittenden, B. M., Mitchell, D. J., Duncan, J. (2016). Task encoding across the multiple demand cortex is consistent with a frontoparietal and cingulo-opercular dual networks distinction. Journal of Neuroscience, 36, 6147–6155.

Csibra, G., Gergely, G. (2009). Natural pedagogy. Trends in Cognitive Sciences, 13, 148–153.

Csibra, G., Gergely, G. (2011). Natural pedagogy as evolutionary adaptation. Philosophical Transactions of the Royal Society of London. Series B, Biological Sciences, 366, 1149–1157.

Davidson, D. (2001). Subjective, intersubjective, objective. Oxford: Clarendon Press.

Debbane, M., Nolte, T. (2019). Mentalization-based therapy in the light of contemporary neuroscientific research. In A. Bateman, P. Fongay (Eds.), Handbook of mentalizing in mental health practice (pp. 21–36). Washington, DC: American Psychiatric Association Publishing.

Del Giudice, M. (2016). The life history model of psychopathology explains the structure of psychiatric disorders and the emergence of the p factor. Clinical Psychological Science, 4, 299–311.

Eaves, B. S. Jr., Shafto, P. (2017). Parameterizing developmental changes in epistemic trust. Psychonomic Bulletin & Review, 24, 277–306.

Egyed, K., Király, I., Gergely, G. (2013). Communicating shared knowledge without language in infancy. Psychological Science, 24, 1348–1353.

Ensink, K., Normandin, L., Target, M., Fonagy, P., Sabourin, S., Berthelot, N. (2015). Mentalization in children and mothers in the context of trauma: An initial study of the validity of the child reflective functioning scale. British Journal of Developmental Psychology, 33, 203–217.

Epstein, S. (1994). Integration of the cognitive and the psychodynamic unconscious. American Psychologist, 49, 709–724.

Fonagy, P., Campbell, C. (2017a). Bad blood: 15 years on. Psychoanalytic Inquiry, 37, 281–283.

Fonagy, P., Campbell, C. (2017b). What touch can communicate: A commentary on mentalizing homeostasis. Neuropsychoanalysis, 19, 39–42.

Fonagy, P., Campbell, C., Constantinou, M., Higgitt, A., Allison, E., Luyten, P. (2021). Culture and psychopathology: An attempt at reconsidering the role of social learning. Development and Psychopathology, 1–16.

Fonagy, P., Luyten, P. (2009). A developmental, mentalization-based approach to the understanding and treatment of borderline personality disorder. Development and Psychopathology, 21, 1355–1381.
Fonagy, P., Luyten, P., Allison, E., Campbell, C. (2017a). What we have changed our minds about: Part 1. Borderline personality disorder as a limitation of resilience. Borderline Personality Disorder and Emotion Dysregulation, 4, 11.
Fonagy, P., Luyten, P., Allison, E., Campbell, C. (2017b). What we have changed our minds about: Part 2. Borderline personality disorder, epistemic trust and the developmental significance of social communication. Borderline Personality Disorder and Emotion Dysregulation, 4, 9.
Fonagy, P., Twemlow, S. W., Vernberg, E. M., Nelson, J. M., Dill, E. J., Little, T. D., Sargent, J. A. (2009). A cluster randomized controlled trial of childfocused psychiatric consultation and a school systems-focused intervention to reduce aggression. Journal of Child Psychology and Psychiatry, 50, 607–616.
Frankenhuis, W. E., Del Giudice, M. (2012). When do adaptive developmental mechanisms yield maladaptive outcomes? Developmental Psychology, 48, 628–642.
Freud, S. (1930). Civilization and its discontents. In J. Strachey (Ed.), The standard edition of the complete psychological works of Sigmund Freud (Vol. 21, pp. 57–146). London: Hogarth Press.
Futo, J., Teglas, E., Csibra, G., Gergely, G. (2010). Communicative function demonstration induces kind-based artifact representation in preverbal infants. Cognition, 117, 1–8.
Gallotti, M., Frith, C. D. (2013). Social cognition in the we-mode. Trends in Cognitive Sciences, 17, 160–165.
Gergely, G. (2013). Ostensive communication and cultural learning: The natural pedagogy hypothesis. In J. Metcalfe, H. S. Terrace (Eds.), Agency and joint attention (pp. 139–151). Oxford: Oxford University Press.
Gergely, G., Csibra, G. (2005). The social construction of the cultural mind: Imitative learning as a mechanism of human pedagogy. Interaction Studies, 6, 463–481.
Gergely, G., Csibra, G. (2006). Sylvia's recipe: Human culture, imitation, and pedagogy. In N. J. Enfield, S. C. Levinson (Eds.), Roots of human sociality: Culture, cognition, and interaction (pp. 229–255). London: Berg Press.
Gergely, G., Jacob, P. (2012). Reasoning about instrumental and communicative agency in human infancy. In J. B. Benson, F. Xu, T. Kushnir (Eds.), Advances in child development and behavior. Vol 43: Rational constructivism in cognitive development (pp. 59–94). Waltham: Academic Press/Elsevier.
Germine, L., Dunn, E. C., McLaughlin, K. A., Smoller, J. W. (2015). Childhood adversity is associated with adult theory of mind and social affiliation, but not face processing. PLoS One, 10, e0129612.
Gluckman, P. D., Low, F. M., Buklijas, T., Hanson, M. A., Beedle, A. S. (2011). How evolutionary principles improve the understanding of human health and disease. Evolutionary Applications, 4, 249–263.
Gopnik, A., Wellman, H. M. (2012). Reconstructing constructivism: Causal models, Bayesian learning mechanisms, and the theory theory. Psychological Bulletin, 138, 1085–1108.
Groh, A. M., Fearon, R. P., van IJzendoorn, M. H., Bakermans-Kranenburg, M. J., Roisman, G. I. (2017). Attachment in the early life course: Meta-analytic evidence for its role in socioemotional development. Child Development Perspectives, 11, 70–76.
Hammock, E. A., Levitt, P. (2006). The discipline of neurobehavioral development: The emerging interface of processes that build circuits and skills. Human Development, 49, 294–309.
Harris, M. (1976). History and significance of the emic/etic distinction. Annual Review of Anthropology, 5, 329–350.
Higgins, J. (2020). Cognising with others in the we-mode: A defence of »first-person plural« social cognition. Review of Philosophy and Psychology. DOI: 10.1007/s13164-020-00509-2
Hrdy, S. B. (2006). Evolutionary context of human development: The cooperative breeding model.

In C. S. Carter, L. Ahnert, K. E. Grossmann, S. B. Hrdy, M. E. Lamb, S. W. Porges, N. Sachser (Eds.), Attachment and bonding: A new synthesis (pp. 9–31). Cambridge: MIT Press.

Hrdy, S. B. (2009). Mothers and others: The evolutionary origins of mutual understanding. Cambridge: The Belknap Press of Harvard University Press.

Hrdy, S. B. (2013). The »one animal in all creation about which man knows the least«. Philosophical Transactions of the Royal Society of London, Series B: Biological Sciences, 368, 20130072.

Hrdy, S. B. (2016). Development plus social selection in the emergence of »emotionally modern« humans. In C. L. Meehan, A. N. Crittenden (Eds.), Childhood: Origins, evolution, and implications (pp. 11–44). Albuquerque: University of New Mexico Press.

Insel, T., Cuthbert, B., Garvey, M., Heinssen, R., Pine, D. S., Quinn, K., … Wang, P. (2010). Research domain criteria (RDoc): Toward a new classification framework for research on mental disorders. American Journal of Psychiatry, 167, 748–751.

Kay, C. L., Green, J. M. (2016). Social cognitive deficits and biases in maltreated adolescents in U.K. out-of-home care: Relation to disinhibited attachment disorder and psychopathology. Development and Psychopathology, 28, 73–83.

Keller, H., Bard, K. (Eds.) (2017). The cultural nature of attachment: Contextualizing relationships and development. Cambridge: MIT Press.

Keller, H., Bard, K., Morelli, G., Chaudhary, N., Vicedo, M., Rosabal-Coto, M., … Gottlieb, A. (2018). The myth of universal sensitive responsiveness: Comment on Mesman et al. (2017). Child Development, 89, 1921–1928.

Keller, H., Chaudhary, N. (2017). Is mother essential for attachment? Models of care in different cultures. In H. Keller, K. A. Bard (Eds.), The cultural nature of attachment: Contextualizing relationships and development (pp. 109–137). Cambridge: MIT Press.

Keller, H., Kartner, J., Borke, J., Yovsi, R., Kleis, A. (2005). Parenting styles and the development of the categorical self: A longitudinal study on mirror self-recognition in Cameroonian Nso and German families. International Journal of Behavioral Development, 29, 496–504.

Kovacs, A., Teglas, E., Endress, A. D. (2010). The social sense: Susceptibility to others' beliefs in human infants and adults. Science, 330, 1830–1834.

Kovacs, A., Teglas, E., Gergely, G., Csibra, G. (2017). Seeing behind the surface: Communicative demonstration boosts category disambiguation in 12-month-olds. Developmental Science, 20, e12485.

Lane, J. D., Harris, P. L. (2015). The roles of intuition and informants' expertise in children's epistemic trust. Child Development, 86, 919–926.

Lee, S. H., Ripke, S., Neale, B. M., Faraone, S. V., Purcell, S. M., Perlis, R. H., … International Inflammatory Bowel Disease Genetics, C. (2013). Genetic relationship between five psychiatric disorders estimated from genome-wide SNPs. Nature Genetics, 45, 984–994.

Levy, J., Goldstein, A., Feldman, R. (2019). The neural development of empathy is sensitive to caregiving and early trauma. Nature Communications, 10, 1905.

Luyten, P., Campbell, C., Allison, E., Fonagy, P. (2020). The mentalizing approach to psychopathology: State of the art and future directions. Annual Review of Clinical Psychology, 16, 297–325.

Macintosh, H. (2013). Mentalizing and its role as a mediator in the relationship between childhood experiences and adult functioning: Exploring the empirical evidence. Psihologija, 46, 193–212.

Markson, L., Luo, Y. (2020). Trust in early childhood. Advances in Child Development and Behavior, 58, 137–162.

Marlowe, F. W. (2005). Who tends hadza children? In M. E. Lamb, B. S. Hewlett (Eds.), Hunter-gatherer childhoods: Evolutionary, developmental, and cultural perspectives (pp. 19–64). New Brunswick: Transaction Publishers.

Mascaro, O., Sperber, D. (2009). The moral, epistemic, and mindreading components of children's vigilance towards deception. Cognition, 112, 367–380.

Mason, W. A., Capitanio, J. P. (1988). Formation and expression of filial attachment in rhesus monkeys raised with living and inanimate mother substitutes. Developmental Psychobiology, 21, 401–430.

Meehan, C. L., Hawks, S. (2015). Multiple attachments: Allomothering, stranger anxiety, and intimacy. In H. Otto, H. Keller (Eds.), Different faces of attachment. Cultural variations on a universal human need (pp. 113–140). Cambridge, UK: Cambridge University Press.

Meehan, C. L., Helfrecht, C., Malcom, C. D. (2016). Implications of lengthy development and maternal life history. In C. L. Meehan, A. N. Crittenden (Eds.), Childhood: Origins, evolution, & implications. Allomaternal investment, peer relationships, and social networks (pp. 199–220). Albuquerque: University of New Mexico Press.

Mesman, J. (2020). Video observations of sensitive caregiving »off the beaten track«: Introduction to the special issue. Attachment & Human Development. DOI: 10.1080/14616734.2020.1828511

Mesman, J., Minter, T., Angnged, A. (2016a). Received sensitivity: Adapting Ainsworth's scale to capture sensitivity in a multiple-caregiver context. Attachment & Human Development, 18, 101–114.

Mesman, J., Minter, T., Angnged, A., Cisse, I. A. H., Salali, G. D., Migliano, A. B. (2018). Universality without uniformity: A culturally inclusive approach to sensitive responsiveness in infant caregiving. Child Development, 89, 837–850.

Mesman, J., van IJzendoorn, M., Behrens, K., Carbonell, O. A., Carcamo, R., Cohen-Paraira, I., … Zreik, G. (2016b). Is the ideal mother a sensitive mother? Beliefs about early childhood parenting in mothers across the globe. International Journal of Behavioral Development, 40, 385–397.

Metcalfe, J., Mischel, W. (1999). A hot/cool-system analysis of delay of gratification: Dynamics of willpower. Psychological Review, 106, 3–19.

Moberget, T., Alnaes, D., Kaufmann, T., Doan, N. T., Cordova-Palomera, A., Norbom, L. B., … Westlye, L. T. (2019). Cerebellar gray matter volume is associated with cognitive function and psychopathology in adolescence. Biological Psychiatry, 86, 65–75.

Nolte, T., Campbell, C., Fonagy, P. (2019). A mentalization-based and neuroscience-informed model of severe and persistent psychopathology. In J. G. Pereira, J. Concalves, V. Bizzari (Eds.), The neurobiology-psychotherapy-pharmacology intervention triangle: The need for common sense in 21st century mental health (pp. 161–183). Wilmington: Vernon Press.

Ochs, E., Izquierdo, C. (2009). Responsibility in childhood: Three developmental trajectories. Ethos, 37, 391–413.

O'Madagain, C., Tomasello, M. (2019). Joint attention to mental content and the social origin of reasoning. Synthese 198, 4057–4078. DOI: 10.1007/s11229-019-02327-1 (Zugriff am 15.06.2022).

Panchanathan, K., Frankenhuis, W. E., Barrett, H. C. (2010). Development: Evolutionary ecology's midwife. Behavioral and Brain Sciences, 33, 105–106.

Papoušek, H., Papoušek, M. (1975). Cognitive aspects of preverbal social interaction between human infants and adults. In Parent-Infant Interaction. Ciba Foundation Symposium 33 (pp. 241–260). New York: Elsevier.

Reeb-Sutherland, B. C., Levitt, P., Fox, N. A. (2012). The predictive nature of individual differences in early associative learning and emerging social behavior. PLoS One, 7, e30511.

Rudrauf, D. (2014). Structure-function relationships behind the phenomenon of cognitive resilience in neurology: Insights for neuroscience and medicine. Advances in Neuroscience, 2014, 462765.

Russell, B. B. (1940/1967). An inquiry into meaning and truth. London: Allen & Unwin.

Sandel, A. A., MacLean, E. L., Hare, B. (2011). Evidence from four lemur species that ringtailed lemur social cognition converges with that of haplorhine primates. Animal Behaviour, 81, 925–931.

Schaefer, J. D., Caspi, A., Belsky, D. W., Harrington, H., Houts, R., Horwood, L. J., … Moffitt, T. E. (2017). Enduring mental health: Prevalence and prediction. Journal of Abnormal Psychology, 126, 212–224.

Shafto, P., Eaves, B., Navarro, D. J., Perfors, A. (2012). Epistemic trust: Modeling children's reasoning about others' knowledge and intent. Developmental Science, 15, 436–447.

Sharp, C., Vanwoerden, S. (2015). Hypermentalizing in borderline personality disorder: A model and data. Journal of Infant, Child, and Adolescent Psychotherapy, 14, 33–45.

Simpson, J. A., Collins, W. A., Tran, S., Haydon, K. C. (2007). Attachment and the experience and expression of emotions in romantic relationships: A developmental perspective. Journal of Personality and Social Psychology, 92, 355–367.

Sperber, D. (1990). The epidemiology of beliefs. In C. Fraser, G. Gaskell (Eds.), The social psychological study of widespread beliefs (pp. 25–44). Oxford: Clarendon Press.

Sperber, D., Clement, F., Heintz, C., Mascaro, O., Mercier, H., Origgi, G., Wilson, D. (2010). Epistemic vigilance. Mind and Language, 25, 359–393.

Sperber, D., Wilson, D. (1995). Relevance: Communication and cognition (2nd ed). Malden: Blackwell.

Sperber, D. (2020). Why a deep understanding of cultural evolution is incompatible with shallow psycholgoy. In N. J. Enfield, S. C. Levinson (Eds.) (2006/2020), Roots of human sociality: Culture, cognition, and interaction (pp. 431–449). London: Routledge.

Stievenart, M., Roskam, I., Meunier, J. C., Van de Moortele, G. (2011). The reciprocal relation between children's attachment representations and their cognitive ability. International Journal of Behavioral Development, 35, 58–66.

Strack, F., Deutsch, R. (2004). Reflective and impulsive determinants of social behavior. Personality and Social Psychology Review, 8, 220–247.

Szasz, T. (1960). The myth of mental illness. American Psychologist, 15, 113–118.

Taubner, S., Curth, C. (2013). Mentalization mediates the relation betweenearly traumatic experiences and aggressive behavior in adolescence. Psihologija, 46, 177–192.

Teicher, M. H., Samson, J. A. (2013). Childhood maltreatment and psychopathology: A case for ecophenotypic variants as clinically and neurobiologically distinct subtypes. American journal of Psychiatry, 170 (10), 1114–1133.

Tomasello, M. (2014). A natural history of human thinking. Cambridge: Harvard University Press.

Tomasello, M. (2016). A natural history of human morality. Cambridge: Harvard University Press.

Tomasello, M. (2018). How children come to understand false beliefs: A shared intentionality account. Proceedings of the National Academy of Sciences of the United States of America, 115, 8491–8498.

Tomasello, M. (2019). Becoming human: A theory of ontogeny. Cambridge: The Belknap Press of Harvard University Press.

Tomasello, M. (2020). The role of roles in uniquely human cognition and sociality. Journal for the Theory of Social Behaviour, 50, 1.

Tomasello, M., Call, J., Kaminski, J. (2006). Goats' behaviour in a competitive food paradigm: Evidence for perspective taking? Behaviour, 143, 1341–1356.

Tomasello, M., Carpenter, M., Call, J., Behne, T., Moll, H. (2005). Understanding and sharing intentions: The origins of cultural cognition. Behavioral and Brain Sciences, 28, 675–691.

Tong, Y., Wang, F., Danovitch, J. (2020). The role of epistemic and social characteristics in children's selective trust: Three meta-analyses. Developmental Science, 23, e12895.

Tronick, E. Z. (2008). Emotional connections and dyadic consciousness in infant-mother and patient-therapist interactions: Commentary on paper by Frank M. Lachmann. Psychoanalytic Dialogues, 11, 187–194.

Tuomela, R. (2005). We-intentions revisited. Philosophical Studies, 125, 327–369.

Twemlow, S. W., Fonagy, P., Sacco, F. C. (2013). A developmental approach to mentalizing communities through the peaceful schools experiment. In N. Midgley, I. Vrouva (Eds.), Minding the child: Mentalization-based interventions with children, young people and their families (pp. 187–201). Hove: Routledge.

van Harmelen, A. L., Kievit, R. A., Ioannidis, K., Neufeld, S., Jones, P. B., Bullmore, E., … Goodyer, I. (2017). Adolescent friendships predict later resilient functioning across psychosocial domains in a healthy community cohort. Psychological Medicine, 47, 2312–2322.

van IJzendoorn, M. H., Dijkstra, J., Bus, A. G. (1995). Attachment, intelligence, and language: A meta-analysis. Social Development, 4, 115–128.

Winnicott, D. W. (1956). Mirror role of mother and family in child development. In D. W. Winnicott (Ed.), Playing and reality (pp. 111–118). London: Tavistock.

Mentalisieren und psychische Gesundheit

Nicola-Hans Schwarzer

Dieser Beitrag skizziert das Verhältnis von psychischer Gesundheit und der Fähigkeit, Verhaltensweisen als das Ergebnis intentionaler mentaler Zustände wahrnehmen und bedenken zu können. Hierbei wird die Mentalisierungsfähigkeit als vermittelnder Mechanismus konzeptualisiert, der an der Verarbeitung aversiver Erfahrungen beteiligt ist und so zum Erhalt psychischer Gesundheit beitragen könnte.

This chapter focuses on the relationship between mental health and mentalizing – the capacity to understand behavior in terms of intentional mental states. Within this approach mentalizing is described as a mediating capacity, which may help people cope with adverse experiences, enhancing mental health in the face of distressing experiences.

Hintergrund

Dem sich seit den 1990er Jahren stetig weiterentwickelnden Mentalisierungskonzept (Fonagy, Steele, Steele, Moran u. Higgitt, 1991; Fonagy, Gergely, Jurist u. Target, 2002; Fonagy u. Allison, 2014; Luyten, Nijssens, Fonagy u. Mayes, 2020) wird in klinisch-psychotherapeutischen Settings eine zusehende Bedeutung zugeschrieben (z. B. Katznelson, 2014; Oehlman Forbes, Lee u. Lakeman, 2020). Damit einhergehend zeichnet sich seit einigen Jahren eine Ausweitung der klinischen Modelle in nicht klinische Wirkungsbereiche ab – beispielhaft zu nennen sind an dieser Stelle Überlegungen zur Bedeutung des Mentalisierens in Coaching-, Beratungs- oder Supervisionsprozessen (z. B. Kotte u. Taubner, 2016) sowie zur Relevanz des Mentalisierens in pädagogischen Handlungsfeldern (z. B. Gingelmaier, Taubner u. Ramberg, 2018; Gingelmaier u. Kirsch,

2020) oder in präventiven Settings (Schwarzer u. Gingelmaier, 2018a, 2018b). Jene Ausweitung in nicht klinische Zusammenhänge ist eng verknüpft mit der Frage, inwieweit die Fähigkeit, mentale Zustände als reliable und verlässliche Informationsgrößen zum Verständnis von eigenem und fremdem Verhalten nutzen zu können, grundsätzlich mit dem Erleben von psychischer Gesundheit zusammenhängt. Zusehends mehr Arbeiten (z. B. Borelli et al., 2018; Ballespi et al., 2019; Schwarzer, 2019; Schwarzer u. Gingelmaier, 2020) widmen sich dieser Fragestellung, wobei jedoch im deutschsprachigen Raum konzeptionelle Arbeiten, die eine Integration vorliegender Ergebnisse in ein übergeordnetes Modell leisten, das auf die Mentalisierungsfähigkeit und deren Bedeutung in der Verarbeitung aversiver Stimuli fokussiert, bisher nicht vorliegen.

Schwerpunkte bisheriger Studien

Mit Blick auf die Ursprünge des Mentalisierungskonzeptes identifizierten Badoud und Kolleg:innen (2015) drei übergeordnete Schwerpunkte empirischer Untersuchungen, die in ihrer Vorgehensweise explizit auf die Mentalisierungsfähigkeit fokussierten und dabei anschaulich die konzeptionelle Entwicklung nachzeichnen. Bereits zu Beginn der 1990er Jahre verwiesen Fonagy, Steele, Steele und Higgitt (1994) erstmalig auf die potenziell schützende Funktion mentalisierender Reflexionsprozesse. Basierend auf den Befunden der Londoner Mutter-Kind-Studie (Fonagy et al., 1991) gelangte die Arbeitsgruppe zur Einsicht, dass in einer prospektiven Längsschnittstudie die sichere Bindungsklassifikation von Kindern im 18. Lebensmonat maßgeblich durch die im letzten Trimester der Schwangerschaft erfasste Fähigkeit der Eltern vorhergesagt werden konnte, eigene Bindungserfahrungen auf Grundlage von mentalen Zuständen reflektieren zu können. Die sichere Bindungsklassifikation wiederum, so Fonagy und Kolleg:innen (1994) weiter, sei unter Verweis auf vielfältige Befunde mit psychischer Gesundheit und der erhöhten Wahrscheinlichkeit assoziiert, sich auch unter aversiven Umständen positiv entwickeln zu können. Die elterliche Mentalisierungsfähigkeit kann im intergenerationalen psychischen Transmissionsprozess eine vermittelnde Funktion in der Entwicklung der kindlichen Bindung einnehmen, die bei einer ausgeprägten elterlichen Mentalisierungsfähigkeit mit erhöhter Wahrscheinlichkeit zu einer sicheren Bindungsklassifikation des Kindes führen kann. Eine Replikation dieser Befunde gelang der Arbeitsgruppe um Slade, Grienenberger, Berbach, Levy und Locker (2005), die ebenfalls die vermittelnde Funktion der mütterlichen Mentalisierungsfähigkeit nachweisen konnten.

Auch wenn aktuellere Untersuchungen eine geringere Stabilität von Bindungsmustern über die Lebensspanne andeuten, als dies lange angenommen wurde (z. B. Fearon, Shmueli-Goetz, Viding, Fonagy u. Plomin, 2014), zeigen die frühen Forschungsbemühungen im Kontext des Mentalisierungskonzeptes sehr klar die entwicklungspsychologischen Wurzeln des Ansatzes, die Fokussierung des Konzeptes auf frühe intersubjektive Kommunikationsprozesse sowie die hierbei auf Basis mentalisierender Zuschreibungen erfolgende sensitive Abstimmung der Bezugsperson auf Äußerungen des Kindes. Dies wiederum wird in der Folge als eine zentrale Voraussetzung für die psychosoziale menschliche Entwicklung konzeptualisiert (Fonagy et al., 2002; Fonagy u. Target, 1997) und repräsentiert auch gegenwärtig einen nach wie vor zentralen Bestandteil des Konzeptes (z. B. Luyten, Nijssens, Fonagy u. Mayes, 2017).

Die hieran anschließende zweite Welle empirischer Arbeiten, die sich mit dem Mentalisierungskonzept befassten, fokussierte auf klinische Stichproben und psychopathologische Entwicklungen (Badoud et al., 2015). Theoretische Grundlage dieser Arbeiten waren konzeptionelle Annahmen, die die gravierende Bedeutung fehlabgestimmter intersubjektiver Kommunikationserfahrungen herausstellten (Fonagy et al., 2002). Hierbei verdeutlicht die Mentalisierungstheorie sehr eindrücklich die nicht mentalisierende Interaktion zwischen Bezugsperson und Kind – beispielhaft erkennbar in dauerhaft ablehnenden, nicht responsiven oder gar bösartigen Zuschreibungen und daraus resultierenden Handlungen durch die Bezugsperson. Diese nicht mentalisierenden Interaktionen stellen elementare Risikofaktoren für kindliche psychopathologische Entwicklungsverläufe dar (Allen, Fonagy u. Bateman, 2011). Die Erfahrung des Kindes als Akteur, dem von bedeutsamen Erwachsenen ein intentionales und wirkmächtiges psychisches Erleben abgesprochen wird, begünstigt demnach das Aufkommen fremder Selbstanteile, beeinträchtigt die Entwicklung der kindlichen Mentalisierungsfähigkeit und erschwert damit einhergehend die aufseiten des Kindes verfügbaren Möglichkeiten, Emotionen erkennen, modulieren und regulieren zu können (Fonagy et al., 2002). Konsistent mit diesen Annahmen zeichnet sich im Rahmen vielfältiger Vergleiche zwischen gesunden Kontrollstichproben und Proband:innen mit psychischen Störungen ab, dass dauerhaft und gravierend beeinträchtigte Formen des Mentalisierens Merkmale psychischer Erkrankungen darstellen. Beispielsweise wurden verzerrte Mentalisierungsfähigkeiten bei Patient:innen mit Borderline-Persönlichkeitsstörung (z. B. Fischer-Kern et al., 2010; Németh et al., 2018; Euler et al., 2019), antisozialer Persönlichkeitsstörung (z. B. Newbury-Helps, Feigenbaum u. Fonagy, 2017) oder affektiven Störungen (z. B. Fischer-Kern et al., 2013) nachgewiesen, sodass defizitäres Mentalisieren als ein Kernmerkmal beeinträchtigter psychischer Gesundheit herausgestellt werden kann.

Neue empirische Arbeiten schließlich fokussieren auf die Wirksamkeit einer gezielten Förderung defizitärer Mentalisierungsfähigkeiten durch mentalisierungsbasierte psychotherapeutische Interventionen (Badoud et al., 2015). Richtete sich die ursprüngliche mentalisierungsbasierte Therapie (MBT) noch an erwachsene Patient:innen mit Borderline-Persönlichkeitsstörung (Bateman u. Fonagy, 2004), liegen mittlerweile differenzierte Überlegungen für Psychosen (Brent, 2009), für Essstörungen (Skaderud, 2007a, 2007b, 2007c) und für Adoleszente mit strukturellen Störungen (Taubner u. Volkert, 2017) und selbstverletzendem Verhalten (Rossouw u. Fonagy, 2012) vor. Weitere Adaptionen der mentalisierungsbasierten Therapie richten sich an Erwachsene mit antisozialer Persönlichkeitsstörung (McGauley, Yakeley, Williams u. Bateman, 2011). Für die Anwendung des Mentalisierungskonzeptes in gruppentherapeutischen Settings liegt ein Manual von Karterud (2015) vor, für depressive Störungen sei auf Staun (2017) verwiesen. Die mentalisierungsbasierte Familientherapie wird von Asen und Fonagy (2017a, 2017b) tiefergehend beschrieben.

Gemeinsam ist all diesen Konzeptionen die intendierte Förderung beeinträchtigter Mentalisierungsfähigkeiten sowie die Reduktion des psychischen Leidensdrucks, indem die MBT zunächst (1.) auf die Wahrnehmung des eigenen innerpsychischen Erlebens sowie (2.) auf die Etablierung reifer Selbstrepräsentationen fokussiert. (3.) Die explizite Förderung der Wahrnehmung von Gedanken und Gefühlen anderer Menschen bildet den dritten Aspekt der MBT. Zuletzt stellt auch (4.) die Arbeit an allgemeinen Werten und Haltungen der Patient:innen einen bedeutsamen Aspekt der MBT dar (Taubner u. Volkert, 2017). Daran anknüpfende Evaluationsstudien zeigen, dass sich die Mentalisierungsfähigkeit im Zuge psychotherapeutischer Interventionen verbessert (z. B. Levy et al., 2006; Fischer-Kern et al., 2015) und über die Psychotherapie hinweg mit einer Abnahme der Schwere der psychischen Symptombelastung korrespondiert (De Meulemeester, Vansteelandt, Luyten u. Lowyck, 2018; Bateman u. Fonagy, 1999, 2008, 2009; Bateman, O'Connell, Lorenzini, Gardner u. Fonagy, 2016; Rossouw u. Fonagy, 2012; Jørgensen et al., 2013) sowie in der Behandlung von Patient:innen mit Borderline-Persönlichkeitsstörung effektiver ist als andere Behandlungsformen (z. B. Stoffers et al., 2012; Storebø et al., 2020). Folglich scheinen psychotherapeutische Maßnahmen, die auf eine Förderung der Mentalisierungsfähigkeit bei klinischen Populationen abzielen, zu einer Verbesserung psychischer Gesundheit beizutragen.

Mentalisieren als vermittelnder Veränderungsmechanismus

Aufbauend auf den zuvor umrissenen empirischen Schwerpunkten wird in jüngerer Vergangenheit verstärkt auf die potenziell gesundheitserhaltende Funktion mentalisierender Verstehensprozesse fokussiert (z. B. Borelli et al., 2019; Ballespi et al., 2019; Schwarzer, 2019; Schwarzer u. Gingelmaier, 2020). In diesem Zuge wird die Mentalisierungsfähigkeit als vermittelnder Veränderungsmechanismus beschrieben, der an der innerpsychischen Verarbeitung aversiver Stimuli beteiligt ist (Stein, 2013). Insbesondere robustes Mentalisieren wird hierbei als Kapazität konzeptualisiert, die vor stressinduzierenden Ereignissen schützen kann, indem trotz belastender Erfahrungen und des damit einhergehenden affektiven Arousals ein kohärentes Selbsterleben möglich ist (Taubner, 2015; Stein, 2013). In der Folge bleiben Handlungsfähigkeit sowie die Überzeugung eigener Selbstwirksamkeit auch bei potenziell unkontrollierbaren Erlebenszuständen vergleichsweise lange erhalten.

Explizite und detaillierte Überlegungen zu dieser Vermittlungsfunktion finden sich in zwei von Fonagy, Luyten, Allison und Campbell (2017a, 2017b) veröffentlichten Aufsätzen: Zentral im produktiven Umgang mit aversiven Stimuli sei insbesondere die Bewertung dieser Erfahrungen (Fonagy et al., 2017a). Bezugsrahmen dieser Überlegungen bildet ein Resilienzmodell von Kalisch, Müller und Tüscher 2015). Diese weisen in ihrer »positive appraisal style theory of resilience« (PASTOR) der subjektiven Bewertung potenziell aversiver Erfahrungen eine zentrale Rolle im Hinblick auf Umgang und Bewältigung eben dieser Erfahrungen zu: Die mentale Repräsentation external verorteter, potenziell aversiver Stimuli führt (1.) zu einer subjektiven, situations- und kontextspezifischen Bewertung des Reizes und determiniert (2.) im Weiteren die emotionale Reaktion des Individuums, moduliert (3.) die Art der induzierten Motivation (aversiv, ängstigend, angenehm und weitere) und beeinflusst (4.) die resultierende Verhaltensreaktion, die adaptiv beziehungsweise maladaptiv ausfallen kann (Kalisch et al., 2015). Hierbei erweist sich die positive Bewertung potenziell aversiver Stimuli als adaptiv und resilienzförderlich. Die überwiegend negative Bewertung hingegen führt zu einem dauerhaften mentalen Negativerleben (»negative emotional state«), was die Wahrscheinlichkeit dysfunktionaler, rigider und maladaptiver Verhaltensreaktionen erhöht und damit eine der Kernkomponenten psychopathologischer Entwicklungsverläufe repräsentiert (Kalisch et al., 2015).

Dieses Modell aufgreifend merken Fonagy und Kolleg:innen (2017a) an, dass die erwähnte mentale Repräsentation potenziell stresshaltiger Stimuli samt der anschließenden Bewertung innerpsychische Prozesse voraussetzen, die eine konsistente und angemessene Selbstwahrnehmung im Hinblick auf den Stressor, die evozierten emotionalen Zustände und die resultierenden behavioralen Reaktionen gewährleisten. Der Mentalisierungsfähigkeit, die per Definition die Fähigkeit zur angemessenen Wahrnehmung fremder und eigener mentaler Zustände ist, weisen sie hierbei eine Schlüsselrolle (»key facet«) zu, da diese es gestattet, eine klare Selbstwahrnehmung eben jener innerpsychischen Repräsentations- und Bewertungsprozesse aufrechtzuerhalten. Im Gegenzug misslingt es Individuen aufgrund einer defizitären Selbstwahrnehmung, die innerpsychischen Prozesse, die eine positive Bewertung potenziell aversiver Stimuli gewährleisten, zielführend und adaptiv zu orchestrieren. Dies wiederum verhindert zunächst eine insgesamt positive Bewertung des aversiven Stimulus, manifestiert sich im bereits erwähnten Verlust flexibler Verhaltensadaption und beeinträchtigt damit das psychische Wohlbefinden Betroffener und deren Gesundheit sukzessiv. Individuen mit robuster Mentalisierungsfähigkeit gelangen demnach zu einer insgesamt positiveren Bewertung aversiver Reize, verfügen über ein umfassenderes Maß an Flexibilität und können in erhöhtem Maße auf ein adaptiv-angemessenes Handlungsrepertoire zur Bewältigung eben jener aversiven Stimuli zurückgreifen. Folglich kann die Mentalisierungsfähigkeit als Kapazität beschrieben werden, die den Einfluss aversiver Erfahrungen auf das psychische Gesundheitserleben zumindest anteilig vermittelt und dabei einen kompensatorischen, gesundheitsfördernden Einfluss offenbart (siehe Abbildung 1).

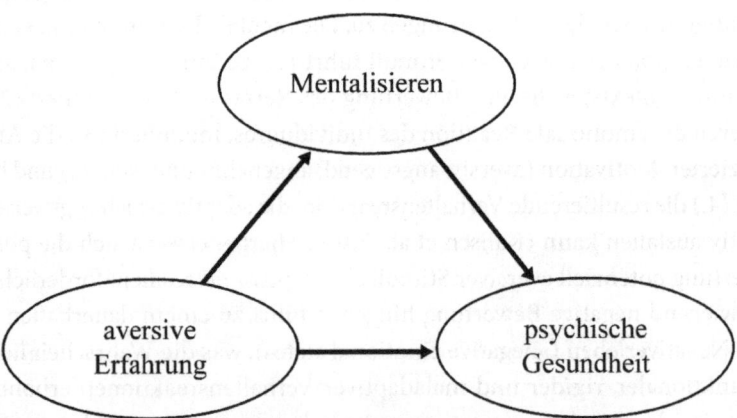

Abbildung 1: Mentalisieren als vermittelnde Fähigkeit, eigene Abbildung

Empirische Evidenz

Empirische Hinweise, die die schützende Funktion eines mentalisierenden Verständnisses bestätigen, liefern eine Reihe von Untersuchungen, die in jüngerer Vergangenheit veröffentlicht wurden und die an dieser Stelle zusammengetragen werden sollen: In einer prospektiven Längsschnittstudie gelang es Borelli und Kolleg:innen (2019), auf Basis der in der Adoleszenz erfassten Mentalisierungsfähigkeit das acht Jahre später erhobene Wohlbefinden von 84 Proband:innen im Erwachsenenalter vorherzusagen. Hierbei erhöhte die Mentalisierungsfähigkeit die Wahrscheinlichkeit, dass die Proband:innen später ein ausgeprägteres Wohlbefinden berichteten. Überdies zeigten Borelli und Kolleg:innen (2018) in einem Sample von 76 acht- bis zwölfjährigen Kindern, dass die in einem standardisierten Experimentalsetting erfasste kardiovaskuläre Reaktivität bei Stressinduktion bei zunehmend besser entwickelter Mentalisierungsfähigkeit mit einer geringeren Stressreaktion der Kinder assoziiert war und überdies mit einer rascheren Normalisierung des psychophysiologischen Erregungsniveaus einherging. Diese Ergebnisse stimmen überein mit Befunden von Ballespi und Kolleg:innen (2019), die kürzlich zeigten, dass 264 nicht klinische Adoleszente bei zunehmender Mentalisierungsfähigkeit weniger somatische Beschwerden berichteten. Auch in weiteren Untersuchungen konnte der negative Zusammenhang zwischen Mentalisierungsfähigkeit und Belastungsparametern repliziert werden (z. B. Probst et al., 2018; Schwarzer, 2019), sodass unter Verweis auf die bereits oben berichteten Befunde aus klinischen Studien zusammenfassend ein offenkundig robuster Zusammenhang zwischen Mentalisierungsfähigkeit und psychischer Gesundheit besteht.

Auf diesen Zusammenhängen aufbauend versuchen eine Reihe von Untersuchungen in statistischen Modellen die Wirkungszusammenhänge nachzuvollziehen, indem sie auf die Frage fokussieren, ob die Mentalisierungsfähigkeit als zwischengeschalteter Vermittler tatsächlich an der innerpsychischen Verarbeitung aversiver Erfahrungen beteiligt sein könnte, wie dies aufbauend auf den konzeptionellen Ausführungen von Fonagy und Kolleg:innen (2017a, 2017b) anzunehmen wäre. Tatsächlich bestätigt sich diese Annahme im Zuge verschiedener Untersuchungen: Ein von Chiesa und Fonagy (2014) veröffentlichtes Mediationsmodell zeigt für 234 Proband:innen einen partiellen Vermittlungseffekt des direkten Einflusses aversiver Kindheitserfahrungen über die erfasste Mentalisierungsfähigkeit auf die Entwicklung psychopathologischer Störungen im Erwachsenenalter. Die Mentalisierungsfähigkeit verübte im Modell eine dem Einfluss traumatisierender Kindheitserfahrungen gegenläufige Wirkung. In eine ähnliche Richtung weisen Befunde von Taubner und Curth (2013) beziehungsweise Taubner, Zimmermann, Ramberg und Schröder (2016), die die protektive Funktion der Mentalisierungsfähigkeit im Hinblick auf die Entwicklung aggressiver Verhaltensweisen bei Adoleszenten untersuchten. Traumatisierende Misshandlungserfahrungen in der Kindheit führten zu auffallend aggressivem Verhalten in der Adoleszenz. Eine gut entwickelte Mentalisierungsfähigkeit allerdings entfaltete im Mediationsmodell einen gegenläufigen Einfluss auf die Entwicklung aggressiver Verhaltensweisen. Auch Daten von Brugnera und Kolleg:innen (2020), Huang und Kolleg:innen (2020) sowie Probst und Kolleg:innen (2018) stellen weitere Befunde in Aussicht, die andeuten, dass robustes Mentalisieren an der Verarbeitung aversiver Erfahrungen beteiligt ist, dabei kompensatorisch wirkt und so zum Erhalt von Wohlbefinden und psychischer Gesundheit beiträgt. Auch eigene Untersuchungen an nicht klinischen Proband:innen bestätigen den offenbar gesundheitserhaltenden Einfluss von Mentalisierungsprozessen (Schwarzer, 2019; Schwarzer u. Gingelmaier, 2020). Während das erfasste Stress- und Beschwerdeerleben einen negativen Einfluss auf die psychische Gesundheit der Proband:innen offenbarte, verübte ein gegenläufiger indirekter Effekt über die Mentalisierungsfähigkeit einen gesundheitsfördernden Einfluss.

Ausblick und offene Fragestellungen

Den zuvor dargestellten Befunden gelingt der empirische Nachweis, dass mentalisierende Verstehensprozesse an der produktiven Verarbeitung aversiver Reize beteiligt sind. Hierbei deutet die Datenlage darauf hin, dass die Mentalisierungsfähigkeit als Vermittler einen positiven Einfluss auf das Erleben von Wohlbefinden und psychischer Gesundheit verübt und dabei zumindest anteilig die negativen Einflüsse von aversiven Erfahrungen wie traumatisierende Misshandlungserfahrungen oder akutes berufliches Stress- und Belastungserleben kompensieren könnte. Diese Befunde sind wichtig, da sie die theoretische Annahme, die die Mentalisierungsfähigkeit als wichtige vermittelnde Ressource beschreibt, bestätigen. Folglich zeichnet sich ab, dass robustes Mentalisieren und psychische Gesundheit eng verknüpfte Konstrukte sind – überdies stellt das Mentalisierungskonzept hieran anknüpfende Maßnahmen und Interventionen in Aussicht, die zum Erhalt sowie zur Wiederherstellung psychischer Gesundheit dienlich sein könnten.

Abschließend jedoch ist darauf hinzuweisen, dass insbesondere längsschnittlich angelegte Untersuchungen bis heute weitestgehend fehlen – weite Teile der hier referierten Befunde stammen aus Querschnittsstudien, die aufgrund ihrer methodischen Anlage keinerlei Aussagen über kausale Wirkungszusammenhänge zulassen. Folglich schließt dieser Aufsatz mit dem dringenden Appell, in zukünftigen Studien verstärkt auf längsschnittlich angelegte Studiendesigns zurückzugreifen, um profunde Einblicke in die Entstehung psychischer Gesundheit samt des hierbei wirksam werdenden Einflusses mentalisierender Verstehensprozesse zu erhalten.

Literatur

Allen, J. G., Fonagy, P., Bateman, A. (2011). Mentalisieren in der psychotherapeutischen Praxis. Stuttgart: Klett-Cotta.

Asen, E., Fonagy, P. (2017a). Mentalizing family violence part 1: Conceptual framework. Family Process, 56, 6–21. DOI: 10.1111/famp.12261

Asen, E., Fonagy, P. (2017b). Mentalizing family violence part 2: Techniques and interventions. Family Process, 56, 22–44. DOI: 10.1111/famp.12276

Badoud, D., Luyten, P., Fonseca-Pedrero, E., Eliez, S., Fonagy, P., Debbané, M. (2015). The French version of the reflective functioning questionnaire: Validity data for adolescents and adults and its association with non-suicidal self-injury. PLoS ONE, 10 (12), e0145892, 1–14. DOI: 10.1371/journal.pone.0145892

Ballespi, S., Vives, J., Alonso, N., Sharp, C., Salvadora Ramirez, M., Fonagy, P., Barrantes-Vidal, N. (2019). To know or not to know: Mentalization as a protection from somatic complaints. PLoS ONE, 14 (5), e0215308. DOI: 10.1371/journal.pone.0215308

Bateman, A., Fonagy, P. (1999). Effectiveness of partial hospitalization in the treatment of borderline personality disorder: A randomized controlled trial. American Journal of Psychiatry, 156 (10), 1563–1568. DOI: 10.1176/ajp.156.10.1563

Bateman, A. W., Fonagy, P. (2004). Mentalization-based treatment for borderline personality disorder. Oxford: Oxford University Press.

Bateman, A., Fonagy, P. (2008). 8-year follow-up of patients treated for borderline personality disorder: mentalization-based treatment versus treatment as usual. American Journal of Psychiatry, 165 (5), 631–638. DOI: 10.1176/appi.ajp.2007.07040636

Bateman, A., Fonagy, P. (2009). Randomized controlled trial of outpatient mentalization-based treatment versus structured clinical management for borderline personality disorder. American Journal of Psychiatry, 166 (12), 1355–1364. DOI: 10.1176/appi.ajp.2009.09040539

Bateman, A., O'Connell, J., Lorenzini, N., Gardner, T., Fonagy, P. (2016). A randomised controlled trial of mentalization-based treatment versus structured clinical management for patients with comorbid borderline personality disorder and antisocial personality disorder. BMC Psychiatry, 16 (1), 304. DOI:10.1186/s12888-016-1000-9

Borelli, J. L., Brugnera, A., Zarbo, C., Rabboni, M., Bondi, E., Tasca, G. A., Compare, A. (2019). Attachment comes of age: Adolescents' narrative coherence and reflective functioning predict well-being in emerging adulthood. Attachment & Human Development, 21 (4), 332–351. DOI: /10.1080/14616734.2018.1479870

Borelli, J. L., Ensink, K., Hong, K., Sereno, A. T., Drury, R., Fonagy, P. (2018). School-aged children with higher reflective functioning exhibit lower cardiovascular reactivity. Frontiers in Medicine, 5 (196). DOI: 10.3389/fmed.2018.00196

Brent, B. (2009). Mentalization-based psychodynamic psychotherapy for psychosis. Journal of Clinical Psychology, 65 (8), 803–814. DOI: 10.1002/jclp.20615

Brugnera, A., Zarbo, C., Compare, A., Taila, A., Tasca, G. A., de Jong, K., Greco, A., Greco, F.,

Pievani, L., Auteri, A., Lo Coco, G. (2020). Self-reported reflective functioning mediates the association between attachment insecurity and well-being among psychotherapists. Psychotherapy Research, 31 (2), 247–257. DOI: 10.1080/10503307.2020.1762946

Chiesa, M., Fonagy, P. (2014). Reflective function as a mediator between childhood adversity, personality disorder and symptom distress. Personality and Mental Health, 8 (1), 52–66. DOI: 10.1002/pmh.1245

De Meulemeester, C., Vansteelandt, K., Luyten, P., Lowyck, B. (2018). Mentalizing as a mechanism of change in the treatment of patients with borderline personality disorder: A parallel process growth modelling approach. Personality Disorders: Theory, Research, and Treatment, 9 (1), 1–8. DOI: 10.1037/per0000256

Euler, S., Nolte, T., Constantinou, M., Griem, J., Montague, P. R., Fonagy, P., Personality and Mood Disorders Research Network (2019). Interpersonal problems in borderline personality disorder: Associations with mentalizing, emotion regulation, and impulsiveness. Journal of Personality Disorders, 35 (12), 1–17. DOI: 10.1521/pedi/_2019_33_427

Fearon, P., Shmueli-Goetz, Y., Viding, E., Fonagy, P., Plomin, R. (2014). Genetic and environmental influences on adolescent attachment. Journal of Child Psychology and Psychiatry, and Allied Disciplines, 55 (9), 1033–1041. DOI: 10.1111/jcpp.12171

Fischer-Kern, M., Doering, S., Taubner, S., Hörz, S., Zimmermann, J., Rentrop, M., Schuster, P., Buchheim, P., Buchheim, A. (2015). Transference-focused psychotherapy for borderline personality disorder: Change in reflective function. British Journal of Psychiatry, 207 (2), 173–174. DOI: 10.1192/bjp.bp.113.143842

Fischer-Kern, M., Fonagy, P., Kapusta, N. D., Luyten, P., Boss, S., Naderer, A., Blüml, V., Leithner, K. (2013). Mentalizing in female inpatients with major depressive disorder. Journal of Nervous and Mental Disease, 201 (3), 202–207. DOI: 10.1097/NMD.0b013e3182845c0a

Fischer-Kern, M., Schuster, P., Kapusta, N. D., Tmej, A., Buchheim, A., Rentrop, M., Buchheim, P., Hörz, S., Doering, S., Taubner, S., Fonagy, P. (2010). The relationship between personality organization, reflective functioning, and psychiatric classification in borderline personality disorder. Psychoanalytic Psychology, 27 (4), 395–409. DOI: 10.1037/a0020862

Fischer-Kern, M., Tmej, A., Kapusta, N. D., Naderer, A., Leithner-Dziubas, K., Löffler-Stastka, H., Springer-Kremser, M. (2008). Mentalisierungsfähigkeit bei depressiven Patientinnen: Eine Pilotstudie. Zeitschrift für Psychosomatische Medizin und Psychotherapie, 54 (4), 368–380. DOI: 10.13109/zptm.2008.54.4.368

Fonagy, P., Allison, E. (2014). The role of mentalizing and epistemic trust in the therapeutic relationship. Psychotherapy, 51 (3), 372–380. DOI: 10.1037/a0036505

Fonagy, P., Gergely, G., Jurist, E., Target, M. (2002). Affect regulation, mentalization, and the development of the self. London: Karnac Books.

Fonagy, P., Luyten, P., Allison, E., Campbell, C. (2017a). What we have changed our minds about: Part 1. Borderline personality disorder as a limitation of resilience. Borderline Personality Disorder and Emotion Dysregulation, 4 (1), 11. DOI: 10.1186/s40479-017-0061-9

Fonagy, P., Luyten, P., Allison, E., Campbell, C. (2017b). What we have changed our minds about: Part 2. Borderline personality disorder, epistemic trust and the developmental significance of social communication. Borderline Personality Disorder and Emotion Dysregulation, 4 (1), 9. DOI: 10.1186/s40479-017-0062-8

Fonagy, P., Steele, M., Steele, H., Higgitt, A., Target, M. (1994). The theory and practice of resilience. Journal of Child Psychology and Psychiatry, 35 (2), 231–257. DOI: 10.1111/j.1469-7610.1994.tb01160.x

Fonagy, P., Steele, M., Steele, H., Moran, G., Higgitt, A. (1991). The capacity for understanding mental states: The reflective self in parent and child and its significance for security of attachment. Infant Mental Health Journal, 13, 200–217. https://doi.org/10.1002/1097-0355(199123)12:3<201::AID-IMHJ2280120307>3.0.CO;2-7

Fonagy, P., Target, M. (1997). Attachment and reflective function: Their role in self-organization. Development and Psychopathology, 9 (4), 679–700. DOI: 10.1017/S0954579497001399

Gingelmaier, S., Kirsch, H. (2020) (Hrsg.). Praxisbuch mentalisierungsbasierte Pädagogik. Göttingen: Vandenhoeck & Ruprecht.

Gingelmaier, S., Taubner, S., Ramberg, A. (2018). Handbuch mentalisierungsbasierte Pädagogik. Göttingen: Vandenhoeck & Ruprecht.

Huang, Y. L., Fonagy, P., Feigenbaum, J., Montague, P. R., Nolte, T., London Personality and Mood Disorder Research Consortium (2020). Multidirectional pathways between attachment, mentalizing, and posttraumatic stress symptomatology in the context of childhood trauma. Psychopathology, 53 (1). DOI: 10.1159/000506406

Jørgensen, C. R., Freund, C., Boye, R., Jordet, H., Andersen, D., Kjolbye, M. (2013). Outcome of mentalization-based and supportive psychotherapy in patients with borderline personality disorder: a randomized trial. Acta Psychiatrica Scandinavia, 127 (4), 305–317. DOI: 10.1111/j.1600-0447.2012.01923.x

Kalisch, R., Müller, M. B., Tüscher, O. (2015). A conceptual framework of the neurobiological study of resilience. Behavioral and Brain Science, 38. DOI: 10.1017/S0140525X1400082X

Katznelson, H. (2014). Reflective functioning: A review. Clinical Psychology Review, 34 (2), 107–117. DOI: 10.1016/j.cpr.2013.12.003

Karterud, S. (2015). Mentalization-Based Group Therapy (Mbt-G): A theoretical, clinical, and research manual. Oxford: Oxford University Press.

Kotte, S., Taubner, S. (2015). Mentalisierung in der Teamsupervision. Organisationsberatung, Supervision, Coaching, 23 (1), 75–89. DOI: 10.1007/s11613-016-0443-7

Levy, K. N., Meehan, K. B., Kelly, K. M., Reynoso, J. S., Weber, M., Clarkin, J. F, Kernberg, O. F. (2006). Change in attachment patterns and reflective function in a randomized control trial of transference-focused psychotherapy for borderline personality disorder. Journal of Consulting and Clinical Psychology, 74 (6), 1027–1040. DOI: 10.1037/0022-006X.74.6.1027

Luyten, P., Campbell, C., Allison, E., Fonagy, P. (2020). The mentalizing approach to psychopathology: State of the art and future directions. Annual Review of Clinical Psychology, 16 (1), 1–29. DOI: 10.1146/annurev-clinpsy-071919-015355

Luyten, P., Nijssens, L., Fonagy, P., Mayes, L. C. (2017). Parental reflective functioning: Theory, research, and clinical applications. Psychoanalytic Study of the Child, 70 (1), 174–199. DOI: 10.1080/00797308.2016.1277901

McGauley, G., Yakeley, J., Williams, A., Bateman, A. (2011). Attachment, mentalization and antisocial personality disorder: The possible contribution of mentalization-based treatment. European Journal of Psychotherapy & Counselling, 13 (4), 371–393. DOI: 10.1080/13642537.2011.629118

Németh, N., Matrai, P., Hegyim, P., Czeh, B., Ctopf, L., Hussain, A., Pammer, J., Szabó, I, Solymár, M., Kiss, L., Hartmann, P., Szilágyi, Á. L., Kiss, Z., Simon, M. (2018). Theory of mind disturbances in borderline personality disorder: A meta-analysis. Psychiatry Research, 270, 143–153. DOI: 10.1016/j.psychres.2018.08.049

Newbury-Helps, J., Feigenbaum, J., Fonagy, P. (2017). Offenders with antisocial personality disorder display more impairments in mentalizing. Journal of Personality Disorders, 31 (2), 232–255. DOI: 10.1521/pedi_2016_30_246

Oehlman Forbes, D., Lee, M., Lakeman, R. (2020). The role of mentalization in child psychotherapy, interpersonal trauma, and recovery: A scoping review. Psychotherapy, 58 (1), 50–67.

Probst, T., Dehoust, M., Brütt, A., Schulz, H., Pieh, C., Andreas, S. (2018). Mentalization and self-efficacy as mediators between psychological symptom severity and disabilities in activities and participation in psychotherapy patients. Psychopathology, 51 (1), 38–46. DOI: 10.1159/000485980

Rossouw, T. I., Fonagy, P. (2012). Mentalization-based treatment for self-harm in adolescents: A randomized controlled trial. Journal of the American Academy of Child & Adolescent Psychiatry, 51 (12), 1304–1313.e3. DOI: /10.1016/j.jaac.2012.09.018

Schwarzer, N. H. (2019). Mentalisieren als schützende Ressource? Eine Studie zur gesundheitserhaltenden Funktion der Mentalisierungsfähigkeit. Wiesbaden: Springer VS. DOI: 10.1007/978-3-658-25424-7

Schwarzer, N. H., Gingelmaier, S. (2018a). Zur Bedeutung einer mentalisierenden Haltung für Frühförderung und Frühpädagogik. Frühförderung interdisziplinär, 37 (2), 84–96. DOI: 10.2378/fi2018.art14d

Schwarzer, N. H., Gingelmaier, S. (2018b). »Und trotzdem ist das Kind noch nicht in den Brunnen gefallen.« Eine entwicklungspsychologische Argumentation zur Relevanz des Mentalisierungskonzepts in der Frühförderung. Frühförderung interdisziplinär, 37 (4), 180–190.

Schwarzer, N. H., Gingelmaier, S. (2020). Mentalisieren als schützende Ressource bei angehenden Erzieherinnen und Erziehern. Frühe Bildung, 9 (3), 144–152. DOI: 10.1026/2191-9186/a000485

Skaderud, F. (2007a). Eating one's words, part I: »Concretised methapors« and reflective function in anorexia nervosa – An interview study. European Eating Disorders Review, 15 (3), 163–174. DOI: 10.1002/erv.777

Skaderud, F. (2007b). Eating one's words, part II: The embodied mind and reflective function in anorexia nervosa – Theory. European Eating Disorders Review, 15 (4), 243–252. DOI: 10.1002/erv.778

Skaderud, F. (2007c). Eating one's words, part III: Mentalization-based psychotherapy for anorexia nervosa – An outline for a treatment and training manual. European Eating Disorders Review, 15 (5), 323–339. DOI: 10.1002/erv.817

Slade, A., Grienenberger, J., Berbach, E., Levy, D., Locker, A. (2005). Maternal reflective functioning, attachment, and the transmission gap: A preliminary study. Attachment & Human Development, 7 (3), 283–298. DOI: 10.1080/14616730500245880

Staun, L. (2017). Mentalisieren bei Depressionen. Stuttgart: Klett-Cotta.

Stein, H. (2013). Fördert Mentalisieren die Resilienz? In J. G. Allen, P. Fonagy (Hrsg.), Mentalisierungsgestützte Therapie. Das MBT-Handbuch (2. Aufl., S. 422–449). Stuttgart: Klett-Cotta.

Stoffers, J. M., Völlm, B. A., Rücker, G., Timmer, A., Huband, N., Lieb, K. (2012). Psychological therapies for people with borderline personality disorder. The Cochrane Database of Systematic Reviews, 2012 (8), CD005652. DOI: 10.1002/14651858.CD005652.pub2

Storebø, O. J., Stoffers-Winterling, J. M., Völlm, B. A., Kongerslev, M. T., Mattivi, J. T., Jørgensen, M. S., Jørgensen, E. F., Todorovac, A., Sales, C. P., Callesen, H. E., Lieb, K., Simonsen, E. (2020). Psychological therapies for people with borderline personality disorder. Cochrane Database of Systematic Reviews, 5 (5), CD012955. DOI: 10.1002/14651858.CD012955.pub2.

Taubner, S. (2015). Konzept Mentalisieren. Eine Einführung in Forschung und Praxis. Gießen: Psychosozial-Verlag.

Taubner, S., Curth, C. (2013). Mentalization mediates the relation between early traumatic experiences and aggressive behavior in adolescence. Psihologija, 46, 177–192. DOI: 10.2298/PSI1302177T

Taubner, S., Volkert, J. (2017). Mentalisierungsbasierte Therapie für Adoleszente (MBT-A). Göttingen: Vandenhoeck & Ruprecht.

Taubner, S., Zimmermann, L., Ramberg, A., Schröder, P. (2016). Mentalization mediates the relationship between early maltreatment and potential for violence in adolescence. Psychopathology, 49 (4), 236–246. DOI: 10.1159/000448053

**Teil II
Mentalisieren in Organisationen**

Psychosoziale Inklusion: Mentalisieren und epistemisches Vertrauen als Schlüssel zu sozialem Lernen in institutionalisierten Gruppen

Stephan Gingelmaier

Im Inklusionsdiskurs wird zu wenig berücksichtigt, dass Inklusion, um sich ihren teilweise anspruchsvollen Normen konkret annähern zu können, neben kognitiven (z. B. schulischen) vor allem (auch) gelingende soziale Lernanlässe für das Individuum bereitstellen muss. Der Beitrag zeigt, dass dieses notwendige (soziale) Lernen unter Einbezug der Mentalisierungstheorie und des Konzeptes des epistemischen Vertrauens geeignete Gruppenerfahrung voraussetzt, um eine nachhaltige Teilhabe an menschlicher Kultur zu ermöglichen. Gleichzeitig wird fokussiert, welche mitunter massiven psychosozialen Barrieren für Menschen entstehen können, wenn ihnen diese Form der (frühen) Enkulturation aufgrund kumulierter (früher) aversiver Erfahrungen nicht zuteilwurde. Es wird also versucht zu vermitteln, dass eine »Inklusion der kleinen Schritte« eine prominente Chance zur Teilhabe über das (Wieder-)Herstellen von sozialen Lernarrangements hat. Insbesondere der soziale Lernzugang über den sogenannten Wir-Modus in (pädagogischen) Organisationen, getragen von individuellen und kollektiven Beziehungen unter der Prämisse von institutionalisierten Gruppenerfahrungen, wird im Weiteren als theoretisch und empirisch verfolgenswerte Idee im Inklusionsdiskurs erörtert.

The inclusion discourse pays too little attention to the fact that inclusion, in order to be able to concretely approximate to its, at times, demanding norms, must provide successful social learning opportunities for the individual in addition to cognitive ones (e. g. school). This chapter shows that this necessary (social) learning, including the theory of mentalization and the concept of epistemic trust, requires suitable group experience in order to enable sustainable participation in human culture. At the same time, the focus is on the sometimes massive psychosocial barriers that can arise for people if they were not given this form of (early) enculturation due to accumulated (early) aversive experiences. Despite many difficulties, attempts are made to convey that an »inclusion of small steps« has a prominent chance through the (re)establishment of social learning experiences. In particular, social learning access via the so-called »we mode« in (educational) organizations supported by individual and collective relationships under the premise of institutionalized group experiences is discussed below as an idea that is theoretically and empirically worth pursuing in the inclusion discourse.

Inklusion wird im Weiteren nach der von 177 Staaten ratifizierten Behindertenrechtskonvention der Vereinten Nationen als Menschenrecht zur gleichberechtigten Teilhabe am gesellschaftlichen Leben verstanden (Beauftragte der Bundesregierung für die Belange behinderter Menschen, 2014). Das Gegenteil von Inklusion ist Exklusion. Es wird mit Gingelmaier (2018) davon ausgegangen, dass verschiedene physische, psychosoziale, sozialökonomische, sprachliche, didaktische usw. Barrieren 1. das Verstehen und Lernen der zugrunde liegenden sozialen »Spielregeln« und daraus folgend 2. den Zugang zu den entsprechenden »Spielplätzen« an Teilhabemöglichkeiten erschweren oder gar verunmöglichen.

Reich (2015, S. 27) benennt dabei fünf Standards der Inklusion:
1. ethnokulturelle Gerechtigkeit ausüben und Anti-Rassismus stärken,
2. Geschlechtergerechtigkeit herstellen und Sexismus ausschließen,
3. Diversität in den sozialen Lebensformen zulassen und Homophobie verhindern,
4. sozioökonomische Chancengleichheit erweitern,
5. Chancengleichheit von Menschen mit Behinderungen herstellen.

Beschaut man sich jedes dieser Ziele genauer, so gelangt man zunächst zur banalen Einsicht, dass inklusive Prozesse auf der Grundlage zwischenmenschlicher Interaktion stattfinden. Eine Analyse oder Erforschung der intersubjektiven und gruppenbezogenen Prozesse inklusiver und exklusiver Mechanismen bleibt aber theoretisch und empirisch im Inklusionsdiskurs meist ebenso aus wie intrapsychische Betrachtungen dieser inklusiven und exklusiven Prozesse. Theorie und Praxis der Inklusion gehen dafür viel stärker von einem globalen systemisch geprägten pädagogischen, didaktischen, philosophischen, anthropologischen, sozialwissenschaftlichen, politischen, bürgerrechtlich-emanzipatorischen oder auch juristischen »Programm« aus (Hinz, 2002) und tatsächlich ist mittlerweile auch zu fragen, ob Maßnahmen zur Inklusion vor allem in der hoch industrialisierten Welt eine volkswirtschaftlich relevante Größe darstellen (Sihn-Weber, 2021; Becker, 2015). Diese vor allem normativ-juristische (und zunehmend wohl auch jene sozial-ökonomische) Prägung (Horster, 2015) ist stark und hat sehr große Verdienste für die Theoriebildung, Praxis und vor allem für Rechtsanspruch und -sicherheit im Sinne von Teilhabe als barrieremindernder Chancengleichheit erlangt. Gerade in Deutschland wird sie aber immer wieder ideologisch und stellenweise sogar dogmatisch (Ahrbeck, 2014, 2020) geführt. Dabei sollten im Mittelpunkt von Inklusion insbesondere Ideen zur politischen, psychosozialen, sozioökonomischen und curricular-didaktischen Minimierung von Barrieren stehen, die eine exkludierende (Mikro-)Kultur etablieren und aufrechterhalten. Dies hat in seiner gesamten Tragweite sicherlich gewichtige gesamtgesellschaftliche und auch globale systemisch-politische Dimensionen und Implikationen. Der Ansatz der Reichweite dieses Beitrags ist jedoch ein deutlich kleinerer. Er vertritt vor allem einen mikro- und schon viel weniger einen mesosoziologischen Ansatz in einem interaktionistisch-psychosozialen Sinne, der die Bedeutung des Mentalisierungsansatzes dafür stringent herleitet und kulturanthropologisch und entwicklungspsychologisch ausformt. Dies heißt nicht, dass gesellschaftspolitische und normative Dimensionen in ihrer fundamentalen inklusiven Bedeutung gering geschätzt würden, im Gegenteil, jedoch werden diese an vielen anderen Stellen bereits breit und kontrovers diskutiert (z. B. Boban u. Hinz, 2020). Gleichzeitig wird aber auch ein erheblicher Mangel an Theoriebildung und ableitbar empirischer Überprüfung von konkreter mikrosoziologischer Umsetzung ausgemacht. Willmann schreibt dazu treffend:

»Allerdings dürfte auch eine verstärkte Auseinandersetzung mit sozial- und entwicklungspsychologischen Argumentationen das pädagogische Inklusionsverständnis erheblich bereichern, denn schließlich liegt allen sozialen Prozessen, die aus einer gesellschaftstheoretischen Perspektive kritisch beschrieben werden können, zugleich auch eine psychologische Dynamik zugrunde, die das Handeln sozialer Gruppen und ihrer einzelnen Akteure wesentlich mitbestimmt. Wenngleich bis dato zumindest in expliziter Betitelung noch keine ›Psychologie der Inklusion‹ vorgelegt wurde, so ist der Pädagogik dennoch eine Schärfung des Blicks gerade auch auf die Innensicht von Inklusions- und Exklusionsprozessen anzuempfehlen« (Willmann, 2017, S. 99 f.).

Dieser Artikel geht im Weiteren anhand von fünf Hypothesen der Behauptung nach, dass der oben angeklungene gesellschaftspolitische und normative Diskurs für das Ziel einer tatsächlichen Minimierung von psychosozialen Barrieren (Maaß u. Rink, 2020) höchstens eine Form vorgeben kann, ohne sie in der mikrosoziologischen Interaktion aber letztlich be- oder ausfüllen zu können.

So wird an dieser Stelle gefragt: Wie kann das in der Realität konkreter funktionieren, menschliches Miteinander, das gezielt versucht, vorhandene psychosoziale Barrieren kleiner beziehungsweise neu aufkommende Barrieren nicht zu groß werden zu lassen?

Denn offen bleibt in der Inklusionsdebatte (auch) häufig, ob auf Inklusion bezogen eine Entwicklungs- und Prozessperspektive eingenommen wird oder ob der Status des letztlich zufälligen Aufeinandertreffens von vermeintlich nicht selektierten Menschen ausreicht, um ein (Sub-)System als inklusiv zu deklarieren. Für den Bereich Schule wäre der Standard damit etwas vereinfachend ausgedrückt erfüllt, wenn lokal aus der gleichen Nachbarschaft stammende Kinder dauerhaft und räumlich die gleiche Schule besuchen würden, relativ unabhängig davon, was dann in dieser passiert.

Es soll im Weiteren also immer wieder versucht werden, eine »inklusionsrealistische« Haltung einzunehmen, die sich von umfassenden Zielen einer »full inclusion« (Ahrbeck, Badar, Kauffman, Felder u. Schneiders 2018) abgrenzt (aber hoffentlich inspirieren lässt). Statt das schnelle Einlösen hehrer Ziele anzustreben, werden Gedanken über psychosoziale und sozialisatorische Prozesse angestellt. Bemerkbar macht sich dies z. B. in einer so verstandenen »realistischen«, »evidenzbasierten« und »überprüfbaren« Zielsetzung des Minimierens von psychosozialen Barrieren im Kleinen, ohne sich gleich (über)große (Gesellschafts-)Entwürfe vornehmen zu müssen beziehungsweise sich der Illusion hinzugeben, sich ohne Weiteres von systemimmanenten Setzungen (z. B. einem Wirtschaftssystem) befreien zu können (siehe dazu auch das Fazit am Ende des Beitrags).

Als potenzielle theoretische Anwendungs- und Übungsfelder sollen deswegen im Weiteren institutionalisierte (pädagogische) Gruppen, wie sie vor allem in den großen mehr oder weniger verpflichtenden gesellschaftlichen Bildungseinrichtungen, also z. B. in Kindertagesstätten, Schulen, Einrichtungen der Jugendhilfe zu finden sind, in den Blick genommen werden. Zu erwähnen bleibt noch, dass dieser Ansatz im Hinblick auf die zu berücksichtigenden Barrieren einen besonderen Fokus auf die Kumulation von psychosozioökonomischen Risikofaktoren für (junge) Menschen legt.

Die folgenden Hypothesen beziehen sich in ihrer Verbindung zur Mentalisierungstheorie sehr stark auf den grundlegenden und weitreichenden Beitrag »Culture and psychopathology: An attempt at reconsidering the role of social learning«, der von der Londoner Gruppe um Peter Fonagy, Chloe Campbell, Matthew Constantinou, Anna Higgitt, Elizabeth Allison und Patrick Luyten (2021) verfasst wurde und die sehr naheliegende, aber bisher kaum erfolgte Verbindung zur Mentalisierungstheorie (Gingelmaier, 2018) hierüber vertieft (siehe dazu auch Fonagy und Nolte in diesem Band).

Hypothese 1: Das Ziel von Inklusion ist eine barrierenmindernde Kommunikationskultur.

Im Verständnis dieses Textes hat Inklusion die Aufgabe, Barrieren, die an potenzieller Teilhabe hindern, zu mindern. Als gewichtige Ergänzung im Inklusionsdiskurs wird hierbei aus der Mentalisierungstheorie eingeführt, dass es kulturanthropologisch und entwicklungspsychologisch bedeutsame Zusammenhänge gibt, die über Teilhabemöglichkeiten an allen Formen menschlicher Kultur grundlegend entscheiden (siehe dazu auch Allison und Campbell in diesem Band). Kultur wird hierbei nach Sperber (1990, S. 42) als »Niederschlag der Erkenntnis und Kommunikation in einer menschlichen Bevölkerung« (Übersetzung durch den Autor) verstanden. »Kultur ist nicht nur das Ergebnis von Kommunikation, sie ist Kommunikation« (Gergely u. Csibra, 2006 zit. nach Fonagy et al. 2021, S. 5, Übersetzung durch den Autor), verfeinern Gergely und Csibra dies.

Dabei muss anerkannt werden, dass alle spezifischen kulturellen Leistungen, die der Mensch hervorbringt, wie z. B. Sprache, Verhaltens- und psychische Verarbeitungsweisen, Bildung, Erziehung, soziale Normen, Rituale und vieles mehr, weder genetisch fixiert werden können (Fonagy u. Champbell, 2017) noch dass diese kulturellen Leistungen sich aus sich selbst heraus, einem Naturgesetz gleich, erschließen lassen. Sie werden von Fonagy et al. (2021) deswegen als opak bezeichnet, was am Ehesten als offen und vor allem undurchsichtig, also im Sinne von nicht vollständig erschließbar, verstanden wird:

> »Kultur, wie sie hier verstanden wird, ist sowohl der Prozess als auch das Ergebnis der Vermittlung von undurchsichtigem Wissen. Kultur kann daher als ein dynamisches System expliziter und impliziter Regeln definiert werden, das Einstellungen, Werte, Überzeugungen, Traditionen, Bräuche, Normen und Verhaltensweisen umfasst – ein Wissenssystem –, das von einer relativ großen Gruppe von Menschen geteilt und von Generation zu Generation weitergegeben wird. Kultur ist ein System, das die Ansammlung und Weitergabe einer Reihe gemeinsamer Techniken und Praktiken ermöglicht, um die Interaktionen der Menschen mit der Welt um sie herum zu optimieren« (Fonagy et al., 2021, S. 5, Übersetzung durch den Autor)

Es wird inklusionstheoretisch also zugrunde gelegt, dass in all den genannten Bereichen von Kultur, die eben ein potenzielles Teilhabeformat darstellt, Barrieren entstehen können, die Menschen von der Kommunikation aus dieser Kultur exkludieren, obwohl sie daran vor allem im Sinne von Sozialisation teilhaben wollen oder müssten. In der nächsten Hypothese (Hypothese 2) wird daher der Frage nachgegangen, wie Menschen sich diese opaken und komplexen kulturellen Artefakte aneignen und warum die Bedeutung von Kommunikation in (institutionalisierten) Gruppen (Hypothese 5) nicht zu unterschätzen ist.

Hypothese 2: Die Didaktik einer barrierremindernden Kommunikationskultur ist (psycho)soziales Lernen.

Wie unter Hypothese 1 herausgearbeitet wurde, ist ein wesentliches inklusives Ziel eine barrieremindernde Kommunikationskultur, über die man sich kulturelles Wissen erschließen kann. Allerdings bleibt in diesen Formulierungen offen, wie es genau funktioniert, dass Menschen sich Teilhabe über Kommunikation erschließen können.

Die aus dieser Sinnstruktur passende Antwort lautet: über psychosoziales und soziales Lernen. Allerdings stellt die erste Formulierung *psycho*soziales Lernen eine Erweiterung der Gedanken von Fonagy et al. (2021) dar, dort bleibt es bisher auf das soziale Lernen beschränkt. Es wird im Folgenden allerdings argumentiert, dass psychosoziales Lernen vor allem deswegen eine notwendige Ergänzung zum sozialen Lernen ist, da auch ein gravierender selbst- und identitätsrelevanter Lern- und Austauschprozess zwischen innerpsychischen (z. B. biografischen, dynamischen, strukturellen, konflikthaften, resilienten) und sozialen (z. B. gruppen- und gesellschaftssystembezogenen, ökonomischen) Konstellationen stattfindet. Vorstellbar ist dies in einem spezifischen innerpsychischen Raum, wie ihn z. B. der intermediäre Raum von Winnicott (2020) darstellt. Dort können individuelle Vermittlungsprozesse zwischen Innen und Außen erfolgen, deren veränderbare Ergebnisse eine an innere und äußere Strukturen, Dynamiken, Begebenheiten und Erfordernisse sich anpassende Form des Selbst entstehen lässt (vgl. Bohleber, 1996; Keupp u. Höfer, 1997; Straus u. Höfer, 1997). Es wird im Weiteren vorgeschlagen, diese das Individuum grundlegend und direkt betreffende Form als *psychosoziales Lernen* zu bezeichnen. Daneben wird sogleich aber auch das von Fonagy et al. (2021) für die Mentalisierungstheorie etablierte *soziale Lernen* genauer eingeführt, das stärker gruppenbezogen, systemisch und dynamisch ist und unter Umständen weniger das individuelle Selbst, sondern so etwas wie ein kollektives Selbst/eine kollektive Identität (z. B. Straub, 2015) oder eben den Wir-Modus, wie es Fonagy et al. (2021, S. 6) formulieren, adressieren.

> »Dieses ›Wir‹-Gefühl durch geteilte Psychen [shared minds] hat eine Nichtableitbarkeit [Irreduzibilität], was bedeutet, dass es getrennt von der individuel-

len Mentalisierung von sich selbst und anderen angesprochen werden muss, da gemeinsames Handeln qualitativ anders erlebt wird und gemeinsame oder ›Wir-Intentionen‹ beinhaltet. Dies ist relationale Mentalisierung, die auf zugrunde liegenden, gegenseitig akzeptierten, aber oft impliziten konzeptionellen und situativen Voraussetzungen beruht und nicht notwendigerweise eine Vereinbarung beinhaltet« (Tuomela, 2005).

Dies bedeutet, dass hier ein fundamentaler Unterschied im (psycho)sozialen Lernen darin gesehen wird, ob Menschen ihre »*minds*« (hier am ehesten mit »*Psychen*« zu übersetzen) teilen oder nicht. Dabei beschreibt eine Gruppe von verwandten Konzepten der sozialen, transindividuellen Speicherung von Informationen (vgl. z. B. Welzer, 2017) beziehungsweise von einem kollektiven Gedächtnis (vgl. z. B. Assmann, 2013) aus verschiedenen psychologischen und sozialwissenschaftlichen Schulen ein ähnliches Konzept, das Fonagy et al. (2021) als *Wir-Modus* beziehungsweise relationales Mentalisieren bezeichnen.

Auch ist der Begriff der Didaktik als Kunst der Vermittlung beziehungsweise des Lehrens und Lernens in der Hypothese nicht zufällig gewählt. Fonagy et al. (2021) beziehen sich in diesem Zusammenhang auf die Theorie einer *natürlichen Pädagogik* nach Gergely und Csibra (2005; 2006), die vor allen wegen des opaken Charakters kultureller menschlicher Leistungen davon ausgeht, dass es einen natürlichen Lern- und Vermittlungsprozess geben muss, in dem andere, in der Regel ältere, enkulturierte Personen als natürliche (das heißt nicht dafür ausgebildete) Pädagog:innen Jüngeren etwas von dieser Kultur nicht formalisiert vermitteln. Hierbei wird dann auch noch klarer, warum Kommunikation für diesen Prozess eine derart übergeordnete Rolle spielt.

»Artefakte, sei es in Form von abstrakten Ideen oder physikalischer Technologie, die die Qualität der Opazität haben – das heißt ihr Zweck, ihre Funktion, ihre Begründung oder ihre Verwendungsweise ist nicht offensichtlich oder ohne Erklärung durch einen Lehrer leicht zu erarbeiten – erfordern Kommunikation, das heißt, irgendeine Form der Bildung oder des Lehrens. Um ein effizientes Lernen komplexer/undurchsichtiger Dinge zu ermöglichen, ›entwickeln Menschen spezialisierte kognitive Ressourcen, die ein dediziertes zwischenmenschliches System der gegenseitigen Gestaltung bilden, in dem man dazu veranlagt ist, neue und relevante kulturelle Informationen zu (und von) Artgenossen zu ›lehren‹ und zu ›lernen‹ (Gergely & Csibra, 2005, S. 472). Dies ist der Prozess der natürlichen Pädagogik« (Fonagy et al., 2021, S. 5, Übersetzung durch den Autor).

Von hier aus ist es kein weiter Weg zu folgern, dass dauerhaftes Ausgeschlossen-Sein oder Ausgeschlossen-Werden beziehungsweise Sich-Ausgeschlossen-Fühlen im Sinne von Exklusion etwas damit zu tun hat, dass Menschen diese grundlegenden sozialen Lernerfahrungen nicht ausreichend machen konnten. Dies verknüpft sich in Hypothese 3 mit verschiedenen Bedingungen und Formen des Mentalisierens.

Hypothese 3: Verschiedene Bedingungen und Formen des Mentalisierens (gemeinsames Denken, geteilte und koordinierte Aufmerksamkeit, epistemisches Vertrauen, Wir-Modus usw.) sind die der Didaktik des sozialen Lernens entsprechende Methodik.

Die methodische Umsetzung einer Didaktik des sozialen Lernens (Hypothese 2) wiederum basiert auf verschiedenen Bedingungen und Formen des Mentalisierens. Dieser Beitrag nimmt ein entwicklungs- und prozessbezogenes Verständnis von Inklusion ein, das sich vereinfacht so ausformulieren lässt: Was interaktiv in einem spezifischen Sozialraum passiert, soll einen nachhaltigen Lerneffekt im Sinne von Barriereminderung für das Individuum und die Gruppe haben, sodass Individuum und Gruppe aus den sozialen Prozessen ein proaktives Miteinander erfahren und auf vielfältige Arten übernehmen können. Letztlich sollen so verschiedene inkludierende Erfahrungen gemacht, übernommen und verinnerlicht werden.

Fonagy et al. (2021) benennen als wesentlichste Grundlage dafür die Fähigkeit des »thinking together«, was im Deutschen gut mit »etwas gemeinsam bedenken« oder »gemeinsam über etwas (Geteiltes) nachdenken« beziehungsweise »etwas gemeinsam überdenken« übersetzt werden kann. Tomasello (O'Madagain u. Tomasello, 2019; Tomasello, 2019; siehe dazu auch Tomasello in diesem Band) arbeitet heraus, dass der größte Unterschied zwischen Menschen und anderen Spezies darin besteht, dass Menschen die Fähigkeit besitzen, geteilte Aufmerksamkeit mit unterschiedlichen Perspektiven auf das gleiche (geteilte) Objekt zu koordinieren. Dies, so Tomasello (2019), stellt die Grundlage für zwischenmenschliche Kooperation überhaupt dar.

Davon leiten Fonagy et al. (2021) die Aussage ab, dass zusammen denken ein robustes und immer wieder umfängliches reflexives Mentalisieren benötigt (Fonagy et al., 2021, S. 5). Allerdings gibt es in der Mentalisierungstheorie eine Vorbedingung dafür, dass robuste Formen der Perspektivenübernahme und der Koordination von mentalen Zuständen erlernbar und damit instruktiv für soziale Lernprozesse z. B. in Gruppen oder Klassen sein können. Diese Vorbedingung ist, dass epistemisches Vertrauen zwischen den Beteiligten hergestellt wird. Epistemisches Vertrauen wird nach Sperber et al. (2010) beziehungsweise Wilson und Sperber (2012) als das basale Vertrauen in eine Bezugsperson als sichere Informationsquelle verstanden. Dies gilt jedoch nicht nur für den individuellen z. B. pädagogischen Bezug in der Schule, sondern ist ein ubiquitäres evolutionär determiniertes Phänomen für soziale Lernprozesse:

»Grundlegend [...] ist eine evolutionspsychologische Sichtweise eines exklusiv menschlichen Dilemmas, das mit der Vermittlung von Kultur und sozialem Lernen zusammenhängt (Heyes & Frith, 2014). Als die Menschen auf immer höhere Stufen der sozialen Komplexität gelangten, machte das Überleben des Individuums wie auch der Gruppe die Transmission von sozialem Wissen auf erheblich anspruchsvollere Ebene erforderlich (Wilson, 1976). Menschliche Säuglinge wurden immer häufiger in eine Welt hineingeboren, in der sich die Erwachsenen selbsthergestellter Werkzeuge bedienten, deren funktionalen Eigenschaften, Anwendungsweisen oder Reproduktionsmethoden sich nicht ohne Weiteres erschlossen; das bedeutet, dass wir lernen mussten, einer Quelle zu vertrauen, die uns half, den Gebrauch solcher Gegenstände zu erlernen« (Fonagy u. Campbell, 2017, S. 290).

Für die psychosoziale Inklusion bedeutet dies, dass epistemisches Vertrauen zu den (natürlichen) Pädagog:innen und der Organisation unabdingbar vorausgesetzt wird, wenn Kinder und Jugendliche aus den sozialen Situationen lernen sollen. Um es zu betonen: Ohne ein sich aufbauendes zunehmend belastbar empfundenes epistemisches Vertrauen, dass von und in der jeweiligen Person, Gruppe und Organisation wichtige und relevante soziale und kulturelle Informationen zu erhalten sind, lassen sich Kinder und Jugendliche nicht auf inklusive, also psychosoziale, Lernarrangements ein; daran muss sich pädagogische Haltung, Didaktik und Methodik messen lassen. Dieses epistemische Vertrauen bezieht sich sowohl auf faktisches Wissen, aber eben auch auf andere Dinge, Kodizes, Rollen, Erwartungen, interpersonelle Dispositionen, Affekt(ko)regulationsschemata etc.

Hypothese 4: Die Kumulation von psychosozialen Risikofaktoren kann die Barrieren bei psychosozialem Lernen stark erhöhen.

Wie bereits beschrieben, wird in diesem Beitrag ein Schwerpunkt auf die Kumulation von psychosozioökonomischen Risikofaktoren als Inklusionsbarrieren für (junge) Menschen gelegt. Obwohl die Tatsache, dass eine Kumulation von Risikofaktoren die Wahrscheinlichkeit des Auftretens von mitunter massiven psychosozialen Schwierigkeiten enorm erhöht (Scheithauer u. Petermann, 1999), sich mittlerweile bei den theoretisch und praktisch tätigen Fachleuten verbreitet, so ist die Bedeutung dieser Erkenntnisse als enorm bedeutsam einzuordnen, weil es eine Gruppe von Kindern und Jugendlichen gibt, denen mit guten inklusiven Vorsätzen allein sicher nicht beizukommen ist. Auch, weil dies gleichzeitig mit einer deutlich erhöhten Wahrscheinlichkeit für das Auftreten von Traumafolgestörungen, internalisierenden und externalisierenden Störungen assoziiert ist. Es braucht hierfür spezifisches inklusives Handlungswissen, das von der Mentalisierungstheorie vielerlei Anregungen erhalten kann (Taubner u. Curth, 2013; Huang et al., 2020; Schwarzer, Nolte, Fonagy u. Gingelmaier, 2021). Dabei geht es um das entwicklungsbedingte Aufkommen von Barrieren, die über (frühe) dysfunktionale psychosoziale Erfahrungen die Fähigkeit, aus sozialer Interaktion zu lernen, stark einschränken können. Eine solche, sich zudem stabilisierende Erhöhung dieser Barrieren kann über den Ausschluss aus dem Bereich des sozialen Lernens und damit aus der bereits genannten Kultur leicht eine Abwärtsspirale an sozialer Teilhabe, psychischer und somatischer Gesundheit und ökonomischem Wohlstand beziehungsweise eine massive Erschwernis des Ausbrechens aus einem solchen Zustand bedeuten (siehe dazu auch Allison und Campbell in diesem Band). Die Wege zu einer solchen barrierremindernden Kommunikationskultur führen unweigerlich über psychosoziales Lernen zur Befähigung von Teilhabe in der soziokulturellen und ökonomischen Welt.

Insbesondere gilt dies für Kinder und Jugendliche, die durch traumatische Beziehungserfahrungen bereits ein epistemisches Misstrauen aufgebaut haben (siehe Hypothese 3). Der Weg, um epistemisches Vertrauen aufzubauen, sind mikrosoziologisch sogenannte ostensive Signale (englisch: »ostensive cues«; z. B. Blickkontakt, persönliche Ansprache, Perspektivenübernahme im Sinne der Aufmerksamkeitsfokussierung, siehe Hypothese 5), mit denen das Gegenüber dem Kind verstehbar macht, dass es sich um wichtige und deswegen hoch relevante soziokulturelle Inhalte handelt (Fonagy u. Campbell, 2017), die weitergegeben werden sollen. Kinder verfügen hierfür über eine artspezifische Sensibilität, »so ist es kaum überraschend, dass menschliche Säuglinge und Kleinkinder (aber auch erwachsene Menschen) Informationen bereitwillig aufnehmen und internalisieren, wenn Sie den Eindruck haben, dass der Lehrer an dem, was in ihnen vorgeht, Anteil nimmt und sie be-denkt« (Fonagy u. Campbell, 2017, S. 292). Fonagy et al. (2021) fassen dies in einem Zitat nochmals zusammen:

»Es ist klar, dass das Fehlen von epistemischem Vertrauen eine Person in vielen sozialen Kontexten zutiefst benachteiligt. Der Verlust dieses Schlüsselprozesses für den effizienten Erwerb von Selbsterkenntnis als Teil des kulturellen Wissens hat erhebliche Auswirkungen auf das gesellschaftliche Funktionieren. Hier ziehen wir die Verbindung zwischen unserer Fähigkeit zur Kulturbildung und der Anfälligkeit für das, was wir typischerweise als Psychopathologie verstehen. Das Individuum kann in seiner Fähigkeit eingeschränkt sein, sein Verständnis von sich möglicherweise schnell ändernden sozialen Situationen zu aktualisieren, und würde angesichts des sozialen Wandels unflexibel oder sogar starr erscheinen« (Fonagy et al., 2021, S. 8, Übersetzung durch den Autor).

Auch wenn die Analogie, dass dies (allein) in Psychopathologie münde, eine fachdisziplinäre Engführung der Gruppe um Fonagy (2021) ist, die mit sich bringt,
1. dass, es hier »nur« um Psychopathologie ginge, wo doch sehr viel wahrscheinlicher hochkomplexe biopsychosozioökonomische Wechselwirkungen (vgl. z. B. Langgartner, Lowry u. Reber, 2020a, 2020b) zugrunde liegen und
2. dass diese Engführung auf Psychopathologie aus inklusivem Denken die Gefahr einer schnellen Stigmatisierung aufweist,

veranschaulicht dieses Zitat die Tragweite des Ausschlusses aus dem sozialen Lernraum trotzdem deutlich.

Hypothese 5: Konkrete Praktiken des Mentalisierens können über ein Ankurbeln der Mentalisierungsfähigkeit insbesondere in institutionalisierten Gruppen psychosoziale Barrieren mindern und einen Wir-Modus aufbauen.

Insbesondere institutionalisierte Gruppen, wie sie in pädagogischen Organisationen (z. B. Schule, pädagogische Frühbetreuung, Maßnahmen der Jugendhilfe) zu finden sind, erhalten dabei eine übergeordnete Rolle,
1. weil die zuvor aus der natürlichen Pädagogik (Gergely u. Csibra, 2005, 2006) abgeleitete Aufgabe der basalen Kulturvermittlung eben eine zutiefst päda-

gogische ist, die schon immer weit in die viel jüngere professionelle Pädagogik hineinragte, dies aber
2. systematisch, nachhaltig und theorie- und evidenzbasiert angehen kann (wo es zugegebenermaßen noch viele Verbesserungsmöglichkeiten gibt),
3. ein Gesellschaftssystem als gewichtige Sozialisationsinstanz zur Reproduktion ihrer Paradigmen und Funktionsmechanismen (in unserem Falle einer wehrhaften, freiheitlich-demokratischen Grundordnung) sowohl über verbindliche und demokratisch legitimierte Curricula, wohlgemerkt für die pädagogischen Fachkräfte wie auch für die jungen Menschen, und Instrumentarien wie die Schulpflicht einwirken kann und muss und
4. es darüber eine Möglichkeit der Kompensation gibt, falls z. B. in anderen Sozialisationsinstanzen wie der Familie das psychosoziale Lernen aufgrund kumulierter Risikolagen (siehe Hypothese 4) behindert wurde, könn(t)en diese institutionalisierten Gruppen mit einem höchst gesellschaftsrelevanten Probehandeln von kompensatorischen psychosozialen Lern- und Gegenerfahrungen (siehe 2) aufwarten.

Für das Etablieren einer konkreten barrierearmen Kommunikationskultur muss dafür auf Organisationsebene und im direkten pädagogischen Kontakt so viel Sicherheit wie nötig und so viel Neugier wie möglich vermittelt und mit individuellen und gruppenbezogenen Lernstrategien versehen werden, um nachhaltig kognitiv sozial (Wir-Modus) und psychosozial lernen zu können. Weil Mentalisieren auch empirisch als »super-highway« zum Aufbau von epistemischem Vertrauen identifiziert werden konnte (Fonagy u. Allison, 2014) und als Grundlage des sozialen Lernens gilt, sollte im Sinne eines inklusiven Abbaus von Barrieren in die Förderung der Mentalisierungsfähigkeit von jungen Menschen »investiert« werden. Dies intensiviert sich darüber, dass (geleitete) Gruppen aufgrund der multiplen Resonanzen als Spiegelsaal des Mentalisierens (Schulz-Venrath u. Felsberger, 2016) bezeichnet werden können.

Als konkrete Praktiken der Mentalisierungsförderung kommen dafür die mentalisierende Haltung (Ramberg, 2018), »ostensive cues« (z. B. in der Kommunikation mit Einzelnen oder Gruppen), markierte Affektspiegelungen (eher in der Kommunikation mit Einzelnen), Möglichkeiten der Perspektivenübernahme (z. B. theaterpädagogisch), alltagsnahe und erfahrungsbasierte psychosoziale und soziale Lernanlässe (z. B. gemeinsame Handlungen, wie Kochen, Essen, Bewegung, Fahrten), verstehender Humor, die Koordination geteilter Aufmerksamkeit und die Arousalregulierung (z. B. Lautstärke in der Klasse) und vieles mehr infrage. Dies kann aus Platzmangel nicht weiter im Detail dargestellt werden, es sei aber an dieser Stelle auf das »Praxisbuch mentalisierungsbasierte

Pädagogik« (Gingelmaier u. Kirsch, 2020) und beispielsweise auf eine erste konkrete Sammlung konkreter Übungen in Behringer, Weishaupt und Gingelmaier (2021) verwiesen. Im von der EU geförderten Projekt »Mentalisierungstraining für pädagogische Fachkräfte« werden diese Inhalte und Praktiken vermittelt (siehe www.mented.eu des Netzwerkes mentalisierungsbasierte Pädagogik).

Viele pädagogische Organisationen fühlen sich nach den vielfältigen Eindrücken des Autors (noch) überfordert mit der am Anfang der Hypothese beschriebenen Breite des zugrunde liegenden pädagogischen Anspruchs (Stichwörter: Sicherheit und Neugier mit einer bewussten Nähe zu den Konzepten von Bindungssicherheit und Exploration). Wenn eine pädagogische Organisation aber eingehend prüft, ob es ihr tatsächlich gelingt, ein gutes Verhältnis aus der Vermittlung von Sicherheit und Neugier und dem psychosozialen, sozialen (Wir-Modus) und kognitiven Lernen herzustellen, kann es für diese sehr frustrierend sein, dass sich manche Kinder und Jugendliche trotzdem kaum auf ihren Rahmen einlassen können und oftmals durch ihr Verhalten vermeintlich ihre Missachtung demonstrieren. Pädagogische Organisationen, denen dieses Einlassen anhaltend nicht gelingt, können aus der Sicht des Autors ohnehin als *frustriert* und damit für Kinder und Jugendliche *frustrierend* bezeichnet werden. Solche Kinder und Jugendliche, die jede Institution nachhaltig auf die Probe stellen können, weil sie die Schwächen der jeweiligen Systeme deutlich aufzeigen und mittlerweile allzu leichtfertig als *Systemsprenger* (Baumann, 2012, 2019) bezeichnet werden, brauchen in der Folge dieser Überlegungen eine besondere Unterstützung im Mentalisieren, da sie sonst aufgrund der genannten psychosozialen Barrieren drohen, neben dem kognitiven auch dem institutionalisierten sozialen und psychosozialen Lernen verloren zu gehen. Deswegen spricht sich der Autor dieses Beitrags eher dafür aus, von *schwer erreichbaren Kindern und Jugendlichen* als von *Systemsprengern* zu sprechen. Dabei rückt die in hohem Maße identitätsstiftende Bedeutung der eigenen Selbsterzählung oder des persönlichen Narrativs einmal mehr in den Fokus, die Fonagy et al. (2021) im folgenden längeren Zitat treffend aufgreifen:

»Warum sollte ein Individuum selbst in Situationen, in denen Vertrauen gerechtfertigt war – das heißt, wo seine persönliche Erzählung geschätzt wurde – kein epistemisches Vertrauen erfahren? Es gibt zwei offensichtliche Gründe. Erstens können Widrigkeiten und Entbehrungen, wenn sie einem Trauma gleichkommen, chronisches Misstrauen erzeugen, indem sie die Vorstellungskraft in Bezug auf den mentalen Inhalt hemmen, eine übergreifende Vermeidung des Nachdenkens über die eigene oder die psychische Verfassung anderer Menschen erzeugen und das Individuum in den meisten sozialen Situationen zutiefst verwundbar machen (Ensink et al., 2015; Levy, Goldstein & Feldman, 2019; Macintosh, 2013; Taubner & Curth, 2013). […] Zweitens kann das langfristige Ergebnis der epistemischen Isolation infolge des hier beschriebenen Versagens der Vorstellungskraft Probleme für Personen schaffen, die über verzerrte persönliche Narrative ungenaue Ansichten des Selbst erzeugen, sodass selbst eine genaue Wahrnehmung der eigenen persönlichen Erzählung durch andere nicht als Übereinstimmung erlebt wird, und eine schmerzhafte Erfahrung zwischenmenschlicher Entfremdung dadurch bestehen bleibt. Zum Beispiel wird eine Person, deren persönliche Erzählung ein Gefühl des Versagens oder der Schlechtigkeit mit sich bringt, paradoxerweise nicht von einer unterstützenden, positiven Reflexion ihrer Selbsterzählung profitieren, und das Gefühl haben, nicht verstanden worden zu sein. Umgekehrt können Entbehrungen und Traumata in noch anderen Fällen unangemessenes Vertrauen erzeugen« (Fonagy et al., 2021, S. 8, Übersetzung durch den Autor).

Es werden hier also zwei Gründe vorgeschlagen, warum es der einzelnen Person nicht gelingt, epistemisches Vertrauen zu einer (pädagogischen) Person oder Organisation aufzubauen, obwohl diese eigentlich vertrauenerweckend ist. Zum einen wird chronisches epistemisches Misstrauen genannt, das heißt, dass Menschen bereits so viele aversive Erfahrungen sammeln mussten, dass diese Schutzbarriere des Misstrauens trotz ihrer vielfältigen Einschränkungen und Konflikte vielversprechender als eine zunächst verletzbar machende Öffnung in den Sozialraum ist. Bei Kindern und Jugendlichen ist dies vielleicht aufgrund ihres vielfältigen Angewiesenseins meist noch etwas weniger stark verfestigt. Trotzdem begegnen diese Kinder und Jugendlichen Pädagog:innen, Organisationen und Strukturen mit einer großen Skepsis. Neben Ablehnung ist besonders auch das Austesten der Pädagog:innen, Organisationen und Strukturen, das sich über lange Zeiträume erstrecken kann und in Krisen oftmals wieder verstärkt wird, zu nennen. Die Kinder und Jugendlichen stellen unbewusst sozusagen immer wieder und insbesondere unter Stress die sinnbildliche Frage, ob sie Vertrauen schenken können, und provozieren dabei oftmals selbst Vertrauensbrüche (Talia, Duschinsky, Mazzarella, Hauschild u. Taubner, 2021).

Zum anderen wird damit eng verzahnt eine epistemische Isolation als Ergebnis chronifizierten Misstrauens gesehen. Diese Isolation bedeutet insbesondere ein Zurückgeworfen-Sein des Individuums auf sich selbst und wenig Möglich- und Notwendigkeit der Anpassung, Aushandlung und Konfrontation des persönlichen Narrativs mit Bezugspersonen, Strukturen und generell dem sozialen Umfeld. Dabei kann sich das persönliche Narrativ (weiter) als dysfunktionale und wenig entwicklungsförderliche Barriere aufbauen. Die Schwierigkeit ist, dass mentale Zustände z. B. über vermeintliche eigene Unzulässigkeiten, Selbstzweifel, Wertlosigkeit, Bestrafungs- und Erniedrigungsfantasie, Selbstzuschreibungen als böse, gemein, hoffnungslos, schlecht oder minderwertig schon bei Kindern und Jugendlichen derart unflexible (fixierte?) persönliche Narrative formen können, dass eine mentalisierende, vertrauenerweckende pädagogische Institution/Person mit sehr viel Fingerspitzengefühl in einer niedrigen Dosierung an selbstwirksamkeitsförderlichem »Empowerment« angehen muss, weil die Kinder und Jugendlichen, auch im Sinne einer Musterbildung, ansonsten stets das Gegenteil, also ihre vermeintliche Wertlosigkeit beweisen müssen. Diese Spirale kann auch in das bereits beschriebene Austesten durch Verhaltensprovokationen aller Art hinein gezählt werden, sinnbildlich vielleicht so in Worte fassbar: »Kann ich dir wirklich vertrauen und willst du gerade mir wirklich vertrauen, auch wenn ich mich hinter einer (harten) Fassade eigentlich wert- und nutzlos fühle, also mir eigentlich selbst nicht(s) (zu)traue und deswegen so viel provoziere, dass du mich dann wieder in meiner Wert- und Nutzlosigkeit bestätigen kannst und ich bewiesen bekomme, dass du mich für wert- und nutzlos hältst und ich dir deswegen nicht trauen mag …?« Das unbewusste Ziel dieser Endlosspirale des epistemischen Misstrauens sind damit selbstbestätigende Erfahrungen in allen Formen von Wertlosigkeit eingelöst durch Bestrafungen, Missachtungen und Beschämungen nun auch durch wohlmeinende pädagogische Fachkräfte beziehungsweise Organisationen ausgeführt, die eigentlich das Gegenteil erreichen wollten. Gerade das Thema Strafen führt bei mangelnder Selbstregulationsfähigkeit zu zusätzlichem Druck, der aber nicht funktional ist, kontraintuitiv sollten pädagogische Fachkräfte eher für Stressentlastung sorgen. Auch über den beschriebenen dysfunktionalen Prozess wird die barrieremindernde Bedeutung der Mentalisierungstheorie deutlich, weil klar wird, dass auch der ernst gemeinte gute Wille zur Inklusion, z. B. in der Pädagogik aufgrund der Ambivalenz und mitunter sogar Paradoxie des realen psychosozialen Lebens mit all seinen Ungleichheiten und Ungleichzeitigkeiten zu kurz greift, um nachhaltig zu wirken. Das Fazit möchte diese Gedanken aufgreifen und abschließen.

Fazit

Das Thema Inklusion ist auch wegen seiner Verankerung als Menschenrecht aus dem gesellschaftlichen Diskurs nicht mehr wegzudenken. Neben Barriereminderung, Annäherung an Chancengleichheit (z. B. über Bildung) und sozialer

Gerechtigkeit insgesamt werden zunehmend auch Themen wie Umweltschutz und Klimawandel (z. B. Zugang zu sauberem Wasser), Demokratieerziehung im Sinne einer antipopulistischen Aufklärung für evidente Argumente und Fragen nach digitaler Gerechtigkeit stärker in den Fokus der Inklusionsdebatte nach gleichberechtigter Teilhabemöglichkeit rücken.

Es ist aber das Verdienst dieses Beitrags, herauszustellen, dass Inklusion vor allem dann funktionieren kann, wenn Menschen im beschriebenen Sinne die Chance haben, aus Gruppenerfahrungen sozial und psychosozial so zu lernen, dass sie sich psychosozial in verschiedenste Gruppen integrieren können, weil sie die eingangs erwähnten »Spielregeln« verstehen und mitgestalten können. Dies ist, und das sei nochmals betont, ein wichtiger Teil von Sozialisation und nach Fonagy et al. (2021) eben auch der Enkulturation. Dabei ist manchmal weniger die Nähe des Ortes zur Wohnstätte (die Schule in der Nachbarschaft) entscheidend, sondern welches Angebot gerade Kindern mit vielen aversiven psychosozialen Erfahrungen gemacht werden kann, um diese zu kompensieren, um in einem organisationellen Wir-Modus (wieder) psychosozial lernen zu können. Wenn der hier fokussierte Teil von Inklusion tatsächlich ein spezifischer Sozialisations- und Enkulturationsprozess ist, der danach sucht, gesellschaftliche Exklusion z. B. in der Institution Schule zu vermeiden, Chancengleichheit und Partizipation in und durch (weniger selektierte) Gruppen und Organisationen aufzubauen und zu gewährleisten, dann sollten zum einen Ergebnisse der Sozialisationsforschung, der Gruppen- und Sozialpsychologie, der Bio- und Kulturanthropologie und der Entwicklungspsychologie viel stärker in den normativen Inklusionsdiskurs als Grundlagen eingebunden werden. Zum anderen sollte eine viel stärkere Umsetzung in empirisch-inklusive Grundlagenforschung erfolgen, weil darüber die Möglichkeit entstehen kann, die Praxis zu verbessern und auch manche der stark aufgeladenen Forderungen aus dem aktuellen Inklusionsdiskurs mit Realitäten z. B. in Schulen zu konfrontieren. (Pädagogische) Organisationen können dabei über soziale Lernerfahrungen für sich und ihre Klientel kleine, aber sehr wichtige Schritte auf einem langen inklusiven Weg gehen. Die großen gesellschaftsrelevanten Prozesse müssen in einer Demokratie (zumal in einer globalisierten Welt) aber über politische Diskurse geführt werden; die einzelnen Pädagog:innen oder die einzelne pädagogische Organisation droht, sich ansonsten zu verkämpfen, wenn sie nicht sehen, dass ihr impliziter Auftrag immer auch der der Systemreproduktion (Brodkorb, 2014) ist.

Zu kritisieren ist an den weitreichenden Gedanken von Fonagy et al. (2021) zum einen, wie schon beschrieben, eine gewisse Engführung auf Psychopathologie (vgl. dazu auch Ballespí, Vives, Debbané, Sharp u. Barrantes-Vidal, 2018).

Die Auswirkungen dieser Form von Exklusion sind deutlich weitreichender, als mit Kategorien der Psychopathologie zu fassen. Zum anderen bleiben die Autor:innen in ihrer Aussage (und verständlichen Begeisterung) über menschliche kulturelle Leistung so im Allgemeinen, dass beispielsweise die teilweise kaum zu integrierende Widersprüchlichkeit kultureller Unterschiede oder das Thema Migration mit diesen Gedanken in Konkurrenz stehen und für die Inklusion damit eine echte Herausforderung darstellen.

Eine inklusive Sozialisation und Enkulturation muss, um tatsächlich (kleine) Veränderungen zu erreichen, »wir-« und identitätsrelevante Erfahrungen schaffen. In diesem Ansinnen steckt die Idee, soziale Inklusion stärker, so der Kanon dieses Beitrags, als psychosozialen Lernprozess zu begreifen. Als limitierender Abschluss ist allerdings anzumerken, dass der vorgestellte Ansatz auch vor den klassischen Kernaufgaben von institutionalisierter Pädagogik – Erziehung und Bildung – genauer beforscht werden muss.

Literatur

Ahrbeck, B. (2014). Inklusion. Eine Kritik. Stuttgart: Kohlhammer.
Ahrbeck, B. (2020). Was Erziehung heute leisten kann. Pädagogik jenseits der Illusionen. Stuttgart: Kohlhammer.
Ahrbeck, B., Badar, J., Kauffman, J., Felder, M., Schneiders, K. (2018). Full Inclusion? Totale Inklusion? Fakten und Überlegungen zur Situation in Deutschland und den USA. Vierteljahresschrift für Heilpädagogik und ihre Nachbargebiete, 87 (3), 218–231. DOI: 10.2378/vhn2018.art23d
Assmann, J. (2013). Das kulturelle Gedächtnis: Schrift, Erinnerung und politische Identität in frühen Hochkulturen. München: C.H. Beck.
Ballespí, S., Vives, J., Debbané, M., Sharp, C., Barrantes-Vidal, N. (2018). Beyond diagnosis: Mentalization and mental health from a transdiagnostic point of view in adolescents from nonclinical population. Psychiatry Research, 270, 755–763. DOI: 10.1016/j.psychres.2018.10.048
Baumann, M. (2012). Kinder, die Systeme sprengen. Band 1: Wenn Jugendliche und Erziehungshilfe aneinander scheitern. Baltmannsweiler: Schneider Verlag Hohengehren.
Baumann, M. (2019). Kinder, die Systeme sprengen. Band 2: Impulse, Zugangswege und hilfreiche Settingbedingungen für Jugendhilfe und Schule. Baltmannsweiler: Schneider Verlag Hohengehren.
Beauftragte der Bundesregierung für die Belange behinderter Menschen (2014). Die UN-Behindertenrechtskonvention. Übereinkommen über die Rechte von Menschen mit Behinderungen [Broschüre]. Hausdruckerei BMAS.
Becker, U. (2015). Die Inklusionslüge: Behinderung im flexiblen Kapitalismus. Bielefeld: Transcript.
Behringer, N., Weishaupt, J., Gingelmaier, S. (2021). Mentalisieren fördern? Ja! Aber wie? Mit Achtsamkeit und Improvisationstheater. Eine Sammlung konkreter Übungen. Blickpunkt Jugendhilfe, 2021 (2), 22–30.
Boban, I., Hinz, A. (2020). Inklusion und Partizipation in Schule und Gesellschaft: Erfahrungen, Methoden, Analysen. Weinheim: Beltz.
Bohleber, W. (1996). Identität und Selbst. Die Bedeutung der neueren Entwicklungsforschung für die psychoanalytische Theorie des Selbst. In W. Bohleber (Hrsg.), Adoleszenz und Identität (S. 239–268). Stuttgart: Verlag Internationale Psychoanalyse.

Brodkorb, M. (2014). Warum totale Inklusion unmöglich ist. Über schulische Paradoxien zwischen Liebe und Leistung. Sonderpädagogische Förderung heute, 4, 422–447.

Fonagy, P., Allison, E. (2014). The role of mentalizing and epistemic trust in the therapeutic relationship. Psychotherapy, 51 (3), 372–380.

Fonagy, P., Campbell, C. (2017). Böses Blut – ein Rückblick: Bindung und Psychoanalyse. Psyche – Zeitschrift für Psychoanalyse und ihre Anwendungen, 71 (4), 275–305.

Fonagy, P., Campbell, C., Constantinou, M, Higgitt, A., Allison, E., Luyten, P. (2021). Culture and psychopathology: An attempt at reconsidering the role of social learning. Development and Psychopathology, 1–16. DOI: 10.1017/S0954579421000092

Gergely, G., Csibra, G. (2005). The social construction of the cultural mind: Imitative learning as a mechanism of human pedagogy. Interaction Studies – Social Behaviour and Communication in Biological and Artificial Systems, 6 (3), 463–481.

Gergely, G., Csibra, G. (2006). Sylvia's recipe: Human culture, imitation, and pedagogy. In N. J. Enfield, S. C. Levinson (Eds.), Roots of human sociality: Culture, cognition, and interaction (pp. 229–255). London: Berg Press.

Gingelmaier, S. (2018). Das Wesen der Inklusion ist psychosozial – Epistemisches Vertrauen zwischen Vorurteil und sozialem Lernen. In K. Müller, S. Gingelmaier (Hrsg.), Kontroverse: Inklusion – Anspruch und Widerspruch in der schulpädagogischen Auseinandersetzung (S. 78–91). Weinheim: Beltz.

Gingelmaier, S., Kirsch, H. (Hrsg.) (2020). Praxisbuch mentalisierungsbasierte Pädagogik. Göttingen: Vandenhoeck & Ruprecht.

Hinz, A. (2002). Von der Integration zur Inklusion – terminologisches Spiel oder konzeptionelle Weiterentwicklung? Zeitschrift für Heilpädagogik, 53, 354–361.

Horster, D. (2015). Normative Begründung der Inklusion. Zeitschrift Sozialpsychiatrische Informationen, 45 (2), 25–29.

Huang, Y. L., Fonagy, P., Feigenbaum, J., Montague, P. R., Nolte, T., Mood Disorder Research Consortium (2020). Multidirectional pathways between attachment, mentalizing, and posttraumatic stress symptomatology in the context of childhood trauma. Psychopathology, 53 (1), 48–58.

Keupp, H., Höfer, R. (Hrsg.) (1997). Identitätsarbeit heute. Klassische und aktuelle Perspektiven der Identitätsforschung. Frankfurt a. M.: Suhrkamp.

Langgartner, D., Lowry, C., Reber, S. (2020a). »Old Friends«, Immunregulation und Stressresilienz: Teil 1: Theoretische Grundlagen. Nervenheilkunde, 39 (1/2), 47–54.

Langgartner, D., Lowry, C., Reber, S. (2020b). »Old Friends«, Immunregulation und Stressresilienz: Teil 2: Mechanismen. Nervenheilkunde, 39 (1/2), 55–66.

Maaß, C., Rink, I. (2020). Barrierefreiheit. In S. Hartwig (Hrsg.), Behinderung. Kulturwissenschaftliches Handbuch (S. 39–43). Stuttgart: J. B. Metzler. DOI: 10.1007/978-3-476-05738-9_6

O'Madagain, C., Tomasello, M. (2019). Joint attention to mental content and the social origin of reasoning. Synthese, 198, 4057–4078. DOI: 10.1007/s11229-019-02327-1

Ramberg, A. (2018). Mentalisierungsbasierte Interventionen und professionelle Haltung in der Pädagogik am Beispiel von Schule. In S. Gingelmaier, S. Taubner, A. Ramberg (Hrsg.), Handbuch Mentalisierungsbasierte Pädagogik (S. 107–119). Göttingen: Vandenhoeck & Ruprecht.

Reich, R. (2015). Inklusion – Grundlagen. In H. Schäfer, C. Rittmeyer (Hrsg.), Handbuch inklusive Diagnostik (S. 23–42). Weinheim: Beltz.

Scheithauer, H., Petermann, F. (1999). Zur Wirkungsweise von Risiko- und Schutzfaktoren in der Entwicklung von Kindern und Jugendlichen. Kindheit und Entwicklung, 8 (1), 3–14.

Schwarzer, N. H., Nolte, T., Fonagy, P., Gingelmaier, S. (2021). Mentalizing mediates the association between emotional maltreatment in childhood and potential for aggression in non-clinical adults. Child Abuse & Neglect. DOI: 10.1016/j.chiabu.2021.105018

Schulz-Venrath, U., Felsberger, H. (2016). Mentalisieren in Gruppen. Stuttgart: Klett-Cotta.

Sperber, D. (1990). The epidemiology of beliefs. In C. Fraser, G. Gaskell (Eds.), The social psychological study of widespread beliefs (pp. 25–44). Oxford, UK: Clarendon Press.

Sperber, D., Clement, F., Heintz, C., Mascaro, O., Mercier, H., Origgi, G., Wilson, D. (2010). Epistemic vigilance. Mind & Language, 25 (4), 359–393.

Sihn-Weber, A. (2021). Steigende Relevanz von Diversität und Inklusion zur nachhaltigen Transformation von Wirtschaft und Gesellschaft. In A. Sihn-Weber (Hrsg.), CSR und Inklusion. Bessere Unternehmensperformance durch gelebte Teilhabe und Wirksamkeit. Berlin/Heidelberg: Springer Gabler. DOI: 10.1007/978-3-662-62114-1_1

Straub, J. (2015). Religiöser Glaube und säkulare Lebensformen im Dialog. Personale Identität und Kontingenz in pluralistischen Gesellschaften. München: C.H. Beck.

Straus, F., Höfer, R. (1997). Entwicklungslinien alltäglicher Identitätsarbeit. In H. Keupp, R. Höfer (Hrsg.), Identitätsarbeit heute. Klassische und aktuelle Perspektiven der Identitätsforschung (S. 270–307). Frankfurt a. M.: Suhrkamp.

Talia, A., Duschinsky, R., Mazzarella, D., Hauschild, S., Taubner, S. (2021). Epistemic trust and the emergence of conduct problems: Aggression in the service of communication. Frontiers in Psychiatry 12:710011. DOI: 10.3389/fpsyt.2021.710011 (Zugriff am 16.06.2022).

Taubner, S., Curth, C. (2013). Mentalization mediates the relation between early traumatic experiences and aggressive behavior in adolescence. Psihologija, 46, 177–192.

Tomasello, M. (2019). Becoming human: A theory of ontogeny. Cambridge: The Belknap Press of Harvard University Press.

Tuomela, R. (2005). We-intentions revisited. Philosophical Studies, 125, 327–369.

Anforderungen an eine mentalisierungsfördernde Institution

Manfred Gerspach

Das Mentalisierungskonzept wurde in der Pädagogik rasch und interessiert aufgenommen. Insbesondere pädagogische Gruppensettings ermöglichen eine polyadische Spiegelung und fördern Mentalisieren. Epistemisches Misstrauen und traumainduzierte Beziehungsszenarien erschweren die Arbeit in pädagogischen Institutionen. Supervision ist daher wichtig, um das eigene Erleben differenzierter wahrzunehmen und zu reflektieren. Pilotprojekte zeigen die Wirksamkeit eines mentalisierungsfördernden Systemklimas, indem Gruppenprozesse reflektiert werden können. Darüber hinaus werden in Institutionen meist bewusste und unbewusste Widerstände gegen das Mentalisieren wirksam, auch wenn das Explizitmachen impliziter (Gruppen-) Dynamiken entlastend wirken kann.

The concept of mentalization was quickly and enthusiastically received in education. In particular, educational group settings enable polyadic reflection and encourage mentalization. Epistemic distrust and trauma-induced relationship scenarios make work in educational institutions more difficult. Supervision is therefore important in order to perceive and reflect on one's own experience in a more differentiated manner. Pilot projects show the effectiveness of a system climate that promotes mentalization, in which group processes can be reflected. In addition, conscious and unconscious resistance to mentalization is usually effective in institutions, even if making explicit implicit (group) dynamics can have a relieving effect.

Zur Bedeutung der Mentalisierung für die Pädagogik

Ursprünglich war das Konzept des Mentalisierens aus psychoanalytischen Therapiekontexten heraus entstanden, und zwar in Erweiterung der verschiedenen psychoanalytischen Entwicklungstheorien, insbesondere jenen zu

Bindung und Affektregulation (vgl. Fonagy, 2003; Fonagy u. Target, 2002, 2006; Allen, Fonagy u. Bateman, 2011). Holmes bringt es auf den Punkt: »Das Mentalisierungsmodell von Fonagy und Target ist aus Untersuchungen mit dem *Adult Attachment Interview* hervorgegangen« (Holmes, 2011, S. 63). Nach Fonagy handelt es sich bei der Mentalisierung um eine spezifische Symbolfunktion, mithilfe derer das Kind erforschen kann, »was die Handlungen anderer bedeuten, und diese Exploration ist wiederum von ausschlaggebender Wichtigkeit, damit das Kind lernt, seine eigenen psychischen Erfahrungen zu definieren und als sinnvoll zu erkennen« (Fonagy, 2003, S. 175).

Ausgangspunkt war die auffällige Diskrepanz zwischen »einem Teil der Psyche, der auf einem reifen Niveau funktioniert, und einem anderen Teil, der primitive Operations- und Verständnismodi einsetzt« (Fonagy u. Target, 2006, S. 13). Insbesondere, wenn, wie im zweiten, unreifen Fall, noch keine mentale Vorstellungswelt zur Verfügung steht, psychische Panikattacken oder automatische Angst, wie sie etwa in Wutanfällen erkennbar wird, »als ›Probeaffekt‹ zu einer Signalangst abzuschwächen«, kann ein Kind weder verstehen noch in Worte fassen, was in ihm vorgeht (vgl. Fonagy u. Target, 2006, S. 118). Indessen sei angemerkt, dass der klinische Zugang zur Mentalisierung zunächst hauptsächlich über Erwachsenenanalysen erfolgte und ähnlich der Theorieentwicklung der Psychoanalyse vor Aufkommen der empirischen Säuglingsforschung vornehmlich auf die Rekonstruktion des Säuglings ausgegriffen wurde. Gleichwohl wurden sogleich sehr interessante Ausdifferenzierungen vorgenommen. So kleideten Allen et al. (2011) die verschiedenen Ebenen der Reflexivität (RF), die sich bei Erwachsenen mit dem Mentalisieren verbinden lassen, in eine übersichtliche tabellarische Systematik, die ich leicht gekürzt wiedergeben möchte (siehe Tabelle 1; vgl. Gerspach, 2018, S. 83 f.).

In der Tat wurde die Perspektive schnell in die Richtung der frühen Kindheit ausgedehnt. Und war der Fokus zunächst auf die Gefahr einer pathogenen Entwicklung des einzelnen Subjekts gerichtet, kam es nun zu einer theoretischen Ergänzung um das intersubjektive Moment der Beziehung des Kindes zu seinen frühen Objekten. Bald wurde dieser Referenzrahmen um gruppenanalytische Aspekte erweitert, wobei sich das Mentalisierungskonzept als anschlussfähig an »gruppenanalytische Theorie und Interventionspraxis« erwies (vgl. Brandl, 2018, S. 280). Die Pädagogik wiederum war recht früh auf die Mentalisierungstheorie gestoßen, aber dieser qualitative Sprung wurde für sie zum echten Gewinn. Schließlich sind Gruppensettings ihr Hauptmerkmal, finden gruppenanalytische Arbeits- und Lernsettings »im Rahmen der selbstreflexiven Professionalisierung Anwendung in pädagogischen Kontexten«. Beider handlungsorientierten Grundlagen sind »Neugier und Bescheidenheit des Nichtwissens« (Brandl, 2018, S. 279 ff.).

Tabelle 1: Ebenen der Reflexivität (RF; vgl. Allen et al., 2011, S. 85)

Ebene	Merkmale
Negative RF	Aktiver, feindseliger Widerstand gegen die mentalisierende Haltung; beeinträchtigtes Reflektieren; bizarre oder eindeutig paranoide Zuschreibungen – dies alles im Kontext eines völligen Fehlens jeder Reflexion
Fehlende RF	Reflexion fehlt ganz oder fast ganz; banales und simplizistisches Mentalisieren; extremer Konkretismus; eindeutig falsche Zuschreibungen, die das Fehlen von Reflexivität zu erkennen geben
Fragwürdige oder geringe RF	Rudimentäre Berücksichtigung mentaler Zustände, relativ oberflächliches und unpersönliches Mentalisieren; Bezugnahmen auf mentale Zustände und deren Beziehung zum Verhalten sind weitgehend unspezifisch oder werden nicht erklärt; unintegrierte Einsichten, die nicht mit der individuellen Erfahrung in Verbindung gebracht werden
Normale RF	Kohärente Modelle der Psyche in Bezug sowohl auf das Selbst als auch Bindungspersonen werden aufrechterhalten; Fähigkeit, Erfahrungen unter Berücksichtigung von Gedanken und Gefühlen zu erklären; gewisser Mangel an Komplexität oder Subtilität
Ausgeprägte RF	Stabil aufrechterhaltene Reflexivität signalisiert das Bemühen, die dem Verhalten zugrunde liegenden mentalen Zustände zu identifizieren; detailliertes Verständnis der Gedanken und Gefühle der Protagonist:innen; originelle Gedanken über mentale, mit Verhaltensweisen einhergehende Zustände; Fähigkeit, Erfahrungen durchgängig in einer intergenerationellen Perspektive zu betrachten
Außergewöhnlich gute RF	Seltene Fälle ungewöhnlicher Ausgereiftheit und Differenziertheit, verbunden mit einer unbeirrbar reflexiven Haltung; umfassendes und spontanes Reflektieren in Bezug auf unterschiedlichste Beziehungen aus der Lebensgeschichte

Die Klammer zwischen individueller und Gruppentherapie bildet in erster Linie das intersubjektive Moment. Die »intersubjektive Wende in der Psychoanalyse« ist nur vor dem Hintergrund der philosophischen Entwicklungen im Europa der letzten beiden Jahrhunderte zu verstehen: »Subjektivität ist der Intersubjektivität nicht vorgängig, sondern taucht« gleichzeitig mit ihr auf« (Schultz-Venrath, 2013, S. 45). Nach Schultz-Venrath kann »das Mentalisierungsmodell als spezielle Weiterentwicklung der relationalen und insbesondere der Intersubjektivitätspsychologie angesehen werden« (Schultz-Venrath, 2013, S. 63). Wie aus der Psychotherapieforschung bekannt, haben »interaktionelle Mentalisierungsprozesse einen positiven Effekt auf Beziehungen« (vgl. Gingelmaier, 2017, S. 106; Kirsch, Brockmann u. Taubner, 2016).

In der Beziehung zwischen einem Akteur, dem Selbst und einem dritten Objekt wird der Mechanismus gemeinsam geteilter Aufmerksamkeit (»shared attention«) aktiviert, auf dessen Basis sich eine triadische Repräsentation konstituiert (vgl. Allen et al., 2011, S. 73). Vor allem mit Blick auf die aktive Mitgestaltung des Säuglings an der wechselseitigen Beziehung erscheint eine Überbetonung des dyadischen Charakters der Mentalisierungsfähigkeit nicht dienlich (vgl. von Lüpke, 2010, S. 5; Dornes, 2005, S. 80; von Klitzing, 2002, S. 883). Deshalb bevorzugt Schultz-Venrath ein Gruppensetting, weil damit eine polyadische Spiegelung des individuellen Erlebens sichergestellt ist und die assoziative Spirale zwischen den Gruppenteilnehmer:innen der:dem Einzelnen hilft, »das Unaussprechliche auszusprechen, zu repräsentieren und über das Mentalisieren schließlich zu ›symbolisieren‹« (Schultz-Venrath, 2013, S. 220 f.)

Dieser Aspekt ist für die Pädagogik von elementarer Bedeutung. Kinder, die aufgrund wenig empathisch und konsistent erfahrener früher Beziehungen über keine ausreichende triadische Repräsentation verfügen, sind eher noch auf der Ebene der Wunscherfüllung innerhalb einer symbiotisch fantasierten Dyade gefangen und vermögen sich nicht auf das Dritte – das schulische Thema – einzulassen.

Spätestens mit der soeben skizzierten Vorlage eines ausdifferenzierten Modells kompetent entwickelter beziehungsweise restringierter Reflexionsfunktionen wird die Begrenzung des Themas auf rein klinische Praxisfelder obsolet. So unterstreicht Brandl die Bedeutung des gruppenanalytischen Ansatzes für die Entwicklung von pädagogischen Arbeitsfeldern, der über Gruppenpsychotherapie und Supervision hinausgeht. Da, wie sie betont, die Handlungsfelder in der Sozialen Arbeit und der (Heil-)Pädagogik von komplexen Lebenssituationen der Klient:innen geprägt sind, die ein intra- und interpersonelles sowie Sozial- und organisationales System darstellen, komme es darauf an, die »Subsysteme in ihren Wechselwirkungen zu berücksichtigen« (Brandl, 2019, S. 332). Hierzu sei es notwendig, unterstützt durch Selbsterfahrungsprozesse eine professionelle Haltung zu entwickeln, die die Fähigkeit der Selbst- und Fremdwahrnehmung beinhalte und eine »innere Beweglichkeit im Umgang mit den eigenen Wahrnehmungen« ermögliche, »verknüpft mit der Reflexion der impliziten Theorieannahmen« (Brandl, 2019, S. 332).

Kotte und Taubner argumentieren ganz ähnlich: »Gerade für Berufe, in denen die professionelle Beziehungsarbeit mit Klient/innen im Vordergrund steht, sind die Fähigkeiten zu einer differenzierten Selbst- und Fremdwahrnehmung und die darauf abgestimmte Emotionsregulation zentral. Das eigene Verhalten und das Verhalten anderer wird durch die Annahme von Bewusstseinsvorgängen (z. B. von Gefühlen, Bedürfnissen, Absichten, Erwartungen,

Meinungen etc.) interpretierbar und verstehbar« (Kotte u. Taubner, 2016, S. 76). Mit Blick auf die Tabelle von Allen et al. (2011) lässt sich an diesen Programmatiken sehr gut ablesen, welche Wege hin zu einer möglichst ausgeprägten Reflexionsfähigkeit zu gehen sind. Und damit haben wir uns beinahe unbemerkt aufs Terrain des pädagogischen Wirkens in Institutionen vorgewagt. Später werde ich noch den Gruppenprozess mit der Institution als jenem Ort, an dem unbewusst agiert wird, zusammendenken (vgl. Gerspach, 2020).

Für pädagogische Überlegungen ist ganz wichtig, dass in der Mentalisierungstheorie der Begriff des epistemischen Vertrauens, der auf Csibra und Gergely zurückgeht (vgl. Csibra u. Gergely, 2009, 2011) eine immer größere Rolle spielt. Damit ist das Vertrauen zu einer Bezugsperson als sicherer Informationsquelle gemeint, mit deren Hilfe es gelingt, die Codes der sozialen Umwelt, die »aus Normen, Objekten, Zeichen, Werten, Zwischentönen, Einstellungen, Erwartungen, Ritualen usw.« bestehen und deren Funktion und Bedeutung offen ist, zu lernen und zu interpretieren (Gingelmaier, 2017, S. 107 f.). Hier hilft das Mentalisieren mit seiner Unterstellung mentaler Zustände, die zugrunde liegende soziale Interaktion zu verstehen und daraus elementare Schlüsse zu ziehen (vgl. Gingelmaier, 2017, S. 107 f.). Die Mentalisierungstheorie ist also eine Beziehungstheorie (vgl. Gingelmaier u. Ramberg, 2018, S. 94). In Anlehnung an Bions Konzept des Lernens durch Erfahrung wird darin der »epistemische Wert von Beziehung« als zentral erachtet (vgl. Nolte, 2018, S. 163; Bion u. Krejci, 1965/1992; Fonagy, Luyten u. Allison, 2015).

Je problematischer sich aber die frühen Beziehungserfahrungen ausnehmen, umso schwerer fällt das Verstehen und Interpretieren. Ist ein Kind dauerhaft in schwierige Interaktionsverläufe mit seinen Eltern eingebunden, entwickelt es viel eher ein »epistemisches Misstrauen« und vermag die sozialen Interaktionen weder in der Familie noch in den pädagogischen Institutionen zu nutzen. Darunter leidet vor allem seine Gruppenfähigkeit (vgl. Gingelmaier, 2017, S. 108). Schon lange wissen wir, dass Schüler:innen mit dem sonderpädagogischen Förderschwerpunkt Lernen neben der Einschränkung ihrer Lernfähigkeit häufig auch Auffälligkeiten im Bereich der emotionalen und sozialen Entwicklung zeigen. Ihnen fällt es meist schwer, »eigene Affekte wahrzunehmen und diese in konfliktreichen Situationen anderen Personen gegenüber zu äußern« (Behringer u. Weichel, 2020, S. 151). Es kommt zu einer Regression auf den sogenannten Äquivalenzmodus, sodass die eigenen Gedanken und Affekte als identisch mit denen anderer Personen und als Abbild der Realität erlebt werden. Diese Kinder und Jugendlichen können nicht verstehen, »dass das Denken eine Interpretation der Umwelt statt deren Realität darstellt « (Behringer u. Weichel, 2020, S. 150 ff.).

Mit Blick auf diese sozial-emotionalen Beeinträchtigungen der betroffenen

Schüler:innen stellt Willerscheidt eine Querverbindung zur »sequentiellen Traumatisierung« (Keilson, 2005) her. Sich auf Winnicott (Winnicott, 1965/1990, S. 143 ff.; 1973/1993, S. 121 ff.) beziehend leitet er daraus die Notwendigkeit ab, »unter dem Aspekt möglicher Mentalisierungsprozesse einen ›Übergangsraum‹ […] zwischen Schule, Familie und Freizeit« zur Verfügung zu stellen (Willerscheidt, 2020, S. 162 f.). Indessen ist ihm bewusst, dass in diesem pädagogischen Kontext Scheitern und Ohnmachtserfahrungen das tägliche Brot der Förderschullehrer:innen sind und sie in heftige »traumainduzierte Beziehungsszenarien« verstrickt werden (Willerscheidt, 2020, S. 172 f.). Turner unterstreicht, dass pädagogische Situationen einen herausfordernden Charakter aufweisen und die »Pädagogen allzu leicht in (psychischen) Stress versetzen, der sich wiederum auf die Mentalisierungsfähigkeit auswirkt« (Turner, 2018, S. 189). Nach Datler ist auffällig, dass manche Lehrer:innen, die die Fähigkeit zum Mentalisieren größtenteils erworben haben, »Probleme und Konflikte von Kolleg:innen zu reflektieren imstande sind, aber kaum einen differenzierten Zugang zu den Problemen und Schwierigkeiten ihrer Schüler:innen finden« (Datler, 2012, S. 207). Hierfür macht sie blockierende Abwehrphänomene verantwortlich (vgl. Datler, 2012, S. 207).

Insofern sind Unterstützungsangebote wie Supervision unabdingbar, über die Mentalisierungsprozesse angestoßen und die Auseinandersetzung mit reflexiven Fragen in Gang gebracht werden können. Unter diesen Voraussetzungen ist ein Kompetenztransfer genuin therapeutischer Sichtweisen und Erklärungskonzepte auf das Terrain der Pädagogik ohne Weiteres möglich. Auf diesem Wege lässt sich bei den Fachkräften schon in der Ausbildung eine mentalisierende Haltung vermitteln, die später gezielt zur Regulierung von Affekten genutzt werden kann (vgl. Ramberg, 2018, S. 115). Den Schüler:innen – ich möchte ergänzen: und den Pädagog:innen selbst – wird »so die Möglichkeit gegeben, das eigene affektive Erleben differenzierter wahrzunehmen und zu erforschen« (Ramberg, 2018, S. 116).

Denn bereits Fragen, die auf Mentalisieren abzielen, können ein »erhöhtes Mentalisieren induzieren« (Gingelmaier u. Asseburg, 2020, S. 67). Wichtig zu erkennen ist, dass die Lehrer:innen-Schüler:innen-Beziehung, die sich in täglichen Interaktionen aufbaut, »über Formen der reflexiven Beziehungsförderung verändert werden kann« (Gingelmaier u. Ramberg, 2018, S. 96). Eine Pädagogik ist dann förderlich zu nennen, wenn Kinder »explizit oder implizit« mentalisiert werden (Gingelmaier u. Ramberg, 2018, S. 96 ff.). Ramberg bringt es so auf den Punkt: »Schule sollte ein Ort sein, in dem zusammen mit Lehrkräften und Gleichaltrigen mentalisiert werden kann. Um dies zu ermöglichen, braucht es aufseiten der Lehrkräfte neben dem Verständnis und der vertieften Kenntnis des Mentalisierungskonzeptes die Bereitschaft, eine mentalisierende reflexive Haltung im Umgang mit den Schülern, aber auch mit sich selbst zu generieren« (Ramberg, 2018, S. 109 f.). In den pädagogischen (Gruppen-)Settings mit ihren »vielen Akteuren und heterogenen Bedürfnissen und Ressourcen« spielen sich komplexe unbewusste Dynamiken ab, wobei sich »die Mentalisierungspotenziale und -defizite aller Beteiligten wechselseitig beeinflussen« (Nolte, 2018, S. 169).

Taubner, Curth, Unger und Kotte (2014) haben eine Pilotstudie mit als lernbehindert bezeichneten Jugendlichen in einem Berufsbildungswerk aufgelegt, in der sie nachweisen, wie deren Problem fehlender Motivation und mangelnder Erreichbarkeit über die Schaffung eines mentalisierungsförderlichen Systemklimas abgeholfen werden kann (vgl. Taubner et al., 2014, S. 739). Dabei orientierten sie sich methodisch an dem erfolgreich durchgeführten Projekt »Friedliche Schulen« von Twemlow et al. (2001, S. 809; Twemlow u. Fonagy, 2009), in dem über die dyadische Ebene hinaus Gruppenprozesse und die sich innerhalb von Gruppen entwickelten sozialen Rollen in den Blick genommen wurden. Leider können individuelle Mentalisierungsfähigkeiten sehr schnell durch bestimmte gruppenspezifische und institutionelle Machtdynamiken vermindert werden, »sodass stereotypes Verhalten in Form einer Opfer-, Täter- und Zuschauermentalität erzeugt wird. Diese sozialen Prozesse sind von Zwang geprägt und finden überwiegend außerhalb bewusster oder reflektierter Intentionalität statt« (Taubner et al., 2014, S. 744). Taubner et al. (2014) zeigen, dass dieser Prozess unter günstigen Bedingungen förderlicher Interaktionen umkehrbar ist.

Twemlow und Fonagy (2009, S. 412) betonen, dass »ihr Ansatz weniger ein Programm als vielmehr eine Philosophie begründet«. Wenn anstelle Verhaltensweisen zu korrigieren und zu bestrafen darauf abgezielt wird, die ursächlichen Probleme zu beheben, die eine unausgewogene Machtdynamik erzeugen, lassen sich Disziplinierungsprobleme, Aggressivität und Lustlosigkeit viel besser vermeiden (vgl. Twemlow u. Fonagy, 2009, S. 412 f.; Taubner et al., 2014). Nicht unberücksichtigt bleiben dürfen aber individuelle, gruppenbezogene wie vor allem strukturelle Bedingungen, die gelingenden Mentalisierungsbemühungen im Wege stehen mögen und nach einer »Optimalstrukturierung der Institution« verlangen (Naumann, 2010, S. 129). »Die Optimalstrukturierung zielt auf die Überprüfung des pädagogischen Settings daraufhin, ob es Entwicklungsbündnisse begünstigt oder behindert. […] es müssen also Personalschlüssel, Supervision und Gestaltungsfreiräume in genügendem Maße gesichert sein, um die Pädagogen nicht systematisch zu überlasten« (Naumann, 2010, S. 129; vgl. Trescher, 1993, S. 185 ff.).

Widerstände gegen Mentalisierung in der Institution

Wie skizziert, ist das Konzept des Mentalisierens inzwischen auf den pädagogischen Praxisfeldern angekommen. Wie aber sieht es mit der praktischen Umsetzung aus? Um dies zu beantworten, möchte ich etwas weiter ausholen und zunächst über den Begriff der Institution selbst ein paar Worte verlieren.

In der Soziologie sind Institutionen kulturell geltende, durch Sitte und Recht öffentlich garantierte und auf der Grundlage von Arbeits- und Wissensteilung entstandene, sinnhafte Ordnungsgestalten, die Aufgaben der Gesellschaft wahrnehmen und möglichst sinnvoll lösen sollen. Regelgeleitet soll auf diese Weise das Verhalten des Einzelnen wie ganzer Gruppen geformt werden, wobei gesellschaftliche Einrichtungen wie Behörden oder Schulen die Umsetzung dieses Anspruchs zu garantieren haben (vgl. Gerspach, 2015, S. 17; Bauer u. Gröning, 1995, S. 33; R. Bauer, 1996). Wie ich noch zeigen werde, kommt auch gesellschaftlich konstruierten Gedankengebäuden Institutionscharakter zu.

Erziehungsinstitutionen stehen vor der Aufgabe, das Bedürfnis nach Erziehung und Bildung der nachwachsenden Mitglieder der Gesellschaft zu befriedigen. Zwar ergibt sich aus dieser Absicht innerhalb der Institutionen eine langfristige Planung, es kommt aber dort ebenso zu unbeabsichtigten wie erzieherisch bedeutsamen Einwirkungen, die die Individuen oft tiefer beeinflussen als die gewollten Effekte. Erziehungsinstitutionen entlasten und belasten gleichermaßen: Orientierungsstiftend führen sie in vorgegebene soziale Muster ein, erzeugen aber über die erzwungene Konformität des Handelns auch einen mehr oder weniger ausgeprägten sozialen Druck. Obgleich Erziehungsinstitutionen folglich eine Reihe widersprüchlicher Wirkungen aufweisen, so leben sie doch von der Anerkennung durch die Gesellschaft. Das beste Beispiel hierfür ist die Schule. Selbst immer wieder geäußerte Zweifel an ihrer Programmatik, der Lehrer:innenausbildung oder dem Auftrag zur Selektion und Disziplinierung ihrer Schüler:innen ändern nichts daran, dass sie als unersetzlich gilt, die nächsten Generationen möglichst optimal zu bilden und mit dem Kulturerbe vertraut zu machen (vgl. Gerspach, 2015, S. 15).

Dabei repräsentieren Institutionen wie die Schule auf latente Weise gesellschaftliche Macht- und Herrschaftsstrukturen (vgl. Haubl, 2011, S. 200). Gerade die Schule verhilft der Macht der Norm zum Durchbruch: »Das Normale etabliert sich als Zwangsprinzip im Unterricht zusammen mit der Einführung einer standardisierten Erziehung und der Errichtung der Normalschulen« (Foucault, 1976/2013, S. 237). Wenn Verspätungen, Faulheit, Unsauberkeit oder Schamlosigkeit überhandnehmen, werden zu ihrer Bestrafung eine Reihe subtiler Verfahren eingesetzt: leichte körperliche Züchtigungen, geringfügige Entziehungen, kleine Demütigungen. Strafbar ist fortan alles, was nicht konform ist: »[D]er Soldat begeht einen ›Fehler‹, wenn er das vorgeschriebene Niveau nicht erreicht; der ›Fehler‹ des Schülers kann ein kleiner Verstoß sein oder die Unfähigkeit, eine Aufgabe zu erfüllen« (Foucault, 1976/2013, S. 231). Man will die Kinder die Fehler fühlen lassen, die sie begangen haben. Die Disziplinarstrafe hat die Aufgabe, Abweichungen zu reduzieren. Zur nachdrücklichen Einschärfung des verletzten Gesetzes bedient sich das Disziplinarsystem hierbei vor allem des intensivierten, vervielfachten, wiederholten Übens. Bis hinein in die Architektur eines Schulgebäudes zeigt sich die immer feinere Kontroll- und Überwachungsmaschinerie der individuellen Verhaltensweisen (vgl. Foucault, 1976/2013, S. 223 ff.). Insbesondere mit Foucaults Analyse von Psychiatrie und Gefängnis lassen sich Machtverhältnisse selbst noch in institutionellen Details dechiffrieren (vgl. Polat, 2010).

Nach Elias stellt sich mit der Ausbildung »stabiler Monopolinstitute«, wie Schule eines ist, jene »gesellschaftliche Prägeapparatur« her, die den Einzelnen von klein auf an ein beständiges und genau geregeltes An-sich-Halten gewöhnt und eine »psychische Selbstkontrollapparatur« installiert. Der Kontroll- und Überwachungsapparat in der Gesellschaft entspricht die innerseelische Kontrollapparatur eines gefestigten Über-Ichs, welches das Subjekt zur »Dämpfung der Affektäußerungen« befähigte (vgl. Elias, 1976, S. 319 ff.). Allerdings ist diese Transformation von äußeren in Selbstzwänge, die Schule erst möglich macht, heutzutage nicht mehr ohne Weiteres gewährleistet. Die Gefahr, dass sich Pädagog:innen in aggressiv getönte Szenen verstricken lassen, ist groß, vor allem, wenn sie auf Kinder oder Jugendliche treffen, die von ihren archaischen Affekten überflutet zu werden drohen. Sie selbst aber müssen als Garant:innen der mühsam geglückten Verinnerlichung der äußeren Anmutungen auftreten. In der Begegnung mit den auffälligen Kindern und Jugendlichen scheinen allerdings die eigenen alten, abgewehrten Konflikte zwischen libidinösen beziehungsweise aggressiven Regungen und dem normativen Verhaltenskodex wieder auf und verlangen nach einer erneuten Verdrängungsleistung. Ein Erzieher steht immer vor zwei Kindern: »dem zu erziehenden vor ihm und dem verdrängten in ihm. Er kann gar nicht anders, als jenes zu behandeln wie er dieses erlebte« (Bernfeld, 1925/1973, S. 141). Leidvolle Erfahrungen wie beängstigende Fantasien, die assoziativ an das verdrängte Kind in ihm erinnern, werden jetzt aktualisiert und können nun massive »Sperren gegen die Empathie« auslösen (vgl. Leber, 1985, S. 160).

Die herrschende Kultur gestattet nur bestimmten Fantasien und anderen Manifestationen des Psychischen den Zutritt ins Bewusstsein und verlangt, dass andere verdrängt werden. Folglich gilt: »Unbewusst muss all das werden, was die Stabilität der Kultur bedroht« (Erdheim, 1984, S. 221). Je mehr sich dabei eine Gesellschaft in Klassen spaltet und divergierende Interessen entwickelt, umso mehr nimmt die »gesellschaftliche Produktion von Unbewusstheit« zu (vgl. Erdheim, 1984, S. 221 f.). Spätestens jetzt wird deutlich, wie tief der Widerstand gegen eine selbstreflexive Vergewisserung über die latenten Wahrheiten sitzt und dass die Deformation der Mentalisierungsfähigkeit im institutionellen Gepräge weit fortgeschritten ist.

Damit möchte ich mich nun der *Institutionskultur* zuwenden (vgl. A. Bauer, 1996, S. 6 ff.). Dieser Begriff bezieht sich auf die dort gängigen Denk- und Problemlösemuster, aber auch auf diejenigen Verhaltens- und Erlebensweisen, die als Wechselwirkung von Individuum und Institution entstehen. Arbeitsweisen, Umgangsstile und Kommunikationsstrukturen entspringen einer bestimmten beruflichen Sozialisation und werden durch die Eigengesetzlichkeit der Institution überformt.

Das Selbsterleben der Mitarbeiter:innen wird davon mitbestimmt, in welcher Weise ihnen die Institution Sicherheit und Identität garantiert. Allerdings werden im selben Augenblick ihr Verhalten, Denken und Fühlen von der Struktur der Institution kanalisiert und kontrolliert. In diesem Sinne verfügt *jede* Institution über eine pathogene Gestalt, wenngleich diese meist unbewusster Natur ist. Institutionskulturen sind meist verborgene Kulturen. Erst durch die nötige Reflexion können sie ans Licht geholt werden. Oft steht diesem Ansinnen aber ein starker innerer Widerstand der Institution entgegen.

Die Macht, über die die Mitglieder einer Institution verfügen, speist sich aus zwei Quellen: zum einen aus ihrer Positionsmacht, die ihnen im Rahmen einer *formellen* Befehlshierarchie verliehen wird, zum anderen aus ihrer nicht minder benötigten *informellen* Macht, die an ihre individuelle Kompetenz gebunden ist. Mitglieder mit einer viel geringeren Positionsmacht können daher faktisch viel mächtiger sein, als ihre Position erwarten lässt, und umgekehrt (vgl. Haubl, 2005, S. 54). Alle Mitglieder einer Institution sind in eine dynamische Matrix wechselseitiger Bemächtigungsversuche eingebunden, die insgesamt die Machtverhältnisse bestimmen. In diese institutionelle oder auch Gruppenmatrix fließen die verinnerlichten sozialen Beziehungen der einzelnen Individuen ein, in denen sie gelebt haben und aktuell leben. Hinzu tritt das Zusammenwirken ihrer Beziehungen innerhalb und außerhalb der Institution. »In der Gruppe wird die innere Matrix wiederbelebt, die Einzelnen bevölkern die Gruppe gleichsam mit ihren inneren Beziehungsobjekten« (Naumann, 2014, S. 60).

Machtverhältnisse bestehen immer aus Macht und Gegenmacht. Die Institutionen versuchen dabei, das Machtstreben ihrer Mitglieder mittels institutioneller Sozialisation vor allem dann zu kanalisieren, wenn zu befürchten steht, dass

sich die Herrschaftsverhältnisse nicht hinreichend legitimieren ließen. Ziel ist es, dass die Mitglieder der Institution deren Interessen internalisieren (vgl. Haubl, 2005, S. 55 ff.). Institutionen neigen zur Idealisierung ihrer eigenen Vorstellungen und verteidigen sie gegen Angriffe (vgl. Ludin, 2013, S. 127). Hier kommt nun der Begriff des *Latenzschutzes* ins Spiel. Er ist auf doppelte Weise zu verstehen:
- *Strukturschutz durch Latenz:* Institutionen schützen ihre Strukturen und damit ihre Stabilität, indem sie alles, was diese Strukturen unkontrolliert verändern könnte, kommunikativ latent zu halten suchen.
- *Schutz der Latenz:* Institutionen versuchen, die Latenz sichernde Kommunikation selbst davor zu schützen, aufgedeckt, zur Sprache gebracht und zur Disposition gestellt zu werden.

Im einfachsten Fall von Latenzschutz sind die Rollenträger:innen gehalten, bestimmte kritische Themen nicht zu besprechen oder gar nicht erst wahrzunehmen. Als Beispiel eines bewusstseinsnahen Latenzschutzes kann wiederum die Schule als Institution der bürgerlichen Gesellschaft, die Lebenschancen über den Erwerb von Bildungszertifikaten verteilt, herangezogen werden. Diese Zertifikate beruhen einzig und allein auf den erbrachten Leistungen, weshalb deren Beurteilung auch keinen anderen Kriterien folgt. Nun weiß aber jede Lehrkraft, dass die Benotungspraxis dem Gebot der Leistungsgerechtigkeit nur ganz bedingt folgt. Keiner machte dies von sich aus zum Thema, und wenn, dann nur heimlich und diskret. Offiziell dagegen wird Kritik vonseiten der Schüler:innen und Eltern zurückgewiesen. Diejenigen Lehrer:innen aber, die sich auf eine offene Diskussion einlassen, schaffen einen heiklen Präzedenzfall (vgl. Haubl, 2011, S. 202).

Zweifellos dient die in einer Institution prägnant definierte und sehr ausgeprägte Rollenverteilung primär *nicht* der intrapsychischen Abwehr, sondern der rationalen Arbeitsteilung, der Förderung von Lern- und Entwicklungsprozessen sowie der Vermittlung und dem Erwerb von Kompetenzen. Es darf aber nicht übersehen werden, dass die hier angebotenen komplementären Rollen *auch* eine individuelle Abwehr ermöglichen, ja dieser mitgelieferte Service den Einzelnen zur Unterstützung des Systems und zum Festhalten an seiner Rolle motiviert.

Der patriarchalische Chef mag aufgrund seiner autoritären Haltung und der daran geknüpften Unterdrückung verhasst sein, er übernimmt aber auch eine quasi väterliche Funktion, er schützt vor äußeren Gefahren, garantiert real oder vermeintlich eine sichere Zukunft und übernimmt Verantwortung bei wichtigen Entscheidungen. Auf einer tieferen unbewussten Ebene wird er vielleicht für Vaterübertragungen genutzt, mit denen eine ödipale Problematik weitab der eigenen Familie ausagiert werden kann.

Umgekehrt unterstützt diese Konstellation den Chef bei der Überwindung von Minderwertigkeitsgefühlen und der Festigung von Größenfantasien, und damit beim Verleugnen, Rationalisieren und Verschieben. Die Angst vor Verantwortung und die Zweifel am eigenen Vermögen lassen sich so besser kompensieren. Auch die Verdrängung von Schuldgefühlen aufgrund seines aggressiven Verhaltens kann so hinlänglich gelingen, schließlich handelt er im Rahmen seiner Aufgabe und Funktion und darf auf legale Weise aggressive Affekte auf seine Untergebenen verlagern und dort abreagieren. Womöglich hilft ihm auf einer tieferen unbewussten Ebene seine aktive, herrschende Rolle bei der Abwehr gegen eigene Passivitäts- und Geborgenheitswünsche (vgl. Mentzos, 1976/1996, S. 81 f.).

Die institutionellen psychosozialen Abwehrfunktionen richten sich gegen alles, was Angst macht. So entstehen oft Scheineinigungen – Teams definieren sich als völlig offen und einvernehmlich. Diese Selbstsicht entspringt der Angst vor der Erkenntnis von Disharmonie. In solchen Fällen herrscht eine Tendenz zur symbiotischen Verschmelzung vor. Sich – im wahrsten Wortsinne – *auseinander zu setzen* wird als bedrohlicher Angriff auf die eigene Integrität fantasiert und fortan tabuiert. So kommt es nur allzu leicht zu einem ritualisierten Umgang mit Themen, die eigentlich Zündstoff in sich bergen. Man hakt sie formal auf einer oberflächlichen Ebene ab.

Wie in der Herkunftsfamilie soll in der Institution die Angst mithilfe von Ritualen gebannt werden. Aus Angst vor Chaos und Kontrollverlust über die Mitarbeiter:innen werden streng formalisierte Arbeitsformen eingeführt, aus Angst vor Liebesverlust und Individuation kommt es zur Klimapflege und Uniformierung, aus Angst vorm Versagen und vor Missachtung gibt es Personenkult und Heldenverehrung. Ziel solcher Ritualisierungen ist nicht die Lösung dieser Konflikte, sondern ihre Verlagerung und Unsichtbarmachung (vgl. Bauer u. Gröning, 1995, S. 62; Bauer u. Grohs-Schulz, 1999, S. 15 ff.).

Deshalb bestimmt die Institution mehr oder weniger diskret, was ihre Mitglieder wahrnehmen, erkennen und kommunizieren dürfen. Gleichzeitig verbindet sich mit der institutionellen Unbewusstmachung eine kollektive Infantilisierung. Die Mitarbeiter:innen sehen sich insgeheim wie der unmündige Nachwuchs auf den Mythos der Institution eingeschworen, ohne ihre individuell abgegrenzte Eigenständigkeit bewahren und kultivieren zu dürfen. Beinahe zwangsläufig mündet das Ganze in eine Familiarisierung der eigentlich professionellen Beziehungen. Auf diese Weise kann die auftretende Spannung gemindert werden. Vielfach erinnern Institutionen an archaische Kulturen und reproduzieren die klassischen Familienbilder. Es gibt den Paterfamilias ebenso wie die Mutter, und die Adressat:innen werden in die Rolle der Kinder gedrängt (vgl. A. Bauer, 1996, S. 10 ff.). Vor allem reaktiviert die Begegnung mit Autoritäten und, noch problematischer, autoritären Personen das eigene kindliche Erleben. Regressionen entstehen, und auf das reale Gegenüber werden infantile Fantasien projiziert, wie man sich selbst einmal in einer schwächeren Position erlebt hat. So kann es jetzt

- zur Bekämpfung der Autorität kommen, obgleich die eigenen verinnerlichten Vorstellungen davon gemeint sind,
- aus Angst vor Bestrafung zur Unterwerfung unter die Autorität kommen, so wie es schon früher opportun erschien,
- zum eifersüchtigen Belauern von den Kolleg:innen kommen, aus Angst, dass sie wie früher Schwester oder Bruder von dieser Elternfigur mehr Aufmerksamkeit geschenkt bekommen.

Gerade der letzte Punkt zeigt, wie Gruppendynamik und institutionelles Gepräge ineinandergreifen. Offenbar geht die Furcht um, ein Offenlegen dieser Mechanismen würde zur persönlichen Beschämung gereichen. Aber wie jedes kleinere oder größere Familiengeheimnis sich letzten Endes als Mythos entpuppt und seine Verschleierung viel emotionalen Aufwand nötig macht, könnte auch in diesem Falle eine kollektive mentalisierende Selbstvergewisserung Kräfte freisetzen, die anderswo viel besser zu nützen wären. Aber wir sind auf dem richtigen Weg.

Exemplarische Betrachtung von Mentalisierungsprozessen in Institutionen

Im Nachfolgenden möchte ich noch auf zwei Bereiche schauen, die am jeweils anderen Ende der Pädagogik zu liegen scheinen, aber letztlich doch, wie ich zeigen werde, Gemeinsamkeiten aufweisen: auf die Mentalisierung in der Institution Gymnasium und der Institution Geistigbehindertenpädagogik. Ausgehend vom soeben ausgeleuchteten Widerstand gegen ein (selbst-)reflexives Verständnis für bestimmte blinde Flecken, die sowohl beziehungsrelevanter als auch inhaltlicher Art sein können, möchte ich die Notwendigkeit einer Kurskorrektur aufzeigen, um aus einer beratungsresistenten eine mentalisierungsfreundliche Institution zu machen.

Auf der Vorderbühne orientiert sich das Gymnasium vornehmlich an den Inhalten formaler Bildung zur Weitergabe der tradierten Wissens- und Kulturbestände an die nachfolgende Generation. Auf der Hinterbühne bedient man sich aber weiterhin der in Kindertagesstätte und Grundschule einmassierten Rituale. Die Initiation der Schüler:innen verläuft weitgehend unbemerkt, und die Messung von Leistung wird unbewusst als Strafe gegen reale oder fantasierte Verstöße erlebt (vgl. Erdheim, 1984, S. 326 ff.; Gerspach, 2018, S. 1334 ff.). Ohne dass dies meist ins Bewusstsein vordränge, ist Schule ein »Übergangsraum« im affektiven Ablöseprozess von der Familie (vgl. von Freyberg u. Wolff, 2004, S. 344 ff.). Die hier vorfindlichen familienähnlichen Strukturen mit Lehrer:innen als Elternfiguren könnten für libidinöse Selbst- und Objektbesetzungen im Dienste der anstehenden Lernanstrengungen genutzt werden. Schwierig wird es allerdings, wenn psychische Konflikte und vor allem negative Objektbesetzungen auf die Lehrer:innen übertragen werden. Ebenso schwierig ist der umgekehrte Fall, wenn Lehrer:innen ihre eigenen ungelösten Konflikte auf die renitent erlebten Schüler:innen übertragen. In den Schüler:innen begegnen die Lehrkräfte ihrer eigenen Geschichte, und so kann es schnell geschehen, dass ihre verdrängten Wünsche auf sie projiziert und diese dann für ihr Benehmen mit derselben Strenge bestraft werden, wie sie es einmal selbst erfahren mussten.

Margit Datler und Heiner Hirblinger haben sich eingehend mit diesen Fragen der »Macht der Emotionen im Unterricht« (Datler, 2012, S. 11) beschäftigt. Nicht zuletzt gilt es zu realisieren, dass ein erfolgreiches Lernen an die Funktionsfähigkeit von Frustrationstoleranz und Impulskontrolle gebunden ist. Allein über eine sich stabilisierende pädagogische Beziehung, in der die »*Erfahrung des Negativen*« nicht abgespalten, sondern ins Selbst integriert wird, kann dieses Ziel erreicht werden. In diesem Sinne muss Schule als ein milde traumatisierendes Setting gestaltet werden, in dem sich ein »Arbeitsbündnis« schließen lässt (vgl. Hirblinger, 2011, S. 16 f.; Trescher, 1993, S. 184 ff.). Gerade in der Adoleszenz bringen die Schüler:innen mehr oder weniger verschlüsselte Themen mit, die aus ihren aktualisierten und ungelösten Konflikten herrühren. Je heftiger diese sind, umso dramatischer fallen die Verstrickungen aus, die sich dann mit ihren Lehrer:innen ergeben. Bleibt diese unbewusste Dramaturgie unerkannt, kommt es auf beiden Seiten zu seelischen Verletzungen, zu Wutgefühlen und Ohnmachtserfahrungen. Mit Strafen, Nichtbeachtung oder Verleugnung zu reagieren hilft, wenn überhaupt, nur vordergründig und vorübergehend.

Leider wird schulisches Lernen immer mehr zu einem rein formalen Bildungsakt zurückgestuft. In einer der ersten PISA-Studien legte man den getesteten Schüler:innen die Szene »Amanda und die Herzogin« aus dem Theaterstück »Leocadia« von Jean Anouilh vor. Es ist eine Geschichte von zerbrochener und enttäuschter Liebe, aber darauf ging die Fragestellung gar nicht ein. Die Schüler:innen sollten sich ausschließlich auf die Regieanweisungen konzentrieren und lediglich erfassen, wo sich die sprechenden Personen auf der Bühne aufhielten. Es wurde nur eine zweckfreie Aufmerksamkeit abgeprüft, nicht aber, ob, oder eigentlich noch genauer: *wie* man die Szene verstanden hatte.

Das Stück selbst beziehungsweise die besagte Szene handelt von den nachgerade klassischen Verliebtheitsdramen adoleszenter Jugendlicher und regt folglich zu eigenen Fantasien über Wünsche, Ängste, Enttäuschungen usw. an – von dieser sinnlichen Dimension ist aber nicht die Rede (vgl. Bredella, 2012, S. 3 ff.; Gerspach, 2018, S. 135).

Hirblinger hat sich als Gymnasiallehrer viele Gedanken gemacht, um für derlei affektive Anflutungen im Unterricht eine gedeihliche Lösung zu finden. Das »Wiederaufflackern narzisstischer Strebungen in der Adoleszenz sollte […] in Einstellungen überführt werden können, in denen das *Ichideal das Ich vor dem blinden Wiederholungszwang des Triebschicksals zu schützen vermag*« (Hirblinger, 2011, S. 100, Hervorhebung im Original). Hier offenbart Hirblinger eine feine Mentalisierungsfähigkeit, die, strukturell auf Schule bezogen, eher als verkümmert bezeichnen werden muss.

Der Umgang der Schule mit der maskierten, aber darum umso größeren Bedürftigkeit ihrer Schüler:innen erscheint offenbar ebenso bedrohlich wie die damit eigentlich nötig werdende reflexive Betrachtung der eigenen Mängel. Zurück bleibt eine diffuse Angst vor Überflutung und dem Erleben von völliger Einflusslosigkeit. Leider wird gerade den Lehrer:innen, die in ihrem Arbeits- als einem überaus konfliktreichen Beziehungsfeld intensive Gefühle verspüren, schnell eine ungenügende Qualifikation für ihren Beruf unterstellt (vgl. Datler, 2012, S. 162). Vor allem, wenn Aggressionen zutage treten, können Ängste ausgelöst werden, die eine massive innere Abwehr aktivieren. So wird verhindert, dieses Ereignis als pädagogische Chance zu sehen, sondern es wird als »pädagogischer Betriebsunfall behandelt, den man möglichst schnell beseitigen sollte« (Müller, Hellbrunn, Moll u. Storrie, 2005, S. 104). Befürchtet wird, dass durch das Zulassen von Gefühlen die erzieherische Notwendigkeit zur Disziplinierung auf der Strecke bliebe. Es kann (noch) nicht mentalisiert werden, dass auf dem Wege der (Selbst-)Aufklärung über die psychodynamische Wechselwirkung zwischen den beteiligten Subjekten eine Entlastung von negativ getönten Affekten möglich wird.

Dazu möchte ich eine kurze Erläuterung anfügen. Anlässlich eines pädagogischen Tages an einem Gymnasium war ich vonseiten der Schulleitung unlängst eingeladen worden, einen Vortrag unter dem Titel »Störungen im Unterricht. Sinnverstehen oder Sanktion?« zu halten. In der anschließenden Kleingruppenarbeitsphase konnten Rückfragen zu meinem Vortrag gestellt werden, vor allem aber sollte an Fällen gearbeitet werden. Ich muss vorausschicken, dass die verantwortliche Lehrerin aus dem Leitungsteam, die für diese Veranstaltung verantwortlich war, sich als sehr psychoanalyseaffin zeigte. Ihr Interesse war es, einen psychoanalytisch-pädagogischen Blick auf »Störer:innen« zu werfen, um das Kollegium für einen empathischeren Umgang mit diesem Phänomen zu gewinnen.

Ich begann mit dem, was uns irritiert, leitete über zum Zusammenhang von Fühlen und Denken und der Angst vorm Lernen, kam auf die Wechselwirkung von Empathie und gelingenden (Selbst-)Bildungsprozessen im potenziellen Raum der Schule zu sprechen und schloss mit der Frage, was die Lehrer:innen brauchen. Wenn man so will, ein Programm zur Entwicklung und Steigerung der Mentalisierungsfähigkeit.

Komprimiert gesagt ging es darum, dass Kinder, die den tieferen Sinn ihres Tuns nicht sprachlich elaboriert ausdrücken, wahrscheinlich nicht einmal bewusst erleben können, mit dem »Stören« an ihrem subjektiven Lebenssinn festhalten. Zudem wies ich auf die Verstrickung der funktionellen Einheit von Übertragung und Gegenübertragung hin, die durch das unbewusste Agieren konflikthafter oder emotional unzureichender früher Erfahrungen entsteht. Ich schloss mit der Gewissheit, dass das Vertrautwerden mit dem Zusammenhang zwischen affektiven, kognitiven und beziehungsdynamischen Komponenten Voraussetzungen für ein erfolgreiches Lernen schafft, somit weitere Sprachverwirrungen vermieden werden können und damit die Schüler:innen zum mühsamen und von Frustration begleiteten Arbeiten zu bewegen sind. Bedingung allerdings ist: Um Schüler:innen halten und mehr noch: aushalten zu können, benötige ich selbst die Erfahrung von Fürsorglichkeit in meiner Institution.

In der Hoffnung, dass diese Gleichung aufginge, bemühte ich mich um ein Verstehen der Schüler:innen und Lehrer:innen gleichermaßen. Ich hatte mich gründlich geirrt. In der Kleingruppe traf ich auf ein gewaltiges Sich-Nicht-Verstehen. Differenzierte inhaltliche, am Fall orientierte Nachfragen an meine Person kamen nicht auf. Vielmehr war eine äußerst reservierte Haltung spürbar, verknüpft mit der Enttäuschung, dass ich keine Erfolgsrezepte und Handlungsanweisungen liefern konnte oder wollte. Man weigerte sich, das Unterrichtsgeschehen als Ganzes – und damit sich selbst eingeschlossen – zu betrachten, und verharrte auf der Position, die Störung externalisieren und die Schüler:innen anhand der klassischen Kriterien individuell diagnostizieren, tendenziell pathologisieren und gegebenenfalls sanktionieren zu wollen. Wenn ich jetzt darauf zurückkomme, dass eine Institution dazu neigt, ihre Widersprüche zu kaschieren und stattdessen ihre Mitglieder zu disziplinieren, zu funktionalisieren oder gar ebenfalls zu pathologisieren sucht, entdecke ich die Parallele zu eben jenem Lehrer:innen-Schüler:innen-Verhältnis, das mir präsentiert wurde.

Es gab aber noch eine weitere Ebene, wie mir deutlich wurde. Aus der Schulleitung heraus war der Wunsch, einen »vernünftigeren« Umgang mit Störungen des Unterrichts zu bewerkstelligen, in diesen pädagogischen Tag umgemünzt worden, und an mich erging die unbewusste Delegation, dafür das nötige Rüstzeug bereitzustellen. Die erlebten großen emotionalen Belastungen am Arbeitsplatz Schule erhöhen aber nicht unbedingt die Neigung zur Reflexion, der Verweis der Störung »draußen« auf das gestörte Eigene wurde somit nicht als Entlastung, sondern als weitere Zumutung wahrgenommen. Und intern gab es einen Autoritätskonflikt zwischen Leitung und Kollegium. Die Leitung wollte etwas durchsetzen, dem sich das Kollegium erfolgreich zu entziehen wusste. All das waren, wie ich im Nachhinein verstand, eher implizite gruppendynamische und innerinstitutionelle Vorgänge. Mentalisierung hätte diese Zusammenhänge explizit werden lassen können. Aber offenbar war die Institutionskultur noch nicht so weit entwickelt, dass solches möglich geworden wäre. Wir hätten noch auf einer viel basaleren Stufe mit der (Selbst-)Aufklärung beginnen müssen.

Damit zum zweiten Thema, der Institution Geistigbehindertenpädagogik. Genauer muss es eigentlich Institution Geistigbehindertsein heißen. Ähnlich dem Geistigbehindertsein werden auch Verhaltensauffälligkeiten in eine verdinglichte Krankheitsform gegossen und zur gesellschaftlichen Institution Verhaltensstörung verfremdet. Vor allem über rebiologisierende Diagnosen – wie beim Phänomen ADHS zu sehen – wird dabei die Komplexität aus biologischen, sozialen und psychischen Komponenten zugunsten einer rein hirnphysiologisch-pathologisierenden Lesart aufgelöst. »Sozialkritisches Denken scheint obsolet geworden zu sein« (Gerspach, 2014a, S. 186; 2014b). Die psychische Leistung, das persönliche Leiden in eine manifeste Störung zu transponieren, sodass zumindest deren latenter Sinn noch aufscheint und rekonstruiert werden könnte, wird als solche nicht mehr verstanden. Dieser Entfremdungsvorgang steht für die »Exkommunikation« des Symptoms und seiner unbewussten Bedeutung aus dem Symbolsystem der Sprache, ist gleichsam die »Verstoßung von Interaktionsformen aus dem Bereich sprachlich vermittelten Handelns in den Bereich nicht-sprachlicher Verhaltenszwänge« (Lorenzer, 1974, S. 70f.). Diese Sprachzerstörung, die, als regressiver Akt der Rückverwandlung von »symbolischen in desymbolisierte Repräsentanzen«, aus einem Symbol ein Klischee – das Klischee Verhaltensstörung und/oder geistige Behinderung – macht (vgl. Lorenzer, 1973, S. 118), ließe sich jetzt auch als Dementalisierung bezeichnen.

Die Institutionen Verhaltensstörung und geistige Behinderung weisen also mehr Nähe auf als gedacht. Niedecken hat ausgeführt, dass es zwar keine manifesten Tötungsabsichten mehr gegenüber geistig behinderten Menschen gibt wie in der Zeit der nationalsozialistischen Herrschaft, dass es aber noch immer angebracht erscheint, von »Seelenmord« zu sprechen (vgl. Niedecken, 2003, S. 19). Jedenfalls führt ihr zufolge die diagnostische Beschreibung der geistigen Behinderung als ein feststehender organischer Defekt zur Konstituierung der gesellschaftlichen Institution des Geistigbehindertseins. Aber schon die Formulierung »Schwachsinn unklarer Genese« (Niedecken, 2003, S. 32) steht auf wenig sicheren Argumentationsfüßen, und »in der Mehrzahl aller Fälle von geistiger Behinderung ist unklar, welche organischen Bedingungen für die Behinderung verantwortlich gemacht werden können« (Niedecken, 2003, S. 32).

In Anlehnung an diese deutlichen Worte möchte ich aufzeigen, dass und wie die geistige Behinderung von *uns* geschaffen wird, weil wir uns aus einer tiefen Angst heraus weigern, den betroffenen Menschen zu mentalisieren, ihm stattdessen angemessene Entwicklungs-, Bildungs- und Lebenschancen und die weitgehend selbstbestimmte Teilhabe am gesellschaftlichen Dasein vorenthalten. Wir legen ihn an eine defektorientierte Kette, die ihm allein im Sinne einer »Reparaturtherapie« eine »wilde Rehabilitation« aufzwingt. Anstelle der Behinderung kann dann sogar »die Person des Behinderten selbst zum Objekt der Aggression werden« (Milani Comparetti, 1986, S. 11).

Preiß hat das Freud-Zitat »Ein Erzieher kann nur sein, wer sich in das kindliche Seelenleben einfühlen kann, und wir Erwachsenen verstehen die Kinder nicht, weil wir unsere eigene Kindheit nicht mehr verstehen« (Freud, 1913, S. 419) wie folgt abwandelt: »Ein Erzieher von Menschen mit geistiger Behinderung kann nur sein, wer sich in das geistig behinderte Seelenleben einfühlen kann, und wir Erzieher verstehen die Menschen mit geistiger Behinderung nicht, weil wir unser eigenes Geistigbehindertsein nicht verstehen« (Preiß, 2006, S. 88). Damit spielt er an auf die Bedeutung der Debilität als ein »Nicht-Wissen-Wollen« an, wovon tendenziell jeder Mensch betroffen ist, und nicht nur jene, die unter diesem Etikett in der Obhut entsprechender Betreuungssituationen leben (vgl. Preiß, 2006, S. 88). Bei Niedecken heißt es dazu: »[O]ffensichtlich geht es wohl um die Angst, selbst zu Versagern zu werden, wenn wir uns mit den ›Versagern‹ in dieser Gesellschaft auseinandersetzen« (Niedecken, 2003, S. 20).

Niedecken belegt zudem, wie Entwicklungsmöglichkeiten systematisch zerstört werden. Im Gegensatz zu nicht behinderten Kindern fehlt dem geistig behinderten Kind der Spielraum, den es bräuchte, um sich eigenaktiv die Welt zu erobern. Ich möchte keinesfalls die manifesten kognitiven Einschränkungen verleugnen oder herunterspielen, aber wo die Biologie aufhört und das Psychosoziale anfängt, ist doch gar nicht mehr präzise festzustellen, wenn wir per definitionem die Dominanz der scheinbar mühelos zu diagnostizierenden organischen Schädigung festlegen. Was mag es für die in Entstehung begriffene frühe Mutter-Kind-Beziehung heißen, wenn eine Mutter unmittelbar nach der Geburt mit der Mitteilung ihres Arztes konfrontiert wird, dass ihr Kind unter einer geistigen Behinderung leide und sicher einmal »kein Einstein« werde (vgl. Fritzsche, Thurner u. Weiß, 1993, S. 67)? Dann wird womöglich eintreten, was Niedecken festhält: »Es fehlen Interaktionsformen als Strukturbildungen aus guten Erinnerungen« (Niedecken, 2003, S. 62). In der Folge entsteht ein Phantasma der Behinderung, eine Idee vom behinderten Kind, das zu gar nichts imstande sei und sich dann gemäß dieser Weissagung auch verhalten wird. Wo, wie eben auf eine erschreckende Weise von Gedankenlosigkeit gezeigt, die Fachwelt dieses Kind nicht zu mentalisieren weiß, sehen sich Eltern erst recht dazu nicht imstande.

Das Konstrukt der geistigen Behinderung wird noch immer vorschnell auf eine rein *praktische Bildbarkeit* zurückgeschnitten. Im Zuge dieser Engführung wird dem geistig behinderten Kind in seinem eigenen Bildungsprozess nur mehr eine passive, um nicht zu sagen hinderliche Rolle zugedacht (vgl. Papke, 2016, S. 86 ff.). Lange Zeit herrschte die Vorstellung vor, dass die geistig behinderten Kinder die »normale« Erziehung beziehungsweise die Erziehung der »Normalen« behinderten und es deshalb einer eigenständigen Erziehung der Behinderten bedürfe (vgl. Bleidick, 1978, S. 196).

Die Psychoanalytikerin Valery Sinason hat therapeutisch mit geistig behinderten jungen Menschen gearbeitet und dabei festgestellt, dass die Unterstellung, sie könnten sich nur in einfachen Zwei-Wort-Sätzen ausdrücken, auf einer Fehleinschätzung beruht. Sehr rasch drangen sie zu grammatikalisch komplexen Sätzen mit Substantiven, Verben und Adjektiven vor, wenn sie sich und ihre beschämende Behinderung, die sie stumm gemacht hatte, verstanden fühlten (vgl. Sinason, 2000, S. 103 ff.). Das frühe Trauma, sich als eigene Person nicht angesprochen zu sehen, verweist assoziativ auf das implizite Wissen des Kindes, dass es besser nicht geboren worden wäre, und so fehlen die Worte, seine Gefühle zum Ausdruck zu bringen (Sinason, 2000, S. 94 ff.). Sehr selbstkritisch bringt Sinason zum Ausdruck, dass sie selbst aus eigener Angst vor der Begegnung mit einem solchen Trauma für einen Moment unfähig wurde, therapeutisch zu reagieren: »Ich war diejenige, die dumm wurde« (Sinason, 2000, S. 101). Und so formuliert sie in ihrer Schlussfolgerung: »Die Angst vor Behinderung, Krankheit, Verrücktheit weckt den Wunsch, das Opfer zu beschuldigen« (Sinason, 2000, S. 101).

So wird die Dummheit in die Welt gesetzt. Horkheimer und Adorno beschreiben, wie das »Fühlhorn der Schnecke« vor einem Hindernis sogleich in die »schützende Hut des Körpers zurückgezogen« wird. Und sie folgern: »Die Unterdrückung der Möglichkeiten durch unmittelbaren Widerstand der umgebenden Natur ist nach innen fortgesetzt, durch die Verkümmerung der Organe durch den Schrecken. [...] Dummheit ist ein Wundmal« (Horkheimer u. Adorno, 1944/1969, S. 274). Als Horkheimer und Adorno diese Sätze formulierten, hatten sie ein allgemeines Phänomen im Sinn, die eigene Neugier zu zensieren, wenn der Widerstand zu groß wird. Werden Kinder nicht gefördert, sondern gehemmt, entstehen früh Narben, die Deformationen bilden. Das kann sich negativ auf alle Leistungen auswirken – »praktische und geistige« (Horkheimer u. Adorno, 1944/1969, S. 274).

Von Lüpke geht noch einen Schritt weiter und befindet, dass in solchen Szenen »die Keimzelle für die Entwicklung von geistiger Behinderung« liegt (von Lüpke, 2006, S. 4 f.). Hier zeigt sich der innere Rückzug in eine Behinderung, die vorher so nicht vorhanden war. Behinderung entpuppt sich als eine »Nutzanwendung der Dummheit« (Hoven-Buchholz, 2001, S. 116).

Korff-Sausse spricht vom »Bild von Deformität«, welches das behinderte Kind auf seine Eltern überträgt – »es ist ein zerbrochener Spiegel« (Korff-Sausse, 1997, S. 60). Hinter diesem emotionalen Zustand verbirgt sich der »unaussprechliche und unzulässige Todeswunsch«, der zunächst nicht über das Empfinden von Trauer bearbeitet werden kann. Ein Grund für die Unmöglichkeit, die Trauer zuzulassen, ist die »unaufhörliche Existenz des imaginären Kindes. Die Kluft ist so groß, dass das reale Kind keinen Platz finden kann. […] Im Hintergrund mögen Gedanken aufkommen, dass es besser sei, wenn das Kind tot wäre, weil die Trauer um das reale Kind weniger schwer wäre als die Trauer um das imaginäre Kind«. Korff-Sausse folgert: »Die Behinderung schafft ein Ereignis, das etwas Undenkbares und Schreckenerregendes umfasst« (Korff-Sausse, 1997, S. 60 f.). Das Undenkbare – wenn also die Eltern das Kind und seine Behinderung aus Angst vor ihren ungeheuerlichen Fantasien nicht zu denken vermögen, dann kann auch das Kind keinen Raum finden, in dem es sich denken kann. Und so geschieht aus Selbstschutz das Unvermeidliche: »Geistige Behinderung wird als Widerstand gegen Wissen verstanden« (Morelle, 1997, S. 75; vgl. Mannoni, 1972).

Kommt ein Kind mit einer geistigen Behinderung zur Welt, kann diese tiefe emotionale Erschütterung zu einer Beeinträchtigung der elterlichen Mentalisierungsfähigkeit führen. Wenn schon die Fachleute dieses Kind nicht als denkendes Wesen begreifen, bleibt den Eltern kaum etwas anderes übrig, als sich ebenfalls auf die Schädigung zu konzentrieren, die scheinbar jede komplexere Entwicklung unmöglich macht. Dieser Verlust der Mentalisierungsfunktion bewirkt, dass die Aktivität beim Kind unterbunden und kaum Raum mehr gelassen wird für neue, eigenständige Lernprozesse. Fonagy und Target formulieren für diesen Fall: »Wenn Eltern für das Kind affektiv unerreichbar sind, verhindern sie, dass das Kind in den Eltern eine mentale Abbildung seiner eigenen inneren Welt etabliert, die es dann wiederum internalisieren könnte als Kristallisationspunkt eines eigenen Kern-Selbst« (Fonagy u. Target, 2001, S. 969).

Allerdings vermag die Aufdeckung dieser hemmenden Fantasien in einen befreienden Trauerprozess einzumünden. So können Eltern die eigene narzisstische Kränkung, ein behindertes Kind zu haben, bearbeiten, sich vom Bild des *imaginären* Kindes lösen und mit dem *realen* Kind eine gedeihliche Beziehung einzugehen lernen. Dazu benötigen sie pädagogische Fachkräfte an ihrer Seite, die zum einen nicht diese elterliche Idee vom defekten Kind übernehmen und zum anderen ihre eigenen Fantasien und Ängste reflektieren, die die Mentalisierung stören. Zwar lässt sich die Tatsache der geistigen Behinderung nicht ungeschehen machen, sodass sie immer wieder zu ihren schmerzlichen Gefühlen zurückkommen werden. Deshalb spricht Jonas von der »zirkulierenden Trauer«. Aber das Zulassen der emotionalen Ambivalenz führt zu einer spürbaren inneren Entlastung (vgl. Jonas, 1990, S. 131). Dadurch können beim Kind bislang ungeahnte Entwicklungspotenziale freigesetzt werden. Mit anderen Worten: Bildung heißt für Menschen mit geistiger Behinderung mehr noch als bei anderen, die Tür zur Bildung zu öffnen. Die Institution des Geistigbehindertseins gehört abgeschafft. Es ist unsere fehlende Fähigkeit zum Symbolisieren, die sie hervorgebracht hat.

Fazit: Die Bedeutung der Mentalisierung wird vor dem Hintergrund der recht neuen Erkenntnis deutlich, »dass sich die menschliche Selbst- und Fremd-Reflexivität in einem intersubjektiven Prozess konstituiert« (Garstick-Straumann, 2011, S. 30). Dies setzt die Erwartung an ein feinfühliges Wahrnehmen des anderen, das in eine Mentalisierungsfähigkeit einmündet, frei. Nicht gemeint ist damit, die »Methode zu einer fast mechanisch angewandten Technik verkommen« zu lassen. Bezogen auf den psychotherapeutischen Sektor verlangt Garstick-Straumann denn auch nach einem »playing with MBT« (mentalisierungsbasierte Therapie), wohl wissend, dass es naiv wäre zu glauben, »dass optimales Mentalisieren und Erziehung und Therapie verheerende Trieb- bzw. Affektdurchbrüche verhindern könnte« (Garstick-Straumann, 2011, S. 36). Institutionelle und gruppenspezifische Prozesse sind zuweilen derart explosiv, dass das Mentalisieren in einer »solch destruktiven Dynamik verloren« geht. »[G]leichwohl kann die Fokussierung auf die eigene Mentalisierungsfähigkeit es gerade Gruppenmitgliedern und Gruppenleitern leichter machen, sich einer destruktiven Entwicklung entgegenzustellen« (Schultz-Venrath u. Döring, 2011, S. 65).

Literatur

Allen, J., Fonagy, P., Bateman, A. (2011). Mentalisieren in der psychotherapeutischen Praxis. Stuttgart: Klett-Cotta.

Bauer, A. (1996). Verborgene Institutionskulturen in sozialen und klinischen Organisationen und ihre Bedeutung für das Verstehen in Supervisionsprozessen. Forum Supervision, 4 (8), 5–22.

Bauer, A., Grohs-Schulz, M. (1999). Symbole – Mythen – Rituale. Zugänge zum Unbewussten der Organisation und in der Organisation. Forum Supervision, 7 (13), 5–25.
Bauer, A., Gröning, K. (1995). Institutionskonzepte in der Supervision. In A. Bauer, K. Gröning (Hrsg.), Institutionsgeschichten. Institutionsanalysen. Sozialwissenschaftliche Einmischungen in Etagen und Schichten ihrer Regelwerke (S. 17–69). Tübingen: Edition Diskord.
Bauer, R. (1996). »Hier geht es um Menschen, dort um Gegenstände«: Über Dienstleistung, Qualität und Qualitätssicherung. Widersprüche, 61 (16), 11–49.
Behringer, N., Weichel, L. (2020). »Wenn der Eisberg ins Wanken gerät« – Mentalisierungsförderung im Lernhilfekontext. In S. Gingelmaier, H. Kirsch (Hrsg.), Praxisbuch mentalisierungsbasierte Pädagogik (S. 150–161). Göttingen: Vandenhoeck & Ruprecht.
Bernfeld, S. (1925/1973). Sisyphos oder die Grenzen der Erziehung. Frankfurt a. M.: Suhrkamp.
Bion, W., Krecji, E. (1965/1992). Lernen durch Erfahrung. Frankfurt a. M.: Suhrkamp.
Bleidick, U. (1978). Pädagogik der Behinderten. Grundzüge einer Theorie der Erziehung behinderter Kinder und Jugendlicher (3. Aufl.). Berlin: Marhold.
Brandl, Y. (2018). Figuration mentalisieren. Gruppenanalytische Perspektiven des Mentalisierens für pädagogische Professionalisierungsprozesse. In S. Gingelmaier, S. Taubner, A. Ramberg (Hrsg.), Handbuch mentalisierungsbasierte Pädagogik (S. 279–290) Göttingen: Vandenhoeck & Ruprecht.
Brandl, Y. (2019). Der Gruppenanalytische Beobachtungsdialog. Eine Methode des reflexiven Lernens im Rahmen der Professionalisierung (Teil 1). Gruppenpsychotherapie und Gruppendynamik, 55 (4), 330–351.
Bredella, L. (2012). Wozu lesen wir Geschichten im Fremdsprachenunterricht? Zur Entwicklung von Empathie, Kooperations- und Urteilsfähigkeit. Zeitschrift für Fremdsprachenforschung, 23 (1), 3–31.
Csibra, G., Gergely, G. (2009). Natural pedagogy. Trends in Cognitive Science, 13 (4), 148–153.
Csibra, G, Gergely, G. (2011). Natural pedagogy as evolutionary adaptation. Philosophical Transactions of the Royal Society of London Series B. Biological Sciences, 366 (1567), 317–328.
Datler, M. (2012). Die Macht der Emotion im Unterricht. Eine psychoanalytisch-pädagogische Studie. Gießen: Psychosozial-Verlag.
Dornes, M. (2005). Theorien der Symbolbildung. Psyche – Zeitschrift für Psychoanalyse und ihre Anwendungen, 59 (1), 72–80.
Elias, N. (1976). Über den Prozess der Zivilisation. Bd. 2. Frankfurt a. M.: Suhrkamp.
Erdheim, M. (1984). Die gesellschaftliche Produktion von Unbewußtheit. Frankfurt a. M.: Suhrkamp.
Fonagy, P. (2003). Bindungstheorie und Psychoanalyse. Stuttgart: Klett-Cotta.
Fonagy, P., Luyten, P., Allison, E. (2015). Epistemic petrification and the restoration of epistemic trust: A new conceptualization of borderline personality disorder and its psychosocial treatment. Journal of Personality Disorders, 29 (5), 575–609.
Fonagy, P., Target, M. (2001). Mit der Realität spielen. Zur Doppelgesichtigkeit psychischer Realität von Borderline-Patienten. Psyche – Zeitschrift für Psychoanalyse und ihre Anwendungen, 55 (9/10), 961–995.
Fonagy, P., Target, M. (2002). Neubewertung der Entwicklung der Affektregulation vor dem Hintergrund von Winnicotts Konzept des »falschen Selbst«. Psyche – Zeitschrift für Psychoanalyse und ihre Anwendungen, 56 (9/10), 839–862.
Fonagy, P., Target, M. (2006). Psychoanalyse und die Psychopathologie der Entwicklung. Stuttgart: Klett-Cotta.
Foucault, M. (1976/2013). Überwachen und Strafen. Die Geburt des Gefängnisses. Frankfurt a. M.: Suhrkamp.
Fritzsche, A, Thurner, I., Weiß, H. (1993). Boden unter die Füße kriegen. Schritte eines Autonomieprozesses in der Frühförderung. Frühförderung interdisziplinär, 12 (2), 65–72.

Freud, S. (1913). Das Interesse an der Psychoanalyse. In Gesammelte Werke Bd. VIII (S. 389–420). Frankfurt a. M.: Fischer.
Freyberg, T. von, Wolff, A. (2004). Störer und Gestörte – Aus einem Forschungsprojekt über nicht beschulbare Jugendliche. In F. Dammasch, D. Katzenbach (Hrsg.), Lernen und Lernstörungen bei Kindern und Jugendlichen. Zum besseren Verstehen von Schülern, Lehrern, Eltern und Schule (S. 341–361). Frankfurt a. M.: Brandes & Apsel.
Garstick-Straumann, A. (2011). Mentalisierungsbasierte Therapie? Hoffentlich ja – aber eingebettet in eine weitergehende, differenzierte Psychoanalyse! Journal für Psychoanalyse, 31 (52), 28–38.
Gerspach, M. (2014a). Übertragung/Gegenübertragung und die gesellschaftliche Institution der »Verhaltensstörung«. In G. Feuser, B. Herz, W. Jantzen (Hrsg.), Emotion und Persönlichkeit. Band 10 des Enzyklopädischen Handbuchs der Behindertenpädagogik. Behinderung, Bildung, Partizipation (herausgegeben von Beck, I., Feuser, G., Jantzen, W., Wachtel, P., S. 178–199). Stuttgart: Kohlhammer.
Gerspach, M. (2014b). Generation ADHS – den »Zappelphilipp« verstehen. Stuttgart: Kohlhammer.
Gerspach, M. (2015). Macht und institutionelle Abwehr im Heim. In Integras. Fachverband Sozial- und Sonderpädagogik (Hrsg.), Zeitzeichen. Aus dem Gestern – heute – für das Morgen lernen. Referate der Integras-Fortbildungstagung 2014 (S. 15–35). Zürich: Eigenverlag.
Gerspach, M. (2018). Psychodynamisches Verstehen in der Sonderpädagogik. Wie innere Prozesse Verhalten und Lernen steuern. Stuttgart: Kohlhammer.
Gerspach, M. (2020). Zum Verständnis von Gruppe und institutioneller Abwehr in der Psychoanalytischen Pädagogik. Gruppenanalyse – Zeitschrift für gruppenanalytische Psychotherapie, Beratung und Supervision, 30 (1), 12–36.
Gingelmaier, S. (2017). Pädagogische Verwicklungen mentalisierend entwickeln. In B. Rauh (Hrsg.), Abstinenz und Verwicklung. Annäherungen in Theorie, Forschung und Praxis. Schriftenreihe der DGfE-Kommission Psychoanalytische Pädagogik (S. 101–110). Opladen u. a.: Budrich.
Gingelmaier, S., Asseburg, L. (2020). Mentalisieren in (pädagogischen) Organisationen. In S. Gingelmaier, H. Kirsch (Hrsg.), Praxisbuch mentalisierungsbasierte Pädagogik (S. 65–77). Göttingen: Vandenhoeck & Ruprecht.
Gingelmaier, S., Ramberg, A. (2018). Reflexion als Reaktion. Die grundlegende Bedeutung des Mentalisierens für die Pädagogik. In S. Gingelmaier, S. Taubner, A. Ramberg (Hrsg.), Handbuch mentalisierungsbasierte Pädagogik (S. 89–106). Göttingen: Vandenhoeck & Ruprecht.
Gingelmaier, S., Taubner, S., Ramberg, A. (Hrsg.) (2018). Handbuch mentalisierungsbasierte Pädagogik. Göttingen: Vandenhoeck & Ruprecht.
Haubl, R. (2005). Mikropolitik für gruppenanalytische Supervisoren und Organisationsberater. In R. Haubl, R. Heltzel, M. Barthel-Rösing (Hrsg.), Gruppenanalytische Supervision und Organisationsberatung. Eine Einführung (S. 53–78). Gießen: Psychosozial-Verlag.
Haubl, R. (2011). Latenzschutz und Veränderungswiderstand. In H. Schnoor (Hrsg.), Psychodynamische Beratung (S. 197–209). Göttingen: Vandenhoeck & Ruprecht.
Hirblinger, H. (2011). Unterrichtskultur. Bände I und II. Gießen: Psychosozial-Verlag.
Holmes, J. (2011). Mentalisieren in psychoanalytischer Sicht: Was ist neu? In J. Allen, P. Fonagy, A. Bateman (Hrsg.), Mentalisieren in der psychotherapeutischen Praxis (S. 62–86). Stuttgart: Klett-Cotta.
Horkheimer, M., Adorno, T. W. (1944/1969). Dialektik der Aufklärung. Philosophische Fragmente. Frankfurt a. M.: Fischer.
Hoven-Buchholz, K. (2001). Zu dumm zum Leiden? Psychoanalytische Überlegungen zur geistigen Behinderung. Psychosozial, 24 (4), 113–125.
Jonas, M. (1990). Behinderte Kinder – behinderte Mütter? Frankfurt a. M.: Fischer.
Keilson, H. (2005). Sequentielle Traumatisierung bei Kindern. Untersuchung zum Schicksal jüdischer Kriegswaisen. Gießen: Psychosozial.
Kirsch, H., Brockmann, J., Taubner, S. (2016). Praxis des Mentalisierens. Stuttgart: Klett-Cotta.

Klitzing, K. von (2002). Frühe Entwicklung im Längsschnitt: Von der Beziehungswelt der Eltern zur Vorstellungswelt des Kindes. Psyche – Zeitschrift für Psychoanalyse und ihre Anwendungen, 56 (9/10), 863–887.

Korff-Sausse, S. (1997). Ein psychoanalytischer Ansatz bei geistiger Behinderung. In E. Heinemann, J. de Groef (Hrsg.), Psychoanalyse und geistige Behinderung (S. 58–73). Mainz: Grünewald.

Kotte, S., Taubner, S. (2016). Mentalisierung in der Teamsupervision. Organisationsberatung, Supervision, Coaching, 23 (1), 75–89.

Leber, A. (1985). Wie wird man psychoanalytischer Pädagoge? In G. Bittner, C. Ertle (Hrsg.), Pädagogik und Psychoanalyse (S. 151–165). Würzburg: Königshausen & Neumann.

Lorenzer, A. (1973). Sprachzerstörung und Rekonstruktion. Frankfurt a. M.: Suhrkamp.

Lorenzer, A. (1974). Die Wahrheit der psychoanalytischen Erkenntnis. Frankfurt a. M.: Suhrkamp.

Ludin, J. (2013). Zum Verhältnis von Institutions- und Ideologiebildung in der Psychoanalyse. In C. Braun, W. Brüggen (Hrsg.), Psychoanalyse der Institutionen – Institutionen der Psychoanalyse (S. 122–136). Frankfurt a. M.: Brandes & Apsel.

Lüpke, H. von (2006). »Ein Zeichen sind wir, deutungslos …« Kinder, die nicht stören können. http://bidok.uibk.ac.at/library/inkl-02-06-luepke-zeichen.html (Zugriff am 02.03.2022).

Lüpke, H. von (2010). Affektspiegelung als Modell für die interaktive Affektregulierung. Konsequenzen für Entwicklungspsychologie und Psychotherapie. CIP-Medien, 1, 1–16.

Mannoni, M. (1972). Das zurückgebliebene Kind und seine Mutter – Eine psychoanalytische Studie. Olten/Freiburg: Walter.

Mentzos, S. (1976/1996). Interpersonale und institutionalisierte Abwehr. Frankfurt a. M.: Suhrkamp.

Milani Comparetti, A. (1986). Von der »Medizin der Krankheit« zu einer »Medizin der Gesundheit«. In Paritätisches Bildungswerk – Bundesverband e. V. (Hrsg.), Von der Behandlung der Krankheit zur Sorge um Gesundheit (S. 9–18). Frankfurt a. M.: Eigenverlag.

Morelle, C. (1997). Selbstverletzung: Körper und geistige Behinderung. In E. Heinemann, J. de Groef (Hrsg.), Psychoanalyse und geistige Behinderung (S. 74–81). Mainz: Grünewald.

Müller, B., Hellbrunn, R., Moll, J., Storrie, T. (2005). Gefühle denken. Macht und Emotion in der pädagogischen Praxis. Frankfurt a. M./New York: Campus.

Naumann, T. (2010). Beziehung und Bildung in der kindlichen Entwicklung. Psychoanalytische Pädagogik als kritische Elementarpädagogik. Gießen: Psychosozial-Verlag.

Naumann, T. (2014). Gruppenanalytische Pädagogik. Eine Einführung in Theorie und Praxis. Gießen: Psychosozial-Verlag.

Niedecken, D. (2003). Namenlos. Geistig Behinderte verstehen. Weinheim u. a.: Beltz.

Nolte, T. (2018). Epistemisches Vertrauen und Lernen. In S. Gingelmaier, S. Taubner, A. Ramberg (Hrsg.), Handbuch mentalisierungsbasierte Pädagogik (S. 157–172). Göttingen: Vandenhoeck & Ruprecht.

Papke, B. (2016). Das bildungstheoretische Potenzial inklusiver Pädagogik. Meilensteine der Konstruktion von Bildung und Behinderung am Beispiel von Kindern mit Lernschwierigkeiten. Bad Heilbrunn: Verlag Julius Klinkhardt.

Polat, E. (2010). Institutionen der Macht bei Michel Foucault. Zum Machtbegriff in Psychiatrie und Gefängnis. Marburg: Tectum.

Preiß, H. (2006). Ein psychoanalytischer Blick auf geistige Behinderung. Impulse für Theorie und Praxis der Geistigbehindertenpädagogik. Rimpar: Edition von Freisleben.

Ramberg, A. (2018). Mentalisierungsbasierte Interventionen und professionelle Haltung in der Pädagogik am Beispiel der Schule. In S. Gingelmaier, S. Taubner, A. Ramberg (Hrsg.), Handbuch mentalisierungsbasierte Pädagogik (S. 107–119). Göttingen: Vandenhoeck & Ruprecht.

Schultz-Venrath, U. (2013). Lehrbuch Mentalisieren. Psychotherapien wirksam gestalten. Stuttgart: Klett-Cotta.

Schultz-Venrath, U., Döring, P. (2011). Antwort der Autoren auf die Kommentare von Anita Garstick-Straumann, Martin Kuster und Eric Winkler. Journal für Psychoanalyse, 31 (52), 54–67.

Sinason, V. (2000). Geistige Behinderung und die Grundlagen menschlichen Seins. Neuwied u. a.: Luchterhand.
Taubner, S., Curth, C., Unger, A., Kotte, S. (2014). Die Mentalisierende Berufsausbildung – Praxisbericht aus einer Pilotstudie an einem Berufsbildungswerk für lernbehinderte Adoleszente. Praxis der Kinderpsychologie und Kinderpsychiatrie, 63 (9), 738–760.
Trescher, H.-G. (1993). Handlungstheoretische Aspekte der Psychoanalytischen Pädagogik. In M. Muck, H.-G. Trescher (Hrsg.), Grundlagen der Psychoanalytischen Pädagogik (S. 176–201). Mainz: Grünewald.
Turner, A. (2018). Mentalisieren in der schulpädagogischen Praxis. Work Discussion als Methode für mentalisierungsbasierte Pädagogik? In S. Gingelmaier, S. Taubner, A. Ramberg (Hrsg.), Handbuch mentalisierungsbasierte Pädagogik (S. 188–199). Göttingen: Vandenhoeck & Ruprecht.
Twemlow, S., Fonagy, P. (2009). Vom gewalterfüllten sozialen System zum mentalisierenden System. Ein Experiment in Schulen. In J. Allen, P. Fonagy (Hrsg.), Mentalisierungsgestützte Therapie (S. 399–421). Stuttgart: Klett-Cotta.
Twemlow, S., Fonagy, P., Sacco, F., Gies, M., Evans, R., Ewbank, R. (2001). Creating a peaceful school learning environment: A controlled study of an elementary school intervention to reduce violence. Amercican Journal of Psychiatry, 158 (5), 800–810.
Trescher, H.-G. (1993). Handlungstheoretische Aspekte der Psychoanalytischen Pädagogik. In M. Muck, H.-G. Trescher (Hrsg.), Grundlagen der Psychoanalytischen Pädagogik (S. 167–201). Mainz: Grünewald.
Willerscheidt, J. (2020). Gelingen und Scheitern des Mentalisierens im sonderpädagogischen Arbeitsfeld einer Förderschule. In S. Gingelmaier, H. Kirsch (Hrsg.), Praxisbuch mentalisierungsbasierte Pädagogik (S. 162–178). Göttingen: Vandenhoeck & Ruprecht.
Winnicott, D. W. (1965/1990). Reifungsprozesse und fördernde Umwelt. Frankfurt a. M.: Fischer.
Winnicott, D. W. (1971/1993). Vom Spiel zur Kreativität. Stuttgart: Klett-Cotta.
Winnicott, D. W. (2020). Reifungsprozesse und fördernde Umwelt. Gießen: Psychosozial-Verlag.
Willmann, M. (2017). Politik der Inklusion? – Konstitutionsprobleme inklusiver Bildung aus Sicht der Erziehungstheorie. In R. Stein, P.-C. Link (Hrsg.), Schulische Inklusion und Übergänge (S. 91–104). Berlin: Frank & Timme.
Wilson, D. B., Sperber, D. (2012). Meaning and relevance. Cambridge, UK: Cambridge University Press.
Welzer, H. (2017). Das kommunikative Gedächtnis: Eine Theorie der Erinnerung. München: C.H. Beck.

Epistemisches Vertrauen in sozialen Netzwerken – Kulturen des Mentalisierens in Organisationen und zwischen Unterstützungssystemen

Andrea Dlugosch, Dickon Bevington, Melanie Henter und Tobias Nolte

In diesem Beitrag wird das Konzept des Mentalisierens im Rahmen eines Mehrebenenmodells vorgestellt und als übergreifende Perspektive für die Arbeit in pädagogischen und anderen Institutionen und Organisationen sowie an deren multiprofessionellen Schnittstellen erläutert. Zielführend hierfür ist eine mit dem Mentalisierungskonzept beschreibbare Interaktionsqualität (z. B. epistemisches Vertrauen) in sozialen Systemen und Netzwerken, welche sich auf unterschiedliche Sektoren des (professionellen) Handelns bezieht. Es gilt hierbei, neben der direkten Arbeit mit den Adressat:innen eine vertrauensvolle Interaktionsqualität mit den Beteiligten der Umgebungssysteme (Familie, Schule, Peers, Unterstützungssystem) anzusteuern und somit eine Kultur des Mentalisierens zu etablieren, die Desintegrationsprozessen entgegenzuwirken versucht, auch vonseiten der Leitungs- beziehungsweise Führungsebene in Organisationen. Die Erweiterung des Mentalisierungskonzeptes wird abschließend in Bezüge zur sozialen Netzwerkforschung eingebettet.

In this article the concept of mentalization is explained in the context of a multi-level model and an overarching perspective in (educational) institutions and organizations inclusive their multi-professional interfaces. A goal-oriented approach is the quality of interaction that can be contoured using the mentalization concept (e. g. epistemic trust) in social systems and networks, which relates to different sectors of (professional) action. In addition to working directly with the addressees, it is important to control a trusting quality of interaction with those involved in the individual environmental systems (family, school, peers, support system) and thus to establish a culture of mentalization that tries to counteract disintegration processes, also on the part of management level in organizations. The expansion of the mentalization concept is then embedded in references to social network research.

Einführender Überblick

In diesem Beitrag wird zunächst eine orientierende Einordnung von Maßnahmen zur psychosozialen Förderung der emotional-sozialen Entwicklung vorgenommen, bevor im Anschluss der Prozess des Mentalisierens theoretisch eingebettet und am Beispielkontext der Arbeit mit Jugendlichen in Multiproblemkonstellationen diskutiert wird. Daran soll deutlich werden, wie wahrscheinlich bei einer solchen Arbeit ein Zusammenbruch der Mentalisierungsfähigkeit zwischen allen Beteiligten ist und wie essenziell in Hilfesystemen und beteiligten Organsationen deshalb ein Wiedererlangen derselben ist, verbunden mit einer Kommunikationskultur, die soziales Lernen ermöglicht. Nach einem Blick auf die Führungs- und Leitungsebene in (pädagogischen) Organisationen wird nachfolgend der AMBIT-Ansatz als ein Konzept vorgestellt, das sich dezidiert einer mentalisierenden Kommunikation und Haltung verschrieben hat und aus dessen Kontext heraus sowohl handlungspraktische Perspektiven und Empfehlungen für die Arbeit in und zwischen unterschiedlichen Unterstützungssystemen sowie Forschungsansätze entstanden sind. Letztere werden abschließend im Rahmen von sozialer Netzwerkforschung beispielhaft skizziert. Ein Ausblick auf weiterführende Forschungen rundet den Beitrag ab.

Maßnahmen und Kontexte zur Förderung der emotional-sozialen Entwicklung – zwischen Individuum und Systemebene(n)

Pädagogische Maßnahmen für Kinder und Jugendliche unter den Bedingungen von Verhaltensauffälligkeiten, insbesondere unter dem Anspruch inklusiver Bildung, gestalten sich nach wie vor als eine besondere Herausforderung. Der im deutschsprachigen Raum häufig verwendete Begriff der Förderung legt nahe, dass im Schwerpunkt an oder zumindest mit den Adressat:innen gearbeitet wird. Maßnahmen zur Begünstigung der emotional-sozialen Entwicklung sind daher oftmals zunächst am einzelnen Individuum (Kind, Jugendliche:r, Schüler:in) ausgerichtet (Popp, 2018).

Grundlegend kann in diesem Zusammenhang zunächst entlang von zwei (Forschungs-)Perspektiven unterschieden werden: »Zum einen wurde die Sozialentwicklung unter dem Aspekt des Erwerbs kritischer verhaltensbezogener, sozial-kognitiver und sozial-emotionaler Teilkomponenten (z. B. prosoziales Verhalten, soziale Verhaltensprobleme, soziale Informationsverarbeitung, Empathie, Emotionsregulation) und dem *Konzept der sozialen oder sozial-emotiona-*

len Kompetenz untersucht (vgl. Rose-Krasnor 1997). Eine zweite Betrachtungsweise beschäftigt sich weniger mit spezifischen Einzelkompetenzen als vielmehr mit *sozialen Beziehungen im Lebenslauf* (vgl. Schmidt-Denter 2005) und entsprechenden Konzepten (z. B. Bindung, soziale Netzwerke). Dabei werden insbesondere kritische Entwicklungsaufgaben im Hinblick auf die Interaktion mit verschiedenen Sozialpartnern im Entwicklungsverlauf betrachtet und das Sozialverhalten stets als Komponente der Auseinandersetzung mit der sozialen Umwelt begriffen« (Beelmann, 2019, S. 147; Hervorhebung im Original).

Verstärkt wurden in den letzten Jahren soziale Trainingsprogramme auf ihre Wirksamkeit hin überprüft, in Metaanalysen bewertet und damit auch – bei allen notwendigen Differenzierungen und Einschränkungen – ihre Güte und Effektivität herausgestellt (Beelmann, 2019). Allerdings bleiben sie insbesondere bei schwer zu erreichenden Kindern und Jugendlichen (Bevington, Fuggle u. Fonagy, 2015) in ihrer Wirkweise insofern begrenzt, »als sie allein bei den Kindern ansetzen und die soziale Umgebung (familiärer oder schulischer Kontext) weitgehend vernachlässigt wird. Dies ist insbesondere in Hochrisiko-Kontexten oft nicht ausreichend, um die Sozialentwicklung entscheidend zu beeinflussen« (Beelmann, 2019, S. 157). In diesem Zusammenhang weist Beelmann auch auf den Bedarf einer Theorie der Sozialentwicklung hin, »die in der Lage wäre, die erwähnten unterschiedlichen Facetten (Teilkompetenzen, Entwicklungsaufgaben) zu einem integrierten Gesamtkonzept zu fassen« (Beelmann, 2019, S. 156).

Dies weiterführend lassen sich pädagogische Maßnahmen oder auch Interventionsprogramme durch ihre Schwerpunktsetzungen auf unterschiedlichen Ebenen ansiedeln. Für das Schulsystem, vor allem im Kontext von Schulentwicklungsprozessen und Fragen der Governance, wird hierbei oftmals auf die Einteilung von Fend (2006) rekurriert. Luder, Ideli und Kunz (2020) führen in diesem Zusammenhang die personale Ebene (I), die Mikroebene (II), die Mesoebene (III) und die Makroebene (IV) auf[1]. Wird das Schulsystem als Mehrebenensystem konzeptualisiert, sind hierbei die angenommenen Wechselwirkungen und gegenseitigen Einflussnahmen der Ebenen als besonders wichtig einzuschätzen. Somit haben neben den betroffenen Kindern und Jugendlichen und den Pädagog:innen in ihren direkten Interaktionszusammenhängen ebenso weitere Handlungskontexte einen hohen Stellenwert, wie die Arbeit in

---

1 In der Veröffentlichung von 2008 unterteilt Fend in die Makro-, die Meso-, die Mikroebene Lehrer:innen und die Mikroebene Schüler:innen (Fend, 2008, S. 17). Damit sind als »empirisches Erscheinungsbild« (Fend, 2008, S. 17) auf der einen Seite die faktischen Unterrichtsprozesse, die Unterrichtskultur und das Lehrerhandeln und auf der anderen Seite das faktische Nutzungsverhalten, die Schulleistungen und die Persönlichkeitsentwicklung gemeint.

Teams, im Kollegium, aber z. B. auch die Frage, auf welche Art und Weise die (Schul-)Leitung agiert. Nicht zufällig liegt auch ein besonderes Augenmerk auf den Bereichen der Schulkultur (Helsper, 2008) beziehungsweise des Schulklimas (Klieme, 2016), je nach theoretischem und empirischem Referenzrahmen. Darauf weisen besonders auch jüngste Veröffentlichungen im Kontext von Schulen in herausfordernden Lagen oder unter besonders belastenden Bedingungen gezielt hin (Dlugosch, 2021).

Luder et al. (2020) ordnen in ihrer Bestandsaufnahme der Praxis in Regelschulen[2], (evidenzbasierte) Maßnahmen bei auffälligen Verhaltensweisen von Schüler:innen den unterschiedlichen Systemebenen zu, wobei auch Überlappungen möglich sind. Auf der Ebene des Individuums (I) setzen Maßnahmen an, die den Aufbau sozio-emotionaler Kompetenzen fokussieren oder z. B. auch verhaltensmodifizierende Elemente einbeziehen, also das Kind oder die:den Jugendliche:n in das Zentrum der Maßnahme rücken. Auf der Ebene der Klasse oder Gruppe (II) rückt die Arbeit mit sozialen Einheiten im Kontext des Unterrichtsgeschehens in den Vordergrund, auch unter didaktischer Perspektive. Auf der Mesoebene (III) wird an der gesamten Schule als soziale Handlungseinheit angesetzt. »Die Möglichkeiten reichen von der Beeinflussung der Schulkultur über Faktoren wie Einstellungen der Lehrpersonen, Rolle der Schulleitung oder Ethos der Schule, über schulweite Programme zur Prävention und Intervention bis hin zu konkreten und umfassenden Schulmodellen« (Luder et al., 2020, S. 168). Auf der Makroebene (IV) werden unter anderem gesetzliche Rahmenbedingungen, aber auch Zuweisungsverfahren verbunden mit Ressourcenzuteilungen als einflussreicher Kontext für die Mesoebene angesehen. Im günstigen Fall unterstützt die Vernetzung von Schulen die Einzelschule durch regionale Netzwerke und Abstimmungsprozesse mit außerschulischen Partnerorganisationen, sodass Unterstützungssysteme und -netzwerke für Kinder, Jugendliche und deren Familien etabliert werden können (Luder et al., 2020). Nicht selten jedoch werden in der Praxis Einzelmaßnahmen favorisiert oder eher summativ Konzeptbausteine aneinandergereiht und damit wird die Interdependenz der unterschiedlichen Ebenen vernachlässigt.

Im Gegensatz dazu geht es unserer Ansicht nach darum, auf der Basis der Modellierung einer Kernkomponente der emotional-sozialen Entwicklung (der Kapazität des Mentalisierens), unterschiedliche Akteurkonstellationen und Systemebenen koordiniert zu betrachten und die Maßnahmen auf den unter-

---

2 Wird hier primär von Schulen gesprochen, so sind immer auch andere institutionelle pädagogische Kontexte mitgemeint, beispielsweise Einrichtungen zur frühen Intervention, Rehabilitation oder der Sozialen Arbeit – kurzum: Kontexte, die durch Beziehungsarbeit und systemische Aspekte geprägt sind.

schiedlichen Ebenen zu synchronisieren. Es gilt demnach, so die in diesem Beitrag vertretene These, den Schlüsselmechanismus des Sozialen quasi selbstähnlich auf den unterschiedlichen Ebenen zu etablieren und in der Folge davon resiliente Unterstützungs- beziehungsweise Hilfesysteme (Bevington, 2020) für Jugendliche, Familien und professionell Tätige zu schaffen, das heißt, eine mentalisierende Organisations- und Netzwerkkultur zu etablieren (Dlugosch, 2021).

Gerade auch im Bereich der Pädagogik bei Verhaltensstörungen ist oftmals, z. B. an der Schnittstelle von Schule und Jugendhilfe, eine Vielzahl von Akteur:innen und Maßnahmen aus unterschiedlichen professionellen Sektoren vorzufinden, die nicht selten eher unkoordiniert denn synchronisiert vonstattengehen, mit der Konsequenz, dass viele Hilfesysteme aktiviert werden (Bevington, Fuggle, Cracknell u. Fonagy, 2017; Dlugosch, 2021; Dlugosch u. Henter, 2020; Henter u. Dlugosch, 2018).

Mentalisieren als sozialer, kultureller und systemischer Prozess

Lag in der Theorieentwicklung der Fokus für die Betrachtung der Mentalisierungsfähigkeit zunächst auf der tragenden Rolle der (dyadischen) Bindungsbeziehung, so wird inzwischen die Perspektive auf soziale Kontexte, wie die Familie oder die Peergruppe, aber auch die Nachbarschaft oder die umliegenden soziokulturellen Kontexte ausgeweitet. Beruhend auf positiven sozialen Rückkopplungsschleifen (Mentalisieren fördert Mentalisieren, Nichtmentalisieren führt zu Nichtmentalisieren) handelt es sich daher weniger um eine individuelle oder lediglich dyadische Kapazität, sondern genauso um einen sozialen, kulturellen und systemischen Prozess (Bevington, 2020; Dlugosch, 2021; siehe auch Fonagy und Nolte in diesem Band) beziehungsweise vor allem um eine vernetzte *soziale Fertigkeit,* unterstützt durch Bindungsbeziehungen und neurobiologische Prozesse (Bevington, 2020, S. 79, Übersetzung durch die Autor:innen, Hervorhebung im Original). In dieser breiter angelegten Perspektive werden Bindungsmodi als Kontext sozialer Kommunikation aufgefasst: »Normalerweise werden Bindungs- oder Persönlichkeitsstile dem Individuum zugeschrieben, nicht aber den Eigenschaften der Interaktionen, die die Personen mit anderen haben oder ihren sozialen Umgebungen allgemein. Dieser Perspektive folgend lassen sich unsichere oder desorganisierte Bindung und assoziierte Konzepte wie gestörtes Funktionsniveau, Persönlichkeitsstörungen und tatsächlich fast alle Formen von Psychopathologie als *Manifestationen von Kommunikationsstrategien auffassen, die dem sozialen Lernen zugrunde lie-*

gen, welches eine adäquate Anpassung an sich verändernde soziale Situationen sicherstellt« (Bevington, 2020, S. 311, Übersetzung und Hervorhebung durch die Autor:innen). Die jüngsten Entwicklungen des Mentalisierungsansatzes schließen zu kommunikations- und systemorientierten beziehungsweise sozial-ökologischen Erklärungsmodellen und relationalen Theoriebeständen auf (Luyten, Campbell, Allison u. Fonagy, 2020; Bevington, 2020; siehe auch Fonagy und Nolte in diesem Band). Dementsprechend rückt in Abgrenzung zu einem statischen Merkmalsverständnis ein dynamisches, prozessorientiertes Verständnis des Mentalisierens in das Zentrum der Aufmerksamkeit. Darin wird der Bogen von spezifischen Interventionen für spezifische psychiatrische Auffälligkeiten (zurück) zu den Bedingungen für die allgemein menschliche Kapazität des (sozialen) Lernens geschlagen. Diese ist angewiesen auf das sogenannte *epistemische Vertrauen (EV)* (Fonagy u. Allison, 2014; Nolte, 2018; Ramberg u. Nolte, 2020; siehe auch Fonagy und Nolte in diesem Band). Grundlegend hierfür ist das Vertrauen in die Authentizität und persönliche Relevanz des präsentierten (Welt-)Wissens von als bedeutungsvoll erlebten anderen (Fonagy u. Campbell, 2017). Das epistemische Vertrauen gilt hierbei als Schlüsselmechanismus für soziale Lernprozesse von der Eltern-Kind-Beziehung über jegliches Lernen von anderen Personen während der Lebensspanne und daher insbesondere im pädagogischen Rahmen bis hin zum therapeutischen Prozess. Fonagy und Campbell (2017« sprechen daher auch dem Zusammenbrechen von sozialem Lernen die größte Bedeutung innerhalb der Triade von Bindung, Mentalisieren und epistemischem Vertrauen für das Entstehen und Aufrechterhalten psychischer Störungen (Fonagy, Allison u. Campbell., 2019) und, wie zu zeigen sein wird, dysfunktionalen Organisationen oder Hilfesystemen zu.

In dem aktualisierten, sozial-evolutionären, kommunikationsbasierten Modell zur Bedeutung des Mentalisierens in der menschlichen Entwicklung (siehe Abbildung 1; Luyten et al., 2020), wird demzufolge ein besonderes Augenmerk auf das epistemische Vertrauen gelegt, der evolutionär angelegten »Fähigkeit, anderen als Quelle von sozialen Informationen zu vertrauen, was durch Mentalisieren begünstigt wird und gleichzeitig weiteres Mentalisieren erzeugt und damit Resilienz gegenüber Widrigkeiten durch (psychische) Gesundheit, also salutogenetische, Prozesse, fördert […] hervorgerufen durch soziales Lernen und dem maximalen Nutzbarmachen der durch die soziale Umwelt vermittelten relevanten Informationen« (Luyten et al., 2020, S. 299, Übersetzung durch die Autor:innen).

Der allgemeinmenschliche Prozess des Mentalisierens und das epistemische Vertrauen haben für pädagogisches Handeln, über die Anbahnung von Lern-, Bildungs- und Entwicklungsprozessen, eine besondere Bedeutsamkeit, stehen

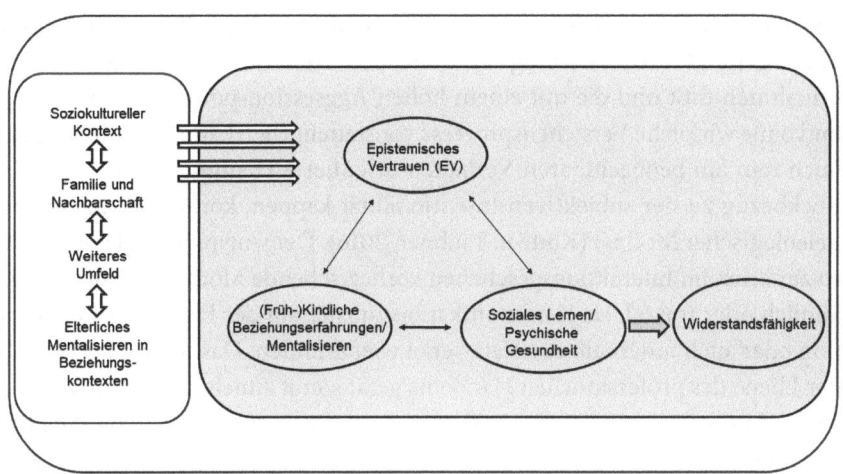

Abbildung 1: Sozial-evolutionäres kommunikationsbasiertes Modell zur Bedeutung des Mentalisierens in der menschlichen Entwicklung (angelehnt an Luyten et al., 2020, S. 300, Übersetzung durch die Autor:innen).

aber in Kontexten von erhöhtem Handlungsdruck oftmals auf der Kippe, wie dies für die Arbeit mit Kindern und Jugendlichen in Multiproblemkonstellationen, bei schwer erreichbaren Adressat:innen oder unter den Bedingungen von psychosozialen Auffälligkeiten der Fall sein kann. Hier ist die Wahrscheinlichkeit besonders hoch, dass sich die Mentalisierungsfähigkeit bei allen Beteiligten, so z. B. auch bei Jugendamtmitarbeitenden oder Lehrpersonen, und damit oft auf systemischer Ebene minimiert und damit effektives Mentalisieren unmöglich wird (Dlugosch u. Henter, 2020). »Jugendliche, die mit selbstverletzendem Verhalten, Suizid oder impulsiver Gewalt drohen, rufen angemessene Ängste in professionalisierten Helfer:innen hervor, die eine gewisse Verantwortung ihnen gegenüber spüren. Die Fähigkeit, in solchen Momenten sowohl den anderen als auch sich selbst zu mentalisieren, ist stark gefordert und oft kompromittiert« (Bevington u. Fuggle, 2019, S. 214, Übersetzung durch die Autor:innen). Vor dem Erklärungshintergrund des Mentalisierungsansatzes ist die Kommunikation dann oftmals durch prä- beziehungsweise nonmentalisierende Modi der Kommunikation geprägt, was einen mit starken Emotionen verbundenen, nichtmentalisierenden Teufelskreis evozieren kann (Bevington et al., 2017, S. 226 f., Übersetzung durch die Autor:innen). Dieser äußert sich in extremen Fällen dann z. B. in einem rigiden, kritikvermeidenden, kontrollierenden Stil ohne die Möglichkeit, dass alternative Sichtweisen zugelassen werden (Modus der psychischen Äquivalenz). Oder es dominiert eine von der physischen Realität abgekoppelte Organisationskultur, welche zwar durch geschäftige Kommunikation geprägt ist, die allerdings ins Leere läuft, zumeist nur auf egozentrischen Annahmen fußt und die mit einem hohen Aggressionspotenzial gepaart sein und ohne wirkliche Verstehensprozesse vonstattengehen kann (Als-ob-Modus). Auch rein am beobachtbaren Verhalten orientierte Deutungsmuster, die den Rückbezug zu der subjektiven Intentionalität kappen, können vorherrschen (teleologischer Modus) (Kotte u. Taubner, 2016). Dementsprechend lassen sich so zunächst im Interaktionsgeschehen vorherrschende Modi, gleichsam selbstähnlich oder fraktal, als Kommunikationsmuster auf der Ebene der Organisation oder auch innerhalb der Netzwerke wiederfinden. Das soziale Lernen auf der Ebene des professionellen Handelns gerät somit zunehmend in den Fokus der Aufmerksamkeit. Auch hierbei überwiegt die Annahme, dass die Mentalisierungsfähigkeit, neben ihrer Bedeutung im direkten Unterstützungsprozess mit den jeweiligen Adressat:innen, nicht nur eine auf das Individuum begrenzte Fähigkeit, sondern vielmehr ein sozialer Prozess ist, der zu seinem Gelingen und Andauern den Kontext von vernetzten Beziehungen benötigt (Bevington u. Fuggle, 2019). Als Beispiel für die Relevanz und empirische Unterfütterung eines solchen Ansatzes sei auf die Studien von Twemlow und Kolleg:innen zur schulinstitutionellen Eindämmung von Bullying unter Schüler:innen verwiesen (Twemlow, Fonagy u. Sacco, 2004; Fonagy et al., 2009)[3].

Mentalisieren und epistemisches Vertrauen als Bausteine einer lernenden Führungs-, Organisations- und Netzwerkkultur

Die beschriebenen Prozesse lassen sich nun sowohl auf die Führungs- bzw. Leitungsebene als auch auf die horizontale Ebene (peer-to-peer) in Organisationen, Teams und Netzwerken beziehen, zumal auch davon auszugehen ist, dass »›Bindungsstress‹ […] im beruflichen Kontext nicht auf die interpersonelle, dyadische Interaktion, z. B. zwischen Kollegen oder zwischen Führungskraft und Mitarbeiter (Kafetsios 2015; Thompson et al. 2015) beschränkt [ist], sondern auch die Bindung an Gruppen und Teams innerhalb der Organisation sowie an die Organisation […] können als gefährdet erlebt werden und zu Einschränkungen der Mentalisierungsfähigkeit führen« (Kotte u. Taubner, 2016, S. 7).

---

3   Das zentrale Veränderungspotenzial zur Bildung einer verbesserten Kommunikationskultur ging hierbei interessanterweise von den sogenannten nicht direkt involvierten Personen (»Bystander«) aus, welche als vermittelndes Glied oder im Sinne einer Brückenfunktion agierten.

Ausgewogenes effektives Mentalisieren als Teil der Führungskultur

Betrachtet man die Theorieperspektiven zu Mentalisierung und epistemischem Vertrauen gemeinsam, lassen sich weitgehende Konsequenzen für eine neue Sichtweise darauf ableiten, wie sich bewirken lässt, dass Organisationen, Institutionen und in der Tat soziale Gruppen fürsorglicher und präsenter arbeiten können. Anders ausgedrückt: Sie funktionieren dann auf eine Art und Weise, die effektives Mentalisieren ermöglicht und ein Abgleiten in Nichtmentalisierungsmodi unter erhöhtem Stress und Druck oder gar in extremen Konfliktsituationen zumindest meistens zu verhindern weiß. Bateman und Fonagy (2016) haben an anderer Stelle hervorgehoben, wie wichtig es ist, das System zu mentalisieren (siehe auch Nolte und Fonagy in diesem Band). Die Mentalisierungstheorie kann dabei helfen, vernetzte Institutionen und Organisationen zu verstehen und mentalisierende Netzwerke hervorzubringen. Jede Organisation wird von ihrer Kultur geprägt (ihrer Tradition, Selbstwahrnehmung, Positionierung in ihrem Tätigkeitsbereich). Genauso jedoch auch von den Charakteristika ihrer gegenwärtigen Leitung (Leadership). Als solche können Organisationen nur dann prosperieren und sich als effektive Einheiten entwickeln, wenn sie fähig sind zu »lernen« – wenn sie imstande sind, auf (neue) Umstände und Gegebenheiten zu reagieren und sich zu adaptieren (Senge, 2017). Dieser offene Zugang zum Umgang mit dem Lernen ist nur möglich, wenn er von der Kultur und Führung der Organisation zugelassen und gefördert wird. Das Ausmaß, in dem eine Organisation als »lernend« beschrieben werden kann, hängt davon ab, zu welchem Grad ihre Mitglieder eine Position des epistemischen Vertrauens in Bezug auf die Informationen und interpersonellen Prozesse, die sie kommunizieren, beibehalten können.

Der Prozess wiederum, der epistemisches Vertrauen innerhalb eines Systems herstellt und stimuliert, hängt von der Fähigkeit des Managements und jeder beteiligten Person ab, genau dieses zu fördern und als wünschenswert zu erachten (Döring, 2019). Die Erfahrung, von anderen mentalisiert und damit mit seinen eigenen Beweggründen verstanden zu werden, weil man als Akteur:in behandelt wird, ist wahrscheinlich einer der fundamentalen und allgemeinen Faktoren ostensiver (anschaulicher oder besser: die Kommunikationsabsicht anzeigender) Kommunikation, die zur Bildung epistemischen Vertrauens führt. Der Grad an epistemischem Vertrauen und das Ausmaß praktizierten Mentalisierens können somit dazu dienen, die Art und Weise der bestehenden Beziehungen in Organisationen und sozialen Netzwerken inhaltlich genauer zu bestimmen und im Sinne einer mehr oder minder lernenden Organisation einzuordnen.

Am deutlichsten zeigt sich das sicher in hierarchischen Systemen und dem jeweiligen Führungsverhalten oder -stil. Effektive Führung kann nur auf effektiver Kommunikation entlang des Kanals für Wissenstransfer erfolgen, den Menschen für die Weitergabe sozialer und kultureller Information phylogenetisch entwickelt haben. Führungspersonen sind letztlich nur dann effektiv, wenn ihnen von denen, die sie zu leiten gedenken, »geglaubt« wird und sie als Informationsquelle mit Autorität wahrgenommen werden. Dies können sie nur erreichen, wenn sie in ausreichendem Maße modellhaft, das heißt auch authentisch, erfolgreiches Mentalisieren vorleben (eine Kongruenz von Fühlen, Denken, Verstehen und Verhalten), denn damit entsteht eine Atmosphäre zwischenmenschlichen Respekts und in der Folge ein breites, die Mentalisierungsfähigkeit zwischen den Mitgliedern eines Netzwerkes förderndes Klima.

Verstehen und Verständnis generieren die Fähigkeit, vom anderen zu lernen und bilden damit das Rückgrat einer lernenden Organisation. Aus dieser Sicht zeichnen sich Institutionen mit verhältnismäßig hohem epistemischem Vertrauen durch bestimmte Charakteristika aus, die erfolgreiche Kommunikationssysteme innerhalb einer solchen Organisation möglich werden lassen. Diese Eigenschaften, die man als institutionelle Kommunikationsaspekte beziehungsweise -signale subsumieren kann, müssen verankert und ständig aufs Neue von der Führung einer Organisation modellhaft vorgelebt werden, beispielsweise durch direktes Ansprechen eines:einer Adressat:in mit Namen oder Herstellen von Blickkontakt als basale Signale, aber auch durch eine vermehrte Perspektivenübernahme, die Lage aus der Sicht des anderen zu sehen und anzuerkennen[4]. Es ist davon auszugehen, dass diese Signale ein breites Spektrum umfassen, als gemeinsamen Nenner jedoch Respekt vor einem Gefühl von Handlungs- und Wirkmächtigkeit zeigen und versuchen, diese bei allen Akteur:innen herbeizuführen. Um epistemisches Vertrauen auf der Ebene der Organisation aufrechtzuerhalten, mit dem Zweck, wirklichen Wissenstransfer über multiple hierarchische Ebenen zu fördern, wird eine Führung benötigt, die das Handlungsbewusstsein und den Gestaltungswillen des einzelnen Individuums oder von Teams anerkennt. Wenn dies erreicht ist, werden die Werte der Organisation geteilt und alle können sich mit den kurz-, mittel- und langfristigen Zielen derselben identifizieren und die zum Erreichen nötigen Reflexionsprozesse anstoßen.

---

4   Oder Feedback einzuholen im Sinne davon, wie das denn verstanden worden ist, was ich gesagt habe (z.B: »Ich möchte gerne wissen, wie das bei Ihnen angekommen ist, um es gegebenenfalls nochmals besser erklären zu können«).

Neben der gewichtigen Rolle von Führungspersonen, spielt, insbesondere auch innerhalb psychosozialer Handlungsfelder, die Arbeit im Team und mit Netzwerken eine entscheidende Rolle für die Entwicklung einer mentalisierenden Kommunikation. An dieser Stelle setzt beispielsweise das Adaptive Mentalization-Based Integrative Treatment, kurz AMBIT, auf unterschiedlichen Beteiligungsebenen an (Bevington, 2020; Bevington et al., 2017; Bevington u. Fuggle, 2019; Dlugosch, 2021; Dlugosch u. Henter, 2020; Henter u. Dlugosch, 2018). AMBIT soll deshalb hier paradigmatisch für den Versuch angeführt werden, auch Organisationen als Akteure zu verstehen, denen man eine dynamische Mentalisierungsfähigkeit zugrundelegen kann. Eine mentalisierende Kultur in Organisationen und in sowie zwischen (Unterstützungs-)Systemen ließe sich dann daran erkennen, inwieweit es immer wieder kurz-, aber auch mittel- und langfristig gelingen kann, der eigenen Person und anderen Beteiligten auf unterschiedlichen Ebenen, mentale Zustände zuzuschreiben und eine Kultur der Offenheit, verstanden als epistemisches Vertrauen, herstellen zu können (Fongay u. Campbell, 2017). Damit wird an den kommunikativen Kompetenzen angesetzt, mit denen unvermeidbare Einbrüche im Mentalisieren aufgefangen, bewusst gemacht und reflektiert werden können und somit das Wiederherstellen von Mentalisieren ermöglicht wird.

Das Adaptive Mentalization-Based Integrative Treatment (AMBIT) als Mehrebenenansatz für Teams und die Arbeit in und mit Netzwerken

AMBIT steht als Beispiel für einen mentalisierungs- und teambasierten Ansatz (Fuggle et al., 2015; Bevington et al. 2017; Bevington u. Fuggle 2019), der sich explizit als Mehrebenenansatz ausweist und damit die gegenseitige Abhängigkeit unterschiedlicher Handlungsarenen bewusst einbezieht.

Mentalisieren, Adaptivität und die gezielte Modellierung der Arbeit an Schnittstellen mit den Umgebungssystemen beziehungsweise mit den sozialen Netzwerken charakterisieren die Ausrichtung von AMBIT (Dlugosch, 2021). Auf der Basis des Mentalisierungsprozesses macht es sich AMBIT zur Aufgabe, Unterstützungssysteme zu stärken beziehungsweise (wieder) aufzubauen, welche unter Bedingungen des Scheiterns oder in Krisenfällen die gemeinsame Arbeitsfähigkeit mit den Kindern und Jugendlichen, aber gerade auch inter- beziehungsweise multiprofessionellen Zusammenhängen, gefährden (Dlugosch u. Henter, 2020). Der Fokus von AMBIT liegt daher auf der Herstellung von *resilienten* (professionellen) Hilfe*systemen* (Bevington, 2020), welche in der Lage sind, Desintegrationsprozessen entgegenzuwirken und damit die Mentalisierungsfähigkeit sowie epistemisches Vertrauen auf allen involvierten Ebenen zu begünstigen. Dabei wird insbesondere auch für die Fachkräfte die Erfahrung des Selbst-Mentalisiert-Werdens angezielt. Sie »ist deshalb von so besonderer Bedeutung, da sie das Erleben ermöglicht, dass ein Gegenüber sich eine Vorstellung meines persönlichen Narrativs machen kann, in dem ich mich wiederfinde« (Ramberg u. Nolte, 2020, S. 45).

AMBIT wurde in London am Anna Freud Centre, heute Anna Freud National Centre for Children and Families (AFNCCF), maßgeblich von Dickon Bevington und Peter Fuggle entwickelt (Bevington et al., 2017). Das Konzept umfasst gleichgewichtig die Ebenen der Arbeit mit den Adressat:innen (Klient:innen), im Team, mit Netzwerken und den Bereich des »Learning at work« (Bevington et al., 2017, S. 263) bis hin zu größeren Verbünden im Sinne professioneller Lerngemeinschaften (Bevington et al., 2015; vgl. im Überblick: Dlugosch, 2021). Als adaptives Konzept zollt es sowohl dem Repertoire evidenzbasierter Lösungsansätze als auch lokaler Expertise und den damit bewährten Praktiken Respekt (»evidence-based practice & practice based evidence«), im Sinne einer lernenden Organisation (Bevington et al., 2017, S. 29 f.; Senge, 2017). In der Arbeit mit den oftmals nicht aktiv Hilfe aufsuchenden Adressat:innen (»Working with your Client«, Bevington et al., 2017, S. 123) geht es dabei zum einen darum, deren Risiken und Rückzugsverhalten zu managen und zum anderen existierende, förderliche Beziehungen zu bedeutungsvoll erlebten Anderen zu stützen (Bevington u. Fuggle, 2019). »Epistemisches Vertrauen wird ›gewonnen‹, wenn ein potenzieller Helfer so wahrgenommen wird, dass er den Kern und die Ursachen des Leidens einer jungen Person so genau wie möglich widerspiegelt – wenn die junge Person den Eindruck hat, dass der andere ihr zeigt, dass er eine ausreichend gute Idee davon hat, was es bedeuten kann, in ihrer Haut zu stecken. Für viele junge Menschen mit einer geschlossenen epistemischen ›Autobahn‹ (die also in einem hypervigilanten Modus sind) heißt das, dass der am besten Helfende oft erst einmal nicht die Therapeutin oder der Experte ist [...] Demut oder Bescheidenheit, Mitgefühl und Humor im Rahmen von wirklicher Neugier sind es, die Veränderung ermöglichen« (Bevington 2020, S. 82, Übersetzung durch die Autor:innen).

Im Team findet damit eine Erweiterung oder besser eine Schwerpunktverlagerung statt, indem im Mittelpunkt des Teamgeschehens nicht, wie sonst eher üblich, (nur) der:die Adressat:in steht (Bevington et al., 2017, S. 34), sondern indem vielmehr die:der professionell Tätige in den Mittelpunkt der Teamarbeit rückt (»Team around the Worker«, Bevington et al., 2017, S. 34), bei der:dem die (epistemisch) vertrauenvollste Beziehung zur:zum Adresssat:in besteht. Dementsprechend wird in AMBIT die Strategie verfolgt, möglichst wenige, dafür aber stützende Beziehungen zu begünstigen und einer Desintegration von Helfersystemen und deren Maßnahmen entgegenzuwirken. Diese Argumentationsfigur mündet in die Idee des:der *Keyworker:in* welche:r nicht nach der formalen Rollenbeziehung, sondern positionstheoretisch gerahmt nach dem Kriterium des epistemischen Vertrauens ermittelt wird: »AMBIT strives to promote the importance of the position of a worker who has the most trusting relationship with the client (the person who at least in the client's mind, is ›key‹ to their seeking and receiving help« (Bevington et al., 2017, S. 248, Hervorhebung durch die Autor:innen). AMBIT versucht also vor allem, die Position des:der Keyworker:in zu stärken, der:die die vertrauensvollste und belastbarste Beziehung zu dem:der Klient:in hat, das heißt der aus Sicht des:der Adressat:in ein *Schlüssel* dafür sein kann, weiteres oder neues Vertrauen und Weltwissen zu e*rschließen* (Bevington et al., 2017).

Die (multiprofessionellen) Teammitglieder stützen so (in einem geeigneten kommunikativen Setting, wie z. B. »*Thinking Together*«, Bevington, 2020, S. 91, Hervorhebung im Original) mentalisierend den Kollegen oder die Kollegin in seiner beziehungsweise ihrer Arbeit mit der:dem Adressat:in, welche in Multiproblemkonstellationen oftmals zu scheitern droht oder am Rande des emotional Erträglichen spielen kann. Diese Fokussierung kann auch eine Gefahr von (zu) vielen Lösungen erster Ordnung (mehr oder weniger desselben) vorbeugen und Ressourcen bündeln. Auch wenn es mit dem Selbstbild von ausgebildeten Fachkräften aufgrund der langjährig erworbenen Expertise durchaus schwerer zu vereinbaren sein kann, so liegt manchmal der Schlüssel auf der Suche nach der (epistemisch) vertrauensvollsten Beziehung gerade nicht im professionellen, sondern gegebenenfalls im informellen Netzwerk des:der Adressat:in. Hier gilt es, im Gespräch mit dem:der Adressat:in zu explorieren, was diese Beziehung, auch im Vergleich zu den anderen bestehenden, als besondere ausweist, um von ihr zu lernen. Damit wird interprofessionelles Kommunikationspotenzial im »Wir-Modus« realisiert (siehe auch Fonagy und Nolte in diesem Band), das heißt, verschiedene Perspektiven auf dieselbe Situation können wahrgenommen und koordiniert werden – relationales Mentalisieren, wenn gelingend, kann dann das Ergebnis haben, in einem Team zu erreichen, dass eine »Ich-Perspektive im Plural« eingenommen wird (Gallotti u. Frith, 2013).

Für die Arbeit im Team (»Working with your Team«, Bevington et al., 2017, S. 170) steht dementsprechend in AMBIT vor allem im Vordergrund, wie Angst und Frustration, auch Isolation kollegial aufgefangen werden können, um professioneller Scham und Burn-out entgegenzuwirken. Dabei gilt es, sowohl die individuellen Beziehungen als auch die soziale Einbettung im Team besonders zu beachten und letztere als Ressource zu nutzen. Bei der Arbeit in und mit den Netzwerken (»Working with your Networks«, Bevington et al., 2017, S. 210) liegt die besondere Anforderung darin, sowohl in die Arbeit gegebenenfalls sehr unterschiedlich strukturierter Handlungsfelder und die damit verbundenen Auftragslagen involviert zu sein als auch die Verantwortlichkeit dafür zu übernehmen, Desintegrationsprozesse zu minimieren, also Integration zu begünstigen. Online-Wiki-Manuale (zum Teil Open Source, zum Teil geschlossene Bereiche für die lokalen AMBIT-Teams) sollen hierbei zur Dokumentation und Multiplikation von Lösungsformaten dienen sowie insgesamt den innovativen Charakter stärken (Bevington u. Fuggle, 2019). Iterative und somit veränderungsbezogene Lernprozesse helfen, die Frage zu beantworten: »Wie (und warum) arbeiten wir effektiv auf diesem Wege, mit dieser Art von Problem, hier, in diesem kulturellen, organisationsspezifischen und lokalen Kontext?« (Bevington u. Fuggle, 2019, S. 217, Übersetzung durch die Autor:innen). Verbunden bleiben diese Aspekte mit einer mentalisierenden, lernorientierten Haltung (Bevington et al., 2017), die systemischen Konzepten von Allparteilichkeit und/oder Neutralität und vor allem der Idee des Nichtwissens (Dlugosch, 2003) sehr nahesteht: »Das Teammitglied versucht, sich gegenwärtig zu halten, dass die psychische Verfasstheit *aller* anderen jeweils gegenseitig nicht direkt erschließbar (also opak) ist und zu akzeptieren […], dass man nicht vollständig verstehen und wissen kann, was im anderen vorgeht. Das genaue Gegenteil von effektivem Mentalisieren ist das ›Gedanken-Lesen‹, wenn gewissermaßen einfach angenommen wird, dass man die Erfahrungen, Hoffnungen, Ängste und Überzeugungen, das Verhalten des Gegenübers zu jedem Zeitpunkt erklären könne« (Bevington et al., 2017, S. 125, Hervorhebung im Original, Übersetzung durch die Autor:innen).

Die Synchronisation von Maßnahmen, die auf der Basis der Mentalisierungskapazität mit AMBIT angesteuert wird, ist insbesondere dort von großer Relevanz, wo bereits mehrere Hilfe- und Unterstützungssysteme mit ihren je eigenen Logiken und Lösungspräferenzen involviert sind, welche aber oftmals eben gerade nicht koordiniert oder untereinander auf eine Zielperspektive und übernommene Zuständigkeiten abgestimmt sind. Nicht selten ist auch eine gewisse Hybris bezüglich des eigenen favorisierten Ansatzes oder des präferierten Konzeptes vorzufinden (Bevington, 2020). Dies kann eher dazu führen, dass Hilfesysteme rivalisieren und gegen anstatt miteinander oder sogar mit unproduktiven Zuschreibungen bezüglich des Nachbarsystems (z. B. Schule und Jugendhilfe) arbeiten. Dies wird zum Beispiel deutlich, wenn der:die Adressat:in als mein:e Patient:in und nicht etwa unsere:r wahrgenommen wird (Bevington, 2022, persönliche Kommunikation). Im Gegensatz dazu versucht AMBIT in der

Arbeit mit den Adressat:innen, bestehende Hilfenetzwerke zu erkunden und herauszufinden, wo bereits (epistemisch) vertrauenswürdige(re) Beziehungen in professionellen, aber eben auch in nicht-professionellen Netzwerken vorliegen. Die Koordination von Hilfen und auch pädagogischen Angeboten ist auf eine produktive Zusammenarbeit angewiesen, und zwar nicht nur zwischen Adressat:innen (Klient:innen) und den professionell Tätigen, sondern insbesondere auch zwischen den professionellen Fachkräften (Grierson, Nolte, Bevington u. Hillman, in Vorbereitung).

Vorschläge zu einer mentalisierenden Haltung in Organisationen und Netzwerken

Von psychotherapeutischen und pädagogischen Settings lernend, hat es sich als besonders hilfreich erwiesen, eine mentalisierungsfördernde Kultur mittels einer anzustrebenden *Haltung* zu etablieren, um Mentalisierung auf unterschiedlichen Ebenen (Führung, Team, Adressat:innen, Kooperationspartner:innen) zu evozieren resp. (wieder-)herzustellen (siehe auch Gingelmaier in diesem Band). Neben der Notwendigkeit geschützter Räume für Reflexion und Supervision, lassen sich folgende Aspekte zusammenfassen:
1. Es ist hilfreich, Mentalisieren als soziale Fähigkeit zu denken, die auf allen Ebenen zum Tragen kommt, nicht nur als die Fähigkeit eines Individuums.
2. Erfahrungen des Verstehens und Verstanden-Werdens im Wir-Modus sind anzustreben. Dann stellen sich Momente von epistemischer Übereinkunft ein (im Sinne von: Hier ist meine Vorstellung davon, wie du das siehst, wie das für dich ist und wie du dich fühlst – findest du dich darin wieder oder muss ich nachjustieren?).
3. Der:die Therapeut:in (Lehrer:in, Berater:in, Fürsorgende, Betreuer:in etc.) sollte sich auf das bereits existierende Hilfenetzwerk des:der Adressat:in fokussieren und von diesem lernen, er:sie stellt nie ein völlig neues Netzwerk her.
4. Epistemisches Vertrauen folgt nicht Rang, Erfahrung, Expertise oder formaler Autorität, aber sein Vorhandensein oder seine Abwesenheit aus der Perspektive der zu helfenden Person heraus zu verstehen (einschließlich der Faktoren, die jeweils dazu beitragen) ist zentral.
5. Das von Neugier geprägte Verständnis von widersprüchlichen oder nur uneindeutig zu benennenden »Kräften« oder Prozessen, die förderlich oder hinderlich in Hinsicht auf die Bildung von epistemischem Vertrauen und den Prozess des Mentalisierens wirken, hilft, netzwerkbasierte Interventionen zu organisieren.

6. Desintegration in komplexen Hilfssystemen ist deren natürlicher »Aggregatzustand«, und das nur selten durch bösartig intendierte Absicht der Beteiligten:

Über systemische Ansätze zu verfügen, um dies anzusprechen, ist ein essenzieller Teil von therapeutischer und/oder pädagogischer Hilfe (Bevington, 2020, S. 94, Übersetzung und Ergänzung durch die Autor:innen).

Epistemisches Vertrauen in (nicht-)professionellen Netzwerken ermitteln – Anschlüsse an die soziale Netzwerkforschung

Um etwas über die bestehenden Beziehungs- und Interaktionsqualitäten herauszufinden, wird im Rahmen von AMBIT auf unterschiedliche (kommunikative) Werkzeuge (Tools) oder auch Visualisierungsmöglichkeiten zurückgegriffen, die eine Affinität zu dem qualitativen und quantitativen Methodenrepertoire der sozialen Netzwerkforschung (beziehungsweise Social Network Analysis, SNA) aufweisen und Anschlüsse an relationale Theoriebestände leisten (Bevington, 2020; Dlugosch, 2021). Die zentrale Annahme hierbei lautet, dass Handlungen in soziale Beziehungen eingebettet sind (Herz, 2016). In der Welt der sozialen Netzwerkforschung agieren Akteur:innen also nie isoliert, sondern beeinflussen sich gegenseitig (Yang, Keller u. Zheng, 2017). Ein soziales Netzwerk wird definiert als »Muster an Sozialbeziehungen zwischen einer Menge von Akteuren« (Fuhse, 2016, S. 16).

In dem Sprachspiel der quantitativen oder formalen Netzwerkforschung besteht ein Netzwerk aus einer gewissen Anzahl von Knoten und Kanten (Fuhse, 2016, S. 15). In sozialen Netzwerken repräsentieren Knoten Akteur:innen (Personen, aber auch z. B. Teams, Gruppen, Organisationen, also unterschiedliche soziale Aggregationsniveaus), und die Relationen oder Beziehungen zwischen ihnen werden als Kanten (oder auch »arcs«, »ties«, »links«, »edges«) bezeichnet (Yang et al., 2017, S. 5).

Soziale Konstellationen können mithilfe der Netzwerkforschung auf ihre unmittelbaren, aber auch mittelbaren Beziehungen und sich daraus ergebende Muster (Relationen und Positionen) befragt und dargestellt werden; entweder aus Sicht eines:einer Adressat:in (Ego-Netzwerk) oder als Darstellung eines Gesamtnetzwerkes, bei dem alle Beteiligten eines abgrenzbaren Systems zu allen anderen Beteiligten zu unterschiedlichen Beziehungsqualitäten (»types of ties«) und deren Gewichtung befragt werden können (z. B. Kontakt, Unterstützung, Information, aber z. B. auch Freundschaft etc.; Herz, 2016). »SNA stellt ein Mittel dar, mithilfe dessen sich soziale Beziehungen operationalisieren und quantifizieren lassen, indem man junge Menschen dazu einlädt, die Personen in ihrem Netzwerk zu benennen und ihre Beziehungen entlang einer Reihe von Dimensionen zu bewerten, wie beispielsweise gefühlte Nähe, Vertrauen, Kritik, emotionale Unterstützung etc. (Robins, 2015). Auf diese Art und Weise lassen sich objektive (z. B. Größe des Netzwerkes) und subjektive Aspekte (z. B. empfundenes Vertrauen) definieren« (Grierson et al., in Vorbereitung, Übersetzung durch die Autor:innen). Des Weiteren lassen sich dann die SNA-eigenen quantitativen Analysemethoden anwenden und außerdem dynamische Veränderungen über die Zeit nachzeichnen. Bei ego-zentrierten Netzwerken und deren Analysen werden »Beziehungen aus der Perspektive einzelner Akteur/innen (Ego) zu Akteur/innen im sozialen Umfeld (Alteri) sowie die Beziehungen zwischen diesen Alteri betrachtet« (Herz, 2016, S. 692).

Ego-zentrierte Netzwerkkarten

Die soziale Netzwerkforschung lässt sich somit dazu nutzen, in komplexen Hilfesystemen, wie es bei schwer zu erreichenden Jugendlichen als Adressat:innen von unterschiedlichen Hilfeleistungen häufig gegeben ist, die sozialen Konstellationen auf die Qualität ihrer Beziehungen zu untersuchen. Letztere Perspektive macht sich AMBIT insofern zunutze, als Adressat:innen auf ihre Beziehungen in nicht professionellen und professionellen Netzwerken befragt werden. Mittels eines einfach zu handhabenden Mapping-Tools (»Pro-Gram«, Bevington et al., 2017, S. 238) können so, sowohl in den Primär- als auch in den Sekundärsystemen von Kindern und Jugendlichen, vergangene und/oder aktuelle unterstützende Beziehungen ermittelt werden, welche (epistemisches) Vertrauen aufweisen beziehungsweise aufgewiesen haben, um diese stützende Komponente des sozialen Umfeldes gegebenenfalls reanimieren zu können.

Abbildung 2 und 3: Standbilder (Stills) aus ViQuaNet als Variante von Pro-Gram (eigenes Material; Dlugosch, 2021, S. 75)

Diese Papier-Bleistift-Version weiterführend wird an der Universität Koblenz-Landau aktuell eine videobasierte Form (Videobasiertes Qualitatives Netzwerkinterview, ViQuaNet, Dlugosch u. Thönnes, 2017 i. V., siehe Abbildung 2 und 3) in der pädagogisch-diagnostischen Arbeit im Rahmen einer forschungsbasierten Studie erprobt, welche neben der Identifizierung sozialer Konstellationen im Netzwerk zusätzlich dazu dient, die Mentalisierungskapazität der befragten Kinder bzw. Jugendlichen zu ergründen (Görtz, 2022).

In der Sprache der Netzwerkforschung können diese Zugänge auch als Namensgenerator dienen, das heißt als »Instrumente zur Erhebung von wichtigen Bezugspersonen in standardisierten (aber durchaus auch im Rahmen von qualitativen, erzählgenerierenden, Ergänzung durch die Autor:innen) Interviews. Dafür werden meist eine oder mehrere Frage-Items gestellt, wer den Befragten wichtig ist, wer sie eventuell unterstützt und mit wem sie gemeinsame Aktivitäten haben« (Fuhse, 2016, S. 118).

In der eingesetzten freien Form der Erhebung (ViQuaNet, das heißt ohne eine üblich vorgenommene Vorstrukturierung der Netzwerkkarte, z. B. durch konzentrische Kreise) lässt sich die Komplexität von sozialen Netzwerken (Bevington et al., 2017) produktiv aufgreifen, indem im Gesprächsverlauf auch multiplexe Beziehungen untersucht werden können (im Sinne einer Gleichzeitigkeit von verschiedenen Beziehungsformen zwischen zwei oder auch mehreren Knoten, also Akteur:innen). Ebenso kann auch gezielt nach der (epistemisch) vertrauensvollsten Beziehung zwischen dem:der Adressat:in und den weiteren Akteur:innen des (Ego-)Netzwerkes sowie nach weiteren Einflussfaktoren gefragt werden.

Netzwerk-Matrix und Mappingmethoden

Welche Arten von Beziehungen (»types of ties«) in ganzen Organisationen oder in übergreifenden Hilfesystemen vorherrschen, das lässt sich mithilfe von Matrizen ermitteln (Herz, 2016). Sowohl die Reihen als auch die Spalten dieser Tabellen stehen dann für einzelne Knoten im Netzwerk (also z. B. Akteur:innen innerhalb eines professionellen Hilfenetzwerkes). Jede:r Akteur:in wird dann zu ihren:seinen Beziehungen zu allen anderen Beteiligten (Akteur:innen) befragt. So können z. B. die Einzelakteure ganzer Kollegien inkl. der Schulleitung und des weiteren Personals im Hinblick darauf befragt werden, wen sie von den anderen Akeur:innen um Rat fragen (würden) oder auch von wem sie sich verstanden fühlen (Offermanns, 2019).

Anhand von Mappingmethoden[5] lassen sich dies weiterführend qualitative und quantitative Inkongruenzen sicht- und damit besser verstehbar machen. Dabei kann sich beispielsweise zeigen, dass zwei Fachkräfte eines Hilfesystems meinen, gut miteinander zu kommunizieren/arbeiten, die zu unterstützende Person dies aber ganz gegensätzlich betrachtet und dadurch die durchaus gut gemeinten Interventionen der Fachkräfte »verpuffen«, da der Beziehung zwischen dem Fachpersonal vonseiten des:der Klient:in (eher) *epistemisches Misstrauen* entgegengebracht wird.

Derartige Diskrepanzen lassen sich dann wieder in der Teamreflexion oder zusammen mit der unterstützungsbedürftigen Person mentalisierend bearbeiten, sobald ein Klima von ausreichender Neugier herstellbar ist (Grierson et al., in Vorbereitung.).

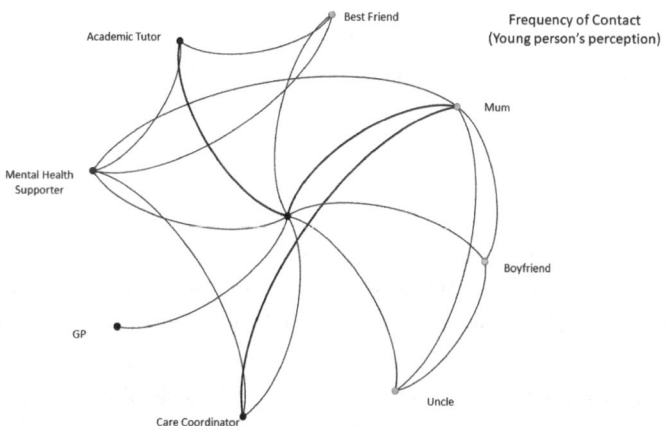

Abbildung 4: Beispiel im Hinblick auf ein Unterstützungsnetzwerk aus der Sicht des:der Klient:in, mit freundlicher Genehmigung von Jeffrey Grierson

Bevington (2020) weist zusammenfassend darauf hin, dass eine SNA-Karte oder -graphik viel interessanter und informativer wird, wenn man nicht nur die hilfebedürftige Person zu ihren Beziehungen, sondern auch alle sonstigen Beteiligten dazu befragt, die *ties* zwischen allen involvierten Personen zu beurteilen, da damit unbemerkte oder latent wirksame Strukturen und Muster zutage treten. Der Vorteil liege darin, dass eine solche graphische Darstellung nicht nur auf einer gewissermaßen mentalisierten Meinung, sondern auf Daten beruhe.

---

5 Mappingmethoden sind Visualisierungstechniken, die die Werte in eine kompakte Darstellung übersetzen und zu vermitteln versuchen.

Eine solche Art der Datengenerierung hinsichtlich eines Interesses an den Charakteristika epistemischen Vertrauens in einem Hilfenetzwerk ließe sich initial zum Beispiel mit folgenden Fragen an jedes Mitglied und über jedes Mitglied bzw. deren Beziehungen zueinander erreichen (Bevington, 2020, S. 84, Übersetzung durch die Autor:innen):
- Wieviel Kontakt haben Sie mit X (0 = keinen, 1 = nicht oft, 2 = oft)?
- Als wie hilfreich erfahren Sie X (0 = gar nicht, 1 = teilweise, 2 = sehr hilfreich)?
- Wie sehr denken Sie, dass X Ihre Situation versteht (0 = gar nicht, 1 = teilweise, 2 = sehr gut)?

Diese Punkte ließen sich durch reziproke oder höhergeordnete Mentalisierungsversuche weiter vertiefen, beispielsweise mittels der folgenden Fragen:
- Wie denken Sie, dass X Ihre Sicht beschreiben würde?
- Was könnte man tun, um das Interesse von X an Ihrer Situation zu erhöhen?

Ausblick

Die Methoden und Konzepte der qualitativen und quantitativen sozialen Netzwerkforschung stellen einen gewinnbringenden Bezugsrahmen dar, um Muster von Sozialbeziehungen untersuchen zu können. Yang et al. (2017) sehen einen der größten Vorteile der sozialen Netzwerkanalyse darin, dass sie helfen, Mehrebenenphänomene bearbeiten zu können, indem sie Verhalten auf der Mikroebene mit (Umweltfaktoren) der Makroebene kombinieren können. In den nicht netzwerkorientierten »Kontexten sehen wir uns allzu oft dazu gezwungen, zu sehr auf entweder das Individuum und sein Verhalten (Warum schwänzt ein Schüler oder eine Schülerin den Unterricht?) oder die Gesellschaftsebene (Wie geht eine Schule oder eine Regierung mit Schulschwänzen um?) zu betrachten. Die Netzwerkperspektive macht es leichter, die Verbindung zwischen individuellem Verhalten und den systemischen Veränderungen und umgekehrt herzustellen« (Yang et al., 2017, S. 14, Übersetzung durch die Autor:innen).

Im Kontext von AMBIT werden hier bereits erste Schritte unternommen (Bevington, 2020; Dlugosch; 2021, Grierson et al., in Vorbereitung), vieles ist aber auch noch nicht ausgereizt, um Voraussetzungen für und Dynamiken von epistemischem Vertrauen, sozialem Lernen und mentalisierender Beziehungsarbeit besser zu verstehen. Zum Beispiel wäre es aufschlussreich, die Zentralität von Akteur:innen in unterschiedlichen Hilfesystemen zu bestimmen, das bedeutet zu ermitteln, wie hoch die Anzahl eingehender (Indegree-Zentralität) und ausgehender Beziehungen (Outdegree-Zentralität) (Fuhse, 2016), z. B. in Bezug auf emotionale Unterstützung ist. Auch die besondere Relevanz (oder Stärke) sogenannter schwacher Beziehungen (Granovetter, 1973) ist z. B. im Kontext von Innovationen oder von neuen Informationen aufschlussreich (Fuhse, 2016). Hierzu ist weitere Forschung vonnöten.

Das Potenzial der Netzwerkforschung liegt darin, dass die sonst oftmals anzutreffende Akteur-Struktur-Dichotomie (Clemens, 2016) überwunden werden kann. Gerade für Mehrebenensysteme, wie sie auch im Rahmen von psychosozialen Handlungsfeldern anzutreffen sind, kann dieser Zugriff daher als besonders aufschlussreich gelten.

Literatur

Bateman, A., Fonagy, P. (2016). Mentalization-based treatment for personality disorders: A practical guide. Oxford: Oxford University Press.

Beelmann, A. (2019). Entwicklung und Förderung der Sozialentwicklung im Vor- und Grundschulalter. In B. Kracke, P. Noack (Hrsg.), Handbuch Entwicklungs- und Erziehungspsychologie (S. 147–161). Berlin: Springer. DOI: 10.1007/978-3-642-53968-8_9

Bevington, D. (2020). Creating resilient systems of care for youth, families, and clinicians. In L. L. Williams, O. Muir (Eds.), Adolescent suicide and self-injury. Mentalizing theory and treatment (pp. 79–96). Cham: Springer Nature.

Bevington, D., Fuggle, P. (2019). AMBIT. Engaging the client and communities of minds. In A. Bateman, P. Fongay (Eds.), Handbook of mentalizing in mental health practice, second edition (pp. 211–228). Washington, DC: American Psychiatric Association Publishing.

Bevington, D., Fuggle, P., Fongay, P. (2015). Applying attachment theory to effective practice with hard-to-reach youth: The AMBIT approach. Attachment & human development, (17), 2, 157–174. DOI: 10.1080/14616734.2015.1006385.

Bevington, D., Fuggle, P., Cracknell, L., Fonagy, P. (2017). Adaptive Mentalization-Based Integrative Treatment. A Guide for Teams to develop Systems of Care. Oxford: Oxford University Press.

Clemens, I. (2016). Netzwerktheorie und Erziehungswissenschaft: Eine Einführung. Weinheim: Beltz.

Dlugosch, A. (2003). Professionelle Entwicklung und Biografie. Impulse für universitäre Bildungsprozesse im Kontext schulischer Erziehungshilfe. Bad Heilbrunn, Obb.: Verlag Julius Klinkhardt.

Dlugosch, A. (2021). Mentalisieren im Netzwerk? Das Adaptive Mentalization-Based Integrative Treatment (AMBIT) als (inter)professioneller Ansatz im Kontext der Pädagogik bei Verhaltensstörungen. In S. Gingelmaier, J. Langer, W. Bleher, U. Fickler-Stang, L. Dietrich, B. Herz (Hrsg.), ESE – Emotionale und soziale Entwicklung in der Pädagogik der Erziehungshilfe und bei Verhaltensstörungen, Jg. 3 (S. 66–77). Bad Heilbrunn: Verlag Julius Klinkhardt. DOI: 10.25656/01:22597

Dlugosch, A., Henter, M. (2020). Mentalisieren auf mehreren Ebenen? Zum Fall einer exemplarischen Maßnahmenkarriere in der Kinder- und Jugendhilfe. In. S. Gingelmaier, H. Kirsch (Hrsg.), Praxisbuch mentalisierungsbasierte Pädagogik (S. 204–2018). Göttingen: Vandenhoeck & Ruprecht.

Dlugosch, A., Thönnes, L. (2017). Netzwerke inklusiver Konstellationen – Rekonstruktionen zu Akteuren, Strukturen und Prozessen im Kontext Inklusion. In J. Budde, A. Dlugosch, T. Sturm

(Hrsg.), (Re-)Konstruktive Inklusionsforschung. Differenzlinien – Handlungsfelder – Empirische Zugänge (S. 241–260). Leverkusen: Verlag Barbara Budrich.

Dlugosch, A., Thönnes, L. (i. V.). Inklusion als Mehrebenenkonstellation – Beiträge der sozialen Netzwerktheorie und -forschung zur Entwicklung inklusiver(er) Bildungssysteme. In R. Kruschel, K. Merz-Atalik (Hrsg.), Steuerung von Inklusion!? Governance-Prozesse auf den Ebenen des Schulsystems. Wiesbaden: VS Verlag.

Döring, P. (2019). Führen und Mentalisieren. Gruppenpsychotherapie und Gruppendynamik, 55 (2), 118–130. DOI: https://doi.org/10.13109/grup.2019.55.2.118

Fend, H. (2006). Neue Theorie der Schule. Einführung in das Verstehen von Bildungssystemen. Wiesbaden: Springer VS.

Fend, H. (2008). Schule gestalten: Systemsteuerung, Schulentwicklung und Unterrichtsqualität. Wiesbaden: Springer VS.

Fonagy, P., Allison, E. (2014). The role of mentalizing and epistemic trust in the therapeutic relationship. Psychotherapy, 51 (3), 372–380.

Fonagy, P., Allison, E., Campbell, C. (2019). Mentalizing, resilience, and epstemic trust. In A. Bateman, P. Fongay (Eds.), Handbook of mentalizing in mental health practice, second edition (pp. 63–77). Washington, DC: American Psychiatric Association Publishing.

Fonagy, P., Campbell, C. (2017). Mentalizing, attachment and epistemic trust: how psychotherapie promote resilience. Psychiatria Hungarica, 32 (3), 283–287.

Fonagy, P., Twemlow, S. W., Vernberg, E. M., Nelson, J. M., Dill, E. J., Little, T. D., Sargent, J. A. (2009). A cluster randomized controlled trial of child-focused psychiatric consultation and a school systems-focused intervention to reduce aggression. Journal of Child Psychology and Psychiatry, 50 (5), 607–616.

Fuggle, P., Bevington, D., Cracknell, L., Hanley, J., Hare, S., Lincoln, J., Richardson, G., Stevens, N., Tovey, H., Zlotowitz, H. (2015). The Adolescent Mentalization-based Integrative Treatment (AMBIT) approach to outcome evaluation and manulization: Adopting a learning organization approach. Clinical Child Psychology and Psychiatry, 20 (3), 419–435. DOI: 10.1177/1359104514521640

Fuhse, J. A. (2016). Soziale Netzwerke. Konzepte und Forschungsmethoden. Konstanz: UVK Verlagsgesellschaft mbH.

Gallotti, M., Frith, C. D. (2013). Social cognition in the we-mode. Trends in Cognitive Sciences, 17 (4), 160–165.

Görtz, F. (2022). Der Einsatz von Pro-Gram im diagnostischen Kontext unter einer mentalisierungsbasierten Perspektive bei Schülerinnen und Schülern im Alter von 11 bis 13 Jahren. Unveröffentlichte Masterarbeit. Universität Koblenz-Landau, Fachbereich Erziehungswissenschaften, Institut für Sonderpädagogik.

Granovetter, M. S. (1973). The strength of weak ties. American Journal of Sociology, 78 (6), 1360–1380.

Grierson, J., Nolte, T., Bevington, D., Hillman, S. (in Vorbereitung). Feasibility and acceptability of Social Network Analysis (SNA) measures of help and trust with young people experiencing mental health challenges.

Helsper, W. (2008). Schulkulturen – die Schule als symbolische Sinnordnung. Zeitschrift für Pädagogik, 54 (1), 63–80.

Henter, M., Dlugosch, A. (2018). Das Adaptive Mentalization-Based Integrative Treatment (AMBIT) im schulischen Kontext? Zur Notwendigkeit eines Perspektivenwechsels in der Arbeit mit herausforderndem Verhalten. INKLUSION KONKRET, 5, 24–37.

Herz, A. (2016). Soziale Netzwerkforschung. In I. Hedderich, G. Biewer, J. Hollenweger, R. Markowetz (Hrsg.), Handbuch Inklusion und Sonderpädagogik (S. 689–693). Bad Heilbrunn: Verlag Julius Klinkhardt.

Klieme, E. (2016). Schulqualität, Schuleffektivität und Schulentwicklung – Welche Erkenntnis eröffnet empirische Forschung? In U. Steffens, T. Bargel (Hrsg.), Schulqualität – Bilanz und Perspektiven. Grundlagen der Qualität von Schule 1 (S. 45–64). Münster: Waxmann.

Kotte, S., Taubner, S. (2016). Mentalisierung in der Teamsupervision. Organisationsberatung, Supervision, Coaching, 23 (1), 75–89.

Luder,R., Ideli, M., Kunz, A. (2020). Fachbeitrag: Maßnahmen bei auffälligen Verhaltensweisen von Schülerinnen und Schülern. Eine Bestandsaufnahme der Praxis in Regelschulen. Vierteljahresschrift für Heilpädagogik und ihre Nachbargebiete, 3, 165–181.

Luyten, P., Campbell, C., Allison, E., Fonagy, P. (2020). The mentalizing approach to psychopathology: State of the art and future directions. Annual Review of Clinical Psychology, 16, 297–325.

Nolte, T. (2018). Epistemisches Vertrauen und Lernen. In S. Gingelmaier, S. Taubner, A. Ramberg (Hrsg.), Handbuch mentalisierungsbasierte Pädagogik (S. 157–173). Göttingen: Vandenhoeck & Ruprecht.

Offermanns, E. (2019). Epistemisches Vertrauen im Kontext eines professionellen pädagogischen Netzwerks. Unveröffentlichte Masterarbeit. Universität Koblenz-Landau, Fachbereich Erziehungswissenschaften, Institut für Sonderpädagogik.

Popp, K. (2018). Erziehung durch Programme und Training. Potenziale und Grenzen. In T. Müller, R. Stein (Hrsg.), Erziehung als Herausforderung. Grundlagen für die Pädagogik bei Verhaltensstörungen (S. 255–270). Bad Heilbrunn: Verlag Julius Klinkhardt.

Ramberg, A., Nolte, T. (2020). Einführung in das Konzept der Mentalisierung. In S. Gingelmaier, H. Kirsch (Hrsg.), Praxisbuch mentalisierungsbasierte Pädagogik (S. 25–52). Göttingen: Vandenhoeck & Ruprecht.

Senge, P. (2017). Die fünfte Disziplin. Kunst und Praxis der lernenden Organisation. Stuttgart: Schäffer-Poeschel.

Twemlow, S. W., Fonagy, P., Sacco, F. C. (2004). The role of the bystander in the social architecture of bullying and violence in schools and communities. Annals of the New York Academy of Sciences, 1036, 215–232.

Yang, S., Keller, F. B., Zheng, L. (2017). Basics of social network analysis. In S. Yang, F. B. Keller, L. Zheng (Eds.), Social network analysis: Methods and examples (pp. 2–35). Thousand Oaks: Sage. DOI 10.4135/9781071802847

Teil III
Mentalisieren und Gesellschaft

Die Welt, wie sie heute ist, mentalisieren

Peter Fonagy, Chloe Campbell, Elizabeth Allison und Patrick Luyten

In diesem Kapitel möchten wir der Frage nachgehen, ob die Mentalisierungstheorie und deren neuere Erweiterungen in die Bereiche des epistemischen Vertrauens und der sozialen Kommunikation dazu verwendet werden können, die Beziehung zwischen sozialen Systemen und individueller Psychopathologie umfassender zu betrachten. Dazu möchten wir die Überlegung in den Vordergrund stellen, dass das Individuum das Gefühl haben muss, als Akteur anerkannt zu sein und vom sozialen System mentalisiert zu werden, um ein Gefühl der zielgerichteten Verbindung zu seiner breiteren sozialen Gemeinschaft zu erfahren. Die Mentalisierungstheorie hat immer betont, dass Menschen anfällig für die Entwicklung von Psychopathologien sind, wenn unser unmittelbarer sozialer Kontext diese Art von Erfahrung nicht ermöglicht. Könnte es sein, dass wir den Mechanismus für die beobachtbare Beziehung zwischen Psychopathologie, sozioökonomischer Entfremdung und Ungleichheit in der Erfahrung des benachteiligten Individuums mit einem breiteren sozialen Kontext identifizieren können? Und dass der subjektive Reichtum der individuellen Psyche von denjenigen mit sehr niedrigem sozioökonomischem Status oder sozialem Kapital nicht berücksichtigt wird, wie es in sehr ungleichen sozialen Systemen in der Regel der Fall ist?

The question we would like to explore in this chapter is whether mentalizing theory, and recent extensions of the theory into the areas of epistemic trust and social communication, can be used to think more broadly about the relationship between social systems and individual psychopathology. We would like to consider the idea that in order to experience a sense of purposeful connection to their broader social community, the individual needs to feel that she/he is recognised as an agent and that she/he is being mentalized by the social system. Mentalizing theory has always maintained that when our immediate social context does not provide this kind of experience, we are vulnerable to the development of psychopathology. Could it be that we can identify the mechanism for the observable relationship between psycho-

pathology and socio-economic alienation and inequality in the disadvantaged individual's experience of a broader social context that fails to take into account the subjective richness of the individual minds of those with less or even without economic value or social capital, as is the case in highly unequal social systems?

Pädagog:innen und Kliniker:innen sehen sich mit dem Problem konfrontiert, dass sie versuchen Menschen zu helfen, um besser zu funktionieren, die in ihrem Alltag in einem dysfunktionalen, überwiegend nicht mentalisierenden sozialen System leben: z. B. einem ängstlichen Kind in einer einschüchternden Schulumgebung. Obwohl es sich hierbei also nicht um ein neues oder bisher unberücksichtigtes Problem handelt, möchten wir dafür werben, die Mentalisierungstheorie als Instrument zu nutzen, um zu verstehen, wie sich das soziale Umfeld und insbesondere Erfahrungen von Machtlosigkeit und Ungleichheit auf das individuelle psychosoziale Erleben auswirken. Bislang hat sich die Theorie eher auf die Mentalisierung innerhalb des Mikrokosmos der Betreuungs- und therapeutischen Dyaden konzentriert. Während es anerkannt ist, dass diese die Schaltstellen für die Entwicklung sind – die Rolle der frühen Bindung und des Mentalisierens von Bezugspersonen bei der Unterstützung des sozialen Aufbaus von Kindern ist gut belegt (Luyten, Campbell, Allison u. Fonagy, 2020; Groh et al., 2014) – haben wir zu wenig beachtet, dass die soziale Welt alles andere als ein einheitliches Spielfeld ist. Diese Ungleichheit entsteht dadurch, dass die Handlungsfähigkeit und Subjektivität derjenigen außer Acht gelassen wird, deren Ressourcen das System ausnutzen muss, um zu funktionieren, sowie derjenigen, von denen man annimmt, dass sie zu wenig Ressourcen haben, um etwas beizutragen. Eben diese Ungleichheit macht uns alle ärmer, nicht nur als Individuen, sondern auch kollektiv, sowohl in wirtschaftlicher Hinsicht als auch in Bezug auf vermindertes Wohlbefinden, Gesundheit und Resilienz.

Die Mentalisierungstheorie hat stets anerkannt, dass das Erleben eines agierenden Selbst durch soziale Interaktion konstituiert wird, das heißt durch die Interaktion mit den nahen Bezugspersonen. Die jüngsten Weiterentwicklungen der Theorie haben jedoch begonnen, die soziale Umgebung über die Dyade hinaus in den Fokus zu rücken (Fonagy et al., 2021). Neuere Arbeiten betonen insbesondere die Notwendigkeit einer geeigneten Umgebung, damit die Betreuungsperson das Kind mentalisieren kann – was epistemisches Vertrauen erzeugt – und damit das Kind seine Lernfähigkeit optimal nutzen kann.

Das bedeutet, dass ein sozialer Kontext erforderlich ist, der den Betreuungspersonen die nötige Unterstützung bietet, um ihre Mentalisierungsfähigkeit angesichts der unvermeidlichen Herausforderungen der Entwicklung und der Belastungen der Elternschaft aufrechtzuerhalten. Des Weiteren sollte so im weiteren Sinne ein kultureller Kontext geschaffen werden, in dem erwartbar ist, dass die eigenen Gedanken und Gefühle zu einem sozialverträglichen Maß berücksichtigt werden. So gibt es beispielsweise zahlreiche Belege dafür, dass die Wohngegend und die dort wahrgenommene Sicherheit als Risikofaktor für die psychische Gesundheit fungieren (Lund et al., 2018) und dass soziale Ausgrenzung eine besonders wichtige Einflussgröße bei der Erklärung der verminderten psychischen Gesundheit von Kindern mit geringen materiellen Ressourcen darstellt (Gross-Manos, 2017).

Wir wissen, dass desorganisierte Bindung gleichermaßen mit Deprivation sowie auch mit Trauma assoziiert ist (Cyr, Euser, Bakermans-Kranenburg u. van IJzendoorn, 2010). Bisher wurde angenommen, dass dies durch die Feinfühligkeit der Bezugspersonen vermittelt wird, obwohl die sogenannte »Übertragungslücke« (»transmission gap«) – ein von van IJzendoorn (1995) geprägter Begriff, der die Unsicherheit darüber erfasst, welche Aspekte des elterlichen Verhaltens die intergenerationale Übertragung von Bindungsmustern erklären – noch nicht vollständig geschlossen ist (van IJzendoorn u. Bakermans-Kranenburg, 2019; Verhage et al., 2016). Eine reflexive Erziehung ist unter stressreichen Bedingungen für jede Erziehungsfigur deutlich erschwert. Allerdings kann es auch aufschlussreich sein, in Betracht zu ziehen, dass begrenztes Mentalisieren eines Elternteils gegenüber seinem Kind strategisch notwendig ist, um das Kind auf eine soziale Welt vorzubereiten, in der eine solche Begrenzung die Norm sein wird – möglicherweise aufgrund von Ressourcenknappheit. Kürzlich wurde dargelegt, dass einige Formen der Psychopathologie am besten nicht als Ergebnis eines Defizits, sondern als eine evolutionär bedingte Form der gewissermaßen fixierten Anpassung an Stimuli aus der sozialen Umgebung verstanden werden könnten, oft im Zusammenspiel mit genetischer Veranlagung (Fonagy, Luyten, Allison u. Campbell, 2017a, 2017b).

Die primäre Funktion der Bindung besteht zweifellos in der Vermittlung von Sicherheit durch die Nähe zur Bezugsperson und der damit verbundenen Schutzwirkung. Aber die Evolution hat die Bindungsbeziehung auch mit mehreren anderen Entwicklungsfunktionen ausgestattet. Indem auf die Bedürfnisse eines Säuglings angemessen reagiert wird, wird dem Säugling auch vermittelt, dass es jemanden gibt, der sich ausreichend um sein Überleben kümmert und ihn beruhigen kann, indem er zur Stabilisierung des Säuglings auf die physischen Ressourcen motorischer Bewegung zurückgreift. Das Vermögen des Menschen, sich an zahlreiche Umgebungen anzupassen, beinhaltet auch die Fähigkeit, auf unterschiedliche Weise zu erziehen, und ist gleichzeitig von dieser abhängig. Die Komplexität verschiedener kultureller und sozialer Milieus, die Menschen angesichts ihrer Lebensumstände hervorbringen können, lässt darauf schließen, dass es keine festgelegte instinktive Form der Erziehung geben kann. Dies hat auch die Arbeit von Anthropolog:innen wie z. B. Sarah Hrdy zum Thema Alloparenting gezeigt (Hrdy, 2011).

Die Bindungsbeziehung dient daher als Mittel, um dem Säugling die Beschaffenheit der sozialen Umgebung zu vermitteln, in die er hineingeboren wird. In der Tat scheint sie ein wirkmächtiger Kommunikationsmechanismus zu sein, der sowohl auf der Ebene der Genexpression als auch auf der Ebene der sozialen Kognition funktioniert, wie die Arbeiten von Meaney und auch andere epigenetische Studien am Menschen gezeigt haben (Alyamani u. Murgatroyd, 2018; Meaney u. Szyf, 2005). So könnte ein vermeidender Bindungsstil als eine Anpassung an eine Umgebung betrachtet werden, in der eine größere Selbstständigkeit und Loslösung von anderen sich als vorteilhaft erweist, während eine ambivalente Bindungsstrategie in einer unvorhersehbaren oder als inkonsistent erfahrenen Umgebung möglicherweise am effektivsten ist (Belsky, 2006).

In ähnlicher Weise kann ein evolutionärer Vorteil des Mentalisierens in der Unterstützung der Anpassung an die soziale Umgebung gesehen werden. Die Fähigkeit zum Mentalisieren maximiert den Erfolg des Individuums, indem sie es in die Lage versetzt, die Vorteile der Kooperation zu nutzen, die durch hoch entwickelte Ebenen der intersubjektiven Interaktion ermöglicht werden (Tomasello, 2014). Die dafür erforderliche menschliche Fähigkeit zur Kognition höherer Ordnung ist höchstwahrscheinlich als Anpassung an das Leben in kleinen sozialen Gruppen entstanden, in denen es weniger Differenzierung zwischen den Interaktionen in der Dyade, mit anderen Erziehenden, dem weiteren Familienleben sowie der Arbeit gab. Wenn man über die Entstehung des Mentalisierens in einer Umgebung nachdenkt, in der es so viel weniger Trennung zwischen diesen sozialen Sphären gab, werden die umfassenderen Auswirkungen der frühen Erfahrungen des Mentalisierens auf die Sozialisation viel deutlicher.

Epistemisches Vertrauen ermöglicht es Individuen, ihnen angebotenes neues Wissen als für sie relevant zu erkennen und dieses Wissen zu nutzen, um ihr Verhalten anzupassen. Wenn man diesen Ansatz des evolutionären Denkens fortsetzt, besteht der Zweck des epistemischen Vertrauens in der Befähigung von Individuen dazu, effektiv zu lernen, wie sie am besten in ihrer speziellen sozialen Umgebung zurechtkommen (Fonagy, Luyten u. Allison, 2015; Fonagy et al., 2017b). Gergely und Csibra haben diese Bereitschaft zum Lernen als pädagogische (Grund-)Haltung (»natural pedagogy«) beschrieben (Csibra u. Gergely, 2011). Das epistemische Vertrauen, das die pädagogische Haltung charakterisiert, muss durch ostensive Hinweisreize ausgelöst werden. Dieser Begriff wurde Bertrand Russell entlehnt, um Signale zu beschreiben, die von einer:einem Akteur:in verwendet werden, um die:den Adressat:in darauf hinzuweisen, dass die:der Akteur beabsichtigt, relevante Teile des kulturellen Wissens zu kommunizieren. Diese Hinweise, zu denen bei Säuglingen der Blickkontakt, kontingente »Turn-taking«-Reaktivität sowie die Verwendung einer speziellen Prosodie (»motherese« oder mütterlicher »Singsang« der Stimme) gehören, werden durch die Erfahrung, mentalisiert zu werden, übermittelt. Aber das Vertrauen, das den Kanal für die Weitergabe von sozialem Wissen öffnet, ist nicht unsere »Grundeinstellung«. Es gibt viele Situationen, in denen eine Position der epistemischen Wachsamkeit oder offenes epistemisches Misstrauen die sicherere ist. In den jüngsten Untersuchungen von Fonagy und Kolleg:innen über die Rolle von Hypervigilanz und epistemischer Erstarrung bei der Entwicklung von Psychopathologie und Persönlichkeitsstörungen lag der Fokus auf Anomalien in der Eltern-Kind-Kommunikation, deren gemeinsames Merkmal der fehlende Respekt für die:den Empfänger:in der Kommunikation als aktivem Akteur war (Fonagy et al., 2015). Es ist anzunehmen, dass solche Herausforderungen in der unmittelbaren sozialen Umgebung zu Hypervigilanz und zur Blockierung des Kanals für die soziale Wissensübertragung führen, was unter den jeweiligen Umständen verständlicherweise als die sinnvollste Strategie erscheint.

Was aber, wenn die Familie innerhalb eines sozialen Systems lebt, das keinen Wert auf das Mentalisieren legt und dessen Funktionieren davon abhängt, dass bestimmten Gruppen die Anerkennung ihrer Handlungsfähigkeit und ihres Selbstseins verweigert wird? Dies ist zum Beispiel in Gesellschaften der Fall, die die Sklaverei billigen, das allgemeine Wahlrecht verweigern und vielfältige Formen der Unterdrückung, Willkür und Verfolgung zulassen. Unter solchen Umständen ist es vielleicht nicht möglich, Vertreter:innen lokaler Institutionen, Nachbar:innen, Lehrkräfte und sogar Verwandte als vertrauenswürdig zu betrachten. Dies stellt die »ausreichend guten« Eltern vor ein schwieriges Dilemma: Eine mentalisierungsfördernde Erziehung stimuliert epistemisches Vertrauen, was sich unter günstigen Umständen als adaptiv erweist. Dieselbe Erziehung könnte jedoch bei jemandem, der in einem eher bedrohlichen Milieu aufwächst, zu erhöhter Verletzlichkeit führen.

Wir gehen davon aus, dass eine Möglichkeit zur Lösung dieses Dilemmas darin besteht, dass die Betreuungsperson bestimmte, potenziell gefährliche Aspekte von Verhalten und Affekten abgrenzt und sie aus dem üblichen Repertoire der Reaktionen im Rahmen »markierten Spiegelns« ausschließt. Beispielsweise könnte es sein, dass auf gewalttätiges oder aggressives Verhalten nicht in einer Weise reagiert wird, die es dem Kind ermöglicht, die Auswirkungen, Implikationen und den Ursprung seiner Wut in sich selbst zu registrieren. Dies erweist sich in einem sozialen Umfeld mit einer hohen Rate an Gewaltverbrechen möglicherweise als adaptiv. In ähnlicher Weise könnte auf besonders expansives und offenes Verhalten (das heißt ein sehr offener Ausdruck von epistemischem Vertrauen) mit einer dämpfenden Gleichgültigkeit im elterlichen Verhalten reagiert werden: Mit anderen Worten – und vielleicht paradoxerweise – könnte der epistemische Kanal zwischen Bezugsperson und Kind genutzt werden, um dem Kind die Notwendigkeit epistemischer Wachsamkeit zu vermitteln. Auf diese Art werden einige Eltern möglicherweise reagieren. Andere werden den begrenzten Spielraum für die Anerkennung von Handlungsfähigkeit im vorherrschenden sozialen Klima weniger nuanciert kommunizieren, indem sie den subjektiven Zustand des Kindes mehr oder weniger verleugnen.

In einem kulturellen Klima, in dem das epistemische Vertrauen zusammengebrochen ist, wird es für den Einzelnen zunehmend schwieriger, sich als handlungsfähig zu erleben. Dieser Effekt wird zusätzlich verstärkt, wenn ein Individuum auch persönlich die Erfahrung gemacht hat, dass in seiner unmittelbaren sozialen Umgebung epistemische Wachsamkeit notwendig ist. Unter diesen Umständen kann es auch sein, dass das Individuum weniger empfänglich für ostensive Hinweise ist, die beim Aufbau von Handlungsfähigkeit helfen könnten. Hierfür gibt es drei Gründe, die alle auf einen Zusammenbruch des Mentalisierens zurückzuführen sind:
1. Das Individuum wird unfähig, das Selbst als Selbst zu erleben (eingeschränktes Mentalisieren des Selbst, bei dem die eigene Handlungsfähigkeit nicht erkannt wird).
2. Die ostensiven Hinweise anderer werden nicht angemessen als das erkannt, was sie sind, weil das Individuum nicht in der Lage ist, den anderen zu mentalisieren.
3. Ein nicht mentalisierendes System kann leicht zu einem System werden, das Angst auslöst. Wenn das Individuum Angst vor dem anderen hat, kann es dessen Versuch, zu mentalisieren, behindern.

In modernen Staatsformen wird das Bedürfnis nach epistemischem Vertrauen aufgrund der gestiegenen Anzahl an Personen und Diversität sowie der größeren und unzusammenhängenderen Funktionsweise des Systems akuter, aber aus denselben Gründen auch schwieriger zu erfüllen. Soziales Vertrauen ist notwendig, um den sozialen Zusammenhalt zu unterstützen und um die natürliche Wachsamkeit zu überwinden, die wir alle gegenüber fremden Ideen empfinden. Menschen sind viel eher in der Lage, die neuen Ideen anderer aufzunehmen und zu berücksichtigen, wenn das jeweilige Individuum das Gefühl hat, dass seine Gedanken ernst genommen und seine Handlungsfähigkeit respektiert wird. Jugendliche oder Erwachsene begegnen anderen eher mit dieser Erwartungshaltung, wenn sie früher entsprechende Erfahrungen mit Bezugspersonen, Lehrkräften etc. gemacht haben. Eine Kultur, die durch die Arbeitsteilung, z. B. innerhalb unübersichtlicher Nationalstaaten, eine Trennung von öffentlicher und privater Sphäre bewirkt, kann dazu führen, dass Menschen zu leicht das Gefühl haben, dass die übrige Welt nichts mit den Dingen zu tun hat, die ihnen (persönlich) wichtig sind, dann ist es weniger wahrscheinlich, dass sie dem Vertrauen schenken, was sie vorfinden. Ein Individuum, das in einer solchen Welt auf Vorstellungen trifft, die nicht die eigenen sind, kann sich leicht bedroht fühlen (und z. B. mit Formen von Gewalt reagieren). Dies ist vor allem dann der Fall, wenn es durch seine frühen Erfahrungen darauf vorbereitet wurde, dem so zu begegnen. Alternativ – und besonders dann, wenn solche Vorstellungen sehr eindringlich und mit unerschütterlicher Überzeugung präsentiert werden – kann die Person sie unkritisch annehmen, weil sie ein neues Gefühl der Sicherheit und eine Sichtweise auf die Welt zu bieten scheinen, der das Individuum vertrauen kann. In der Folge entsteht eine andere Dynamik: Die Bindung an diese alternative Autorität kann so intensiv werden, dass die Loyalität zu ihr wichtiger wird als andere soziale Quellen und Institutionen.

Eine interdisziplinäre Fallstudie über die Schwankungen der Rate von Tötungsdelikten im Laufe der Zeit zeigt, wie sehr der breitere soziale Kontext die einzelnen Gewalttaten beeinflusst. Einer der überzeugendsten Forscher auf diesem Gebiet ist der Cambridge-Kriminologe Manuel Eisner, der die verschiedenen, mit schwankenden Gewaltraten zusammenhängenden Faktoren untersucht hat. Er geht davon aus, dass die Häufigkeit instrumenteller Tötungsdelikte – der Art von Tötungsdelikten, die historisch am stärksten schwankt – davon beeinflusst wird, ob eine Gesellschaft von einer Rechtsordnung mit Rechtsstaat bestimmt wird, ob den Eliten vertraut wird, ob die Korruption unter Kontrolle ist und ob staatliche Dienstleistungen erbracht werden; kurz gesagt, sie wird von der fairen und effektiven Funktionsweise der sozialen Institutionen und der wahrgenommenen Legitimität des Staates beeinflusst (Eisner, 2013). Dieses Modell der politischen Legitimität wurde anhand von länderübergreifenden Tötungsraten und anderen Variablen (wie dem Anteil junger Männer an der Bevölkerung, der Kindersterblichkeit, dem Bevölkerungswachstum und dem BIP) getestet und erwies sich als durchweg starker und unabhängiger Prädiktor. Historische Forschungen und kulturübergreifende kriminologische Erkenntnisse deuten darauf hin, dass der Glaube an die Regierung und das Vertrauen darauf, dass ihre rechtlichen und gerichtlichen Institutionen fair sind, Unrecht wiedergutmachen und Leben und Eigentum schützen, die wichtigste Voraussetzung für den Rückgang der Häufigkeit von Tötungsdelikten ist.

Mit dem etwas abstrakten Begriff der Legitimität bezeichnen Historiker:innen und Politikwissenschaftler:innen das Vertrauen des Einzelnen in die soziale und politische Struktur. Er hat seinen Ursprung in der politischen Philosophie und in der Idee des Gesellschaftsvertrags nach Rousseau, das heißt der Vorstellung, dass eine legitimierte Regierung in Form der Vertretung nur dann funktionieren und ihre Existenz rechtfertigen kann, wenn die Bevölkerung quasi vertraglich (z. B. über eine Verfassung) genügend Vertrauen in ihre Absichten und Effektivität hat und dass eine Regierung, die den Gesellschaftsvertrag bricht, ihre eigene Zerstörung (durch Abwahl) herbeiführt. Es ist davon auszugehen, dass der sozialpsychologische Mechanismus, der Konzepten wie Legitimität und dem Gesellschaftsvertrag zugrunde liegt, epistemisches Vertrauen voraussetzt.

Eine der deutlichsten Manifestationen der Missachtung der Handlungsfähigkeit und Subjektivität des anderen, die die zuvor beschriebene Ungleichheit kennzeichnet, findet sich in der jüngeren Geschichte in kolonialen Gesellschaften und den dortigen Vorstellungen über den »indigenen Verstand« und seine Grenzen. Die psychologischen Kosten dieser Abwertung des Denkens des anderen wurden ursprünglich von dem algerischen Psychiater Franz Fanon beschrieben. Eine von Fanons wichtigen Einsichten war, dass sich die mit einer solchen Denkweise verbundenen kognitiven Verzerrungen für jedes Mitglied dieses Systems psychologisch schädigend auswirken (Fanon, 2021). Dieser Gedanke hat eine empirische Parallele in neueren Arbeiten über die Auswirkungen von Ungleichheit auf die psychische Gesundheit in der Gesellschaft, nämlich in der Annahme, dass soziale Ungleichheit jenseits eines bestimmten Schwellenwerts mit zunehmendem Stress im gesamten sozialen Spektrum verbunden ist, wobei die größte Anfälligkeit bei den am stärksten Benachteiligten besteht (Pickett u. Wilkinson, 2010).

Für diejenigen, die sich für die mentalisierungsbasierte Therapie (MBT) und deren Fokus auf die Borderline-Persönlichkeitsstörung (BPD) interessieren, ist auch der spezifische Zusammenhang zwischen wirtschaftlicher Ungleichheit und zunehmender Prävalenz der BPD aufschlussreich. Jede Epoche hat tendenziell ihre eigenen definierenden Psychopathologien, die Auskunft darüber geben können, woran sowohl die jeweilige Gesellschaft als auch das Individuum kranken. Für Freud (in seiner wohl viktorianischsten Zeit) war es die Hysterie; Melancholie war dagegen ein Thema im 16. und 17. Jahrhundert. Es wird angenommen, dass vormoderne Gesellschaften ein höheres Maß an somatisierenden Störungen aufwiesen. Das Konzept der Borderline-Persönlichkeitsstörung spricht vielleicht noch am ehesten für die zeitgenössische, bedrängte Psyche in westlichen Gesellschaften. Der erste Beobachter dieses Phänomens war vielleicht Durkheim mit seiner Beschreibung der Anomie, die aus sozialer Entfremdung entsteht: die Fragmentierung und Zerstörung sozialer Bindungen, die mit der Moderne einhergehen. In der Tat ist es auffällig, dass sich Soziolog:innen in den 1950er und 1960er Jahren, als Bowlby die Bindungstheorie entwickelte, auffallend viel mit dem Fehlen von Bindung in Form von Entfremdung, Normlosigkeit und Marginalisierung beschäftigten.

Menschen sind in hohem Maße dazu veranlagt, ostensive Hinweise zu prüfen und epistemische Wachsamkeit zu erhöhen, wenn diese fehlen oder nicht mit unseren Bedürfnissen übereinstimmen. Es liegt in unserem Eigeninteresse, uns auf diese Weise zu verhalten. Ein kulturelles Milieu, in dem politische Behörden und soziale Institutionen die Bedürfnisse der Bürger:innen vernachlässigen und/oder ihre Rechte missbrauchen, verschließt den Kanal der natürlichen Pädagogik. Kulturelles Wissen und Erwartungen werden dann zwar erkannt und verstanden, aber sie werden nicht mehr als relevant und verallgemeinerbar vom betroffenen Individuum erlebt. Das heißt, sie werden als episodische und nicht als semantische Erinnerungen gespeichert. Soziale Entfremdung ist in gewissem Sinne ein systemischer Zusammenbruch des epistemischen Vertrauens, das auf die weitere Umwelt gerichtet ist.

Wenn die Legitimität des Staates untergraben wird, reagiert nicht jede:r mit physischer Aggression. Wir vermuten, dass in der bereits vorhandenen Fähigkeit des Mentalisierens einer der moderierenden Faktoren liegt, der bestimmt, ob ein Individuum zu gewalttätigem Handeln neigt (Taubner, White, Zimmermann, Fonagy u. Nolte, 2013; Taubner, Zimmermann, Ramberg u. Schroder, 2016; Schwarzer, Nolte, Fonagy u. Gingelmaier, 2021). In einer Situation, in der das epistemische Vertrauen in das breitere soziale Umfeld zusammengebrochen ist, wird die Fähigkeit des Individuums, sich selbst als handlungsfähig zu erleben, zunehmend eingeschränkt. Dies ist insbesondere für jene eine Herausforderung, die ohnehin schon Schwierigkeiten haben, sich als selbstwirksam zu erleben. In Abwesenheit der strukturierenden Erfahrung von Selbstwirksamkeit entsteht eine Diskrepanz zwischen innerem Erleben und Handeln. Ostensive Hinweise werden falsch interpretiert und die Mentalisierungsversuche anderer Menschen werden ausgeblendet. Handlungsfähigkeit ist in hohem Maße von der Qualität und Zuverlässigkeit der inneren Repräsentationen mentaler Zustände abhängig – ebenso wie eine Handlung an den mentalen Zustand gebunden ist, der sie ausgelöst hat. Individuen, die anfälliger für das Abgleiten in nicht mentalisierende Subjektivitätsmodi sind, handeln mit größerer Wahrscheinlichkeit gewalttätig oder geraten in extreme Dysregulation (Fonagy et al., 2017a, 2017b).

Wie oben angedeutet, kann es in einem hochgradig nicht kontingenten, nicht mentalisierenden sozialen System Vorteile haben, in solchen nicht mentalisierenden Modi zu operieren. Die Wiederherstellung eines gesunden Mentalisierens hängt jedoch davon ab, inwieweit diese Fähigkeit im Rahmen der frühen Erfahrungen aufgebaut werden konnte. Es müssen zudem auch Anpassungsmaßnahmen getroffen werden, um einen Raum zu schaffen, der die Entwicklung der Mentalisierungsfähigkeit begünstigt.

In der Mentalisierungstheorie herrschte bisher die Annahme vor, dass es bei der Wiederherstellung der Mentalisierungsfähigkeit darum gehe, eine erfolgreiche Anpassung an eine Kultur zu ermöglichen, in der die meisten Menschen den Großteil der Zeit effektiv mentalisieren. Es ist zu bedenken, dass eine Anpassung des Weiteren sozialen Umfelds erforderlich sein kann, um optimale individuelle Ergebnisse zu erzielen. Stuart Twemlows innovative, schulweite mentalisierungsbasierte Intervention gegen Mobbing (»Creating a peaceful school learning environment«) ist eine gute Illustration dafür (Fonagy, Twemlow, Vernberg, Sacco u. Little, 2005). Die Intervention hatte einen breiteren Fokus als nur die dysfunktionale Täter-Opfer-Dyade; sie berücksichtigte auch die systemische Rolle der Zuschauenden in Bezug auf die Duldung dieser zwischenmenschlichen Gewalt. Sie zielte auf die Veränderung der Umgangsformen der das Mobbing zumindest passiv tolerierenden Beobachtenden und verhalf den Schüler:innen zu der Erkenntnis, dass sie alle Akteure des aufgetretenen Mobbings waren. Die eskalative Frage nach Schuld konnte dahinter zurücktreten. Die Arbeit mit den Beobachtenden war ebenso wichtig wie die mit den Täter:innen und Opfern. Ohne erstere wäre es unwahrscheinlich, dass letztere erfolgreich sein kann.

Wir hoffen, durch das Nachdenken über die Beziehung zwischen Mentalisieren und sozialer Kommunikation eine Diskussion zu beginnen, die die Theorie über die Dyade hinausführen kann. Kultur wäre nicht möglich ohne die Fähigkeit, die mentalen Zustände anderer in der Psyche zu behalten (Tomasello, 2014). Dabei geht es auch um extrapsychische kollektive Formen der Repräsentanz (siehe Gingelmaier in diesem Band). Das gegenwärtige gesellschaftliche Klima zeigt deutlicher denn je zuvor, dass die Kehrseite, das Versagen, den anderen zu mentalisieren, und der dadurch entstehende Zusammenbruch der sozialen Kommunikation, einen destabilisierenden soziopolitischen Diskurs anregen kann, der durch eine eskalierende epistemische Ablehnung des anderen und gesellschaftlicher Spaltung »auf Borderline-Niveau« gekennzeichnet ist. Die Bedeutung von »holding in mind« und »agentive appraisal« wurde innerhalb der Erkenntnistheorie ausführlich beschrieben (Honneth, 1996). Wir sind überzeugt, dass die Konzepte des Mentalisierens und des epistemischen Vertrauens dem einige zusätzliche Aspekte hinzufügen können, die die Potenz der Beziehung zwischen der Erfahrung eines Individuums in einer (nicht) mentalisierenden Umgebung, seinem subjektiven Wohlbefinden und seiner sozialen Einbindung sowie einer (abstrakteren) Beziehung zum Staatswesen erklären.

Literatur

Alyamani, R., Murgatroyd, C. (2018). Epigenetic programming by early-life stress. Progress in Molecular Biology and Translational Science, 157, 133–150. DOI: 10.1016/bs.pmbts.2018.01.004

Belsky, J. (2006). Early child care and early child development: Major findings of the NICHD study of early child care. European Journal of Developmental Psychology, 3 (1), 95–110.

Csibra, G., Gergely, G. (2011). Natural pedagogy as evolutionary adaptation. Philosophical Transactions of the Royal Society of London. Series B, Biological Sciences, 366 (1567), 1149–1157. DOI: 10.1098/rstb.2010.0319

Cyr, C., Euser, E. M., Bakermans-Kranenburg, M. J., van IJzendoorn, M. H. (2010). Attachment security and disorganization in maltreating and high-risk families: A series of meta-analyses. Development and Psychopathology, 22 (1), 87–108. DOI: 10.1017/S0954579409990289

Eisner, M. (2013). What causes large-scale variation in homicide rates? In H.-H. Kortüm, J. Heinze (Eds.), Aggression in humans and other primates: Biology, Psychology, Sociology (pp. 137–162). Berlin/Boston: De Gruyter.

Fanon, F. (2021). Black skin, white masks. London: Penguin.

Fonagy, P., Campbell, C., Constantinou, M., Higgitt, A., Allison, E., Luyten, P. (2021). Culture and psychopathology: An attempt at reconsidering the role of social learning. Development and Psychopathology, 1–16. DOI: 10.1017/S0954579421000092

Fonagy, P., Luyten, P., Allison, E. (2015). Epistemic petrification and the restoration of epistemic trust: A new conceptualization of borderline personality disorder and its psychosocial treatment. Journal of Personality Disorders, 29 (5), 575–609. DOI: 10.1521/pedi.2015.29.5.575

Fonagy, P., Luyten, P., Allison, E., Campbell, C. (2017a). What we have changed our minds about: Part 1. Borderline personality disorder as a limitation of resilience. Borderline Personality Disorder and Emotion Dysregulation, 4, 11. DOI: 10.1186/s40479-017-0061-9

Fonagy, P., Luyten, P., Allison, E., Campbell, C. (2017b). What we have changed our minds about: Part 2. Borderline personality disorder, epistemic trust and the developmental significance of social communication. Borderline Personality Disorder and Emotion Dysregulation, 4, 9. DOI: 10.1186/s40479-017-0062-8

Fonagy, P., Twemlow, S. W., Vernberg, E., Sacco, F. C., Little, T. D. (2005). Creating a peaceful school learning environment: The impact of an antibullying program on educational attainment in elementary schools. Medical Science Monitor, 11 (7), CR317–325.

Groh, A. M., Fearon, R. P., Bakermans-Kranenburg, M. J., van IJzendoorn, M. H., Steele, R. D., Roisman, G. I. (2014). The significance of attachment security for children's social competence with peers: a meta-analytic study. Attachment & Human Development, 16 (2), 103–136. DOI: 10.1080/14616734.2014.883636

Gross-Manos, D. (2017). Material well-being and social exclusion association with children's subjective well-being: Cross-national analysis of 14 countries. Children and Youth Services Review, 80, 116–128. DOI: 10.1016/j.childyouth.2017.06.048

Honneth, A. (1996). Struggle for recognition: The moral grammar of social conflicts. London: Polity.

Hrdy, S. B. (2011). Mothers and others. Cambridge: Harvard University Press.

Lund, C., Brooke-Sumner, C., Baingana, F., Baron, E. C., Breuer, E., Chandra, P., Saxena, S. (2018). Social determinants of mental disorders and the Sustainable Development Goals: a systematic review of reviews. Lancet Psychiatry, 5 (4), 357–369. DOI: 10.1016/S2215-0366(18)30060-9

Luyten, P., Campbell, C., Allison, E., Fonagy, P. (2020). The mentalizing approach to psychopathology: State of the art and future directions. 16, 297–325. Annual Review of Clinical Psychology. DOI: 10.1146/annurev-clinpsy-071919-015355

Meaney, M. J., Szyf, M. (2005). Environmental programming of stress responses through DNA methylation: Life at the interface between a dynamic environment and a fixed genome. Dialogues in Clinical Neuroscience, 7 (2), 103–123.

Pickett, K. E., Wilkinson, R. G. (2010). Inequality: An underacknowledged source of mental illness and distress. The British Journal of Psychiatry, 197 (6), 426–428. DOI: 10.1192/bjp.bp.109.072066

Schwarzer, N. H., Nolte, T., Fonagy, P., Gingelmaier, S. (2021). Mentalizing mediates the association between emotional maltreatment in childhood and potential for aggression in non-clinical adults. Child Abuse & Neglect. DOI: 10.1016/j.chiabu.2021.105018

Taubner, S., White, L. O., Zimmermann, J., Fonagy, P., Nolte, T. (2013). Attachment-related mentalization moderates the relationship between psychopathic traits and proactive aggression in adolescence. Journal of Abnormal Child Psychology, 41 (6), 929–938. DOI: 10.1007/s10802-013-9736-x

Taubner, S., Zimmermann, L., Ramberg, A., Schröder, P. (2016). Mentalization mediates the relationship between early maltreatment and potential for violence in adolescence. Psychopathology, 49 (4), 236–246. DOI: 10.1159/000448053

Tomasello, M. (2014). A natural history of human thinking. Cambridge: Harvard University Press.

van IJzendoorn, M. H. (1995). Adult attachment representations, parental responsiveness, and infant attachment: A meta-analysis on the predictive validity of the Adult Attachment Interview. Psychological Bulletin, 117 (3), 387–403. DOI: 10.1037/0033-2909.117.3.387

van IJzendoorn, M. H., Bakermans-Kranenburg, M. J. (2019). Bridges across the intergenerational transmission of attachment gap. Current Opinion in Psychology, 25, 31–36. DOI: 10.1016/j.copsyc.2018.02.014

Verhage, M. L., Schuengel, C., Madigan, S., Fearon, R. M., Oosterman, M., Cassibba, R., van IJzendoorn, M. H. (2016). Narrowing the transmission gap: A synthesis of three decades of research on intergenerational transmission of attachment. Psychological Bulletin, 142 (4), 337–366. DOI: 10.1037/bul0000038

Mentalisieren und Emotionsdynamiken in antidemokratischen Vorurteilen

Felix Brauner

In der jüngeren Mentalisierungstheorie entwickelt sich ein zunehmendes Interesse an der Anwendung des Ansatzes bezogen auf gesellschaftliche und kulturelle Zusammenhänge. Daran anschließend werden im Folgenden aus mentalisierungstheoretischer Perspektive psychosoziale Gründe für antidemokratische Vorurteile analysiert und Strategien für die Kommunikation mit rechtspopulistisch eingestellten Jugendlichen abgeleitet. Hierfür wird zunächst als gesellschaftlicher Hintergrund die Verbreitung rechtspopulistischer Vorurteile in der deutschen Gegenwartsbevölkerung aufgezeigt, und es wird ein mentalisierungstheoretisches Modell vorgestellt, mit dem sich die sozioemotionale Entstehung antidemokratischer Vorurteile begreifen lässt. In diesem Rahmen lassen sich Forschungsergebnisse aus dem pädagogischen Kontext nachvollziehen, die den Abbau von Vorurteilen durch Intergruppenprozesse in Schulen untersuchen und die Effektivität einer mentalisierungsfördernden Kommunikation fundieren. Abschließend werden konkrete Strategien diskutiert, die aufzeigen, wie (sozial-)pädagogische Fachkräfte durch eine mentalisierungsfördernde Kommunikation auf rechtspopulistische Aussagen reagieren können.

Recently, an increasing interest has been evolved in extending the mentalization model to social and cultural contexts. In this article, by using mentalization-based concepts in this broader sense, the psychosocial background of anti-democratic prejudices is analyzed and strategies for communicating with young people expressing right-wing populist attitudes are developed. For this purpose, the spread of right-wing populist prejudices in contemporary German population is shown based on current large-scale findings. Then, a model based on mentalization theory is presented, which helps to understand the socio-emotional emergence of anti-democratic prejudices. In this framework, research results regarding pedagogical contexts are shown, investigating prejudice reduction through intergroup processes in schools and supporting the effectiveness of promoting mentalizing processes. Finally, concrete strategies are discussed in detail showing how (social) educational professionals can react to right-wing populist statements through mentalization-based communication.

Hintergrund: Rechtspopulistische Vorurteile in Deutschland

In den letzten Jahren lässt sich in einer Vielzahl von Ländern europaweit und international ein Bedeutungszuwachs rechtspopulistischer Parteien und antidemokratischer Bewegungen ausmachen (Heitmeyer, 2018, Kap. 15). Diese Entwicklung schlägt sich auch in Deutschland nieder: Wie die repräsentativen »Mitte-Studien 2019« (Zick, Küpper u. Berghan, 2019) zeigen, äußern sich rechtspopulistische Einstellungen neben der Verbreitung eines Law-and-Order-Autoritarismus und eines Misstrauens in demokratische Institutionen vor allem in Form von gruppenbezogen-menschenfeindlichen Vorurteilen. Im Syndrom *gruppenbezogene Menschenfeindlichkeit* wird die Bereitschaft zur Abwertung und Ausgrenzung verschiedener sozialer Gruppen zusammengefasst, welche im Kern durch eine behauptete Ungleichwertigkeit dieser Gruppen gerechtfertigt und mittels negativer Stereotype vollzogen wird (Zick et al., 2019). Insbesondere Muslimfeindlichkeit, die Abwertung von Sinti und Roma, eine grundsätzliche Ablehnung von Migrant:innen/Asylsuchenden sowie israelbezogener Antisemitismus sind weitverbreitet, sodass aktuell bis zu 30–40 % der deutschen Gegenwartsbevölkerung Aussagen zu diesen Ausprägungsformen gruppenbezogener Menschenfeindlichkeit zustimmen (Zick et al., 2019).[1] Die Ausprägung solcher Vorurteile, insbesondere Muslimfeindlichkeit und israelbezogener Antisemitismus, hängt eng mit der Ausbildung einer Verschwörungsmentalität als Weltbild zusammen, also mit der Überzeugung, gesellschaftliche Entwicklungen würden letztendlich durch geheim gehaltene Pläne von mächtigen und bösartigen »Strippenzieher:innen« gesteuert (Rees u. Lamberty, 2019). Ein solcher von Vorurteilen und Verschwörungsmentalität geprägter Populismus, der im Kern aus einer Kombination von horizontaler (»Wir gegen die anderen«) und vertikaler Abgrenzung (»Das Volk gegen die Eliten«) besteht, ist

---

1 Beispiele für tendenzielle oder vollständige Zustimmung zu gruppenbezogen-menschenfeindlichen Aussagen: »Es leben zu viele Ausländer in Deutschland« (35 %), »Was der Staat Israel heute mit den Palästinensern macht, ist im Prinzip auch nichts anderes als das, was die Nazis im Dritten Reich mit den Juden gemacht haben« (39 %), »Durch die vielen Muslime hier fühle ich mich manchmal wie ein Fremder im eigenen Land« (35 %), »Sinti und Roma neigen zur Kriminalität« (36 %).

aus politikwissenschaftlicher Perspektive in seiner Zielsetzung *antidemokratisch*, weil er grundlegend gegen die gesellschaftliche Pluralität und damit gegen die zentrale Konstitution liberaler Demokratien überhaupt gerichtet ist (Müller, 2016).

Die gesellschaftliche Manifestierung des Rechtspopulismus hat auch einen Einfluss auf die politischen Einstellungen von Jugendlichen. Nach der repräsentativen »Shell-Jugendstudie 2019« (Albert, Hurrelmann u. Quenzel, 2019) sind auch unter 15- bis 25-Jährigen gruppenbezogene Vorurteile und Verschwörungsmythen stark ausgeprägt, was eine weitverbreitete *Populismusaffinität* bedeutet: Laut der Studienergebnisse müssen aktuell 24 % aller Jugendlichen zu den »Populismus-Geneigten« gezählt und weitere 9 % als »Nationalpopulist:innen« eingeschätzt werden.

Allein diese hier nur knapp wiedergegebenen Häufigkeiten verdeutlichen die Notwendigkeit, die Entstehungsbedingungen des aktuellen »Rechtsrucks« in der Mitte der Gesellschaft durch die Integration interdisziplinärer Erkenntnisse zu erforschen. Aus psychologischer Perspektive ist hierfür die Frage entscheidend, wie sich die Entstehungsbedingungen der »Autoritären Versuchungen« (Heitmeyer, 2019) beziehungsweise der »Flucht ins Autoritäre« (Decker, 2018) wissenschaftlich begreifen lassen.

Modell: Mentalisierungsbasierte Perspektive auf antidemokratische Vorurteile

Die Autoritarismusforschung geht zurück auf die empirischen Studien zum *autoritären Charakter* der Frankfurter Schule um den analytischen Sozialpsychologen Erich Fromm, in denen zur Analyse des aufsteigenden Nationalsozialismus gezeigt wurde, dass antidemokratische Überzeugungen auf politischer Ebene sich aus autoritären Formen der sozioemotionalen Gestaltung persönlicher Beziehungen vorhersagen lassen (Fromm, 1930/1980). Die antidemokratische Grundhaltung wird hier gefestigt durch eine sozioemotionale *Furcht vor der Freiheit*, die Eigenverantwortung innerhalb liberaler Lebensformen wird durch die »Prothesensicherheit« autoritärer Hierarchien ersetzt (Fromm, 1941/1983). In heutigen Analysen antidemokratischer Entwicklungen lässt sich zwar noch auf Fromms damalige Kernerkenntnisse zurückgreifen, doch muss aufgrund des veränderten Gesellschaftskontextes die psychodynamische Untersuchung mithilfe neuerer Konzepte erfolgen (Decker, 2012).

Ein solcher neuer Forschungsansatz zur Analyse von Psychodynamiken autoritärer Tendenzen wurde von der Soziologin Christel Hopf kurz nach der friedlichen Revolution in der DDR und der deutschen Wiedervereinigung entwickelt. In einer Reihe von Studien zur autoritären Persönlichkeitsbildung von jungen Erwachsenen, die sie in den 1990er Jahren in Reaktion auf eine Häufung rassistisch motivierter Gewalttaten durchführte, untersuchte Hopf Zusammenhänge zwischen unterschiedlichen Repräsentationen von Bindungserfahrungen, erhoben auf Grundlage der Narrationen im »Adult Attachment Interview« (siehe auch Fonagy und Nolte sowie Campbell und Allison in diesem Band), und antidemokratischen Überzeugungen, insbesondere Ethnozentrismus, Gewalttolerierung, NS-Bagatellisierung sowie Fremdenfeindlichkeit (vgl. Hopf, 2000). Als Hauptergebnis ihrer Studienreihe zeigte sich, dass bei radikalisierungsgefährdeten jungen Erwachsenen eine starke Ausprägung vermeidend-abweisender Bindungsrepräsentationen mit einer deutlich erhöhten Wahrscheinlichkeit einhergeht, eine antidemokratische Orientierung auszubilden. In sozioemotionaler Hinsicht führte Hopf diesen Effekt darauf zurück, dass Beziehungsinteraktionen von Personen mit unsicher-vermeidenden Bindungsstilen stärker von Motiven einer emotional distanzierenden *Gefühlsabwehr* geprägt sind (Hopf, 2000. S. 46 ff.).

Die erstmals von Hopf ermittelten Zusammenhänge zwischen Bindung und Vorurteilen wurden seitdem mehrfach geprüft (vgl. Brauner, 2018, S. 185 ff.; Mikulincer u. Shaver, 2021, S. 6 ff.). Ein zusammenfassendes Modell, das in einem aktuellen Review der betreffenden Forschungsliteratur zu Zusammenhängen zwischen Bindungsrepräsentationen und gruppenbezogenen Vorurteilen aufgestellt wird (Carnelley u. Boag, 2019), zeigt folgende zentrale Effekte: Der Einfluss von unsicher-vermeidenden Bindungsrepräsentationen auf die Ausbildung gruppenbezogener Vorurteile wird grundlegend durch eine subjektive Bedrohungswahrnehmung (beispielsweise der eigenen Identität oder Weltsicht) aktiviert. Diese Aktivierung von unsicher-vermeidenden Bindungsrepräsentationen bewirkt in Interaktionsprozessen, dass als vorherrschende Affektregulationsstrategie eine sozioemotionale Distanzierung hervorgerufen wird.[2] Dieser Prozess verstärkt gruppenbezogene Vorurteile durch eine Einschränkung von emotionsbezogenen Fähigkeiten, sodass sich nur noch unzureichend mittels empathischer Einfühlung in die Perspektive anderer hineinversetzt wird und den Mitmenschen gegenüber wenig Vertrauen

---

2 Dem Modell liegt ein Verständnis des Bindungskonzeptes zugrunde, welches Bindungsrepräsentationen als Kombination aus frühkindlich geprägten und situationsspezifisch aktivierbaren Anteilen begreift, in deren Folge durch die situationale Auslösung von Affektregulationsstrategien spezifische sozioemotionale Fähigkeiten befördert oder eingeschränkt werden können (vgl. Schore u. Schore, 2008; Verhees Ceulemans, van IJzendoorn, Bakermans-Kranenburg u. Bosmans, 2020).

entgegengebracht wird. Demgegenüber kann auf der Grundlage von sicheren Bindungsrepräsentationen die persönliche Bedrohungswahrnehmung dadurch eingehegt werden, dass die Wirkung aversiver Emotionen erfolgreich reguliert wird, was den mentalen Raum für eine vorurteilsfreiere Begegnung eröffnet (Carnelley u. Boag, 2019).

Diese drei sozioemotional distanzierenden oder öffnenden Faktoren (Verminderung von Perspektivenübernahme und interpersonellem Vertrauen beziehungsweise Verstärkung von Emotionsregulation) weisen große inhaltliche Parallelen zu den zentralen in der Mentalisierungstheorie konzeptualisierten Fähigkeiten auf. Auf Grundlage der aktuellen Forschungsliteratur lässt sich deshalb die These aufstellen, dass eine Verstärkung antidemokratischer Vorurteile infolge autoritärer Emotionsdynamiken hervorgerufen wird, in denen Fähigkeiten, zu mentalisieren, epistemisch zu vertrauen und Emotionen mental »gepuffert« zu regulieren, eingeschränkt werden und ein Zusammenbruch des Mentalisierens mit Regression auf prämentalisierende Modi erfolgt. Beispielsweise wurde in einer aktuellen Studie gezeigt, dass in einer bedrohlichen Situation (Erinnerung an islamistischen Terroranschlag) die bewusste Reflexion der Hintergründe und Bedeutung der ausgelösten Emotionen die Ausprägung von gruppenbezogenen Vorurteilen (gegenüber Muslim:innen) verringern kann (Steele, Rovenpor, Lickel u. Denson, 2019). Auch in Korrelationsstudien ließ sich nachweisen, dass die drei eng zusammenhängenden Fähigkeiten, Emotionen wahrzunehmen, zu regulieren und zu verstehen *(mentalisierte Affektivität)*, negativ mit einem ausgeprägten Autoritarismus und offen gezeigten Vorurteilen korrelierten (van Hiel et al., 2019). Innerhalb der *Social Neuroscience* wurde in verschiedenen fMRT-Studien gezeigt, dass die Blockierung von mentalisierungsbezogenen Netzwerken (beispielsweise ventromedialer Präfrontalkortex, orbitofrontaler Kortex) eine entscheidende Rolle bei der Bildung von ethnisch begründeten Vorurteilen einnimmt (Mattan, Wei, Cloutier u. Kubota, 2018). Zusammengenommen lässt sich auf dem aktuellen Forschungsstand also davon ausgehen, dass eine konsequente Förderung von Mentalisierungsfähigkeiten wirkungsvoll gegen die Ausbildung autoritär-antidemokratischer Einstellungen eingesetzt werden kann.

Mit einer Integration von Gegenwartspsychoanalyse (Fonagys Mentalisierungstheorie) und Frankfurter Schule (Honneths Anerkennungstheorie) konnte theoretisch hergeleitet werden (vgl. Brauner, 2018, Kap. 6), dass im gesellschaftlichen Kontext entwicklungspsychologisch begründete Instabilitäten und maladaptive Regulationsstrategien (inklusive regressiver Mentalisierungsprozesse) vermutlich infolge einer sozialen und politischen Entfremdung durch wiederholte Erfahrungen von mangelhafter Anerkennung (im Sinne Honneths) ausgelöst werden können. Diesem Modell zufolge kann es zu einer angstbesetzten Apathie nicht nur infolge einer verunsicherten Identitätsbildung in der frühen Kindheit (psychische Entfremdung) kommen, sondern auch durch Individualität einschränkende Gruppenprozesse (soziale Entfremdung) oder gesellschaftliche Deprivationserfahrungen (politische Entfremdung), was jeweils über die Einschränkung von Mentalisierungsfähigkeiten zu autoritären Vorurteilen führen kann (vgl. Brauner, 2018). Vor diesem Hintergrund lässt sich das Ergebnis der repräsentativen Autoritarismusstudien an der deutschen Gegenwartsbevölkerung verstehen, dass in einem linearen Regressionsmodell das autoritäre Syndrom (als Kernelement einer antidemokratischen Grundhaltung) nicht nur durch zurückweisende und emotional distanzierte Erfahrungen in der Kindheit, sondern auch durch eine mangelhafte Anerkennung als Bürger:in im Hier und Jetzt vorhergesagt wird, was insbesondere auf die Subdimension der mentalen Verschlossenheit einen Einfluss ausübt (Decker, Schuler u. Brähler, 2018). Zusätzlich zeigen Daten von etwas älteren Repräsentativerhebungen an der deutschen Bevölkerung, dass der verstärkende Effekt von unsicher-vermeidenden Bindungsrepräsentationen auf gruppenbezogene Vorurteile gesellschaftlich durch politische und soziale Desintegrationserfahrungen vermittelt wird (Rüssman, Dierkes u. Hill, 2010). Auf Grundlage der Mentalisierungstheorie lässt sich schlussfolgern, dass solche gesellschaftlichen Entfremdungsprozesse intrapsychisch angst- und schambezogene Emotionsdynamiken auslösen können, die bewusst als subjektive Bedrohung der personalen und eigengruppenbezogenen Identität wahrgenommen werden und unbewusst zu den beschriebenen Regressionen auf prämentalisierende Reflexionsmodi führen, was langfristig zu einer stärkeren Vorurteilsbereitschaft beiträgt (Brauner, 2019, 2020b). Damit einhergehend liegen aus den Beobachtungen der ebenfalls repräsentativen »Mitte-Studie 2021« direkte Hinweise dafür vor, dass stabile Mentalisierungsfähigkeiten eine gewisse Resilienz gegenüber der Ausbildung antidemokratischer Einstellungen wie gruppenbezogene Menschenfeindlichkeit oder Law-and-Order-Autoritarismus bedeuten können (Krott u. Reininger, 2021)

Dieses aus der bisherigen Forschung hergeleitete mentalisierungstheoretische Modell zur Entstehung autoritärer Haltungen und antidemokratischer Vorurteile wird aktuell in einer Studienreihe geprüft (Brauner, in Bearbeitung). In einer Pilotstudie wurde zunächst an einer studentischen Stichprobe gezeigt, dass sich in einem linearen Regressionsmodell fremdenfeindliche Vorurteile teilweise durch ein vermindertes Mentalisierungsinteresse erklären lassen, auch über andere Einflussfaktoren wie Nationalismus, relative Deprivation oder soziodemografische Unterschiede hinaus (Brauner, Goos, Merz u. Theisges, 2018). Darauf aufbauend wird aktuell in Kooperation mit Tobias Nolte und

Peter Fonagy vom University College London in größer angelegten Untersuchungen überprüft, welche differenzierten Zusammenhänge darüber hinaus zwischen einerseits zentralen Mentalisierungsfähigkeiten sowie andererseits unterschiedlichen rechtspopulistischen Einstellungen und autoritären Haltungen bestehen.

Forschung: Mentalisieren und Intergruppenprozesse im pädagogischen Kontext

Aus der Autoritarismusforschung ist bekannt, dass für die Ausbildung autoritärer Haltungen und antidemokratischer Vorurteile insbesondere die Entwicklungsphase der Adoleszenz entscheidend ist (siehe Decker, 2012). Aus mentalisierungstheoretischer Perspektive ist für die psychische Entwicklung in der Adoleszenz zweierlei zentral: erstens die zunehmende Ablösung aus der Primärfamilie, wodurch eine Erweiterung des Bindungssystems von den Bezugspersonen auf gleichaltrige Peers stattfindet und eine Integration in gesellschaftliche Kontexte erfolgen muss; und zweitens die verspätete Reifung von präfrontal-kortikalen gegenüber limbisch-subkortikalen Netzwerken, wodurch gehäuft ein »Switch« zu implizit-automatischen Verarbeitungsprozessen unter Einschränkung reflexiver Funktionen erfolgt (Taubner u. Volkert, 2017).

Die Bewältigung der adoleszenten Entwicklungsaufgaben des Aufbaus von Peerbindungen und der kulturellen Integration sind in *postmigrantischen Gesellschaften* wie der BRD von den jeweiligen Umgangsweisen mit der zunehmenden gesellschaftlichen Diversität abhängig – über 40 % (mit steigendem Trend) aller aktuell schulpflichtigen Kinder und Jugendlichen haben einen sogenannten »Migrationshintergrund« und in Großstädten wie beispielsweise München, Stuttgart oder Frankfurt am Main liegt dieser Anteil im Kindergartenalter sogar bei 60–70 % (Foroutan, 2019). Die alltägliche Lebensrealität von jungen Menschen ist also bereits heute (und wird in Zukunft noch stärker) von vielfältigen Intergruppenprozessen geprägt, in denen ein kommunikativer Austausch inmitten (teils konfligierender) ethnischer, religiöser und kultureller Gruppenzugehörigkeiten und -zuschreibungen erfolgen muss. Aus sozialpsychologischen Metaanalysen von über fünfhundert Studien (Pettigrew, Tropp, Wagner u. Christ, 2011) ist bekannt, dass das Gelingen von Intergruppenprozessen insgesamt davon abhängt, inwiefern durch sozioemotionale Fähigkeiten das Angsterleben reguliert und interpersonales Vertrauen sowie empathische Perspektivenübernahme aufgebaut werden können, anders gesagt: inwiefern Mentalisierungsfähigkeiten ausgeübt werden.

Anhand der längsschnittlichen Daten aus einem groß angelegten Forschungsprojekt, das zwischen 2010 und 2015 in Schweden an knapp siebenhundert Jugendlichen aus 32 Schulklassen durchgeführt wurde (Miklikowska, 2018), lassen sich differenzierte Schlussfolgerungen über diese sozioemotionalen Aspekte in Bezug auf Intergruppenprozesse bei Adoleszenten ziehen. Insgesamt zeigt sich anhand der Daten, dass die unterschiedliche Ausprägung von gruppenbezogen-menschenfeindlichen Vorurteilen *zwischen* verschiedenen Jugendlichen und die Veränderung der Vorurteilsbereitschaft *innerhalb* der Entwicklung eines oder einer Jugendlichen stabil anhand ihrer Fähigkeiten zur reflexiven Perspektivenübernahme und einer darin integrierten empathischen Einfühlung (Miklikowska, 2018; Miklikowska, Bohman u. Titzmann, 2019) vorhergesagt werden kann. In Bezug auf den Einfluss pädagogischer Fachkräfte zeigt sich, dass eine Abnahme von Vorurteilen erreicht wird, wenn Jugendliche sich von ihren Lehrer:innen im Rahmen einer insgesamt fairen Behandlung als Personen mit eigenständigen Meinungen und Empfindungen anerkannt fühlen und diese konkrete Unterstützung in eine generalisierte Überzeugung in die allgemeine Vertrauenswürdigkeit von Mitmenschen umwandeln können (Miklikowska, Thijs u. Hjerm, 2019).

Diese Befunde lassen sich zusammengenommen als deutliche Indizien dafür verstehen, dass die Vorurteilsbereitschaft von Jugendlichen im pädagogischen Kontext entscheidend von der Ausübung von Mentalisierungsfähigkeiten abhängt. Der Erfolg von Intergruppenprozessen im Klassenraum wird also in sozioemotionaler Hinsicht davon getragen, dass Fähigkeiten des Emotionsregulation integrierenden Mentalisierens (in Interaktionen mit Gleichaltrigen) sowie des epistemischen Vertrauens (gegenüber pädagogischen Fachkräften und Institutionen) ausgebildet werden, womit schrittweise ein Abbau von Vorurteilen einhergeht. Die breite Evidenz aus den schwedischen Untersuchungen lässt sich somit als Bestätigung der Erkenntnisse aus dem *Peaceful Schools Project* verstehen, das über mehrere Jahre unter Leitung von Twemlow und Fonagy an einer jamaikanischen »Problemschule« durchgeführt worden ist; auch dort führte die Etablierung eines mentalisierungsbasierten Schulklimas dauerhaft zum Abbau von diskriminierenden und gewaltsamen Umgangsweisen innerhalb der Schüler:innenschaft (Twemlow, Fonagy, Sacco, Vernberg u. Malcolm, 2011).

In einem letzten Schritt sollen deshalb aus dem Mentalisierungsansatz förderliche Kommunikationsstrategien abgeleitet werden (vgl. Schultz-Venrath u. Felsberger, 2016; Taubner u. Volkert, 2017), wie in (sozial-)pädagogischen Kontexten (Schule, Sportvereine, Jugendhilfe etc.) durch eine mentalisierungsfördernde Kommunikation den negativen Auswirkungen antidemokratischer Vorurteile entgegengewirkt werden kann.

Praxis: Mentalisierungsbasierte Kommunikation mit rechtspopulistischen Jugendlichen

Wie bereits herausgearbeitet wurde, können rechtspopulistische Einstellungen, die im Jugendalter ausgebildet werden, langfristig dazu führen, dass beispielsweise über den Glauben an Verschwörungstheorien eine antidemokratische Grundüberzeugung ausgebildet wird und über die Bildung gruppenbezogenmenschenfeindlicher Vorurteile Interaktionsprozesse mit Gleichaltrigen beeinträchtigt werden. Eine mentalisierungsbasierte Herangehensweise steht somit grundlegend vor der Aufgabe, solchen radikalisierungsgefährdeten Jugendlichen dabei zu helfen, innere Beweggründe für autoritäre und menschenfeindliche Haltungen abzubauen, damit sie langfristig zu demokratisch eingestellten Mitgliedern einer pluralen Gesellschaft heranwachsen können. Konkret geht es darum, die Jugendlichen beim Aufbau und der Ausübung von Mentalisierungsfähigkeiten so zu unterstützen, dass sozialen Desintegrations- und politischen Deprivationserfahrungen entgegengewirkt und über eine sozioemotionale Stabilisierung eine tiefergehende Radikalisierung ausgebremst werden kann.

Deshalb werden im Folgenden aus der bisherigen Forschung zum Mentalisierungsmodell konkrete Kommunikationsstrategien abgeleitet, die dabei hilfreich sein können. Ich werde hierfür zunächst allgemeine Prinzipien vorstellen, um anschließend in Abhängigkeit von den unterschiedlichen prämentalisierenden Reflexionsmodi konkrete Kommunikationsmöglichkeiten (inklusive Beispielen) vorzustellen. Hierfür übertrage ich die Erkenntnisse aus der mentalisierungsbasierten Therapie (insbesondere mit Adoleszenten und in Gruppen) auf die Kommunikation mit rechtspopulistisch eingestellten Jugendlichen im pädagogischen Kontext (vgl. Taubner u. Volkert, 2017, Kap. 9; Schultz-Venrath u. Felsberger, 2016, Kap. 3). Mir ist selbstverständlich bewusst, dass sich diese aus Theorie und Forschung abgeleiteten Ansätze nicht exakt in dieser Form und schon gar nicht in ihrer Vollständigkeit in die ohnehin herausfordernde Alltagspraxis (sozial-)pädagogischer Institutionen werden umsetzen lassen. Die folgenden Ausführungen sollten deshalb eher als erste Anregungen für eigene Auseinandersetzungen (denn als bereits ausgearbeiteter Leitfaden) verstanden werden.

Das langfristige Ziel einer mentalisierungsbasierten Kommunikation mit Jugendlichen sollte – im Sinne einer Öffnung der Zweierbeziehung mit Erwachsenen hin zum prägenden sozialen Kontext der Peerbeziehungen – darin bestehen, die rechtspopulistisch eingestellten Jugendlichen weiterhin als aktive Mitglieder der Klasse (oder des Sportteams etc.) zu halten, um ihre Motivation zum fortwährenden Mentalisieren in Intergruppenprozessen herauszufordern. Aus der Radikalisierungsforschung ist bekannt, dass langfristige Radikalisierungen häufig durch »erlebte Ausstoßung« (Taubner, Hasper u. Wahl, 2013) aus nicht radikalen Gruppen und Hinwendung zu Halt und Überlegenheit bietenden radikalen Gruppen erfolgt, durch welche eine instabile Identitätsentwicklung und mangelnde Beziehungskompetenz infolge schwacher sozioemotionaler Fähigkeiten kompensiert wird (Plha u. Friedmann, 2019), was – in den Worten Fromms – eine »Prothesensicherheit« in der Furcht vor Freiheit bietet. Mentalisierungsbasierte Umgangsweisen von Pädagog:innen mit rechtspopulistisch eingestellten Jugendlichen können dabei helfen, einen solchen Schritt zu verhindern, indem die eigene Kommunikation gezielt an die mentalen Zustände der:des Jugendlichen angepasst wird.

Aus mentalisierungstheoretischer Sicht lassen sich die Antworten von pädagogischen Fachkräften anhand von vier Ebenen differenzieren: Grundlegend besteht das Ziel darin, 1. den Fokus auf die Modulierung des emotionalen Hintergrundprozesses zu richten, weil dies konstitutiv ist für die Auseinandersetzung auf inhaltlicher Ebene. Hierbei kann es helfen – sofern es die jeweilige Situation zulässt – kurz zur Wahrnehmung der eigenen affektiven Reaktionen innezuhalten, um anschließend den vorherrschenden Gefühlszustand der:des Jugendlichen mentalisierend erfassen zu können. Damit ist die Grundlage geschaffen, um 2. einschätzen zu können, inwiefern die autoritär-antidemokratischen Einstellungen mit spezifischen Einschränkungen der Reflexionsbemühungen zusammenhängen, die durch Regressionen auf prämentalisierende Modi hervorgerufen werden. Auf der Grundlage einer mentalisierenden Haltung in der Arbeitsbeziehung lässt sich nach Möglichkeit 3. darauf achten, dass der:die Jugendliche sich möglichst persönlich angesprochen und in seiner:ihrer eigenen Sichtweise ernst genommen fühlt, um bei der Vermittlung generalisierbarer Informationen einen »epistemischen Super-Highway« (Fonagy u. Allison, 2014) und damit eine Öffnung für eine Perspektivenübernahme herzustellen. Erst auf einer letzten Ebene erfolgt 4. die inhaltliche Auseinandersetzung, wobei es hilfreich sein kann, die eigene Kommunikationsweise auf die »diagnostizierten« regressiven Prozesse anzupassen (siehe unten). Zu unterscheiden ist dabei, wie unten gleich näher erläutert wird, zwischen Kommunikationsstrategien, die begründet sind in A) dem Äquivalenzmodus, B) dem Als-ob-Modus oder C) dem teleologischen Modus.

A) Wie bereits erwähnt, sind für eine Verstärkung von rechtspopulistischen Vorurteilen aus mentalisierungstheoretischer Sicht insbesondere *Regressionen auf den Äquivalenzmodus* zentral, die infolge persönlicher Bedrohungswahrnehmungen mit der psychodynamischen Funktion einer emotionalen Distanzierung ausgelöst werden. Im Äquivalenzmodus findet durch die eingeschränkte

Mentalisierungsfähigkeit eine Gleichsetzung von inneren Fantasien mit äußeren Begebenheiten statt, was dazu führt, dass eigene Vorstellungen für »überreal« gehalten werden. Dadurch sind reflexive Auseinandersetzungen von einer misstrauenden bis temporär paranoiden Grundüberzeugung und von einer Haltung der Selbstgerechtigkeit und absoluten Gewissheit geprägt, was vermehrt zu konkretistischen Überzeugungen, einseitigen Zuschreibungen (inklusive Projektionen) und einer Intoleranz gegenüber alternativen Perspektiven führt. Solche mentalen Prozesse können rechtspopulistische Überzeugungen z. B. von Jugendlichen verstärken, die sich in ihrer Identität bedroht fühlen und dies mit generalisierenden Forderungen beantworten (beispielsweise »Es muss eine vollständige ›Remigration‹ aller Flüchtlinge erfolgen, weil Muslime frauenverachtend sind und als Terroristen eine Bedrohung für unser deutsches Volk darstellen«). In solchen gruppenbezogen-menschenfeindlichen Statements, für die hier nur eine exemplarische Formulierung gewählt worden ist, lassen sich oftmals die bereits ausgeführten Dimensionen des Äquivalenzmodus wiederfinden: fehlende Differenzierung durch Verabsolutierung eigener Überzeugungen (Flüchtlinge = Muslime = Terroristen = Bedrohung), pauschalisierende und einseitige Selbstgewissheit (Muslime als per se frauenverachtend), Intoleranz gegenüber abweichenden Meinungen (zwingend erfolgende Ausweisung) oder quasi-paranoide Bedrohungsfantasien der eigenen Identität (bedrohtes deutsches Volk).

Im Erleben der Fachkräfte kann die Konfrontation mit solchen Vorurteilen, die durch den Äquivalenzmodus ausgelöst werden, vordergründig Gefühle der Verärgerung oder Empörung auslösen, die zu einem starken Bedürfnis führen, die:den Jugendlichen direkt vom Gegenteil überzeugen. Unterschwellig können jedoch aufgrund der Wucht, die von der verabsolutierenden Überzeugung der:des Jugendlichen ausgeht, auch Momente der Irritation oder Unsicherheit bestehen, die eine klare Antwort möglicherweise konterkarieren würden. Aus solchen Impulsen heraus unmittelbar »im Eifer des Gefechts« durch eine verbale Entgegnung zu reagieren, sollte deshalb nach Möglichkeit vermieden werden, weil eine direkte Konfrontation der Positionen vermutlich ein epistemisches Verschließen der:des Jugendlichen mit sich bringen würde. Das würde heißen, dass in der:dem Jugendlichen keine Offenheit mehr bestehen würde, die Informationsvermittlung als vertrauenswürdig, persönlich relevant und verallgemeinerbar wahrzunehmen, was eine inhaltliche Auseinandersetzung unfruchtbar werden ließe. Deshalb gilt es zunächst, die eigenen Gefühle selbstmentalisierend wahrzunehmen und durch dieses *mentale Puffern* zu regulieren. Dadurch kann grundlegend die Gefahr gemindert werden, dass die inhaltliche Auseinandersetzung in eine polarisierende Konfrontation mündet, die weitere Lernprozesse verhindern würde.

Zusätzlich kann es für die anschließende Auseinandersetzung nützlich sein, von einer *empathischen Validierung* des emotionalen Zustands in der:dem Jugendlichen auszugehen, der hinter dem geäußerten Vorurteil liegt, um überhaupt eine Öffnung in die Beziehung zu erreichen, allerdings ohne dieses Gefühl für ein objektives Abbild der Realität zu erklären (beispielsweise »Du scheinst die Migration in den letzten Jahren als große Bedrohung für dich persönlich wahrgenommen zu haben. Lass uns darüber sprechen«). Die Wahrnehmung, sich von einer pädagogischen Autoritätsperson im eigenen Gefühlszustand persönlich ernst genommen zu fühlen, ist – wie bereits gezeigt wurde – eine Voraussetzung dafür, langfristig Vertrauen auf- und darüber Vorurteile abzubauen. Erst wenn über eine solche affektspiegelnde Beruhigung die Bereitschaft für einen epistemischen Austausch hergestellt wurde, kann – beispielsweise mithilfe der Technik *stop, rewind and explore* – ein inhaltlicher Aspekt konkret fokussiert und in verlangsamtem Tempo exploriert werden (beispielsweise »Du sprichst von ›Terroristen‹ und setzt sie mit ›Muslimen‹ gleich. Ja, es gibt aktuell circa 12.000 radikal-islamistische Gefährder in Deutschland mit zuletzt *leicht* steigender Tendenz von +5,5 % zwischen 2018 und 2019. Aber ein absoluter Großteil von 99,8 % der insgesamt fünf Millionen Muslime gehört nicht zu dieser Gruppe«). Darüber hinaus kann mittels der Technik *stop and stand* eine Klärung hinsichtlich spezifischer Situationen erfolgen, in denen die:der Jugendliche sich persönlich bedroht gefühlt hat, um beispielsweise die automatische Zuordnung zu einer spezifischen »Fremd-«Gruppe gemeinsam kritisch zu reflektieren (»Du sagst, dir hat die Eröffnung der Moschee neulich hier um die Ecke Angst gemacht. Das ist ja auch erst mal etwas Neues für unsere Stadt. Aber hast du sie dir schon mal von innen angesehen? Vielleicht machen wir einfach mal einen Klassenausflug dahin?«).

Um den Boden für ein langsames Infragestellen der verabsolutierenden Überzeugungen im Äquivalenzmodus zu bereiten, kann es auch helfen, konkrete Gegenbeispiele aus der unmittelbaren Lebensrealität der:des Jugendlichen anzuführen. Auf dem Boden einer empathischen Validierung kann über das persönliche Erleben zur Perspektivenübernahme angeregt werden, die eine schrittweise Infragestellung der eigenen verabsolutierenden Position langsam möglich erscheinen lässt (beispielsweise »Wir haben ja seit 2017 mit Adil und Djamal auch zwei Mitschüler aus Syrien. Ich finde die ehrlich gesagt eher ganz normale Jugendliche, sogar eher ruhig, wie empfindest du das?«). Förderlich kann es dabei sein, eine Grundhaltung zu finden, in der die Position der:des Jugendlichen zunächst validierend ernst genommen wird, bevor darauf aufbauend die eigenen Zweifel und Gegenpositionen in ruhiger Tonlage offen und klar formuliert werden. Auch hierfür kann z. B. auf positive Erfahrungen der:des Jugendlichen innerhalb von Intergruppenprozessen verwiesen werden (»Also diese total absoluten Forderungen überraschen mich jetzt. Hast du nicht letzte Woche noch Djamal zu deinem Geburtstag eingeladen?«).

Für eine gelingende Kommunikation ist insgesamt zentral, dass die absoluten Aussagen und der selbstgewisse Tonfall, die für den Äquivalenzmodus charakteristisch sind, nicht zum Anlass genommen werden, sich direkt in ausführliche Grundsatzdiskussionen hineinziehen zu lassen. Stattdessen gilt es, in einem notwendigerweise langwierigen Prozess den emotionalen Kontakt zu der:dem Jugendlichen nach Möglichkeit nicht abbrechen zu lassen, um die Bahnung ihres:seines epistemischen Vertrauens stückweise (wieder) aufzubauen.

Aus mentalisierungstheoretischer Sicht gilt es zusätzlich zu berücksichtigen, dass neben einer Regression auf den Äquivalenzmodus, der insgesamt eine hervorgehobene Bedeutung für rechtspopulistische Einstellungen hat, weil viele dieser Argumentationsketten strukturell im Äquivalenzmodus operieren, die Einschränkung von Mentalisierungsfähigkeiten sich auch in Regression auf einerseits den *Als-ob-Modus* oder andererseits den *teleologischen Modus* ausdrücken kann. Diese Zustände können teilweise auch ineinander übergehen. Auch solche wiederkehrenden Regressionen dienen insgesamt der Funktion einer emotionalen Distanzierung von aversiven eigenen oder gruppenbezogenen Gefühlszuständen (Kirsch, Brockmann u. Taubner, 2016, insb. S. 82 ff.). Abrupte Wechsel zwischen den Modi können in der Adoleszenz aufgrund der beschriebenen neurobiologischen Asymmetrien gehäuft auftreten, insbesondere im Kontext von konflikthaften Peerbeziehungen (Kirsch et al., S. 220 ff.). Die prämentalisierenden Prozesse, die mit dem Als-ob- beziehungsweise dem teleologischen Modus verbunden sind, können ebenfalls zur Verstärkung rechtspopulistischer Vorurteile führen, was eine jeweils angepasste Kommunikationsstrategie der pädagogischen Fachkräfte erfordert.

B) Insbesondere die Ausbildung einer Verschwörungsmentalität, die empirisch eng mit Muslimfeindlichkeit und israelbezogenem Antisemitismus zusammenhängt (Rees u. Lamberty, 2019), kann durch Regressionen auf den *Als-ob-Modus* begründet und verstärkt werden. Zwar herrschen auch beim Glauben an Verschwörungsmythen häufig Prozesse des Äquivalenzmodus vor (vgl. Brauner, 2020a), wie beispielsweise eine Grundhaltung des autoritären Misstrauens (»Studien, die einen Klimawandel belegen, sind meist gefälscht«), eine quasi-paranoide Gewissheit bezüglich geheimer Pläne (»Es gibt geheime Organisationen, die großen Einfluss auf politische Entscheidungen haben«) und eine Intoleranz gegenüber Alternativerklärungen (»Ich vertraue meinen Gefühlen mehr als sogenannten Experten«).³ Doch die Reflexion von verschwörungsideologisch argumentierenden Jugendlichen kann zusätzlich *pseudomentalisierende* Prozesse aus dem Als-ob-Modus beinhalten. Dies lässt sich darauf zurückführen, dass im Als-ob-Modus die fantasierten Vorstellungen weitestgehend von der Realität abgekoppelt sind, was zu einem ausschweifenden Spekulieren über mögliche Beweggründe und Pläne der vermeintlich machthabenden Eliten in detailreichen, jedoch oberflächlichen Monologen führen kann (siehe Aussage im Folgenden). Zusätzlich kann die Identifizierung mit Widerstandsfiguren, die vermeintlich gegen die dunklen Machenschaften ankämpfen, eine quasi märchenhaft-wunscherfüllende Überwindung der empfundenen Bedeutungslosigkeit der eigenen Person bewirken. Gesellschaftlich werden solche Verschwörungsmythen verstärkt in Krisensituationen, die als unkontrollierbar wahrgenommen werden, geäußert, wie z. B. in der sogenannten Corona-Krise (beispielsweise »Die ›Marionette‹ Merkel führt nur den geheimen Plan ›der Zionisten‹ unter Leitung von Bill Gates aus, mit Corona die Weltbevölkerung zu dezimieren und danach eine ›New World Order‹ zu etablieren, wogegen QAnon unter Führung von Trump ankämpft«).

Für pädagogische Fachkräfte gilt es hier, zunächst in der eigenen Reaktion auf die ausschweifenden Mutmaßungen z. B. die schleichenden Gefühle der Ermüdung und des Desinteresses zu regulieren, um anschließend mit authentischem Interesse auf die Jugendlichen eingehen zu können. Auf inhaltlicher Ebene lässt sich im Sinne einer *Salamitaktik* ein spezifischer Aspekt herausgreifen, zu dem – erneut im Anschluss an eine epistemisch öffnende Validierung – konkrete Nachfragen gestellt und widerlegende Fakten präsentiert werden (beispielsweise »Du hast ja Recht, dass Gates mit seinen Spenden an die WHO – allein 2018 knapp 230 Mio. Dollar – entspricht 10 % des WHO-Gesamtetats – einen nicht geringen Einfluss auf die Weltpolitik ausübt. Aber mir ist nicht klar, wie das zu dem ›geheimen Corona-Plan‹ passen soll. Warum sollte Gates seit Jahren einen Großteil seines Privatvermögens für die internationale Bekämpfung von tödlichen Krankheiten ausgeben, wenn sein eigentliches Ziel angeblich die massive Dezimierung der Weltbevölkerung ist?«). Die Grundstruktur von Verschwörungstheorien ist häufig so aufgebaut, dass ein tatsächliches Ereignis oder ein unbestreitbarer Fakt zum Ausgangspunkt genommen wird (Gates' politischer Einfluss durch Millionenspenden), was jedoch in der Theoriebildung dadurch zunehmend verzerrt wird, dass Details aus dem Kontext gerissen und neu eingebettet werden (»geheimer Corona-Plan«) und mit

---

3 Die Beispielaussagen (in Klammern) stellen Items für die Erfassung einer Verschwörungsmentalität in den »Mitte-Studien« dar (Rees u. Lamberty, 2019).

fehlerhaft mentalisierenden Zuschreibungen vermeintlich dahinter stehender Motive verbunden werden (deutliche Dezimierung der Weltbevölkerung; vgl. Butter, 2018, Kap. 2). Wichtig ist deshalb eine Differenzierung zwischen einer Validierung des ursprünglichen Wahrheitskerns und eines Infragestellens der darum gebauten Verschwörungserzählung. Deshalb ist es wichtig, sich bei der Reaktion der:des Jugendlichen nicht von einer unmittelbar eingeräumten Zustimmung (zur Validierung des Wahrheitskerns) blenden zu lassen, die von der:dem Jugendlichen ohne Beachtung der Konsequenzen für das eigene Gedankengebäude erfolgt (Hinterfragen der Verschwörungserzählung) und in der Diskussion zu einem vorschnellen Übergehen der infrage stellenden Argumente führen kann. Um eine solche vornehmlich um Fantasiekonstrukte kreisende Argumentationsweise zu blockieren, können die Äußerungen der:des Jugendlichen auch durch eine *ironisch-überraschende Brechung* konfrontativ herausgefordert werden, was eine Blockierung des pseudomentalisierenden Gedankenflusses bewirken kann (beispielsweise »So mächtig kann Gates doch gar nicht sein, wenn er zwar angeblich die WHO und alle Regierungen kontrollieren kann, nicht jedoch die ganzen Social-Media-Kanäle deiner ›Corona-Rebellen‹«). Hier gilt es jedoch sensibel dafür zu sein, wann eine solche Konfrontation von der:dem Jugendlichen verstanden wird oder als persönliche Bedrohung wahrgenommen wird, was ein Umschlagen in den Äquivalenzmodus zur Folge haben könnte und eine erneute Anpassung der eigenen Kommunikation erfordern würde.

C) Zusätzlich kann eine Untersetzung rechtspopulistischer Vorurteile durch rechtsextreme Ideologiefragmente mit Übergängen vom Äquivalenzmodus zum teleologischen Modus einhergehen (siehe Taubner et al., 2013). Hier ist eine reflexive Bezugnahme auf mentale Modelle nur noch schwer möglich, sondern es herrscht die Grundüberzeugung vor, nur real Beobachtbares für bedeutungsvoll zu halten, was insgesamt zu einem hohen Handlungsdruck führt (nach dem Motto »Endlich Taten statt Worte!«). Nicht nur wird von der Umwelt eingefordert, dass sie den eigenen Vorstellungen gemäß funktionieren muss, sondern es können auch Affektimpulse nur unzureichend kontrolliert werden. Durch einen solchen mentalen Zustand können in Jugendlichen Überzeugungen verstärkt werden, die rassistischen Fremdenhass oder Gewaltverherrlichung ausdrücken und z. B. aus den rechtsextremen Ideologien der *Neuen Rechten* oder der *Identitären Bewegung* stammen (beispielsweise »Der ›große Bevölkerungsaustausch‹, der von der politischen Elite seit 2015 durchgesetzt wird, erfordert den ›Widerstand‹ patriotischer Männer unter Einsatz ›wohltemperierter Grausamkeit‹, um den drohenden ›Volkstod‹ noch zu verhindern«).

Von der pädagogischen Fachkraft braucht es hier immer wieder zunächst eine Überwindung eigener Ängste und Verunsicherung, die durch den aggressiven Handlungsdruck ausgelöst werden (hierfür kann man sich auch Rückhalt im Kolleg:innen-Kreis suchen). Darauf aufbauend gilt es unter klarer Fokussierung der emotionalen Prozessebene (kognitive Auseinandersetzungen sind im teleologischen Zustand nur schwer möglich) beispielsweise durch *Affektkennzeichnung* auch unter der Oberfläche verborgene Gefühlszustände verbal anzuerkennen, um in der:dem Jugendlichen überhaupt die Wahrnehmung als eigenständigem Akteur und damit ein grundlegendes epistemisches Vertrauen zu wecken, jedoch kommunikativ direkt von dem an der Oberfläche präsentierten Affekt (Wut, Hass etc.) wegzulenken (beispielsweise »Was löst denn die Fluchtkrise in dir aus, kannst du das beschreiben? … Würdest du dem zustimmen, dass du dich den politischen Entwicklungen rund um die Fluchtkrise ziemlich ohnmächtig und hoffnungslos ausgeliefert fühlst, oder wie würdest du das beschreiben?«). Eine solche Akzeptanz und markierte Kennzeichnung der zentralen (abgewehrten) Affekte kann eine grundlegende Arbeitsbeziehung etablieren, auf deren Grundlage anschließend inhaltliche Diskussionen aufgenommen werden können. Diese sind mit rechtsextremen Jugendlichen insgesamt von einem Changieren zwischen zwei Polen geprägt: einerseits der emotionalen Einstimmung auf die hinter den Gewalt- und Hassimpulsen verborgene existenzielle psychische Not (die nicht selten auch aus desorganisierten Beziehungserfahrungen und einer infolgedessen gebildeten narzisstischen Borderline-Persönlichkeitsorganisation hervorgeht; vgl. Streeck-Fischer, 1992; Saimeh, 2017); und andererseits einer klaren Grenzsetzung bei der Äußerung menschenverachtender oder verfassungsfeindlicher Aussagen (insbesondere wenn diese gegenüber Mitschüler:innen getätigt werden). Sind solche Aussagen in eine verfestigte rechtsextremistische Radikalisierung mit Gewaltneigung eingebettet, ist also die Sicherheit anderer Personen (beispielsweise von Mitschüler:innen) nicht gewährleistet, sollte auch die Zusammenarbeit mit Netzwerken, die auf Radikalisierungsprävention spezialisiert sind, erwogen werden, um das von der:dem Jugendlichen ausgehende Gefährdungspotenzial abklären und eindämmen zu können.[4] Insgesamt sollte das Ziel zunächst darin bestehen, in der:dem Jugendlichen überhaupt ein Bemühen zu eigenen kriti-

---

4 Für Kontaktstellen hierzu siehe beispielsweise das »Handlungsfeld Extremismusprävention« des Projekts *Demokratie leben!* vom Bundesministerium für Familie, Senioren, Frauen und Jugend (www.demokratie-leben.de). Ein Programm, das Radikalisierungsprävention explizit durch die Förderung von Mentalisierungsfähigkeiten erreicht, ist beispielsweise das *Blickwechsel-Training* der Denkzeit-Gesellschaft, welches ein kostenloses Einzeltraining für radikalisierte Jugendliche über insgesamt vierzig Stunden darstellt (www.denkzeit.info).

schen Reflexionen zu wecken, die wahrscheinlich erst einmal von Formen des Äquivalenzmodus geprägt sein dürften, was wiederum eine Anwendung der bereits beschriebenen Strategien erfordert, wie beispielsweise die Anregung zur Perspektivenübernahme (»Was denkst du, wie deine Mitschüler und Mitschülerinnen mit Migrationshintergrund sich fühlen, wenn sie diese Aussagen von dir mitbekommen?«). Im Rahmen eines etablierten vertrauensvollen Kontakts sollte auch versucht werden, der:dem Jugendlichen die Mitverantwortung für die Sicherheit anderer auf der Handlungsebene zu geben (»Wenn ich von deinem ›Widerstand durch wohltemperierte Grausamkeit‹ höre, mache ich mir Sorgen um deine Mitschüler. Kannst du mir in die Hand versprechen, dass du konkret keine Gewalt gegen sie anwenden wirst?«).

Die bereits ausgeführten Kommunikationsstrategien sollten von pädagogischen Fachkräften als grober Rahmen verstanden werden, in der Auseinandersetzung mit rechtspopulistisch eingestellten Jugendlichen immer auch die sozioemotionalen Aspekte zu berücksichtigen, welche der inhaltlichen Ebene der Radikalisierung zugrunde liegen. Durch eine stetige Mentalisierungsförderung in der Kommunikation lässt sich (hoffentlich) eine solche Stabilisierung erreichen, dass der:die Jugendliche mittelfristig Intergruppenprozesse kompetenter gestalten kann und langfristig sich in die demokratische Gesellschaft integrieren kann.

Literatur

Albert, M., Hurrelmann, K., Quenzel, G. (2019). 18. Shell Jugendstudie: Jugend 2019 – eine Generation meldet sich zu Wort. Weinheim: Beltz.
Allison, E., Fonagy, P. (2016). When is truth relevant? The Psychoanalytic Quarterly, 85 (2), 275–303. DOI: 10.1002/psaq.12074
Brauner, F. (2018). Mentalisieren und Fremdenfeindlichkeit: Psychoanalyse und Kritische Theorie im Paradigma der Intersubjektivität (Psyche und Gesellschaft). Gießen: Psychosozial-Verlag.
Brauner, F. (2019). Emotionsdynamiken im Autoritären Syndrom: Implikationen aus einem mentalisierungstheoretischen Forschungsansatz. Psychoanalyse – Texte zur Sozialforschung, 23 (1), 3–29.
Brauner, F. (2020a). »Vertraut mir, ihr solltet niemandem vertrauen«: Einschränkungen des Mentalisierens und Epistemischen Vertrauens in der Verschwörungsmentalität. Psychosozial, 42 (4), 27–38. DOI: 10.30820/0171-3434-2020-1-27
Brauner, F. (2020b). Zur Psychodynamik der aktuellen »Flucht ins Autoritäre«: Herleitung und Skizze der Neuaufnahme eines empirischen Forschungsansatzes. Politische Psychologie, 8 (1), 74–90.
Brauner, F., Goos, C., Merz, J., Theisges, L. (2018). Mentalisieren und Fremdenfeindlichkeit – eine Pilotstudie: Zur Gesellschaftskritik durch die moderne Psychoanalyse. Forum der Psychoanalyse, 34 (3), 313–328. DOI: /10.1007/s00451-018-0307-1
Butter, M. (2018). »Nichts ist, wie es scheint«: Über Verschwörungstheorien. Frankfurt a. M.: Suhrkamp.

Carnelley, K. B., Boag, E. M. (2019). Attachment and prejudice. Current Opinion in Psychology, 25, 110–114. DOI: 10.1016/j.copsyc.2018.04.003
Decker, O. (2012). Das Veralten des Autoritären Charakters. In O. Decker, M. Weißmann, J. Kiess, E. Brähler (Hrsg.), Die Mitte in der Krise: Rechtsextreme Einstellungen in Deutschland (S. 29–41). Springe: zu Klampen.
Decker, O. (2018). Flucht ins Autoritäre. In O. Decker, E. Brähler (Hrsg.), Flucht ins Autoritäre: Rechtsextreme Dynamiken in der Mitte der Gesellschaft (S. 15–64). Gießen: Psychosozial-Verlag.
Decker, O., Schuler, J., Brähler, E. (2018). Das autoritäre Syndrom heute. In O. Decker, E. Brähler (Hrsg.), Flucht ins Autoritäre: Rechtsextreme Dynamiken in der Mitte der Gesellschaft (S. 117–156). Gießen: Psychosozial-Verlag.
Fonagy, P., Allison, E. (2014). The role of mentalizing and epistemic trust in the therapeutic relationship. Psychotherapy, 51 (3), 372–380. DOI: 10.1037/a0036505
Foroutan, N. (2019). Die postmigrantische Gesellschaft: Ein Versprechen der pluralen Demokratie. Bielefeld: Transcript.
Fromm, E. (1930/1980). Arbeiter und Angestellte am Vorabend des Dritten Reiches: Eine sozialpsychologische Untersuchung (Bearb. u. hrsg. von Wolfgang Bonß). Stuttgart: Deutsche Verlagsanstalt.
Fromm, E. (1941/1983). Die Furcht vor der Freiheit. Frankfurt a. M.: Ullstein.
Heitmeyer, W. (2018). Autoritäre Versuchungen. Berlin: Suhrkamp.
Hopf, C. (2000). Familie und Autoritarismus – zur politischen Bedeutung sozialer Erfahrungen in der Familie. In S. Rippl, C. Seipel, A. Kindervater (Hrsg.), Autoritarismus: Kontroversen und Ansätze der aktuellen Autoritarismusforschung (S. 33–52). Opladen: Leske & Budrich.
Kirsch, H., Brockmann, J., Taubner, S. (2016). Praxis des Mentalisierens. Stuttgart: Klett-Cotta.
Krott, N. R., Reininger, K. M. (2021). Mentalisierung als Kompetenz der Mitte. In A. Zick, B. Küpper (Hrsg.), Die geforderte Mitte: Rechtsextreme und demokratiegefährdende Einstellungen in Deutschland 2020/21 (S. 301–310). Bonn: Dietz.
Mattan, B. D., Wei, K. Y., Cloutier, J., Kubota, J. T. (2018). The social neuroscience of race-based and status-based prejudice. Current Opinion in Psychology, 24, 27–34.
Miklikowska, M. (2018). Empathy trumps prejudice: The longitudinal relation between empathy and anti-immigrant attitudes in adolescence. Developmental Psychology, 54 (4), 703–717. DOI: 10.1037/dev0000474
Miklikowska, M., Bohman, A., Titzmann, P. F. (2019). Driven by context? The interrelated effects of parents, peers, classrooms on development of prejudice among Swedish majority adolescents. Developmental Psychology, 55 (11), 2451–2463. DOI: 10.1037/dev0000809
Miklikowska, M., Thijs, J., Hjerm, M. (2019). The impact of perceived teacher support on anti-immigrant attitudes from early to late Adolescence. Journal of Youth and Adolescence, 48 (6), 1175–1189. DOI: 10.1007/s10964-019-00990-8
Mikulincer, M., Shaver, P. R. (2021). Enhancing the »broaden-and-build« cycle of attachment security as a means of overcoming prejudice, discrimination, and racism. Attachment & Human Development, 1–14. https://doi.org/10.1080/14616734.2021.1976921
Müller, J.-W. (2016). Was ist Populismus? Ein Essay. Berlin: Suhrkamp.
Pettigrew, T. F., Tropp, L. R., Wagner, U., Christ, O. (2011). Recent advances in intergroup contact theory. International Journal of Intercultural Relations, 35 (3), 271–280. DOI: 10.1016/j.ijintrel.2011.03.001
Plha, W., Friedmann, R. (2019). Psychosoziale Aspekte von Radikalität und Extremismus: »In der Gruppe bin ich wer …«. www.bpd.de. https://www.bpb.de/politik/extremismus/radikalisierungspraevention/294499/psychosoziale-aspekte-von-radikalitaet-und-extremismus (Zugriff am 03.03.2022).

Rees, J. H., Lamberty, P. (2019). Mitreißende Wahrheiten: Verschwörungsmythen als Gefahr für den gesellschaftlichen Zusammenhalt. In A. Zick, B. Küpper (Hrsg.), Verloren Mitte – Feindselige Zustände: Rechtsextreme Einstellungen in Deutschland 2018/19 (S. 203–222). Bonn: Dietz.

Rüssmann, K., Dierkes, S. M., Hill, P. B. (2010). Soziale Desintegration und Bindungsstil als Determinanten von Fremdenfeindlichkeit/Social Disintegration and Attachment Style as Determinants of Xenophobia. Zeitschrift für Soziologie, 39 (4). DOI: 10.1515/zfsoz-2010-0402

Saimeh, N. (2017). Zur Bedeutung der Borderline-Persönlichkeitsorganisation für die Psychodynamik von Fanatisierung und Radikalisierung. In N. Böckler, J. Hoffmann (Hrsg.), Radikalisierung und terroristische Gewalt: Perspektiven aus dem Fall- und Bedrohungsmanagement (S. 207–222). Frankfurt a. M.: Verlag für Polizeiwissenschaft.

Schore, J. R., Schore, A. N. (2008). Modern attachment theory: The central role of affect regulation in development and treatment. Clinical Social Work Journal, 36 (1), 9–20.

Schultz-Venrath, U., Felsberger, H. (2016). Mentalisieren in Gruppen (Mentalisieren in Klinik und Praxis). Stuttgart: Klett-Cotta.

Steele, R. R., Rovenpor, D. R., Lickel, B., Denson, T. F. (2019). Emotion regulation and prejudice reduction following acute terrorist events: The impact of reflection before and after the Boston Marathon bombings. Group Processes & Intergroup Relations, 22 (1), 43–56.

Streeck-Fischer, A. (1992). »Geil auf Gewalt«. Psychoanalytische Bemerkungen zu Adoleszenz und Rechtsextremismus. Psyche –Zeitschrift für Psychoanalyse und ihre Anwendungen, 46 (8), 745–768.

Taubner, S., Hasper, F., Wahl, K. (2013). Fremdenfeindlichkeit durch erlebte Ausstoßungsprozesse – eine tiefenhermeneutische Reflexion eines Einzelfalls. Praxis der Kinderpsychologie und Kinderpsychiatrie, 62 (10), 758–777. DOI: 10.13109/prkk.2013.62.10.758

Taubner, S., Volkert, J. (2017). Mentalisierungsbasierte Therapie für Adoleszente (MBT-A). Göttingen: Vandenhoeck & Ruprecht.

Twemlow, S. W., Fonagy, P., Sacco, F. C., Vernberg, E., Malcom, J. M. (2011). Reducing violence and prejudice in a Jamaican all age school using attachment and mentalization theory. Psychoanalytic Psychology, 28 (4), 497–511. DOI: 10.1037/a0023610

Van Hiel, A., De Keersmaecker, J., Onraet, E., Haesevoets, T., Roets, A., Fontaine, J. R. J. (2019). The relationship between emotional abilities and right-wing and prejudiced attitudes. Emotion, 19 (5), 917–922.

Verhees, M. W. F. T., Ceulemans, E., van IJzendoorn, M. H., Bakermans-Kranenburg, M. J., Bosmans, G. (2020). State attachment variability across distressing situations in middle childhood. Social Development, 29 (1), 196–216.

Zick, A., Küpper, B., Berghan, W. (2019). Verlorene Mitte – feindselige Zustände: rechtsextreme Einstellungen in Deutschland 2018/19. Bonn: Dietz.

Soziale Interaktion mit Systemen Künstlicher Intelligenz: kognitionstheoretische Grundlagen und normative Fragen

Eva Weber-Guskar und Tobias Schlicht

Die Praxis der Zuschreibung von mentalen Einstellungen nicht nur in Bezug auf Menschen, sondern auch andere Wesen motiviert eine Untersuchung, was diese menschliche Praxis übertragen auf die Interaktion mit den heutigen und in naher Zukunft zu erwartenden Systemen Künstlicher Intelligenz bedeutet, was sie in diesem Kontext für Folgen hat und wie sie entsprechend zu bewerten ist. In diesem Beitrag wird insbesondere gezeigt, warum die Diskussion ethisch-moralischer Fragen in diesem Zusammenhang wichtig ist, hinsichtlich tatsächlicher sowie potenzieller technischen Entwicklungen. Damit ist weder ein grundsätzliches Plädoyer gegen den Einsatz von KI zu sozialen Zwecken verbunden noch ein strenges gegen die Praxis der intentionalen Einstellung. Die Überlegungen sind vielmehr als Warnungen und Hinweise zu verstehen, die man beim Entwickeln und beim Einsatz solcher Systeme beachten sollte.

The practice of attributing mental attitudes not only to humans but also to other beings motivates to investigate the question what this practice means with regards to the interaction with today's artificial intelligence systems, as well as with those to be expected in the near future, what consequences it brings in this context, and how it is to be evaluated respectively. This contribution shows especially why the discussion of ethical questions is important in this context with respect to both actual and potential technological developments. Neither does this amount to a general plea against the application of AI to social purposes nor to a strict one against the practice of intentional attitudes. The remarks are best to be understood as warnings and advises that should be considered when developing and using such systems.

Einleitung

Die zunehmenden Fortschritte in der Entwicklung von Systemen Künstlicher Intelligenz (KI) führen dazu, dass solche Systeme, auch in verkörperter Form, mehr und mehr in unseren Alltag einziehen. In anderen Ländern werden KI-basierte Roboter bereits als Parkwächter und Pizzaboten eingesetzt,[1] autonome Autos sind an verschiedenen Orten der Welt zumindest auf Probefahrten unterwegs (zur Prognose für Deutschland siehe Altenburg, Kienzler u. Auf der Maur, 2018) und in unterbesetzten Bereichen wie der Pflege wird viel mit Robotern experimentiert, um menschliches Personal zu unterstützen und zu ergänzen (Buhtz et al., 2018). Auch Erziehung und Pädagogik bieten Einsatzmöglichkeiten, so werden Roboter z. B. schon als Hilfe beim Lernen von Sprachen herangezogen (Kersting, 2019). Diese Entwicklungen markieren einen qualitativen Sprung im Vergleich zu den Computerprogrammen, mit denen wir schon längere Zeit tagtäglich anonym kommunizieren, wenn wir etwa Kundendienststellen anrufen und dabei in Warteschleifen geparkt werden. Computeringenieur:innen versprechen, dass unsere künftigen routinemäßigen Interaktionen mit intelligenten Staubsaugern oder menschenähnlichen Pflegekräften davon profitieren würden, dass diese Roboter unsere Gedanken und Emotionen erkennen würden. Das würde es ihnen ermöglichen, besser unsere Wünsche zu erfüllen und moralisch einwandfrei zu agieren. »Roboter werden freundliche Gefährten sein […]. Sie werden sich für ihre Fehler entschuldigen und uns vor einer Aktion um Erlaubnis fragen. Sie werden nicht nur Senioren pflegen und Kinder unterrichten, sondern sich in kritischen Situationen sogar selbstlos opfern, um Leben zu retten« (Fung, 2020, S. 64). Doch bei den potenziellen Nutzenden bestehen besonders im Pflegebereich noch einige Abneigungen gegenüber sozialen Robotern (Dautenhahn, Woods, Kaouri, Walters, Koay u. Werry 2005) und ein allgemeines Misstrauen gegenüber künstlichen intelligenten Systemen (Dietvorst, Simmons u. Massey, 2015). Daher ist es unabdingbar, die Einstellungen von Menschen sozialen Robotern gegenüber zu verstehen, sowohl was die Akzeptanz solch neuer Technologien im Allgemeinen betrifft als auch die spezifischen Einstellungen, mit denen wir Roboter z. B. als technische Werkzeuge, Sklaven oder Personen ansehen können (Damholdt, Vestergaard, Nørskov, Hakli, Larsen u. Seibt, 2020; Bryson, 2010). Auch würde ein besseres Verständnis potenziell zur Weiterentwicklung sozialer Roboter beitragen.

---

1 Einen einführenden Überblick zur Sozialrobotik bietet Bischof (2017). Zu den genannten Beispielen vgl. Holley (2019) und Vincent (2019).

So werfen die Verheißungen der Nutzung insbesondere humanoider Roboter und deren Einsatz im menschlichen Alltag eine Reihe theoretischer und ethisch-moralischer Fragen auf: Um beurteilen zu können, ob und wenn ja inwieweit welche solcher Einsätze *sinnvoll* und *empfehlenswert* sein können, bedarf es zunächst einiger grundlegender Klärungen. Was passiert überhaupt mental, wenn wir mit ausgefeilten, auf Interaktion (in bestimmten Bereichen) trainierten KI-Systemen umgehen? Welche Strategien der Mentalisierung wenden wir dabei an? Wie weit können wir in nicht standardisierten Szenarien mit einem Interakteur umgehen, ohne diesen als rational handelnden Akteur oder sogar als Person anzusehen? Hängen Unterschiede im Umgang mit alters- oder geschlechtsspezifischen Faktoren zusammen? Daran schließt sich der normative Fragebereich an: Inwieweit ist es ethisch wünschenswert oder moralisch gut, dass wir diesen Systemen geistige Eigenschaften, mit welchen Vorbehalten auch immer, zuschreiben? Welche Beziehung besteht zwischen solcher Mentalisierung und Moral? Können wir bereits zu diesem Zeitpunkt wichtige Konsequenzen einer solchen Strategie überblicken, Bedenken rechtzeitig äußern und zur Diskussion stellen? Bevor wir uns diesen ethischen Erörterungen widmen, werden wir zunächst in aller Kürze wenige für unsere Diskussion wichtige Aspekte der Debatte über das Mentalisieren rekapitulieren und hervorheben.

Die menschliche Tendenz zum Mentalisieren

Mit relativ simplen Mitteln gelang es Marianne Simmel und Fritz Heider schon 1944 eindrucksvoll zu demonstrieren, wie sehr wir dazu neigen, selbst stark reduzierten geometrischen Figuren mentale Zustände oder Einstellungen wie Absichten, Überzeugungen und Gefühle zuzuschreiben, um ihr Verhalten zu beschreiben beziehungsweise verständlich zu machen (Heider u. Simmel, 1944) – also zu »mentalisieren«, wie es in diesem Buch genannt wird. Wir lösen den Begriff im Folgenden wann immer möglich in spezifischere Ausdrücke und Beschreibungen auf, da der Terminus technicus häufig dazu verführt, zu viel Verschiedenes zusammenzufassen. Offenbar gibt es jedenfalls diese Tendenz, geistige Einstellungen zuzuschreiben, nicht bloß von Mensch zu Mensch. Unsere niedrige Hemmschwelle, selbst Artefakten und Natur Emotionen und Standpunkte zuzugestehen, hat sich auch zumindest in unserer metaphorischen Redeweise erhalten. Das Auto *will* heute nicht anspringen, der Computer *spinnt* mal wieder, der Sturm *wütet* über das Land und der Nachbar hat einen *durstigen* Rasen. Studien z. B. mit Versuchspersonen, die dem Autismusspektrum angehören, legen nahe, dass diese verbreitete Inklination beeinträchtigt oder stark gehemmt sein kann (Baron-Cohen, Leslie u. Frith, 1985), aber eben in der Regel nur bei pathologischen Fällen.

Für Dennett (1987, 1997b) kann alles Mögliche als »intentionales System« betrachtet werden, also als eines, dem Überzeugungen, Absichten und Ähnliches zugeschrieben werden können: Mensch, Tier, Roboter. Er versteht diese Zuschreibung nicht nur metaphorisch, sondern vielmehr pragmatisch. Er betont, dass uns zumeist das Wissen über die *physikalische* Zusammensetzung oder *Funktionsweise* eines Lebewesens oder Artefaktes fehle, um deren Verhaltensweisen mithilfe solcher Informationen zu verstehen. Stattdessen seien wir auf die »intentionale Einstellung« angewiesen. Dennett (1997b) macht keinen *metaphysischen* Unterschied aus, ob wir nun über uns selbst und andere Menschen oder über Rasen und Computer sprechen.[2] Denn in seinen Augen ist die intentionale Einstellung *in allen Fällen* ontologisch neutral, das heißt, weder impliziert sie, dass der Schachcomputer die Absicht im Sinne eines spezifischen, individuierbaren, gar erlebten Zustandes *hat,* das Spiel zu gewinnen, noch, dass Menschen solche Absichten haben. Vielmehr zählt, dass sich Computer, Mensch oder was auch immer es sei, »einer gewissen ihm gegenüber eingenommenen *Haltung* fügt, und zwar der intentionalen Haltung« (Dennett, 1997a, S. 307, Hervorhebung im Original). Nichts ist ein intentionales System aufgrund einer besonderen internen Eigenschaft, die anderen Systemen fehlt. An diese Befunde schließen sich Debatten unter Philosoph:innen, Psycholog:innen und Neurowissenschaftler:innen an, die Fragen betreffen, ob diese *Zuschreibungspraxis* eine *angeborene* oder *erworbene* Fähigkeit sein mag, wie wir die dieser Fähigkeit zugrunde liegende *kognitive Architektur* adäquat beschreiben können, und was genau beeinträchtigt sein könnte, wenn wir von *Defiziten* dieser sozial wichtigen Fähigkeit sprechen (Lavelle, 2018; Schlicht, 2018).

In diesem Buch werden zahlreiche theoretische Vorschläge zu solchen Fragen bereits an anderer Stelle ausführlich diskutiert, sodass an dieser Stelle einige Hinweise genügen. Die zugrunde liegende kognitive Strategie wurde lange Zeit

---

2 Die fortschreitende Einschränkung des Anwendungsbereichs der »alltagspsychologischen« Redeweise (unter Rekurs auf Absichten, Gefühle usw.) im Lauf der Geschichte bewog Churchland 1981 dazu, von einer Bankrotterklärung mentalistischen Vokabulars zu sprechen angesichts immer differenzierter werdender neurowissenschaftlicher Beschreibungen des menschlichen Verhaltens, die sich letztlich durchsetzen würden. Searle (1980) differenziert solche rein »metaphorischen« Verwendungen intentionaler Ausdrücke (in Bezug auf Rasen und Computer) von den »echten« beziehungsweise »intrinsisch-intentionalen« Verwendungen in Bezug auf geistige Zustände von Menschen und höheren Tieren, von denen wir wiederum die semantischen Verwendungsweisen bei sprachlichen Ausdrücken »ableiten«. Während bei Churchland die Beweislast liegt, die Verzichtbarkeit von Mentalisierungen nachzuweisen, liegt die Beweislast bei Searle, die scharfe Trennlinie zwischen berechtigten und bloß metaphorischen Mentalisierungen zu belegen (vgl. Schlicht, 2018).

entweder mit dem theoretischen Vorgehen, wie man es aus der Wissenschaft kennt, verglichen (Gopnik, 2010; Wellman, 2014), das zur Erklärung und Vorhersage des Verhaltens abstrakte theoretische Entitäten (im Gehirn realisierte mentale Zustände) postuliert, die man sich und anderen zuschreibt, oder mit einer Simulation, weil wir uns mithilfe unserer Vorstellungskraft in die Lage der anderen hineinversetzen oder deren Gefühle über unsere automatisch ablaufenden Gehirnvorgänge spiegeln (Goldman, 2006; Rizzolatti u. Sinigaglia, 2008; Prinz, 2013). Mittlerweile wird konstatiert, dass derartige Vergleiche mit universalem Geltungsanspruch hinken und die entsprechenden Theorien zentrale Aspekte der sozialen Interaktion nicht hinreichend berücksichtigen (Schlicht, 2013). Davon wollen wir hier lediglich die Dimensionen der Verkörperung und Reziprozität in den Blick nehmen.

Zum einen gilt: Da Emotionen und Handlungsabsichten nicht bloß abstrakte theoretische Entitäten sind, sondern ganz real verkörpert sind und phänomenal erlebt werden, können wir sie mitunter einfach an Gesichtsausdruck oder Körperhaltung *wahrnehmen* (Gallagher, 2005) oder sogar leiblich spüren (Landweer, 2016). Zum anderen ist die spezifisch menschliche soziale Interaktion, auch was das Erkennen von Gedanken von anderen betrifft, durch ein hohes Maß an Reziprozität gekennzeichnet (Frith, 2010; Schilbach et al., 2013). Das heißt, Bemühungen zwischenmenschlichen Verstehens sind keine Einbahnstraßen: »Die Art und Weise, wie Sie auf mich reagieren, verändert die Art und Weise, wie ich auf Sie reagiere. Das ist eine Kommunikationsschleife […]. Die physische Welt verhält sich gegenüber meinen Versuchen, sie zu interpretieren, völlig indifferent. Aber wenn sich zwei Menschen gegenüberstehen, ist ihr Gedankenaustausch über Begriffsinhalte ein Gemeinschaftsunternehmen. Der Informationsfluss geht niemals nur in eine Richtung« (Frith, 2010, S. 231). Die nonverbale Kommunikation bietet zahlreiche Beispiele für die Bedeutung dieser beiden Aspekte der Verkörperung und Reziprozität. Reagiert mein Gegenüber auf meine Worte durch das Hochziehen der Augenbraue, werde ich meine Worte überdenken und gegebenenfalls der Situation anpassen. Außerdem bedingen diverse Faktoren, wann wir auf welche der genannten Strategien angewiesen sind. Handelt es sich um eine vertraute Person oder eine Fremde? Welche Aspekte der Gesamtsituation sind zu berücksichtigen? Greifen wir auf Stereotypen zurück (typisch Banker:in oder Bayer:in)? Interagieren wir mit der anderen Person oder sind wir ein:e rein passive:r Beobachter:in? Solche Aspekte sind von großer Bedeutung für eine adäquate Konzeption der kognitiven Architektur, die soziale Kognition für uns so mühelos und natürlich erscheinen lässt.

Dennett (1997a) erkennt diese Reziprozität an und möchte sie in einer vierten Einstellung erfassen, die er (neben der physikalischen, funktionalen und intentionalen) als *personale* Einstellung bezeichnet. Während wir nicht menschliche Systeme aus intentionaler Einstellung heraus zwar als rationale Akteure betrachten und mit geistigen Zuständen ausstatten, gelten sie selbst uns doch als reine Behavioristen (Dennett, 1997a, S. 311), da sie diese Einstellung nicht erwidern (beziehungsweise wir nicht davon ausgehen, dass sie dies tun können). Niemand verlangt von dem Schachcomputer, uns im Gegenzug als rationale Akteure anzusehen, wenn wir ihm unterstellen, den bestmöglichen Zug zu machen, um sein Ziel zu verfolgen, das Spiel zu gewinnen. Doch anderen Menschen gegenüber nehmen wir in der Regel nicht nur die intentionale, sondern auch die personale Einstellung ein, das heißt, wir unterstellen ihnen, dass sie auch uns als intentionale Systeme betrachten und somit die Einstellung erwidern. Dennett bezeichnet solche Systeme auch als »intentionale Systeme zweiter Stufe« (Dennett, 1997a, S. 308 ff.). Ob mit der in personaler Einstellung unterstellten Reziprozität diejenige Reziprozität erfasst wird, die für die Mensch-zu-Mensch-Interaktion charakteristisch ist (siehe oben), lässt Dennett offen; allerdings stünde sie potenziell künstlichen sozialen Systemen offen, denn »[s]olange wir unter Reziprozität nur die Fähigkeit eines intentionalen Systems zu Intentionen höherer Stufe verstehen, hängt sie zwar von den ersten drei Bedingungen ab [das heißt als rationaler Akteur mit intentionalen Zuständen behandelt zu werden; E. W.-G., T. S.], ist jedoch unabhängig« von Selbstbewusstsein und Sprache (Dennett, 1997a, S. 313). Das hat Konsequenzen, da hier potenziell Grenzen gezogen werden können, insofern wir nicht geneigt sind, die Klasse der intentionalen Systeme mit derjenigen der Personen gleichzusetzen und auch zwischen Menschen, nicht menschlichen Tieren und künstlichen Systemen genauer differenzieren möchten. Seibt (2018, S. 135) findet die Verwendung intentionalen Vokabulars zur Beschreibung der Interaktion zwischen Menschen und sozialen Robotern problematisch: Denn dieses verwechsele die sich im Roboter abspielenden Prozesse mit den (in der Regel) bewussten emotionalen intentionalen Prozessen im Menschen und es maskiere die Tatsache, dass die Mensch-Maschine-Interaktion eine *neuartige* Form der sozialen Interaktion darstelle, in der normative Handlungsfähigkeit nicht symmetrisch verteilt sei. Somit erscheint das relativ neue Forschungsfeld der sozialen Robotik theoretisch unterbelichtet, da wichtige theoretische Grundlagen noch ungeklärt sind.

Dennett zufolge impliziert die personale Einstellung eine moralische Dimension, insofern das metaphysische Personsein entweder mit dem moralischen Aspekt des Personseins zusammenfällt oder aber dafür eine notwendige Bedingung darstellt (Dennett, 1997a, S. 304). Ohne hier auf seine Liste von Bedingungen für das Personsein eingehen zu wollen, kann man daran anschließend schon die Frage stellen, ob und warum genau die moralische

Dimension erst mit der personalen Einstellung ins Spiel kommen soll, nicht aber bereits mit der intentionalen Einstellung.

Dieser Überblick über philosophische Positionen zur Praxis der Zuschreibung von mentalen Einstellungen in Bezug auf Menschen und andere Wesen bietet eine Ausgangsbasis, um zu untersuchen, was diese menschliche Praxis übertragen auf die Interaktion mit den heutigen und in naher Zukunft zu erwartenden Systemen künstlicher Intelligenz bedeutet, was sie in diesem Kontext für Folgen hat und wie sie entsprechend zu bewerten ist. Es geht insbesondere um Fragen der theoretischen Beschreibung, der Verkörperung, Reziprozität und Moralität. Es ist dringend geboten, auch ethisch-moralische Fragen in Bezug auf solche (tatsächlichen oder noch potenziellen) technischen Entwicklungen zu stellen. So wie sich ethische Fragen angesichts fortschreitender Manipulierbarkeit des Bewusstseins durch neue Technologien stellen (Metzinger, 2006), in Bezug darauf, welche Bewusstseinszustände wir für Individuum und Gesellschaft wünschen beziehungsweise wünschen sollten, so fragt sich, ob wir künstliche intelligente Systeme mit solchen kognitiven Fähigkeiten ausstatten sollten (wenn wir es technisch könnten), die in uns die intentionale oder gar personale Einstellung ihnen gegenüber hervorrufen. Von diesen Fragen sprechen wir im folgenden dritten Abschnitt vor allem diejenigen die Moralität betreffend an, nachdem wir kurz auf den derzeitigen Stand der KI-Forschung eingehen.

Soziale Interaktion und Künstliche Intelligenz

»Künstliche Intelligenz« meint softwarebasierte Verfahren, um menschliche Fähigkeiten nachzuahmen, genauer: anspruchsvollere geistige Fähigkeiten, die man früher nur Menschen zugeschrieben hat.[3] Dazu gehören Fähigkeiten wie Rechnen, Sprechen, Bilder erkennen, systematische Verbindungen ziehen und effektive Zweck-Mittel-Beziehungen ausmachen. Zurzeit wird unter »Künstlicher Intelligenz« vor allem solche Software verstanden, die nicht nur fest *programmierte* Algorithmen ablaufen lässt, sondern vielmehr mit Algorithmen *kuratiert* und *trainiert* wird, sodass ein Teil des Prozesses von der Software selbst entwickelt wird. Das sind dann Verfahren des maschinellen Lernens. Algorithmen sind Anleitungen zur schrittweisen Erfüllung von spezifischen Aufgaben. Genauer sind es mathematische Objekte, die mathematische Operationen in

---

3 Das ist freilich eine sehr grobe, dafür möglichst umfassende Definition von KI. Für einen Überblick über verschiedene differenziertere Definitionen, die darunterfallen, siehe Russell und Norvig (2016, S. 1–5).

Computercodes umwandeln, sodass Daten der realen Welt verarbeitet werden können. Dabei können vier Arten von vorgegebenen Aufgaben erfüllt werden: Priorisierung (eine Rangliste anlegen), Klassifizierung (in Gruppen nach Kategorien einteilen), Kombination (Verbindungen finden) und Filterung (Relevantes heraussuchen).[4] Alles, was es bisher gibt, ist »spezielle KI« im Unterschied zur »allgemeinen KI«: Es gibt nur Leistung in sehr spezifischen Bereichen (Schach, Auto fahren, spezifische Handreichungs- oder Unterhaltungsaufgaben in der Pflege, Gesprächsfähigkeit zu bestimmten Themen etc.), nicht in so vielen Bereichen, wie wir es vom Menschen kennen. Außerdem ist alles, was es bisher und absehbar gibt, »schwache KI«, keine starke (Searle, 1980). Das heißt, man geht davon aus, dass diese Systeme geistige Fähigkeiten tatsächlich nur nachahmen, aber selbst kein Bewusstsein haben. Starke KI wäre ein künstlich hergestelltes bewusstes Seiendes, Denkendes, Handelndes. In diesem Aufsatz geht es nur um den bisherigen und in naher Zukunft zu erwartenden Stand der Technik. Wir diskutieren Probleme, die sich bei konkret möglichen Einsätzen ergeben können, keine spekulativen der Super-Intelligenz.

Theoretische Grundlagen sozialer Interaktion mit Künstlicher Intelligenz

Dass wir geneigt sind, KI-Systemen und insbesondere als Roboter Verkörperten geistige Zustände zuzuschreiben, zeigen viele Studien (z. B. Damholdt et al., 2020; Wykowska, Pérez-Osorio u. Kopp, 2020). Warum wir das tun, ist vor dem skizzierten Hintergrund in einer ersten Annäherung leicht erklärt. Es sind Systeme, die per definitionem dazu gemacht sind, so zu erscheinen, als hätten sie geistige Zustände. Dazu kommt: Wir entwickeln Systeme, die diese Fähigkeiten nachahmen, weil sie für uns nötige Aufgaben, die lästig oder gefährlich sind oder für die es zu wenige Menschen gibt, erledigen sollen. Seibt spricht von den 4D-Tätigkeiten, die »dangerous, dull, dirty, or dignity-threatening« sind (Seibt, 2018, S. 134). Insofern diese Aufgaben in der menschlichen Umgebung auszuführen sind, liegt auch nahe, den KI-Systemen im Äußeren eine menschenähnliche Gestalt zu geben, damit sie beispielsweise an ein Regal langen oder eine Türklinke öffnen können. Ähnlichkeiten im Gesicht sind außerdem hilfreich für die Kommunikation – weil wir Kommunikation mit menschlichen Gesichtern gewohnt sind. Daher ist es besonders einfach, mit einer ähnlichen Oberfläche auch bei künstlichen Akteuren umzugehen. Alle diese Ähnlichkeiten verstärken die oben beschriebene, pragmatisch erklärte Tendenz, geis-

---

4 Zu den letzten beiden Sätzen: Fry (2019, S. 20–22).

tige Zustände zuzuschreiben, obwohl man eigentlich davon ausgeht, dass gar nicht wirklich welche vorliegen.

Diese leicht zu erreichenden oberflächlichen Ähnlichkeiten[5] dürfen nicht über die Unklarheiten hinwegtäuschen, die bisher noch in Bezug auf die Algorithmen bestehen, auf denen das Verhalten des Roboters basiert und die ihn zu einem sozialen Roboter machen sollen. Seibt (2018) spricht hier sogar von einem dreifachen Hindernis, nämlich bezüglich der Beschreibung, Evaluierung und Regulierung in der sozialen Robotik. Wir möchten nur auf ein theoretisches Problem hinweisen. Wie bereits angesprochen, sind die theoretischen Debatten über die Natur der Strategien und Prozesse, die unserer Zuschreibung von Überzeugungen, Absichten etc. zugrunde liegen, noch in vollem Gange. Keineswegs besteht Einigkeit darüber, ob wir theoretische Annahmen machen und psychologische Gesetzmäßigkeiten stipulieren, ob wir unser Gegenüber spiegeln beziehungsweise simulieren oder ob wir mentale Einstellungen direkt wahrnehmen können. Womöglich steckt in allen konkurrierenden Ansätzen etwas Wahres und wir sind dazu fähig, verschiedene Strategien situationsabhängig anzuwenden. Wenn das Ziel aber darin besteht, den Roboter in seiner sozialen Interaktion dem Menschen ähnlich zu gestalten, so muss geklärt werden, welche Programmierung die relevanten Prozesse im Roboter leiten soll. Dazu bedürfte es jedoch einer gewissen Übereinstimmung darüber, *was* der Roboter genau können soll. Die Notwendigkeit der Programmierung allein scheint bereits den philosophischen Unterschied zwischen den Strategien der Theorie, Simulation[6] und Wahrnehmung zu verwischen. Zudem ist unklar, wie die Rolle der menschlichen Intuition und anderer spezifisch biologisch-körperlicher Faktoren menschlicher Kognition kopiert werden könnten. Alternativ zur Nachahmung der menschlichen sozialen Fähigkeiten könnte man daher, wie Seibt (2018) vorschlägt, die Mensch-Maschine-Interaktion als genuin neuartige, und zwar asymmetrische Form der Interaktion anerkennen, und damit das Ziel aufgeben, den Roboter dem Menschen möglichst anzugleichen. Welchen Weg man einschlagen möchte, ist eng mit der Frage verknüpft, *welche Einstellung* man dem Roboter gegenüber einnehmen möchte und sollte. Soll der soziale Roboter eine Maschine sein, die lernt und denkt wie Menschen (Lake, Ullman,

---

5   Wie stark die körperliche Dimension mit allen ihren vielfältigen biologischen Facetten des internen Milieus unseren Geist und damit auch soziale Kognition bestimmt, ist angesichts der Ansprüche der Entwicklung von künstlichen intelligenten Systemen nicht ausgemacht und birgt noch potenzielle Grenzen der sozialen Mensch-Maschine-Interaktion.

6   Wenn die Simulation gerade auf Ähnlichkeiten zwischen den Systemen und ihrer internen Verarbeitung basiert (vgl. die Studien zur automatischen Aktivierung von Spiegelneuronen z. B. in Schlicht, 2018), dann besteht wenig Hoffnung, dass der Roboter einen Menschen in der sozialen Interaktion simulieren könnte.

Tenenbaum u. Gershman, 2017)? Soll er unser Werkzeug, Kollege, Sklave oder Freund sein (Bryson, 2010; Clark, 2017; Dennett u. Lambert, 2017)? Sollen wir weiterhin sein:e Benutzer:in und Anwender:in oder eher Kolleg:in und Partner:in sein? Wie viel Verantwortung wollen wir an ihn abtreten? Diese Fragen sind weniger theoretischer als vielmehr ethischer Natur.

Damit angesichts der pragmatischen Vorteile der Konstruktion sozialer Roboter mögliche Nachteile nicht aus dem Blick geraten, skizzieren wir im Folgenden einige Probleme und Gefahren, die sich aus der Praxis, KI-basierten Interaktionspartnern geistige Zustände zuzuschreiben, ergeben können. Damit ist weder ein grundsätzliches Plädoyer gegen den Einsatz von KI zu sozialen Zwecken verbunden noch ein strenges gegen die intentionale Einstellung. Die Überlegungen sind aber vielmehr als Warnungen und Hinweise zu verstehen, die man beim Entwickeln und beim Einsatz solcher Systeme beachten sollte.

Täuschung?

Ein erster Punkt wurde vor allem schon in Diskussionen zum Einsatz von Robotern in der Pflege angesprochen. Einige meinen, das Zuschreiben von mentalen Eigenschaften bei Robotern/KI-Systemen basiere notwendigerweise auf einer Täuschung und Täuschung sei moralisch schlecht. Je nachdem, wie die Rollen dabei verteilt sind, ist das Problem ein etwas anderes. Wenn etwa ein Pflegeroboter eingesetzt wird und nur die Pflegebedürftigen in dem Glauben gelassen werden, dass es sich dabei um einen Akteur mit geistigen Zuständen handelt, dann werden die Pflegebedürftigen vom Pflegepersonal absichtlich getäuscht und das ist prima facie moralisch schlecht (für eine strenge Position dieser Art siehe Sparrow u. Sparrow, 2006). Anders sieht es aus, wenn beim Kauf von Roboterhaustieren oder eines Hologramms, das als Lebenspartner fungieren soll, explizit über die (fehlenden) geistigen Eigenschaften dieser Bezugspartner aufgeklärt wird, sich die Halter:innen/Besitzer:innen aber zumindest nach einer Weile doch von der Erscheinung und dem Verhalten täuschen lassen. Dies könnte entweder ein rein epistemischer Fehler sein – und es gibt gute Gründe dafür, im Leben epistemische Fehler zu vermeiden. Oder, was wahrscheinlicher ist, es handelt sich um eine Art Selbsttäuschung, bei der man zugleich von einer Sache überzeugt ist und zugleich auch nicht. Wenn so etwas überhaupt möglich ist, gibt es wieder verschiedene Gründe, sie für problematisch zu halten – epistemisch oder ethisch (im Sinne von Fragen des guten Lebens und der Klugheit) oder sogar moralisch, wenn man von Pflichten gegen sich selbst ausgeht (vgl. z. B. Deweese-Boyd, 2017).

Allerdings spricht vieles dafür, davon auszugehen, dass es sich gar nicht um eine Täuschung handelt, sodass hier kein grundsätzliches Problem der

Interaktion mit sozialen Robotern auszumachen ist. Zum einen kann man den Ansatz von Dennett (1987) verfolgen, den wir eingangs bereits skizziert haben. Danach nehmen wir in diesen Fällen aus pragmatischen Gründen die intentionale Einstellung ein, die ontologisch neutral ist, das heißt, dass man mit ihr agnostisch bleibt bei der Frage, ob bei den Robotern irgendwelche mentalen Episoden vorliegen oder nicht. Zum anderen gibt es den Vorschlag, dass eine ästhetische Einstellung möglich ist (Misselhorn, 2009, aufbauend auf Walton, 1990). In dieser *stelle* man sich nur *vor*, das Gegenüber habe diese Einstellungen, genauer, man nehme es imaginierend so wahr. Dann interagiert man gewissermaßen in einer Welt der Vorstellung, die man mit dem Gegenüber teilt. Dieser Ansatz ist allerdings nur plausibel, wenn er auch deutlich macht, inwiefern die Einstellungen, die aus dieser imaginativen Wahrnehmung folgen, sich von denen unterscheiden, die zur normal wahrgenommenen Realität passen. Walton (1990) spricht z. B. von Quasi-Emotionen, was nicht ganz überzeugend ist. Vielversprechender ist ein Ansatz, nach dem man durchaus echte Emotionen dabei erleben kann, diese aber mit anderen Handlungstendenzen verbunden sind, als wenn sie sich auf Wesen beziehen, die entweder mit einem selbst die körperliche Realität teilen oder von denen man tatsächlich überzeugt ist und es sich nicht nur vorstellt, dass sie ein Innenleben haben (Walton, 1990).

Diese beiden Ansätze der intentionalen Einstellung einerseits und der imaginativen Wahrnehmung andererseits müssen sich gar nicht gegenseitig ausschließen, sondern es ist möglich, dass beide in jeweils verschiedenen Settings (vornehmlich) zum Zuge kommen. Außerdem ist der Unterschied womöglich auch gar nicht so groß. Schließlich spricht Dennett selbst an verschiedenen Stellen auch von »nützlichen Fiktionen«, wenn es um die Zuschreibung aus der intentionalen Einstellung geht (Dennett, 1991, S. 27). Wichtig ist: Beide sind nicht völlig gefeit vor gewissen Gefahren, weshalb man die Praxis für problematisch halten kann.

Ist es wirklich so unproblematisch wie beim Schachcomputer, Pflegerobotern, KI-Lebenspartnern oder Roboterlehrern mentale Zustände zuzuschreiben – egal wie agnostisch man dabei über ihr tatsächliches Innenleben bleibt? Entscheidend ist, dass man sie in einer wesentlichen Hinsicht gleich wie andere Menschen behandeln würde. Hier gilt es zumindest, einige Probleme ernst zu nehmen.

Fähigkeitsüberschätzung

Wenn wir über den Einsatz von KI in unserer heutigen Lebenswelt sprechen, dann meinen wir damit andere Szenarien als das Schachspiel, Go oder Jeopardy. Ein Mensch in so einem Spiel hat sich immer schon ein stückweit in eine Sonderwelt begeben, in der es einen klar begrenzten Handlungsraum, erschöpfend festgelegte Regeln und keine Gefahr für Leib und Leben gibt. All dies ist anders, sobald sich KI-Systeme in unseren Alltag einbringen sollen, indem sie in verschiedenen Bereichen helfen und unterstützen. Wir müssen noch gar nicht von allgemeiner KI reden, sondern es reicht, sich die Sache für spezielle KI anzusehen, die nur für einen bestimmten Handlungskontext gemacht ist. Sobald es ein echter menschlicher Handlungskontext ist, ist er niemals so präzise einzugrenzen und überschaubar zu machen, wie es ein Spielkontext ist. Das hat mindestens drei problematische Konsequenzen, die wir hier kurz ansprechen.

Erstens kann es dazu führen, dass man das KI-System in seinen Fähigkeiten überschätzt, weil es nicht das kann, was man ihm zutraut. Es ist programmiert und trainiert für bestimmte Aufgaben. Dabei verhält es sich so, dass wir gut mit ihm zurechtkommen, wenn wir ihm Überzeugungen und Absichten zuschreiben. Da die Ränder des Handlungsbereichs aber nie ganz klar umrissen sind, ist es fast unvermeidbar, dass Nutzende vom eigentlichen Können auf anderes Können schließen – seien dies konkrete körperliche Handlungen oder aber geistige, wie die Fähigkeit, Schlüsse oder Analogien zu ziehen. Das kann wiederum dazu führen, dass die Interaktion scheitert oder dass das KI-System Schaden anrichtet, weil es überfordert wurde – etwa wenn ein alter Mensch seinen Pflegeroboter nicht nur in die Küche schickt, um die richtigen Medikamente zu bringen, sondern zum Einkaufen, was entweder von Anfang an nicht funktioniert und so den Menschen frustriert, oder im Straßenverkehr, für den der Roboter nicht gemacht ist, zu einem Unfall führt.

Moralisches Subjekt?

Zweitens ist nicht nur unsere Vorstellung von Handlungsraum und -fähigkeiten eines mit mentalen Eigenschaften ausgestatteten Gegenübers tendenziell holistisch, sondern wir pflegen auch eine Verbindung zwischen der Eigenschaft der Intentionalität und moralischen Fähigkeiten zu ziehen. Diese moralischen Dimensionen aber auf KI-Systeme anzuwenden, ist aus verschiedenen Gründen hochproblematisch. Dennett selbst plädiert heutzutage dagegen (Dennett u. Lambert, 2017). Allerdings ist fragwürdig, ob gerade sein Ansatz dazu geeignete theoretische Ressourcen bereithält, diese Position konsistent einzunehmen.

Wem man mit der intentionalen Einstellung im Sinne Dennetts begegnet, dem schreibt man Überzeugungen, Wünsche, Ziele, Absichten und, das ist wichtig, Rationalität zu. Das heißt, man geht davon aus, dass so ein Akteur seine Ziele auch wirklich verfolgt und für seine Ziele die besten (nach eigenem Wissen) Mittel und Wege wählt. Ohne diese Rationalitätsunterstellung hätte die intentionale Einstellung keinen Nutzen, nur mit ihr kann man vorhersagen, wie sich ein Akteur verhalten wird. Dabei bleibt die Rationalität ein Ideal, das man nicht als vollständig erreicht beziehungsweise verwirklicht voraussetzen kann – so wie wir es von Menschen her eben kennen. Kann man nun solcherart Intentionalität zuschreiben, ganz ohne auch Moralität zuzuschreiben, also ohne den Akteur auch als einen *moralischen* Akteur anzusehen? Das ist mindestens nicht selbstverständlich. Denn die Überzeugungen, Ziele, Absichten müssen ja nicht moralisch neutral sein. Vielmehr können Überzeugungen hinsichtlich moralischer Tatsachen (wenn man eine entsprechende Metaethik vertritt) richtig oder falsch sein und in jedem Fall können Absichten und Ziele moralisch gut oder schlecht beziehungsweise verwerflich oder lobenswert sein. Die Idee der intentionalen Einstellung ist ja nicht, ebenso wenig wie der Ansatz der imaginativen Wahrnehmung, beschränkt hinsichtlich des Gehalts der zugeschriebenen mentalen Einstellungen. Und wenn jemand aufgrund von moralischen Überzeugungen handelt, liegt es nahe zu sagen, dass es sich um einen moralischen Akteur handelt.

Es gibt freilich gute Gründe, solch einen Akteur noch nicht für ein vollständiges moralisches Subjekt zu halten. Für ein moralisches Subjekt ist es wesentlich, nicht nur wissentlich, sondern auch willentlich zu handeln. Denn ein moralisches Subjekt ist ein verantwortliches Subjekt und Verantwortung setzt (in der Regel) Freiwilligkeit voraus (zumindest die Fähigkeit dazu). Wenn man womöglich mit Intentionalitätszuschreibung eine Art von Wissenszuschreibung vornimmt, so geht damit nicht notwendig die Zuschreibung eines freien Willens einher – und dass so einer bei KI-Systemen vorliegen sollte, ist besonders unplausibel. So erzeugt die intentionale Einstellung aber zumindest eine Art von moralischem Akteur, wenn auch kein vollständiges moralisches Subjekt (Dennett und Lambert sprechen selbst einmal von »pseudo-moral agents«; 2017, S. 35). Dazu kommt wieder das Element der Gewohnheit in der Praxis: Da wir es von der menschlichen Interaktion her gewöhnt sind, mit der Intentionalität zugleich Reziprozität anzunehmen, wird man zumindest bei humanoiden Robotern leicht dazu verleitet, auch Moralität im Sinne von Verantwortlichkeit zuzuschreiben, obwohl nur Intentionalität angemessen wäre (die freilich allein schon, wie gesagt, moralische Gehalte haben kann). Auf diese Problematik weist insbesondere auch schon Seibt (2018) hin.

Das Problem hierbei ist: Während die Zuschreibung moralisch neutraler mentaler Einstellungen in ethisch-moralischer Hinsicht harmlos ist, ist es die Zuschreibung von moralischen Einstellungen nicht, weil damit die Frage nach Verantwortungszuschreibung naherückt und weil man bei dieser Frage nicht einfach so agnostisch bleiben kann, wie es Dennett in Hinsicht auf die metaphysische Qualität von Intentionalität ist. Es hat nämlich eine größere Auswirkung auf das Leben der Menschen. Es ist für unser Zusammenleben sehr wichtig, dass Verantwortung richtig zugeschrieben wird, damit man Täter:innen zur Rechenschaft ziehen kann und damit wir so gegenseitig regulierend auf unser Verhalten Einfluss nehmen können. Es ist sehr fragwürdig, ob KI-Systeme jetzt und in absehbarer Zukunft auf diese Weise in unsere moralische Gemeinschaft aufgenommen werden *können* beziehungsweise *sollten*. Vielmehr scheint es wichtig, dass Menschen, die Anwendenden der Systeme, sich nicht aus ihrer Verantwortung stehlen. Wenn ein Roboterlehrer einen Schüler verletzt hat oder einer Schülerin Angst einjagt, anstatt ihr etwas beizubringen – wer ist dann dafür verantwortlich? Sobald man dem Roboter Intentionalität und damit offenbar zumindest einen gewissen Grad von Moralität zuschreibt, ist die Frage nicht mehr ganz so eindeutig zu beantworten, wie wenn man ihn nur funktional versteht.

Moralisches Objekt?

Drittens schließlich läuft man durch das unbekümmerte Zuschreiben von geistigen Eigenschaften auch noch Gefahr, dass man die Falschen nicht nur in die Nähe von *moralischen Subjekten rückt,* sondern sie womöglich auch zu *moralischen Objekten* macht. Alle Wesen, die Überzeugungen, Absichten und grundsätzlich die Fähigkeit haben, diesen entsprechend zu handeln, können nämlich auf gewisse Weise geschädigt (weil frustriert) werden, wenn sie daran gehindert werden, ihre Absichten auszuführen. So könnte man eine gewisse »Leidensfähigkeit« konstruieren und intentionale Systeme damit der Menge von Wesen zuordnen, die moralisch berücksichtigt werden sollten. Dass es Abstufungen im moralischen Status gibt, wie wir sie jetzt zwischen Tieren und Menschen kennen, kann dabei ja ebenfalls beachtet werden (vgl. z. B. Warren, 2003). Doch Roboter und KI-Systeme für moralische Objekte zu halten, hat einen großen Haken. Dann können wir sie nämlich genau dafür nicht mehr einsetzen, wofür sie doch zuallererst erfunden wurden: für lästige, mühsame, gefährliche Arbeit. Dann müssten wir auch auf sie Rücksicht nehmen und könnten ihnen nicht mehr einfach alles zumuten. Ein automatisches Waffensystem, das selbst verletzlich ist, kann man nicht mehr einsetzen, um Soldat:innen zu schonen – es wäre dann selbst eine:r der eigenen Soldat:innen.

Schluss

KI-Systemen Intentionalität zuzuschreiben, kann also, wie dargestellt, einige problematische Konsequenzen haben. Deshalb spricht einiges dafür, KI-Systeme nicht allzu menschlich zu machen, damit wir ihnen nicht zu viele Fähigkeiten epistemischer oder moralischer Art zuschreiben beziehungsweise damit wir sie letztlich nicht in den Kreis unserer moralischen Gemeinschaft aufnehmen müssen – was der eigentlichen Motivation, sie zu entwickeln, entgegenläuft (es sei denn man verfolgt ein transhumanistisches Programm). Das heißt, man sollte KI-Systeme eher unserem Ausdrucksverhalten etwas fremd machen. Dann aber müssten wir, um mit ihnen möglichst fließend und schnell kommunizieren zu lernen, uns auf eben ihre Ausdrucks- oder Verhaltensweise einlassen, um ihre »geistigen« Zustände erfassen zu können. Das wiederum könnte andere problematische Folgen haben: nämlich, dass die Fähigkeiten, uns auf die Ausdrucks- und Verhaltensweisen der Menschen einzulassen, weniger gefördert werden oder dass die Ressourcen dafür geteilt werden müssen, was der sozialen menschlichen Kognitionsfähigkeit womöglich abträglich wäre. Das ist so natürlich erst einmal spekulativ; um diese These zu unterstützen, könnte man aber an bekannte Forschungsergebnisse anknüpfen. Es ist unbestritten, dass wir alle als Babys und Kleinkinder schrittweise lernen, anderen Menschen Gedanken, Wünsche und Gefühle zuzuschreiben (Heyes, 2018) und zugleich damit auch uns selbst (Prinz, 2013). Alles Gelernte nun ist nie ausgelernt, sondern entwickelt sich in der Ausübung weiter (oder verkümmert ohne Ausübung, wenn es auch nicht vollständig verloren gehen muss, wie man etwa beim Radfahren oder Schwimmen sehen kann). Deshalb kann man davon ausgehen, dass die soziale Interaktion mit KI-Systemen sich auch auf unsere Fähigkeiten zur sozialen Kognition insgesamt auswirkt. Und eine Verbesserung der sozialen Kognitionsfähigkeiten in Bezug auf Roboter würde womöglich mit einer Verschlechterung oder gar Verkümmerung der menschlichen sozialen Kognitionsfähigkeiten einhergehen. Das sollte zumindest als Möglichkeit im Blick behalten und vorweg erforscht werden, insbesondere, wenn man KI-Systeme in der Erziehung und Bildung einsetzen will. Dennett plädiert mit Nachdruck dafür, auf eine solche technische Entwicklung zu verzichten (Dennett u. Lambert, 2017). Wir plädieren dafür, wenigstens die hier skizzierten interdisziplinären Debatten zu führen, bevor man die Roboter aus den Fabrikhallen in andere, private Bereiche des menschlichen Alltags entlässt.

So können wir zum Schluss festhalten, dass es bei der Gestaltung sozialer Interaktion darauf ankommt, einen Kompromiss zu finden, der Probleme auf zwei Seiten vermeidet: Man sollte die Roboter weder allzu menschlich machen noch allzu fremd.

Literatur

Altenburg, S., Kienzler, H.-P., Auf der Maur, A. (2018). Einführung von Automatisierungsfunktionen in der Pkw-Flotte. München: ADAC e. V.

Baron-Cohen, S., Leslie, A., Frith, U. (1985). Does the autistic child have a »theory of mind«? Cognition, 21, 37–46.

Bischof, A. (2017). Soziale Maschinen bauen. Epistemische Praktiken der Sozialrobotik. Bielefeld: Transcript.

Bryson, J. J. (2010). Robots should be slaves. In Y. Wilks (Ed.), Close engagements with artificial companions: Key social, psychological, ethical and design issues (pp. 63–74). Amsterdam: John Benjamins.

Buhtz, C., Paulicke, D. Hirt, J., Schwarz, K., Stoevesandt, D., Meyer, G., Jahn, P. (2018). Robotische Systeme zur pflegerischen Versorgung im häuslichen Umfeld: Ein Scoping Review. Zeitschrift fur Evidenz, Fortbildung und Qualität im Gesundheitswesen, 137, 1–8.

Churchland, P. M. (1981). Eliminative materialism and the propositional attitudes. The Journal of Philosophy, 78, (2), 67–90.

Clark, K. B. (2017). The humanness of artificial non-normative personalities. Behavioral and Brain Sciences, 40, E253.

Damholdt, M. F., Vestergaard, C., Nørskov, M., Hakli, R., Larsen, S., Seibt, J. (2020). Towards a new scale for assessing attitudes towards social robots. The attitudes towards social robots scale. Interaction Studies, 21 (1), 24–56.

Dautenhahn, K., Woods, S., Kaouri, C., Walters, M. L., Koay, K. L., Werry, I. (2005). What is a robot companion – friend, assistant or butler? IEEE/RSJ International Conference on Intelligent Robots and Systems, 11192–1197.

Dennett, D. (1987). The intentional stance. Cambridge: MIT Press.

Dennett, D. (1991). Real patterns. The Journal of Philosophy, 88 (1), 27–51.

Dennett, D. (1997a). Bedingungen der Personalität. In P. Bieri (Hrsg.), Analytische Philosophie des Geistes (3. Aufl., S. 303–324). Weinheim: Beltz Athänäum.

Dennett, D. (1997b). Intentionale Systeme. In P. Bieri (Hrsg.), Analytische Philosophie des Geistes (3. Aufl., S. 162–183). Weinheim: Beltz Athänäum.

Dennett, D., Lambert, E. (2017). Thinking like animals or thinking like colleagues? Behavioral and Brain Sciences, 40, 34–35.

Deweese-Boyd, I. (2017). »Self-Deception«. In E. N. Zalta (Eds.), The Stanford Encyclopedia of Philosophy. https://plato.stanford.edu/archives/fall2017/entries/self-deception/.

Dietvorst, B. J., Simmons, J. P., Massey, C. (2015). Algorithm aversion: People erroneously avoid algorithms after seeing them err. Journal of Experimental Psychology, 144 (1), 114–126.

Frith, C. (2010). Wie das Gehirn unsere Welt erschafft. Heidelberg: Akademie.

Fry, H. (2019). Hello World. Was Algorithmen können und wie sie unser Leben verändern. München: C.H. Beck.

Fung, P. (2020). Programmierte Gefühle. Spektrum der Wissenschaft Spezial Künstliche Intelligenz, 2020 (1), 64–67.

Gallagher, S. (2005). How the body shapes the mind. New York: Oxford University Press.

Goldman, A. (2006). Simulating minds: The philosophy, psychology, and neuroscience of mindreading. Oxford: Oxford University Press.

Gopnik, A. (2010). Kleine Philosophen. Was wir von unseren Kindern über Liebe, Wahrheit und den Sinn des Lebens lernen können. München: Ullstein.

Heider, F., Simmel, M. (1944). An experimental study of apparent behavior. American Journal of Psychology, 57 (2), 243–259.

Heyes, C. (2018). Cognitive gadgets. The cultural evolution of thinking. Cambridge: Harvard University Press.

Holley, P. (2019). Domino's will start delivering pizzas via an autonomous robot this fall. Customers will be able to track their order through the company's app like an uber. The Washington Post. https://www.washingtonpost.com/technology/2019/06/17/dominos-will-start-delivering-pizzas-via-an-autonomous-robot-this-fall/ (Zugriff am 06.03.2022).

Kersting, C. (2019). Roboter im Klassenzimmer. Humanoide Unterstützung in der Schule. Köln: Deutschlandfunk.https://www.deutschlandfunk.de/humanoide-unterstuetzung-an-der-schule-roboter-im.680.de.html?dram:article_id=453439 (Zugriff am 20.06.2022).

Lake, B., Ullman, T., Tenenbaum, J., Gershman, S. (2017). Building machines that learn and think like people. Behavioural and Brain Sciences, 40, E253. Doi:10.1017/S0140525X16001837.

Landweer, H. (2016). Gemeinsame Gefühle und leibliche Resonanz. In U. Eberlein (Hrsg.), Zwischenleiblichkeit und bewegtes Verstehen – Intercorporeity, movement and tacit knowledge (S. 137–174). Bielefeld: Transcript.

Lavelle, J. S. (2018). The social mind. London: Routledge.

Metzinger, T. (2006). Der Begriff einer »Bewusstseinskultur«. E-Journal Philosophie der Psychologie, 4, 1–16.

Misselhorn, C. (2009). Empathy with inanimate objects and the uncanny valley. Journal for Artificial Intelligence, Philosophy and Cognitive Science, 19 (3), 345–359.

Prinz, W. (2013). Selbst im Spiegel. Die soziale Konstruktion von Subjektivität. Berlin: Suhrkamp.

Rizzolatti, G., Sinigaglia, C. (2008). Mirrors in the brain: How our minds share actions and emotions. Oxford: Oxford University Press.

Russell, S., Norvig, P. (2016). Artificial intelligence: A modern approach. Harlow: Pearson.

Schilbach, L., Timmermans, B., Reddy, V., Costall, A., Schlicht, T., Bente, G., Vogeley, K. (2013). Towards a second-person neuroscience. Behavioral and Brain Sciences, 36, 393–462.

Schlicht, T. (2013). Mittendrin statt nur dabei. Wie funktioniert soziale Kognition? In T. Breyer (Hrsg.), Grenzen der Empathie (S. 45–92). Freiburg: Alber.

Schlicht, T. (2018). Soziale Kognition zur Einführung. Hamburg: Junius.

Searle, J. (1980). Minds, brains and programs. Behavioral and Brain Sciences, 3 (3), 417–457.

Seibt, J. (2018). Classifying forms and modes of co-working in the ontology of asymmetric social interactions. In M. Coeckelbergh, J. Loh, M. Funk, J. Seibt, M. Nørskov (Eds.), Envisioning robots in society – Power, politics, and public space (pp. 133–146). Amsterdam: IOS Press.

Sparrow, R., Sparrow L. (2006). In the hands of machines? The future of aged care. Minds and Machines, 16 (2), 141–161.

Vincent, J. (2019). Security robots are mobile surveillance devices, not human replacements. They're scooping up data, from facial scans to license plates. The Verge. https://www.theverge.com/2019/11/14/20964584/knightscope-security-robot-guards-surveillance-devices-facial-recognition-numberplate-mobile-phone (Zugriff am 06.03.2022).

Walton, K. L. (1990). Mimesis as make-believe. Cambridge: Harvard University Press.

Warren, M. A. (2003). Moral Status. In R. G. Frey, C. H. Wellman (Eds.), A companion to applied ethics (pp. 439–450). Oxford: Blackwell Publishing.

Wellman, H. (2014). Making minds. How theory of mind develops. New York: Oxford University Press.

Wykowska, A., Pérez-Osorio, J., Kopp, S. (2020). The role and relationship of mindreading and social attunement in HRI – position statements of interdisciplinary researchers. Workshop HRI'20. Unveröffentlichtes Manuskript.

Mentalisierte Odysseus?

Holger Kirsch

Mentalisieren wird häufig verbunden mit der Fähigkeit »gute«, kohärente und spannende Geschichten zu erzählen, verschiedene Perspektiven zu übernehmen und Emotionen regulieren zu können. Zu den Anfängen der schriftlichen Überlieferungen zurückzublicken und zu untersuchen, ob Odysseus, einer der ersten Helden der europäischen Literatur, mentalisiert, soll Gegenstand der nun folgenden Ausführungen sein.

Ausgehend von der These, dass die Fähigkeit zu mentalisieren anthropologisch begründet werden kann und beeinflusst wird durch individuelle und kulturhistorische Faktoren, soll am Beispiel von Homers Odyssee gezeigt werden, dass Aspekte der Mentalisierungsfähigkeit bereits in der sehr frühen europäischen Literatur abgebildet wurden.

Mentalization is often associated with the ability to tell »good«, coherent and exciting stories, to take on different perspectives and to be able to regulate emotions. Looking back to the beginnings of European literature and examining whether Odysseus, one of the first heroes of European literature, is mentalizing, is the subject of the following remarks. Based on the thesis that the ability to mentalize can be justified anthropologically and is influenced by individual and cultural-historical factors, the example of Homer's Odyssey will show that some aspects of mentalizing can be found in the very early European literature.

> »Erzähle, Muse, vom weltgewandten Mann, der weit reiste und viel herumkam, nachdem er das berühmte Troja zerstört hatte. [...] Erzähle auch uns davon, Göttin, Tochter des Zeus, und fang einfach irgendwo an ...«.
> (Martin, 1996, S. 7)[1]

Homer und der Beginn europäischer Literatur

Mit der Anrufung der Muse beginnt Homers Odyssee, mit ihr gewinnt der Erzähler seine Autorität nicht als Erfinder, sondern als ein Erzähler von Geschichten, die eine göttliche Stimme diktiert hat (Manguel, 2009). Die Muse, als Inspiration des Sängers, ermöglicht eine Unterscheidung zwischen wahren Geschichten (z. B. Reiseerzählungen), die geglaubt werden, sowie Lügengeschichten und schließlich der poetischen Wahrheit der Sänger. Musen, die dem Dichter Geschichten eingeben, die niemand kennen kann und die als Fiktion weder wahr noch gelogen sind (Seeck, 2004). So bleibt auch heute noch offen, ob in der Odyssee im Kern eine historische Wahrheit steckt oder ob sie reine Fiktion ist.

Das Epos liefert kein Abbild der griechischen Welt im achten Jahrhundert vor unserer Zeitrechnung, ihrer Orte und Geschehnisse, sondern folgt fiktionalen Regeln und vermittelt eine erste europäische Weltsicht. Alle Darstellungen passen sich den Erfordernissen der Erzählung an, sie erfahren Verwandlungen, Verdichtungen oder eine mythische Übertreibung, z. B. kämpfen Odysseus und sein Sohn Telemachos gegen insgesamt 108 Freier (Seeck, 2004, S. 266).

Homer steht für den Übergang der mündlichen Sängertradition zur schriftlichen Erzähltradition in Europa und prägt unsere Art und Weise, Geschichten zu erzählen. Homer gehört zum allgemeinen Bildungsgut der europäisch geprägten Welt und hat unsere Erzähltradition stark beeinflusst, z. B. die Tradition der Allwissenheit des Erzählers oder die dichterische Freiheit der Musen. Ebenso sind homerische Begriffe wie »Sirene«, »Trojaner« (z. B. als Schadsoftware), »Achillesferse« oder »bezirzen« Bestandteil unserer Alltagssprache geworden. Zusammen mit der Ilias und der Theogonie des Hesiod[2] zählt die Odyssee zu den ältesten schriftlichen Erzählungen in Europa.

Wir wissen wenig über den Kontext der Frühphase griechischer Schriftlichkeit und über Homer als Person (Burkert, 2007; Mannsperger u. Mannsperger, 2017). Für die alten Griechen gab es keinen Zweifel an der Realität Homers, er war der größte Poet und Lehrmeister, dessen Sicht die ganze griechische Welt-

---

1 Aus Christoph Martin (1996) Prosaübersetzung der Odyssee.
2 Hesiods Theogonie (Göttergeburt) entstand wahrscheinlich ebenfalls um 700 v. Chr. und gilt als die älteste Quelle unseres Wissens über die griechische Mythologie. Diese Schöpfungsgeschichte erzählt von der Entstehung der Erde und der ersten Götter. Als Schafhirte sei Hesiod von den Musen zum Dichter berufen worden.

anschauung durchdrang (Manguel, 2009, S. 38). Doch ob ein Dichter Namens Homer jemals gelebt hat, ist umstritten. Ob die Texte von Ilias und Odyssee von einem oder mehreren Dichtern verfasst wurden, ist ebenfalls offen. Wahrscheinlich sind Ilias und Odyssee, wie Volksmythen, durch einen nicht mehr nachvollziehbaren Prozess des Trennens und Vermengens alter Balladen allmählich ins Bewusstsein gekommen, bis sie eine geschlossene Erzählform erlangten (Manguel, 2009, S. 11).[3]

In der Odyssee sind zwei Motive kombiniert, die auch schon vorher, einzeln und unabhängig vom Trojanischen Krieg, zum Thema von Erzählungen geworden waren: eine gefahrenreiche Irrfahrt und die Heimkehr eines Mannes, der zu Hause eine Herausforderung vorfindet, die durch seine Abwesenheit entstanden ist. Einige Erzählungen werden in der Odyssee als bekannt vorausgesetzt und weisen über den Text hinaus. Da ist immer präsent der Krieg um Troja, von der Entführung Helenas bis zum hölzernen Pferd, sowie das Drama um Agamemnon, dem Sieger, der bei der Heimkehr von seiner Gattin Klytämnestra ermordet wird. Agamemnons Heimkehr gilt als Gegenentwurf zur Heimkehrgeschichte um die treue Penelope und den Sohn Telemachos. Im Hades begegnen Odysseus die Seelen der Helden von Troja, aber auch Minos, Herkules sowie Tantalos und Sisyphus. Diese Verbindungen zu anderen, weitverbreiteten Geschichten gelten als Ausdruck einer schon damals weitgespannten dichterischen Welt (Burkert, 2007).

Ein Zeitalter der Heroen

> »Aber die Helden der Vergangenheit waren immer stärker
> als die Menschen der Gegenwart«.
> (Seeck, 2004, S. 21)

In göttlicher Inspiration, die durch Anrufen der Musen legitimiert wird, singt und spricht der Dichter von einer lange versunkenen Welt früherer Geschlechter, der Heroen. Diese konnten nicht nur schwerere Steine werfen als die Zeitgenossen, sie waren auch den Göttern näher. Teils stammten sie direkt von ihnen ab, teils pflegten sie Umgang mit ihnen, wenn sie leibhaftig unter ihnen weilten (z. B. die Phaiaken).

---

3 »Unsere erzählte Historie ist zusammengesetzt aus Geschichten, die in unterschiedlicher Verkleidung und Form wieder und wieder neu erzählt werden: Wir können unmöglich bestimmen, wann eine Geschichte zum allerersten Mal erzählt worden ist. […] Vor der ersten Chronik dieser Irrfahrt muss es schon eine Odyssee gegeben haben, von der wir heute nichts mehr wissen« (Manguel, 2016, S. 62).

Götter gehören jedoch nicht so selbstverständlich zur Heldendichtung, wie man nach Ilias und Odyssee glauben könnte, wo sie als Personen auftreten und in das irdische Geschehen lenkend eingreifen. Es spricht einiges dafür, dass erst Homer Götter und (irdische) Helden konsequent miteinander kombiniert hat (Seeck, 2004). Für Seeck (2004) werden die Götter wie Menschen dargestellt, die keinen existenziellen Gefahren wie die Heroen ausgesetzt sind und sich wie schlichte Alltagsmenschen benehmen. Sie sind ein wichtiges erzählerisches Mittel, denn durch ihre Eingriffe wird die Erzählung gesteuert und strukturiert.

Die Heroen waren kämpferische Vorbilder zur Identifikation und Stärkung von Gruppen und sozialen Gemeinschaften. Die Entstehung der Heldengeschichten des Odysseus wird im Zusammenhang mit der Neuorganisation der griechischen Welt zur Zeit der Kolonisationsbewegung im achten vorchristlichen Jahrhundert gesehen. Die Ereignisse der Odyssee sind in einen Großraum projiziert, der von unscharfen Rändern ausgehend immer mehr an Präzision gewinnt, bis sich geografische und topografische Wegmarken zu bekannten Schauplätzen im östlichen Mittelmeer zusammenfinden (Mannsperger u. Mannsperger, 2017). Gleichzeitig wird der Erzählraum der Odyssee auf den westlichen Mittelmeerraum ausgeweitet. Die ins märchenhafte übergehende Randzone der bekannten Welt erhält in dem Seefahrerepos einen sehr viel größeren Anteil als in der Ilias. Odysseus bekommt es mit Riesen und Ungeheuern zu tun, die eigentlich einer älteren Heroengeneration angehören (Seeck, 2004). Um in neue Welten aufzubrechen, braucht es (heldenhafte) Vorbilder, die sich nicht allein durch Tapferkeit und Mut im Krieg hervortun (wie z. B. Achill), sondern sich durch weitere Eigenschaften beweisen, z. B. Einfallsreichtum und List, Leidensfähigkeit, soziale Kompetenz und erzählerische Überzeugungskraft.

Schriftlichkeit ermöglicht komplexe Erzählstrukturen

Die griechische Schrift ist abgeleitet aus dem phönizischen Alphabet und Ursprung aller heute bestehenden europäischen Schriften, die ältesten Zeugnisse werden auf circa 800 v. Chr. datiert. Ilias (wahrscheinlich um 750 v. Chr.) und Odyssee sind Großerzählungen mit komplexer Struktur. Sie sind von vornherein nicht für Hörer:innen, sondern für Leser:innen gedacht und haben sich, als erste, die neuen Möglichkeiten zunutze gemacht; z. B. eine größere Reichweite des Werkes. Wer das Gedicht rezipierte, musste nicht mehr Zeit und Ort des Dichters teilen (Manguel, 2009). Erst die schriftlichen Texte konnten, gegenüber den Gesängen, über eine gewisse Länge hinausgehen und in einem komplexen Gesamtaufbau komponiert werden. Plausibel scheint es, dass die Odyssee aus einem Irrfahrtenbericht, einem Heimkehrergedicht und als jüngstem Bestandteil der Telemachie zusammenwuchs (Mannsperger u. Mannsperger, 2017).

Jedoch besteht etwa ein Drittel der beiden Epen aus Wiederholungen (oft feststehende Wendungen) als Erbe der bereits vorher existierenden, mündlich überlieferten, Heldensagen (Steinmann, 2007). Die Niederschrift der Odyssee erfolgte wahrscheinlich um 720–700 vor unserer Zeitrechnung. Homers Versform der Odyssee (ca. 12.000 Hexameterverse in 24 Gesängen) bildet dabei nicht die gesprochene Sprache im achten Jahrhundert vor unserer Zeit ab, sondern gilt als eine spezielle Dichtersprache (Burkert, 2007). Die Länge ist wohl bestimmt durch die gebräuchlichen Papyrusrollen und den Umfang des Textes, der auf eine Papyrusrolle passt, die Unterteilung der Odyssee in 24 Gesänge war möglicherweise die Konsequenz dieser Begrenzung (Manguel, 2009, S. 31).

Die Odyssee ist keine chronologische Erzählung, vielmehr entwickeln sich mehrere Erzähllinien nebeneinander. Sowohl in der Ilias als auch in der Odyssee liegt die Handlung im letzten Jahr vor der Eroberung Trojas beziehungsweise vor der Heimkehr des Odysseus. Aus diesem letzten Jahr werden wenige Tage herausgegriffen, auf die sich die Ereignisse konzentrieren.[4]

Die Handlung umfasst die beiden Teile Irrfahrt (1.–12. Gesang) und Heimkehr (13.–24. Gesang). Die Odyssee beginnt bei der vorletzten Station seiner Irrfahrt (Kalypso). Die vorhergehenden Abenteuer sind untergeordnete Erzählungen (in den Aufenthalt bei den Phäaken eingeschoben) und es existiert ein paralleler Erzählstrang; während Odysseus bei Kalypso weilt, wird die Götterentscheidung und die Situation in Ithaka geschildert (Freier belagern den Königshof und werben um Penelope), parallel wird auch die Telemachie (Gesang 1–4) erzählt. Erst im 16. Gesang vereinigen sich die Linien (Telemachos kehrt zurück und trifft Odysseus). Homer erweitert und verdichtet ein Geschehen durch zusätzliche Perspektiven mit Schauplatzwechsel und einen linearen Stoff durch teilweise Umkehrung der Reihenfolge (Seeck, 2004). Die eigentliche Erzählung der Abenteuer des Odysseus (9.–12. Gesang) mit wechselnder Perspektive vom Besonderen zum Allgemeinen und umgekehrt gilt als Beispiel der Ur-Elemente des Geschichtenerzählens (Manguel, 2009, S. 48). Die Handlung nach der Heimkehr nach Ithaka spielt mit einer Mischung der verschiedenen Ebenen des Wissens beziehungsweise Nichtwissens, von Täuschung und Wiedererkennen, z. B. bei der ersten Begegnung mit Penelope oder der Fußwaschung durch die alte Magd Eurykleia (Seeck, 2004).

---

4 Odysseus baut in vier Tagen sein Floß, 17 Tage fährt er mit günstigem Wind, zwei Nächte und zwei Tage treibt er schiffbrüchig im Meer, verbringt bei den Phäaken zwei Nächte und einen Tag. Angekommen auf Ithaka verbringt er beim Schweinehirten Eumaios zwei Tage und eine Nacht und schließlich im eigenen Haus zwei Tage und zwei Nächte, wobei die letzte Nacht von Athene künstlich verlängert wird (Mannsperger u. Mannsperger, 2017, S. 35; Seeck, 2004, S. 196).

Die Irrfahrt – eine Kurzbeschreibung (1.–12. Gesang)

Die Erzählung beginnt mit einer Versammlung der olympischen Götter; diese beschließt, Odysseus die Heimkehr zu ermöglichen. Der Götterbote Hermes fordert die Nymphe Kalypso auf, Odysseus nach sieben Jahren von ihrer Insel aufbrechen zu lassen. Die Heimreise geht weiter. Unterdessen begibt sich die Göttin Athene nach Ithaka in Odysseus Heimat und überredet seinen Sohn Telemachos, sich auf die Suche nach dem vermissten Vater zu machen.

Auf einem selbst gebauten Floß verlässt Odysseus Kalypso, doch der Meeresgott Poseidon zürnt Odysseus, weil dieser seinen Sohn, den Kyklopen Polyphem, geblendet hat. Poseidon erregt einen Sturm, in dem das Floß untergeht. Odysseus erreicht nackt und mit letzter Kraft das rettende Ufer im Land der Phäaken. Dort wird er von der Königstochter Nausikaa gastfreundlich aufgenommen.

Am Hof des Königs der Phäaken trägt ein Sänger Lieder über den Untergang Trojas vor. Odysseus, der seine Identität bislang nicht preisgegeben hat, wird durch die Lieder gerührt und beginnt zu weinen. Auf Wunsch des Königs erzählt er nun seine Geschichte. Erst diese Rückblende, eine Erzählung in der Erzählung, unterrichtet die Leser:innen von den Abenteuern, die Odysseus vor seinem Aufenthalt bei Kalypso bestanden hatte: der Überfall auf die Kikonen, die Landung bei den Lotophagen, die Blendung des einäugigen Polyphem, das Entweichen der Winde des Aiolos, die menschenfressenden Laistrygonen, der Aufenthalt bei der verführerischen Kirke, die Überwindung der Sirenen, die Überfahrt zwischen Skylla und Charybdis, die Meerungeheuer und schließlich der Diebstahl der Sonnenrinder, der alle Gefährten ums Leben bringt. Um nach Hause zu gelangen, muss Odysseus ins Totenreich des Hades, hier bei der Begegnung mit seiner Mutter und vielen Heroen der alten Zeit wird das Ende der Erzählung durch den Seher Teiresias vorweggenommen.

Die Heimkehr (13.–24. Gesang)

Im zweiten Teil des Epos wird die Heimkehr des Odysseus geschildert. Nachts wird er von den Phaiaken, mit vielen Gastgeschenken, schlafend nach Ithaka gebracht. Odysseus verkleidet sich als Bettler und begibt sich zu dem Schweinehirten Eumaios, der ihn freundlich bewirtet, obwohl er ihn nicht erkennt. Nun werden die beiden Erzählstränge zusammengeführt: Telemachos kehrt von seiner Suche nach dem Vater zurück und trifft ebenfalls bei Eumaios ein. Odysseus gibt sich seinem Sohn, den er zwanzig Jahre nicht gesehen hat, zu erkennen. Auf getrenntem Wege begeben sie sich in die Stadt. Odysseus kommt als Bettler verkleidet in sein eigenes Haus, den Königspalast, wo unzählige Freier um die Hand von Penelope anhalten und seine Reichtümer verprassen. Telemachos und Odysseus spielen weiter ihre Rollen, ohne sich erkennen zu geben.

Bei einem Bogenschießen gibt sich Odysseus den Freiern zu erkennen und tötet sie mithilfe der Göttin Athene, Telemachos und Eumaios. Odysseus sitzt nun, nach dem Kampf mit den Freiern, seiner Frau Penelope gegenüber. Erst nachdem sie ihn mit einer List auf die Probe gestellt hat, erkennt sie in ihm den Gatten. Sie verbringen eine endlose Nacht (der Lauf der Sonne wird angehalten), bis sie sich alles erzählt haben. Anschließend besucht Odysseus seinen alten Vater Laërtes auf dessen Landgut. Schließlich schlichtet die Göttin Athene den Streit zwischen Odysseus und den Verwandten der erschlagenen Freier, die Vergeltung fordern.

Emotionen und Motive bei Homer

Das Hauptthema Homers ist wohl kein stoffliches, sondern ein psychologisch-ethisches: wohin ungezügelte Emotionen führen und mit welchen Fähigkeiten Odysseus durch die Schwierigkeiten des Lebens kommt (Mannsperger u. Mannsperger, 2017, S. 41).[5] Nach Homers Auffassung gilt Thymos als Lebensgeist und Ort der Leidenschaften, als das geistig-seelische Organ, das Sitz des Emotionalen ist (Steinmann, 2007, S. 383). Thymos wird im Zwerchfell lokalisiert und bedeutet: Lebenskraft, Geist, Gefühle, Seele, Mut, Zorn, Sehnsüchte und Gedanken. Im Moment des Todes wird Thymos ausgehaucht oder entweicht aus den Wunden (Toellner, 1986, S. 204). Die Psyche als Seele tritt erst beim Tod des Menschen in Erscheinung (Totenseele), verbringt ein Schattenleben im Hades und hat noch wenig mit den späteren Vorstellungen von Seele als eigentlichem Selbst des Menschen zu tun (Mannsperger u. Mannsperger, 2017, S. 168). Die innere psychische Struktur oder das Selbst sind also noch keine abgegrenzten,

---

5 In der Bearbeitung des Themas konnte ausschließlich auf die deutschen Übersetzungen (vgl. Voß, 1781/2003; Martin, 1996, oder Steinmann, 2007) zurückgegriffen werden und es muss als Limitierung der Aussagekraft offenbleiben, inwieweit die Interpretationsschritte der vielen Abschriften über die Jahrhunderte hinweg, vom griechischen Text ins Lateinische und dann ins Deutsche, einer »Psychologisierung« Vorschub geleistet haben und sich die ursprünglichen Bedeutungen im griechischen Urtext kaum noch rekonstruieren lassen. In der Anwendung eines psychologischen Fachbegriffs aus dem 21. Jahrhundert auf einen 2700 Jahre alten Text besteht die Gefahr, ein psychologisches Verständnis, wie z. B. Mentalisieren, zu sehr auszuweiten und auf bereits früh verwendete – nicht psychologische – Begriffe auszudehnen (z. B. »Rhetorik«, »Neugier«, »List«).

reflexiven individuellen Strukturen, die – quasi von innen – die Motive, Impulse und Emotionen regulieren.

Homer sieht die Motive und handlungsleitenden Emotionen, wie beispielsweise Gier und Eitelkeit oder Neid bei den olympischen Göttern. Nicht das Individuum ist daher für seine drängenden Gefühle alleine verantwortlich, sondern letztlich die Götter. Sie sind den Menschen zwar ähnlich (in ihren teils niederträchtigen Motiven), aber mächtiger, unsterblich und verantwortlich für die zentralen Ereignisse der Ilias und Odyssee, so beim Raub Helenas und dem Ausbruch des Trojanischen Krieges oder bei Poseidon, der Odysseus verfolgt und seine Rückkehr verhindert.[6] Die Beschreibung des Göttlichen in den homerischen Epen geschieht aus der Perspektive des menschlichen Erlebens und Fühlens. Hier im Bereich des »Unbewusst-Dämonischen« wirken die Götter. Aus dem Bewusstsein des eigenen Getrieben-Seins heraus erfolgt eine Projektion der Emotionen und ihrer Regulierung in eine höhere Göttersphäre, die nicht metaphysisch abgetrennt ist, sondern nur stufenweise darübersteht. Zum Beispiel hilft Athene Odysseus als Beschützerin (und Fürsprecherin in der Götterversammlung), sie steht Telemachos und Odysseus bei und nimmt auch menschliche Gestalt an (Mentes, Mentor). Sie gilt als Gegenspielerin des Poseidon und unterstützt den Ablauf der Geschichte. Siege und Niederlagen des Odysseus sind dann letztlich Auseinandersetzungen zwischen den beiden Göttern. Die ganze Ambivalenz des Helden kann so dargestellt und in höhere Sphären verlegt werden.

Das zentrale Thema der Ilias sind intensive Emotionen, wie der Zorn des Achill. Zorn, Kampf, Tod und Klage spielen eine beherrschende Rolle. Die Ilias führt damit in die psychologischen Bereiche menschlichen Verhaltens ein und differenziert Emotionen und Motive (oder mentale Zustände), wie z. B. Schmerz, Trauer, Stolz, Trotz, Sorgen, Furcht, Hoffnung, Freundschaft.

Die homerischen Helden sind eher extravertiert, sie äußern ihre Empfindungen unmittelbar und laut in sprechenden Gebärden, in freudvollem Jubel, in schmerzerfülltem Weinen oder Klagen. Die Odyssee dagegen ist ausgereifter in der Darstellung der psychischen Motive, der Reflexion des Helden, seiner Erzählkunst, der Emotionskontrolle und dem Einsatz von List. Seeck (2004, S. 199) sieht im Wiedersehen von Odysseus, Penelope und Telemachos das übergeordnete Thema und in der Emotionsregulierung ein übergeordnetes Motiv.

---

6   Neben den Göttern gibt es das Schicksal (»moira«), das allen Menschen von Geburt an zugeteilt wird, das jeden nach Ablauf seiner Lebenszeit dem Ende zuführt. Die Götter können oder wollen jedoch nicht gegen das Schicksal handeln.

Die Geburt des modernen Individuums?

> »Zwei unserer ältesten Metaphern sagen uns, das ganze Leben sei ein Kampf,
> und das ganze Leben sei eine Reise«.
> (Manguel, 2009, S. 12)

Odysseus bedeutet der »viel umhergetriebene Mann« oder »der Irrfahrer«, der »Listenreiche« und »der göttliche Dulder«. Bereits in der Ilias wird Odysseus als klug, bedacht, in der Rede überzeugend und als mutiger Kämpfer eingeführt (Seeck, 2004). Dieser ist weniger ein strahlender Held, wie die Protagonisten der Ilias, sondern zeichnet sich eher durch menschliche und soziale als durch heroische Züge aus. Er ist vielseitig, in der Ilias eher kämpferisch, in der Odyssee listig, aber auch leidensfähig und gilt als Idealtyp des griechischen Mannes schlechthin. Gleichzeitig ist das Scheitern ein integraler Bestandteil der Odyssee (Manguel, 2016).[7] Scheinbar widersprüchliche Züge vereinigen sich in ihm zu einer glaubwürdigen poetischen Gestalt. Seine innere Wendigkeit äußert sich in vielen Attributen, die »ein geradezu sprachphilosophisches Umkreisen des psychologischen Phänomens« zeigen (Mannsperger u. Mannsperger, 2017, S. 52) und kaum zu übersetzen sind: reich an Gewandtheit, Einfällen und Geduld, Vielduldender, Umhergetriebener, ein Geist mit Erfahrung, Ausdauer und Schlauheit, gewinntüchtig, einfallsbunt, umgänglich, scharfsinnig und geistreich, vielgewandt, vielverschlagen, einfalls- und listenreich, vorteilsbedacht im Sinne von wendig. Manguel (2009, S. 175) zitiert James Joyce' (1981) »Ulysses« als ein Buch über einen »*Allroundtypen*«, der alle erdenklichen Lebenslagen einmal durchgemacht habe, eine solche Person sei noch selten in der Literatur beschrieben worden. Den einen fehle die Lebenserfahrung (z. B. Faust, Hamlet), Jesus wiederum fehle die Erfahrung, mit Frau und Familie zu leben. Nur Odysseus erfülle alle Anforderungen des Lebens, als Sohn des Laertes, Vater von Telemachos, Gemahl der Penelope, Liebhaber der Kalypso und der Kirke, Kämpfer vor Troja und König von Ithaka. Er war ein tapferer Krieger, Diplomat, Meister der Rhetorik, listiger Held und Drückeberger, der dem Militärdienst entkommen wollte. So gilt Odysseus als einer der komplexesten Charaktere in der europäischen Literatur (Manguel, 2009, S. 175).

---

7 Nach dem Sieg über Troja verlässt Odysseus mit zwölf Schiffen, seinen fünfhundert Männern und vielen Schätzen Troja, bei dem Überfall auf die Kikonen sterben von jedem Schiff sechs Gefährten, der Kyklop Polyphem frisst weitere sechs Gefährten, die Laistrygonen lassen nur sein Schiff als einziges übrig, alle anderen Schiffe werden Opfer der Menschenfresser. Skylla und Charybdis fordern wiederum sechs Gefährten, die Tötung der Rinder des Helios und die Rache des Sonnengottes überlebt nur er und kann sich zu Kalypso retten. Odysseus scheitert hier als Heerführer, als Kapitän, den Göttern und Naturgewalten ausgeliefert und verliert alles: seine Schiffe, seine Kameraden, die eroberten Schätze.

Mit Odysseus wird ein abendländisches Männlichkeitsideal entworfen, das in gewisser Weise bis heute Bestand hat. Anfang des 21. Jahrhunderts führten Phönix und Frosh (2005) Interviews mit Londoner Schüler:innen zum Thema Männlichkeit durch. Ihre Ergebnisse unterscheiden sich nur wenig von den Beschreibungen des Odysseus. Beliebte männliche Eigenschaften sind auch heute: soziale Kompetenz und Intelligenz, Härte, gutes Aussehen, sportliche Fähigkeiten, Schläue, Gewitztheit und Gelassenheit (Coolness) sowie Leidensfähigkeit.

Odysseus wird also als Individuum vielschichtig dargestellt und ihm werden besondere psychologische und sozialkommunikative Fähigkeiten zugeschrieben, z. B. List und Täuschung, die eine Fähigkeit zu Perspektivenübernahme voraussetzen, weiterhin seine Fähigkeit, Emotionen zu regulieren, seine epistemische Wachsamkeit, indem er z. B. an den Motiven der Götter zweifelt, und schließlich die Fähigkeit, mit kohärenten Geschichten das Publikum zu überzeugen. Seine außergewöhnlichen sozialen Fähigkeiten überzeugen Athene, Kirke, Kalypso, die Geister vergangener Helden und nicht zuletzt die Phaiaken, sie alle werden zu seinen freundlichen Helfer:innen. Dem Tod entrinnt er mehrfach durch ihre Ratschläge. Seine Fähigkeit, gute Geschichten zu erzählen, wird von den Phaiaken besonders hervorgehoben. Sie loben die Glaubwürdigkeit und hohe Professionalität des Erzählers: »Bei dir ist Anmut der Worte, wohnt eine edle Gesinnung, und wie ein Sänger kundig erzählst du die Geschichte« (Odyssee, 11. Gesang, Vers 367 f.).[8]

Diese psychologischen und sozialkommunikativen Fähigkeiten ließen sich heute ohne Weiteres unter dem modernen Begriff der Mentalisierungsfähigkeit zusammenfassen (vgl. Allen u. Fonagy, 2009; Bateman u. Fonagy, 2015). Die Mentalisierungsfähigkeit als Teil der sozialen Kognitionen des Menschen hat sich seit etwa 40.000 Jahren entwickelt (vgl. Allen u. Fonagy, 2009, S. 98; Tomasello, 2014), ist also kein neues Phänomen der Griechen zu Zeiten Homers. Neu ist jedoch die Verschriftlichung zu Beginn der europäischen Schriftkultur, das heißt die Darstellung als komplexe Narration, die an eine unbekannte (abwesende) Leser:innenschaft gerichtet ist. Homers Dichtungen haben sich als erste die durch geschriebene Sprache gebotenen Möglichkeiten zunutze gemacht. Gleichzeitig stellt dies neue Herausforderungen an den Autor, er musste sich in seine (abwesende) Leserschaft hineinversetzen, um seine Botschaften zu transportieren. Die komplexe schriftliche Komposition (Narration) erforderte einen durchgängigen »roten Faden« sowie Anforderungen an Kohärenz und

---

8 Hier und wenn nicht anders gekennzeichnet, wird zitiert nach Steinmann (2007) »Homer: Odyssee«.

Stimmigkeit, einen Spannungsbogen sowie einen klar bestimmbaren Anfang und ein schlüssiges Ende.

Ähnliche Anforderungen werden im Erwachsenenbindungsinterview (»Adult Attachment Interview«; vgl. Main u. Goldwyn, 1996) gestellt, indem biografische Narrative zur Einschätzung der Bindungssicherheit herangezogen werden und aus dem sich die »Reflective Functioning Scale« (RF-Skala; Fonagy, Target, Steele u. Steele, 1998) zur Einschätzung der Reflexions- oder Mentalisierungsfähigkeit entwickelt hat. Insofern hat Homer nicht nur die (europäische) Art des Geschichtenerzählens geprägt, sondern auch unser psychologisches Denken greift auf ein Grundmuster europäischer Erzähltradition zurück.

Schließlich kann die Odyssee mit Horkheimer und Adorno (1988) verstanden werden als eines der frühesten Zeugnisse »bürgerlich«-abendländischer Geschichte, als ein Beispiel aufgeklärter Naturbeherrschung und ein Grundtext der europäischen Zivilisation. Die Herausbildung des Individuums und die Bildung des Selbst geschehen bei Horkheimer und Adorno (1988) durch die Auflehnung gegen die Natur, die Kontrolle der inneren Triebnatur, wie der äußeren Naturgottheiten (z. B. Poseidon) sowie durch die List als instrumentelle Vernunft. Die Irrfahrt ist der Weg des, gegenüber den Naturgewalten schwachen und im Selbstbewusstsein sich erst bildenden, Selbst.

Eine andere Perspektive nimmt Tomasello (2014, siehe auch sein Beitrag in diesem Band) ein. Er entwirft ein Modell der phylogenetischen Entwicklung des Menschen und zeigt, wie das Zusammenleben in größeren Populationen und die Konkurrenz rivalisierender Gruppen die Entwicklung sozialer Kognitionen, also von sozialem Verstehen, Antizipation und imaginativen mentalen Strategien, förderte. Er identifiziert verschiedene Kriterien, um den modernen Menschen von seinen nächsten Verwandten, den Menschenaffen, zu unterscheiden, unter anderem seine prosoziale Einstellung, kooperatives Denken und Zusammenarbeit (geteilte Aufmerksamkeit und Intentionalität), Kommunikation (die Entwicklung von Sprachen), soziales Lernen (als Weitergabe von Wissen und Kultur über Generationen) und schließlich soziale Kognitionen. Die Fähigkeit zur Selbststeuerung, Symbolisierungs- und Imaginationsfähigkeit sowie zur Mythenbildung bauen auf der Fähigkeit zu sozialen Kognitionen auf. »Der Erfolg des eigenen Bündnisses beruhte auf kompetenter sozialer Kognition, deren entscheidender Aspekt die symbolische Repräsentation mentaler Zustände ist – das, was wir als Mentalisieren bezeichnen. Das Rivalisieren mit intelligenten Artgenossen setzt voraus, dass man sie verstehen und überlisten kann« (Allen u. Fonagy, 2009, S. 93). Also wurde, neben der Kooperation, die Konkurrenz zum Motor der Entwicklung sozialer Kognitionen. Das berühmte Beispiel vom Trojanischen Pferd illustriert die Überlistung der Trojer[9] durch Odysseus (Odyssee, 8. Gesang, Vers 493 f.).

Emotionsregulierung und die Entstehung des Selbst

Die Entwicklung des Selbst im Mentalisierungsansatz verläuft über die Entwicklung einzelner Fähigkeiten hin zur Integration dieser Fähigkeiten und besseren Selbststeuerung (vgl. Fonagy u. Target, 2006, S. 373). Ab etwa dem fünften Lebensjahr kann ein Kind seine eigenen und fremde Überzeugungen als repräsentational verstehen und damit falsche Überzeugungen[10] erkennen. Ungefähr in diesem Alter gelingt eine Integration des psychischen Äquivalenz- und des Als-ob-Modus zum reflexiven Modus, verschiedene Perspektiven können eingenommen und damit auch Lügen gezielt eingesetzt werden. Im psychischen Äquivalenzmodus sind Gedanken und Wirklichkeit, innen und außen, noch ungetrennt. Erst durch den reflexiven Modus (Mentalisierung) werden Gedanken nur als Perspektiven und nicht als der Gegenstand selbst erlebt. Dadurch entstehen neue Regulationsmöglichkeiten von Trieb- und Affekterfahrungen. Vor diesem theoretischen Hintergrund sollen vier Phänomene anhand der Figur des Odysseus näher betrachtet werden, erstens seine Fähigkeit zur Emotionskontrolle, zweitens seine List, andere zu täuschen, einschließlich der epistemischen Wachsamkeit (siehe auch Fonagy u. Nolte in diesem Band), und schließlich die mentalisierte Affektivität.

Die Fähigkeit zur Emotionsregulierung ist bei Odysseus weitaus deutlicher ausgeprägt als bei den Helden der Ilias. Odysseus muss Geduld haben, verzichten und die ärgsten Schicksalsschläge ertragen. Dies kontrastiert zum eher ungestümen und von intensiven Emotionen getriebenen Handeln der Helden in der Ilias. Odysseus reagiert vorausschauend, kontrolliert. Er darf nicht von der

---

9 Im zehnten Kriegsjahr bauen die Griechen mit Athenes Hilfe ein hölzernes Pferd, in dem die mutigsten Krieger mit Odysseus als Anführer versteckt sind, und kennzeichnen es als Dankopfer an die Göttin Athene. Als die Trojer es in die Stadt bringen, öffnen die Griechen in der Nacht von innen die Stadttore und lassen das griechische Heer in die Stadt, was zum Untergang Trojas führt.

10 Falsche Überzeugungen werden im sogenannten »false belief test« untersucht, z. B. »Maxi legt seinen Schokoriegel in den grünen Schrank und geht zum Spielen nach draußen. Während Maxi auf dem Spielplatz ist, legt seine Mutter die Schokolade in den blauen Schrank. Nun kommt Maxi zurück vom Spielen und hat Lust auf Schokolade. In welchem Schrank wird Maxi zuerst nach seinem Schokoriegel sehen?« (Böckler-Raettig, 2019, S. 27). Kinder mit etwa drei Jahren (im Äquivalenzmodus) gehen automatisch davon aus, dass Maxi weiß, was sie wissen (Schokolade im blauen Schrank), erst Kinder ab ca. fünf Jahren nehmen an, dass Maxi eine falsche Überzeugung hat und dort suchen wird, wo er die Schokolade deponiert hat.

Lotusblüte essen (9. Gesang) und nicht von den Rindern des Helios (12. Gesang). Wenn er durch die Meerenge steuert, muss er den Verlust der Gefährten einkalkulieren, welche das Ungeheuer Skylla aus dem Schiff reißt. Odysseus kontrolliert sich, so etwa, wenn er davon absieht, den Polyphem zu töten (Odyssee, 9. Gesang, Vers 302), sonst wären er und die Kameraden in der Höhle eingeschlossen, oder wenn er die Misshandlung des Antinoos (17. Gesang) über sich ergehen lässt, um sich nicht zu verraten (Horkheimer u. Adorno, 1988, S. 52).

Odysseus führt häufig Selbstgespräche, also eine Art Selbstreflexion. Er beginnt sie meist mit einer wiederkehrenden Redewendung: »Und betroffen sprach er zu seinem mutigen Herzen.« Klagen und Selbstgespräche folgen aufeinander, so während des Schiffbruchs nach der Abfahrt von der Insel Ogygia (Odyssee, 5. Gesang, Vers 299–312, 356–364, 408–423, 465–473). Manchmal sucht er in der größten Not, z. B. in der Höhle des Kyklopen oder auf der Fahrt zwischen Skylla und Charybdis im Selbstgespräch nach einem Ausweg (Mannsperger u. Mannsperger, 2017, S. 58, S. 75). Metaphernreich ausgeschmückt zieht er Bilanz, wie er in die Situation geraten ist, und plant das weitere Vorgehen.

Das Weinen des Odysseus, insgesamt nicht weniger existenziell als bei Achill, wird jedoch kontrollierter und variantenreicher dargestellt: Weinen vor Heimweh bei Kalypso (Odyssee, 5. Gesang, Vers 151–158), verstohlenes Weinen bei den Phaiaken (Odyssee, 8. Gesang, Vers 83–95) oder beim Anblick des alten treuen Hundes (Odyssee, 17. Gesang, Vers 304 f.). Nach der Ankunft von Telemachos beim Schweinehirten unterdrückt Odysseus seine Wiedersehensfreude, erst nachdem der Schweinehirt Eumaios sich entfernt hat und er sich seinem Sohn offenbart, zeigt er seine Tränen, die er bisher unterdrückt hatte. Im 19. Gesang lässt Homer Odysseus, als Bettler verkleidet, ein langes Gespräch mit Penelope führen. Diese schildert offen ihre verzweifelte Situation, während Odysseus ausweicht und eine Lügengeschichte auftischt. Es gehört zum Dulden und Planen des Odysseus, dass er seine Wiedersehensfreude zunächst unterdrückt, ein Zeichen seiner planenden Vernunft, hinter der seine Gefühle zurückstehen (Seeck, 2004, S. 191).

Ein weiteres Beispiel soll die Fähigkeit zur Kontrolle intensiver Emotionen illustrieren. Am Anfang des 20. Gesangs, in der Nacht vor dem Freiermord, sieht Odysseus die Mägde, die sich mit den Freiern vergnügten und Penelope verraten hatten. In ihm regen sich heftige Affekte und Homer schildert einige der emotional dichtesten Verse (Odyssee, 20. Gesang, Vers 17–25):[11]

---

11 Zitiert nach Johann Heinrich Voß (1781/2003).

»Also bellte sein Herz, durch die schändlichen Greuel erbittert.
Aber er schlug an die Brust und sprach die zürnenden Worte:
Dulde mein Herz! Du hast noch härtere Kränkung erduldet,
Damals, als der Kyklop, das Ungeheuer, die lieben,
Tapfern Freunde dir fraß. Du duldestest, bis dich ein Anschlag
Aus der Höhle befreite, wo dir dein Tod schon bestimmt war.
Also strafte der Edle sein Herz im wallenden Busen;
Und sein empörtes Herz ermannte sich schnell und harrte
Standhaft aus. Allein er wandte sich hiehin und dorthin.«

Vom Selbst (»autos«) aber ist im weiteren Verlauf erst die Rede, nachdem die Bändigung der Emotionen durch die Vernunft gelungen ist: »Mißt man der Wahl und Folge der Worte Beweiskraft zu, so wäre das identische Ich von Homer erst als das Resultat der innermenschlichen Naturbeherrschung angesehen« (Horkheimer u. Adorno, 1988, S. 46). Was Horkheimer und Adorno als Trieb- und Naturbeherrschung bezeichnen, kann unter der Mentalisierungsperspektive als eine Fähigkeit des Selbst zur Selbststeuerung und Emotionsregulierung gesehen werden. Die Fähigkeit, selbst in großer Gefahr, abwägend verschiedene Perspektiven zu betrachten, zu mentalisieren, spricht in diesem Modell für eine gelungene Reflexionsfähigkeit.

»Ohne den listigen Rat des Odysseus wäre Troja nicht gefallen und Rom niemals gegründet worden«[12]

Der zweite zu untersuchende Aspekt ist die List, andere zu täuschen. Das ursprüngliche, mythische Gesetz ist das Denken im psychischen Äquivalenzmodus. Der urzeitliche Vorstellungskreis kennt noch nicht den Unterschied von Wort und Gegenstand, Bezeichnung und Bezeichnetem. Das mythische Schicksal war eins mit dem gesprochenen Wort. Das Wort hatte unmittelbare Macht über die Sache, Ausdruck und Intention flossen ineinander (Horkheimer u. Adorno, 1988, S. 56). Dieses Modell erklärt die antike Götterwelt, Zauberinnen und Meeresungeheuer als Projektionen einer Vor-Zeit des Denkens im Äquivalenzmodus.

---

12 (Manguel, 2016, S. 60). »Im römischen Selbstverständnis (das vom Mittelalter aufgegriffen wurde) war Troja die Wiege Roms. Denn es war, der aus der brennenden Stadt geflohene Trojer, Aeneas, der nach langer Irrfahrt jene Kolonie im heutigen Italien gründete, die viele Jahrhunderte später das Zentrum der westlichen Welt werden sollte« (Manguel, 2016, S. 60).

»Das Organ des Selbst [...] ist die List« (Horkheimer u. Adorno, 1988, S. 46). List, als reflexives Denken, besteht bei Horkheimer und Adorno (1988) darin, den Unterschied zwischen Wort und Sache, Gedanken und Wirklichkeit auszunutzen. List sei der rational gewordene Trotz gegen die inneren und äußeren Naturgewalten. Entwicklungspsychologisch betrachtet (Fonagy u. Target, 2006) setzen Kleinkinder zunächst die innere Welt mit der äußeren Welt gleich (psychische Äquivalenz). Erst mit dem reflexiven Modus (ab dem fünften Lebensjahr) können verschiedene Perspektiven auf die Wirklichkeit eingenommen werden, einschließlich der Täuschung, Lüge oder List.

Während der Kyklop kannibalischen Appetit hat, den er durch rohe Gewalt befriedigt, überlebt Odysseus aufgrund seiner »metis«, ein griechischer Ausdruck für klares Denken, kluges Urteilen, Gerissenheit. Im ersten Fall sind die Handlung und der sie durchführt eins, im zweiten ist der Handelnde Herr seines Handelns (Manguel, 2009, S. 111). Aus Sicht des Mentalisierungsansatzes kann der Kyklop im psychischen Äquivalenzmodus die List nicht durchschauen, eine falsche oder vorgetäuschte Überzeugung nicht erkennen, während Odysseus verschiedene Perspektiven durchspielt und eine erfolgreiche Täuschung ausführt.

Odysseus stellt sich dem einäugigen Kyklopen Polyphem listig als »Niemand« vor (Odyssee, 9. Gesang, Vers 366 ff.). Da Odysseus den menschenfressenden Kyklopen nicht töten kann und die Höhle mit einem riesigen Steinblock verschlossen ist, versucht er mit einer List zu entkommen. Es gelingt ihm, Polyphem betrunken zu machen und ihn dann mit einem glühenden Pfahl zu blenden. Als andere Kyklopen auf Polyphems Gebrüll hin herbeieilen, ruft dieser ihnen zu, »Niemand« habe ihm etwas angetan, sodass sie wieder umkehren. Darin stecken nicht nur Sprachwitz und ein geschicktes Wortspiel, sondern auch List, Antizipation und Perspektivenübernahme. Schließlich lässt der Kyklop am nächsten Morgen seine Schafherde aus der Höhle heraus, Odysseus und seine Männer verstecken sich in der Wolle der Schafe und können sich befreien.[13]

Im 12. Gesang wird von den Lockungen der Sirenen berichtet. Wie alle mythischen Gestalten sind die Sirenen im immer wiederkehrenden Schicksal gefangen; ihr Handeln ist alternativlos (Böhme, 2013). Odysseus versucht nicht, einen anderen Weg zu fahren als den an der Sireneninsel vorbei. Er versucht auch nicht, etwa auf seine Überlegenheit zu pochen und frei den Sirenen zuzuhören. Das Schiff nimmt seinen vorbestimmten Kurs und er realisiert, dass er, wie sehr er sich auch bewusst von der Natur distanziert, als Hörender ihr ver-

---

13 Jedoch enthüllt Odysseus hochmütig später seinen wahren Namen. In seinem Zorn bittet Polyphem seinen Vater Poseidon, Odysseus auf dem Meer umkommen zu lassen oder seine Heimkehr zu verhindern, damit begründet sich die Irrfahrt.

fallen bleibt. Er hält den Vertrag seiner Hörigkeit ein und zappelt am Mastbaum, um in die Arme der Verderberinnen zu stürzen. Aber er hat, mithilfe der Kirke, eine *Lücke im Vertrag* aufgespürt. Odysseus erkennt die archaische Übermacht des Liedes an, er hört die Gesänge, indem er sich fesseln lässt, entgeht er aber dem zu erbringenden Opfer (Horkheimer u. Adorno, 1988, S. 55).

Der dritte Aspekt ist seine epistemische Wachsamkeit. Im Wissen um die Heimkehrgeschichte und den Tod des griechischen Heerführers Agamemnon verstellt sich Odysseus bei seiner Ankunft auf Ithaka als Bettler und erzählt allerlei Lügengeschichten (Mannsperger u. Mannsperger, 2017, S. 75). Auch in anderen Situationen ist Odysseus überaus misstrauisch und lügt, z. B. gegenüber Eumaios dem Schweinehirten, gegenüber den Freiern, sogar gegenüber Penelope (Odyssee, 9. Gesang, Vers 259–370; 14. Gesang, Vers 192–359, 165–202; 19. Gesang, Vers 203; 24. Gesang, Vers 303–314, 256–286). Homer belässt es nicht bei diesem erzählerisch reizvollen Doppelspiel aus Wissen (um die wahre Gestalt) und Täuschung (die Freier sehen in ihm nur den Bettler), sondern zeigt auch die Zweifel, die Odysseus selbst hat (Seeck, 2004, S. 261). Lüge und Täuschung setzen reflexives Denken und das Wissen um falsche Überzeugungen voraus.

So wie Odysseus andere täuscht, erwartet er auch selbst, getäuscht zu werden, und begegnet Göttern, Frauen (Kalypso, Kirke) und Bediensteten (Eumaios und anderen) mit Misstrauen (Odyssee, 5. Gesang, Vers 173–179; 10. Gesang, Vers 342–344; 13. Gesang, Vers 215–218). Der Mann »misstraut grundsätzlich jedem und bei jeder Gelegenheit. So sieht er in Kalypsos Vorschlag zum Floßbau eine hinterhältige Absicht und sie muss erst den großen Eid schwören« (Jens, 2017, S. 8). Nach eingehender Prüfung vertraut er jedoch Penelope, den Phaiaken, Kirke und schließlich Athene.

Schließlich wird die Fähigkeit zur mentalisierten Affektivität hervorgehoben. Mentalisierte Affektivität wird verstanden als eine Form von Affektregulation, die die Neubewertung und Modulation der Affekte beinhaltet (Fonagy, Gergely, Jurist u. Target, 2018). Bei der mentalisierten Affektivität werden Affekte und Mentalisierung online, also im Augenblick, wahrgenommen und betrachtet. Während großer emotionaler Erregung wird die Mentalisierungsfähigkeit und die Fähigkeit zur Perspektivenübernahme aufrechterhalten und die Intensität und Qualität der Affekte können verändert werden.

In der entscheidenden Wiedererkennungsszene der Odyssee wird ein Konflikt zwischen dem zurückgekehrten Odysseus und der misstrauischen Penelope dargestellt: »Du unbegreifliche, so hartherzig wie du ist keine andere«, wirft Odysseus Penelope vor und sie entgegnet: »Du Unbegreiflicher, versteh mich doch erst« (Odyssee, 23. Gesang, Vers 166, 174, zit. nach Mannsperger u.

Mannsperger, 2017, S. 101). Das beiderseitige Befremden löst sich nach einem Vertrauensbeweis (das Wissen um das unverrückbare Ehebett). »Weinend lief sie dann grad auf ihn zu und schlang ihre Arme fest um den Hals des Odysseus, küßte das Haupt ihm und sagte: ›Zürne mir, Odysseus, nicht länger, da du auch sonst von den Menschen stets der Verständigste warst‹« (Odyssee, 23. Gesang, Vers 207 ff., zit. nach Mannsperger u. Mannsperger, 2017, S. 101). Penelope schildert ihre Sorge, betrogen zu werden oder zu leichtfertig, wie Helena, ihren Gefühlen nachzugeben. Das kann Odysseus verstehen und sein Zorn verfliegt. Penelope erweckt »in ihm noch stärkeres Verlangen zu klagen; weinend hielt er die sorgende Gattin, die Frau seines Herzens« (Odyssee, 23. Gesang, Vers 232 f.). Kurz darauf fordert sie ihn auf, seine Geschichte zu erzählen. Sie erscheint hier als gleichrangige Heldin, dem Partner durchaus gewachsen, umsichtig, misstrauisch, listig und anteilnehmend.

Mit diesen und anderen Beispielen (wie dem hölzernen Pferd) zeigt Odysseus, dass er unterscheiden kann zwischen Symbol und Wirklichkeit, dass er die Differenz zwischen Äquivalenzmodus und mentalisierendem Modus für sich nutzen kann. Er erkennt und differenziert Emotionen, kann sie regulieren, bezieht verschiedene Perspektiven und Motive in seine Planungen mit ein und ist ein frühes literarisches Beispiel für gelingende Mentalisierung.

Die Vielschichtigkeit der Odyssee, die Möglichkeiten, sie immer wieder neu auszulegen, aus verschiedenen Perspektiven zu sehen, machte seit jeher ihren Reiz aus. Die Odyssee handelt von einer tiefen Ambivalenz zwischen Abenteuerlust und Heimkehrsehnsucht. Sie ist auch ein Epos des Misslingens, des Scheiterns. Odysseus verliert alle seine Gefährten, seine Schiffe, seine Raubschätze. Die Odyssee kann im historischen Kontext der Kolonisierungsgeschichte der Griechen als Metapher für Gefahren und Chancen einer unbekannten Welt gesehen werden. Die Irrfahrt kann ebenso (psychologisch) verstanden werden als Versuch, mit inneren Konflikten und Verletzungen fertig zu werden. Eine Lehranalysandin verglich ihre Lehranalyse einmal mit einer Odyssee, als Irrfahrt und Reifungsprozess. Auch Hellmann (2001) greift die Metapher der Irrfahrt auf und sieht in den Motiven des Helden Gier, Zorn und narzisstische Wut als Ausgangspunkte (z. B. Überfall der Kikonen, Herausforderung des Polyphem). Die Verwandlung als Bettler, also der Abschied vom narzisstischen Größenselbst, und das Wieder-*erkannt*-Werden (von Eumaios, Telemachos, Eurykleia, der Amme und schließlich von Penelope) wirken schließlich heilend in einem Reifungsprozess (Hellmann, 2001). Auf seiner Irrfahrt begegnen ihm viele Gefahren, in denen er sich oft blamabel benimmt. Trotzdem überlebt er und erreicht sein Ziel, die Heimkehr. Odysseus sehnt sich nach der Heimat und Familie. Aber es gefällt ihm auch gut auf seiner Irrfahrt (Steinmann, 2010).

Ithaca[14]

»Brichst du auf gen Ithaka,
wünsch dir eine lange Fahrt,
voller Abenteuer und Erkenntnisse.
[...]
Immer halte Ithaka im Sinn.
Dort anzukommen ist dir vorbestimmt.
Doch beeile nur nicht deine Reise.
Besser ist, sie dauere viele Jahre;
Und alt geworden lege auf der Insel an,
reich an dem, was du auf deiner Fahrt gewannst,
und hoffe nicht, dass Ithaka dir Reichtum gäbe.
Ithaka gab dir die schöne Reise.
Du wärest ohne es nicht auf die Fahrt gegangen.
Nun hat es dir nicht mehr zu geben.
Auch wenn es sich dir ärmlich zeigt, Ithaka betrog dich nicht.
So weise, wie du wurdest, in solchem Maße erfahren,
wirst du ohnedies verstanden haben, was die Ithakas bedeuten.«

Mentalisiert Odysseus also?

Ja! Was Horkheimer und Adorno (1988) als Konstitution des modernen Subjekts verstehen, kann aus der Perspektive des wesentlich jüngeren Mentalisierungsmodells als gelingendes Mentalisieren verstanden werden. Und: Nein! Natürlich mentalisiert nicht Odysseus als literarische Figur, sondern Homer.

Homer ermöglicht uns einen Blick in die Frühphase europäischer Literatur. Das Epos ist komplex komponiert, die Geografie des östlichen Mittelmeerraumes oder die medizinischen Sachverhalte weisen auf präzises Erfahrungswissen und genaue Naturbeobachtung hin (Toellner, 1986). Auch aus einer psychologischen Perspektive finden wir ein Nachdenken über Motive, Reflexion, Perspektivenübernahme und Emotionsregulierung (Mentalisieren).

Anderseits weisen die Götterwelt, Sirenen, Riesen oder Meeresungeheuer noch auf eine vorrationale, magische Welterklärung hin. Diese mythische Welt hat Parallelen zum Äquivalenzmodus in der Ontogenese des Individuums. Die

---

14 Konstantinos Kavafis (1911) »Ithaca«. Ausschnitt aus dem Gedicht »Ithaca«. Kavafis war ein griechischer Dichter (29. April 1863 † 29. April 1933).

Odyssee spielt zwischen diesen beiden Welterklärungen. Vielleicht ist es nicht zu weit interpretiert, wenn die These aufgestellt wird, die Odyssee ermöglicht uns einen Einblick in eine Phase zwischen Äquivalenzmodus und reflexivem, also mentalisierendem Modus. Dieser Übergang entwickelt sich ja nicht plötzlich (wie vom Himmel gefallen), sondern in einem oszillierenden Prozess des Hin und Her zwischen beiden Modi, bis der mentalisierende Modus als hauptsächlicher Weg der Selbst- und Welterklärung dient.

Die nicht ganz unerhebliche Frage nach dem evolutionären Vorteil, mentalisieren zu können, wird in der Irrfahrt des Odysseus überdeutlich. Homer und die Odyssee sind von uns entwicklungsgeschichtlich einen Katzensprung entfernt (nur ca. 2700 Jahre). Wenn wir davon ausgehen, dass Mentalisieren eine anthropologisch-stammesgeschichtliche Errungenschaft ist, dann können wir annehmen, dass diese sich vor etwa 40.000 Jahren ausgebildet hat (Tomasello, 2014). Damit ist die Frage, ob Mentalisieren im Werk von Homer wiederzufinden ist, klar mit »Ja« und erwartbar zu beantworten. Die 2700 Jahre machen evolutionär wahrscheinlich keinen großen Unterschied, seitdem ist evolutionär wenig passiert.

Gleichzeitig spielen historische und soziokulturelle Einflussfaktoren eine wichtige Rolle bei der Herausbildung des Interesses, sich mit Motiven, Gefühlen und Intentionen zu beschäftigen. Das Interesse am Mentalisierungsansatz (gemessen an der Autorenschaft und Zahl der Publikationen) ist z. B. im westeuropäisch-nordamerikanischen Sprachraum deutlich größer als in anderen Teilen der Welt. Daher stellen sich neue Fragen: Ist der Mentalisierungsansatz ein spezifisches Phänomen zu Beginn des 21. Jahrhunderts? Und ist Mentalisieren besonders wichtig in westlichen, kapitalistischen und demokratischen Gesellschaftsformen?

Versteht man den Mentalisierungsansatz als »Demokratisierung« zwischenmenschlicher Beziehungen, in der autoritäre Machtdynamiken abgebaut werden (z. B. in den Familien, zwischen Mann und Frau, in der Kindererziehung; vgl. Dornes, 2012), dann setzt er eine größere Fähigkeit zur Kompromissbildung, gegenseitiger Anerkennung und zum Verhandeln voraus (z. B. vom »Befehlshaushalt« mit dem Vater an der Spitze zum »Verhandlungshaushalt«, vgl. Dornes, 2012). In autoritär strukturierten Gesellschaften (wie im deutschen Faschismus), die durch Befehl und Unterordnung geprägt sind, ist die Suche nach Intentionen, Motiven, Gefühlen oft wenig hilfreich, oder gar schmerzhaft (z. B. da die Ohnmacht schmerzlicher bewusst wird). Odysseus als Vertreter einer gesellschaftlichen Elite (König von Ithaka, Heerführer) hat natürlich mehr Freiheiten und Handlungsmöglichkeiten. Er nutzt ein breites Repertoire. Mit List und Ausdauer verhandelt er mit Naturgewalten (Göttern, Sirenen und Ungeheuern), mit Feinden (Trojanisches Pferd, Freier), aber letztlich enden die Abenteuer doch mit archaischer Aggression (Skylla und Charybdis, Polyphem, Freiermord). Auch hier steht die Odyssee zwischen archaischer und moderner Weltsicht. Das Interesse am Mentalisieren ist daher nicht nur anthropologisch begründbar, sondern abhängig von Gesellschafts- und Herrschaftsformen mit einer starken und alten Kulturgeschichte, die Odyssee ist dann eine davon.

Literatur

Allen, J. G., Fonagy, P. (Hrsg.) (2009). Mentalisierungsgestützte Therapie: Das MBT Handbuch. Konzepte und Praxis. Gießen: Psychosozial-Verlag.
Bateman, A. W., Fonagy, P. (Hrsg.) (2015). Handbuch Mentalisieren. Gießen: Psychosozial-Verlag.
Böckler-Raettig, A. (2019). Theory of Mind. München: Ernst Reinhardt.
Böhme, M. (2013). Wege aus der mythischen Verstrickung. Odysseus, der Märchenheld für Dialektiker? Psychoanalyse, 17, 31–49.
Burkert, W. (2007). Nachwort. In K. Steinmann, Homer Odyssee. Aus dem Griechischen übersetzt und Kommentiert von Kurt Steinmann. Zürich: Manesse.
Dornes, M. (2012). Die Modernisierung der Seele: Kind – Familie – Gesellschaft. Frankfurt a. M.: Fischer.
Fonagy, P., Gergely, G., Jurist, E. L., Target, M. (2018). Affektregulierung, Mentalisierung und die Entwicklung des Selbst. Stuttgart: Klett-Cotta.
Fonagy, P., Target, M., Steele, H., Steele, M. (1998). Reflective functioning manual. Version 5.0 for application to adult attachment interviews. London: University College London.
Fonagy, P., Target, M. (2006). Psychoanalyse und die Psychopathologie der Entwicklung. Stuttgart: Klett-Cotta.
Hellmann, R. (2001). Wen, was, wie verändert die Lehranalyse? Selbstpsychologie, 2, 395–405.
Horkheimer, M., Adorno, T. W. (1988). Dialektik der Aufklärung. Philosophische Fragmente. Frankfurt a. M.: Suhrkamp.
Jens, W. (2017). Zum Geleit. In B. Mannsperger, D. Mannsperger, Homer verstehen. Aktualisierte Sonderausgabe. Darmstadt: Wissenschaftliche Buchgesellschaft.
Joyce, J. (1981) Ulysses. Übertragung von Hans Wollschläger. Frankfurt a. M.: Edition Suhrkamp.
Kavafis, K. (1911). Ithaca. http://www.kavafis.de/poems.htm (Zugriff am 03.03.2022).
Main, M., Goldwyn, R. (1996). Adult attachment classification system. Berkeley: University of California, Department of Psychology.
Manguel, A. (2009). Über Homer, Ilias und Odyssee. München: dtv.
Manguel, A. (2016). Eine Geschichte der Neugier. Frankfurt a. M.: Fischer.
Mannsperger, B., Mannsperger, D. (2017). Homer verstehen. Aktualisierte Sonderausgabe. Darmstadt: Wiss. Buchgesellschaft – WBG.
Martin, C. (1996). Homer. Die Odyssee. Erzählt von Christoph Martin. Frankfurt a. M.: Eichborn.
Phönix, A., Frosh, S. (2005). »Hegemoniale Männlichkeit«. In V. King, K. Flaake (Hrsg.), Männliche Adoleszenz. Sozialisation und Bildungsprozesse zwischen Kindheit und Erwachsenensein (S. 19–35). Frankfurt a. M.: Campus.
Seeck, G. A. (2004). Homer. Eine Einführung. Stuttgart: Reclam.
Steinmann, K. (2007). Homer. Odyssee. Aus dem Griechischen übersetzt und kommentiert von Kurt Steinmann. Zürich: Manesse.
Steinmann, K. (2010). Unterwegssein ist alles. Interview mit Richard Wagner, Frankfurter Allgemeine Sonntagszeitung, 2.5.2010, S. 11.

Toellner, R. (1986). Illustrierte Geschichte der Medizin. Band 1. Salzburg: Verlagsbuchhandel Andreas & Andreas.
Tomasello, M. (2014). Eine Naturgeschichte des menschlichen Denkens. Berlin: Suhrkamp.
Voß, J. H. (1781/2003). Odyssee. Zürich/Düsseldorf: Patmos.

Teil IV
Ausblick: Fonagy, Tomasello, Keller und Dziobek reden miteinander

So_Be_Me: Die Tagung[1]

Bereits im Titel *So_Be_Me* wird soziales Lernen als grundlegend für die Entwicklung des Selbst in seiner sozialen Umwelt angesehen und mit der Mentalisierungstheorie verknüpft. Der Titel dieses Buches, wie das Tagungsthema einer Konferenz im Oktober 2019 an der Pädagogischen Hochschule in Ludwigsburg, gehen zurück auf das internationale und interdisziplinäre DFG-Netzwerk *mentalisierungsbasierte Pädagogik MentEd* (siehe auch www.mented.de). Die Tagung richtete sich nicht an ein spezialisiertes Fachpublikum (z. B. Kliniker:innen, Psychotherapeut:innen oder Lehrer:innen, Sozialpädagog:innen etc.), sondern an alle am Mentalisierungsansatz Interessierten, unabhängig von der professionellen Ausrichtung.

Die erfolgreiche Konferenz bestand aus zwei inhaltlich eng miteinander verbundenen Tagen: Am Freitag, dem 11.10.2019 wurde nach einer Einführung in das Thema der Schwerpunkt auf aktuelle Beiträge und Diskussionen zu einer mentalisierungsbasierten Pädagogik gelegt. Grundlegend ist, dass gelingende und förderliche pädagogische Prozesse und Interaktionen mentalisierend sind. Deswegen setzt die mentalisierungsbasierte Pädagogik den Fokus auf Emotionen, Verstehen, sozialkognitives Lernen und pädagogische Beziehung beziehungsweise Bindung. Sie spricht damit alle mit einem innovativen Ansatz an, die in den unterschiedlichen pädagogischen Bereichen praktisch oder theoretisch tätig sind beziehungsweise sich für Fragen der Bildung und Erziehung in Kindheit und Jugend interessieren und auf der Suche nach einem systematischen Konzept einer *Beziehungspädagogik* sind. Am Samstag, dem 12.10.2019 wurde der innovative Versuch unternommen, den Mentalisierungsansatz in größere soziokulturelle Zusammenhänge zu stellen, was auch die Ausgangsidee für dieses Buch darstellt. Ausgehend von der Hypothese, dass Mentalisieren über soziales Lernen eine originäre Bedeutung für das Zusammenleben in und für Gemeinschaften (und ihre sich daraus entwickelnden Strukturen und Organi-

---

1 So_Be_Me steht als Kurzform für *soziales Lernen, Beziehung* und *Mentalisieren*.

sationen) hat, wurden neue Perspektiven von weltweit führenden Expert:innen dargestellt und diskutiert. Neben spannenden Vorträgen von Heidi Keller, Michael Tomasello und Peter Fonagy und Felix Brauner (siehe Beiträge in diesem Band) sprach Isabel Dziobek (Humboldt-Universität zu Berlin) über *Theory of Mind und Ergebnisse der Hirnforschung zu sozialen Interaktionen und ihren Störungen* und stellte jüngste Forschungsergebnisse vor. Den Abschluss bildete eine Podiumsdiskussion mit Peter Fonagy, Michael Tomasello, Heidi Keller und Isabell Dziobek (moderiert von Svenja Taubner und Tobias Nolte), die in dieser Form zum ersten Mal miteinander redeten. Auch dabei war die zentrale Frage: Wie lernt der Mensch das Soziale und das Kulturelle und welche Rolle spielt dabei Mentalisierung?

Podiumsdiskussion: Isabel Dziobek, Peter Fonagy, Heidi Keller und Michael Tomasello in Diskussion mit Svenja Taubner und Tobias Nolte

Übersetzung und Bearbeitung: Anna Beyer und Tobias Nolte

Das folgende Transkript stellt eine aus dem Englischen übersetzte, leicht bearbeitete und von den Diskutierenden angenommene Fassung des Abschlusspodiums der Tagung: »Soziales Lernen, Beziehung und Mentalisieren« an der Pädagogischen Hochschule Ludwigsburg im Oktober 2019 dar. Neben Vorträgen aus dem Netzwerk sprachen Heidi Keller, Isabel Dziobek, Peter Fonagy und Michael Tomasello (per Weblink aus den USA zugeschaltet) zunächst in ihren Keynotes zu den Teilnehmenden. Im Anschluss fand die folgende Podiumsdiskussion, moderiert von Svenja Taubner und Tobias Nolte, statt, die die Vortragenden miteinander und mit dem Publikum ins Gespräch brachte.

NOLTE: Wir dachten zunächst, wir schauen einmal, ob Sie Punkte aufgreifen wollen, die in den vorangegangenen Gesprächen angerissen oder diskutiert wurden. Zu zweit werden wir ein Gespräch mit Ihnen führen und hoffentlich ein paar Fragen stellen, die Ihre Diskussion anregen. Im zweiten Teil möchte ich das Publikum sehr gerne miteinbeziehen, um zu sehen, ob es Fragen, Kommentare oder Kritik gibt; etwas, das den Zuhörer:innen auf der Seele liegt.

KELLER: Ich glaube, ich habe noch nicht ganz verstanden, was jetzt unsere Aufgabe ist …

FONAGY: *(Lacht)* zu unterhalten!

TAUBNER: Okay, das habe ich auch gedacht, also ich habe versucht, mich in Sie hineinzuversetzen, und hatte den Eindruck, dass die Aufgabe noch nicht wirklich klar ist. Dies ist eine Tagung zum Thema Mentalisieren, Sie alle haben Ihre Forschungsaspekte vorgestellt und dargelegt, wie Sie Ihre ganz eigenen Konzeptualisierungen des Mentalisierens verstehen. Und ich weiß nicht, ob es Ihnen aufgefallen ist, aber Sie alle haben unterschiedliche Definitionen davon. Vielleicht könnten Sie also zunächst noch einmal erläutern, was Sie unter Mentalisieren verstehen, was Sie von den anderen während der Veranstaltung gelernt haben. Und ich würde gerne mit dieser Runde

hier auf dem Podium beginnen, mit Ihnen, den Diskussionsteilnehmer:innen. Im zweiten Teil wäre es sehr hilfreich, wenn Sie sich ein wenig mehr auf die pädagogischen Kontexte beziehen könnten, mit denen wir uns ja auch befassen wollen. Denn wir versuchen zu verstehen, ob wir dieses therapeutische Konzept auch dort anwenden können und in welchem pädagogischen Rahmen dies möglich ist.
KELLER: Okay, danke. Ich werde es versuchen. Wie ich anfangs sagte, stütze ich mich auf die Definitionen meiner Kolleg:innen hier. Ich untersuche die Aspekte von mentalen Zuständen innerhalb der Sprache und die Interaktion zwischen Betreuungsumgebungen und Säuglingen und Kindern bis zum Alter von drei oder vier Jahren. Und ich verstehe alles, was mit der Verbalisierung der inneren Welt des Kindes zu tun hat, als eine Art von Mentalisieren des Säuglings. Der Säugling beziehungsweise das Kind wird so für sich selbst verständlich gemacht. Und für mich ist das ein kultureller Begriff und eine kulturelle Vorstellung. Wie ich heute Morgen in meinem Vortrag dargelegt habe, sehe ich in anderen Kulturen andere Konzeptionen der Psyche und andere kommunikative Strategien und Konventionen, die andere Konzeptionen des Selbst und auch andere Definitionen, andere Strategien der sozialen Regulierung hervorbringen. Ich habe alle Vorträge sehr genossen, es war sehr interessant für mich. Wenn ich kurz etwas zu den verschiedenen Vorträgen sagen sollte, würde ich mir wünschen, dass Sie, Peter, und Sie alle, Proband:innen aus anderen Kulturen in Ihre experimentelle Forschung einbeziehen. Ich verstehe nicht viel von der Art von Forschung, die Sie betreiben, aber ich weiß, dass es in den Neurowissenschaften diesen faszinierenden Bereich der Kultur gibt, in dem man wirklich tiefgreifende kulturelle Unterschiede in der mentalen Funktionsweise feststellt, und es wäre sehr interessant, diese Dimensionen zu sehen. Professor Fonagy, ich weiß es zu schätzen, dass Sie sich der Kultur zuwenden und die breitere soziale Welt in Ihr Denken einbeziehen. Aber ich bin mir nicht sicher, ob Sie aus meiner Sicht weit genug gehen. Denn wenn ich Sie richtig verstanden habe, konzentrieren Sie sich auf die Dyade innerhalb eines größeren sozialen Netzwerks. Sie sind auf der Suche nach Face-to-Face-Kontakt, Blickkontakt ist wiederum der wichtige Kanal für die Entwicklung von Mentalisierung. Ich stimme auch völlig zu, dass Vertrauen die Essenz von Bindung ist, und es ist wichtig, vielleicht sogar den Begriff zu ersetzen und von Vertrauen zu sprechen. Aber Vertrauen wird nicht nur in einem epistemischen Sinn erreicht, es kann auf viele verschiedene Arten erreicht werden, auch in einem körperlichen Vertrauen, also in einer Art von grundlegendem Verständnis, dass andere verfügbar sind und sich kümmern, und

diese anderen können viele verschiedene Menschen sein. Die Interaktionen sind also nicht funktionsspezifisch, sodass jeder das Gleiche tun kann, wie es in vielen nicht westlichen traditionellen Dörfern der Fall ist. Ich bin also neugierig, was Sie dazu sagen. Mike, ich möchte zwei Punkte ansprechen. Wie Sie wissen, arbeite ich mit der Affenforscherin Kim Bard zusammen. Kim und ich überarbeiten zusammen mit anderen Leuten gerade ein größeres Paper, in dem wir verschiedene Konzepte der geteilten Aufmerksamkeit in der Literatur diskutieren und darlegen, dass es bei jedem Teilnehmer geteilte Aufmerksamkeit gibt, sowohl bei verschiedenen Affenarten als auch in verschiedenen – Sie lachen schon – in verschiedenen Kulturgruppen. Vor allem, wenn wir die Definition nicht auf zwei und eins ausdehnen – ist das eine Art Streitgespräch, entscheide ich das? – sondern wenn wir die Definition auf das gemeinsame Verhalten von drei Personen oder anderen Dingen als Gegenständen ausweiten. Und die andere Sache ist, dass ich diesen Videoclip von neun Monate alten kamerunischen Nso-Kindern gezeigt habe, die ihr Sozialverhalten zu dritt perfekt koordinieren. Sie teilen und geben Dinge ab und beschäftigen sich mit dem Spiel von Geben und Nehmen. Und ich glaube, dass dieses Gruppenverständnis, das man erst später zu sehen bekommt, von der Sozialisationsumgebung abhängt und dass es in Umgebungen, in denen die Gruppe und die soziale Gemeinschaft im Mittelpunkt stehen, vielleicht schon von Anfang an vorhanden ist. Und so habe ich das natürlich gemacht, ich möchte dieses Bewusstsein für die kulturellen Unterschiede und für eine unterschiedliche Entwicklung in beide Richtungen wecken.

DZIOBEK: Sehr interessant und sicherlich ein Denkanstoß. Und ich möchte Ihnen für die Idee danken, das Thema Kultur mehr in meine Arbeit einzubeziehen. Ich habe nämlich die Möglichkeit, da unser Test zur sozialen Kognition, MASC, jetzt in so viele Sprachen übersetzt wurde ... Und eigentlich sind die Leute immer sehr froh, wenn sie ihre Daten für vergleichende Studien zu diesem Zweck zur Verfügung stellen können. Es wäre also eine gute Gelegenheit, dies weiterzuverfolgen. Es lohnt sich auf jeden Fall, einen Blick darauf zu werfen. Sie haben sehr schön gezeigt, dass sich andere Kulturen nicht nur von uns unterscheiden, sondern auch untereinander, sodass es natürlich unendlich viele Möglichkeiten für Studien gibt. Und ich würde sogar noch weitergehen und sagen, dass es vielleicht auch innerhalb unserer Kultur bestimmte Subkulturen gibt. Zum Beispiel die Jugendkultur und andere Kulturen, und wir wissen, dass viele Einflussfaktoren existieren. Dadurch entstehen verschiedene Subkulturen in unserer Gesellschaft, und deshalb glaube ich, dass es sich lohnt, diese genau unter die Lupe zu nehmen und gründlich zu erforschen. Nur wenn wir das tun, nur wenn wir uns auf diese bestimmte Gesellschaft oder Untergruppe beziehen, ist es sehr wichtig, diese zu kontextualisieren und sicherzustellen, dass man bei der Veröffentlichung nicht über alle Menschen auf der Welt spricht, sondern über eine bestimmte Population. Und ich halte es immer für wichtig, andere zu ermutigen, dieses Wissen zu nutzen und zu versuchen, es zu replizieren und Unterschiede in anderen Subkulturen zu finden.

FONAGY: Ich sitze hier mit Menschen, die mein Denken enorm beeinflusst haben, darunter Sie beide, und ich verfolge die Schriften von Dr. Tomasello seit vielen, vielen Jahren, wahrscheinlich sogar länger, als ihm lieb ist. Er weiß es nicht einmal, aber er ist eine enorm einflussreiche Persönlichkeit. Es ist wirklich schön, mit Menschen zusammenzukommen, die einen beeinflusst haben. Natürlich kann man es nie genau richtig machen. Man versucht es, aber soweit ich mich erinnere, ist es meistens vergeblich. Ich halte die Perspektive auf eine Reihe von Dingen, die erörtert wurden, für enorm erfüllend. Ich glaube nicht, dass man sich den Luxus erlauben sollte, nur aus der Ferne zu schauen. Sie haben auch darauf hingewiesen, dass es viele Dinge gibt, die sich in unserem Raum ereignen und die einen sofort stören, die einen herausfordern. Für mich besteht die größte Herausforderung darin, zu verstehen, wie es dazu kommt, dass sich in einem Umkreis von zehn Meilen in London *(redaktionelle Anmerkung: die stark ansteigende Korrelation von Psychopathologie und sozialer Benachteiligung, die sich anhand der Postleitzahl beziehungsweise der Wohngegend festmachen lässt)* das Ausmaß der emotionalen Störungen verdoppelt hat. Und eines der Dinge, die hier zum Tragen kommen, ist etwas, das sehr relevant ist für das, worüber Mike gesprochen hat, nämlich, dass in einer Gruppe, die sozial benachteiligt ist – das ist die Gruppe mit niedrigem sozioökonomischem Status –, die Einstellungen und Ansichten anderer viel wichtiger sind, sodass man sie viel mehr braucht. Wenn ich in Richmond lebe, also in der Gruppe mit hohem sozioökonomischem Status, dann geht es mir eigentlich ganz gut und meine eigenen Ansichten sind völlig ausreichend. Und jede:r sollte mit meiner Sichtweise einverstanden sein. Eine der interessanten Studien, auf die wir kürzlich gestoßen sind, besagt, dass, wenn man ein Spiel kreiert, bei dem die Leute schummeln können – und Menschen schummeln nun mal, das ist nur eine dieser Sachen. Wenn man also ein Spiel kreiert, bei dem die Leute schummeln können, dann werden Leute in einem niedrigeren sozialen Umfeld, Leute in Hackney – ich weiß, ich verallgemeinere – mehr schummeln, wenn es in dem Spiel darum geht, der Gemeinschaft Geld zu geben, wohingegen Leute in Richmond mehr schummeln, wenn es in dem Spiel darum geht, dass sie selbst mehr Geld bekommen. Hier zeigt sich also ein Gefühl der Abhängigkeit von der Gruppe, das in den beiden Umgebungen recht unterschiedlich ist. Ich behaupte nun – und bin an Mikes Meinung dazu interessiert – dass, wenn man sich in einem Umfeld befindet, in dem man das Gefühl hat, dass die eigene Sichtweise viel stärker von der Sichtweise anderer abhängt, und man sich von diesem Umfeld ausgeschlossen fühlt, z. B. durch ein Gefühl der Scham, dies viel dramatischer und herausfordernder ist, als wenn man sich in einem Umfeld befindet, in dem die eigene Sichtweise besser zur Geltung kommt, wenn man den Unterschied sieht. Die Verletzlichkeit, wenn man eine andere Sichtweise hat, eine andere Erfahrung macht als andere, ist also viel größer, wenn ich das Gefühl habe, dass meine Ansichten nicht mit denen der Gemeinschaft übereinstimmen. Zunächst einmal fühle ich mich viel zuversichtlicher, dass meine Ansichten für sich selbst stehen, und ich denke, wir müssen noch viel über die Variabilität lernen, mit der die Menschen mit diesem Begriff der Mehrdeutigkeit umgehen können, über den wir gesprochen haben, dass der Glaube nicht unbedingt eine Gewissheit ist. In meiner therapeutischen Praxis versuche ich meistens, die Menschen von einem Gefühl der absoluten Gewissheit über ihre Überzeugungen zu einer Position der Ungewissheit oder des Zweifels daran zu bewegen, dass es nur *eine* Perspektive gibt. Von dieser Position, die wir als psychische Äquivalenz bezeichnen und die ich jetzt nach Mikes Vortrag viel besser verstehe – glauben wir, dass es ihr an einer angemessenen Berücksichtigung des dritten Aspekts des Kindes, der objektiven Realität, fehlt. Das ist meine Position, aber es gibt keinen Raum für Objektivität, und wenn ich Menschen von einer Position der psychischen Äquivalenz zu dem hinführe, was wir echtes Mentalisieren nennen, dann erkenne ich an, dass meine Position nur eine von vielen Positionen ist, die man einnehmen könnte. Wenn man sich jedoch in einem sozialen Umfeld befindet, dann ist man viel mehr Teil eines Netzwerks, und das ist eine viel schwierigere Entscheidung, als wenn alle in diesem Umfeld ihre eigenen Ansichten vertreten und sich dessen einfach sicher sind. Ich habe nie etwas dagegen, dass ich mich so ausdrücke, aber das ist wirklich meine Art zu verstehen, warum jemand, der in Hackney lebt, so viel anfälliger für die Erfahrung des Ausgeschlossenseins aus einer Gefühlsgemeinschaft ist als jemand, der zehn Meilen weiter die Straße runter wohnt.

TOMASELLO: Okay, die ursprüngliche Frage bezog sich auf die Definition des Begriffs »Mentalisieren«, und dann möchte ich auf einige der Kommentare eingehen, die die Kolleg:innen ebenfalls gemacht haben. Während ich hier sitze, wird mir klar, dass wir eine unglaubliche Bandbreite an Perspektiven haben. Wir haben eine neurowissenschaftliche Perspektive auf der einen Seite, eine kulturübergreifende Perspektive auf der anderen, eine kulturübergreifende Entwicklungsperspektive, und wir haben eine wie auch immer geartete Psychopathologie-Perspektive oder eine Perspektive der psychischen Gesundheit, die auch eine entwicklungspsychologische Komponente hat. Und ich habe eine entwicklungsbezogene Perspektive, aber meine ist hauptsächlich evolutionär. Es ist also erstaunlich, dass wir eine ganze Reihe von unterschiedlichen Ansätzen für ein und dasselbe Problem haben, und das ist ein interessantes Problem der Perspektiven. Wenn ich das Thema aus evolutionärer Sichtweise anschaue, möchte ich eine Anmerkung machen und werde dann auf die Punkte eingehen, die von den anderen Diskussionsteilnehmer:innen angesprochen wurden. Eine Möglichkeit, um zu verstehen, was wir mit Mentalisieren meinen, besteht darin, über Lebewesen nachzudenken, die nicht mentalisieren, und ich würde sagen, dass es eine Menge solcher Lebewesen gibt. Ich schaue aus dem Fenster und sehe hier ein Eichhörnchen über die Wiese hüpfen. Ich glaube nicht, dass Eichhörnchen viel nachdenken. Sie sind sehr kluge Tiere, sie verstecken Nüsse, sie merken sich, wo sie sind, sie interagieren sozial, sie streiten sich, sie haben Sex, aber ich glaube nicht, dass sie das auf einer mentalen Ebene tun. Ich glaube nicht, dass sie sich dabei Gedanken machen. Man kann ein ziemlich reichhaltiges Leben haben, auch ein soziales Leben, ohne sich Gedanken zu machen. Und ich glaube, dass das Mentalisieren evolutionär gesehen in zweierlei Hinsicht ins Spiel kommt, nämlich wenn man anfängt, aktiv mit anderen zu konkurrieren, und dann versucht, ihre Gedanken zu lesen oder zu mentalisieren, um herauszufinden, was sie tun werden und wie man mit ihnen konkurrieren kann. Und wie ich bereits sagte, stammen wir Menschen von Primaten ab, aber darüber hinaus haben wir diese kooperative Arbeitsweise, die dazugehört, sodass wir uns auf Kooperation einstellen. Das Interessante daran ist, dass ich vom Standpunkt des Wettbewerbs aus gesehen nicht möchte, dass du meine Gedanken liest, ich möchte nicht, dass du dir Gedanken über mich machst, ich hoffe, du kannst meine Gedanken überhaupt nicht lesen, und das wird mir helfen, mich durchzusetzen. Aber wenn wir zusammenarbeiten, möchte ich, dass du meine Gedanken liest, denn das hilft uns bei der Zusammenarbeit. Ich möchte, dass du weißt, was ich denke, und ich tue alles, was ich kann, um es dir leichter zu machen, auch indem ich dir sage, was ich denke, und durch die Sprache und alles andere. Natürlich gibt es Situationen, in denen sich Menschen gegenseitig besiegen und miteinander konkurrieren und all das. Aber ich will damit sagen, dass wir die Möglichkeit einer kooperativen Interaktion haben, bei der wir beide versuchen, den Prozess des Gedankenlesens zu erleichtern. Ich vermute, dass der Grund, warum Menschen im Vergleich zu anderen Spezies so exklusive Mentalisierer sind, darin liegt, dass wir von einer Spezies abstammen, die das Mentalisieren für den Wettbewerb einsetzte, es also bereits funktionierte, und wir nutzen es jetzt für die Kooperation, indem wir versuchen, uns gegenseitig das Gedankenlesen zu erleichtern, und das bringt uns wirklich weiter. Das ist also meine evolutionäre Sichtweise zum Mentalisieren. Zum Beispiel können Menschenaffen in einer Konkurrenzsituation verstehen, was andere sehen und was ihr Ziel ist, aber wir Menschen müssen uns auf Annahmen berufen und daher versuchen, alle Details zu erklären. Und das ist meine Auffassung von Mentalisieren, es ist ein Sich-Erklären und Antworten-Finden auf andere in Form von mentalen Zuständen wie Sehen, Wissen, Intentionen haben und Annahmen machen.

Außerdem möchte ich ein paar Worte zu dem sagen, was die anderen Diskussionsteilnehmer:innen schon erwähnt haben. Heidi Keller, Sie arbeiten mit Kim Bard zusammen. Sie und ich haben unterschiedliche Ansichten darüber, was Schimpansen tun. Das ist also etwas, das in der Literatur noch herausgearbeitet werden muss, aber ich denke, es ist wichtig, was Sie über die Triade gesagt haben, nicht Mensch und Objekt, sondern drei Individuen. Das wäre ein besserer Kontext für Affen, in dem sie zu mehreren sind. Etwas, das sie oft tun, ist, in Kämpfen Koalitionen zu bilden. Zwei von ihnen kämpfen also gegen eine dritte Person, und auf diese Weise müssen sie ihre Absichten mit ihrem Partner und den anderen koordinieren, was wirklich eine gute Situation dafür ist. Und wenn Affen so etwas tun, dann haben die Menschen das für den Umgang mit Gegenständen, Werkzeugen und anderen äußeren Dingen übernommen. Und ich weiß nicht, was die Antwort ist, ich sagte bereits, dass hier eine Lücke in der Literatur besteht. Einige Forscher:innen sagen, sie hätten diese Art der gemeinsamen Aufmerksamkeit bei Kindern im Alter von neun Monaten bis zu einem Jahr gesehen, und auf der anderen Seite berichten sie, dass Affen das schon in einem jüngeren Alter tun können. Ich bin also offen für einige Schritte auf dem Weg bei Schimpansen und Kleinkindern, aber ich denke, dass ältere menschliche Kinder auch noch etwas anderes tun.

Und, Herr Professor Fonagy, das waren einige wirklich interessante Punkte. Ich hatte bisher nicht wirklich über die Unterschiede in den Gemeinschaften und deren Bedeutung für die Sichtweise der Menschen nachgedacht und darüber, wie sie sich selbst sehen und fühlen. Ich möchte eine evolutionäre Tatsache nennen, die ich für interessant halte, falls Sie sie noch nicht kennen. Auch in einer Affengruppe wird genau beobachtet, wohin alle anderen schauen, und zwar zu jeder Zeit. Und alle schauen das dominante Individuum an, aber dieses schaut niemanden direkt an. Ich glaube, das spricht dafür, dass es in einer Gruppe extrem wichtig ist, was der Beherrschende von einem denkt und dass es weniger wichtig ist, was die anderen von einem denken, wenn man ein Anführer ist. Wenn man das also auf die Gemeinschaften ausdehnt, von denen Sie sprechen ... Darüber habe ich noch nie nachgedacht, aber es ist sicherlich so, dass Menschen in weniger mächtigen Positionen aufgrund der sie umgebenden sozialen Strukturen weniger Freiheit haben, das zu tun, was sie tun wollen. Und sie werden besonders aufmerksam auf diejenigen achten, die die Macht haben, die ihnen Zwänge auferlegen. Und denjenigen, denen keine Zwänge auferlegt sind, ist das völlig egal. Ich halte das also für einen sehr interessanten Punkt. Ich habe noch nicht darüber nachgedacht, wie sich die verschiedenen Perspektiven auf die tatsächliche Fähigkeit und die Freiheit, Entscheidungen zu treffen, auswirken würden. Und dafür möchte ich Ihnen danken, das ist ein sehr bereichernder Punkt.

TAUBNER: Okay, ich möchte nun versuchen, das Ganze etwas praktischer zu gestalten; ich möchte Sie ermutigen, etwas praktischer zu werden, bevor wir uns dem Publikum zuwenden. Denn Sie haben gerade im ersten Teil Ihrer Aussage gesagt, dass es in einem Wettbewerbsumfeld wirklich schwierig ist zu mentalisieren. Wir wollen nicht, dass die andere Person uns mentalisiert, weil wir in einem Wettbewerb stehen. Und wenn wir an ein Klassenzimmer (oder andere pädagogische Settings) denken, ist das dann eine Sache des Wettbewerbs oder der Zusammenarbeit? Ich selbst habe einen Siebenjährigen in der Grundschule, und mir ist klar, dass es dort bereits in diesem Stadium sehr wettbewerbsorientiert zugeht. Sie müssen zeigen, wie weit sie beim Erlernen der einzelnen Buchstaben sind, damit alle in der Klasse wissen, wo sie stehen. Und vielleicht ist das genau der Punkt, an dem man überhaupt nicht mentalisiert werden möchte, sodass es schwierig ist, eine mentalisierende Umgebung zu schaffen. Vielleicht ist das nur eine Idee, um eine Diskussion über pädagogische Kontexte zu beginnen und darüber, was der Mentalisierungsansatz uns dabei bieten könnte.

TOMASELLO: Nun, ich glaube, dazu kann ich etwas sagen. Ich bin ein Befürworter des kooperativen Lernens in Gruppen, des Lernens in einem Klassenzimmer, in dem die Kinder in Gruppen arbeiten, und es gibt viele Schulen, die das praktizieren. Und wenn man den Gruppenwettbewerb als eine Art Motivator einsetzt, denke ich, dass Teams eine gute Kombination sind. Wenn Teams an einem Problem arbeiten und miteinander konkurrieren können, dann arbeitet man, obwohl man konkurriert, mit den anderen im Team zusammen. Man muss nicht konkurrieren, ich sage nur, dass es Lehrer:innen gibt, die vielleicht denken, dass Wettbewerb motivierender ist. Das ist in der Wissenschaft sehr interessant: Wissen Sie, die Wissenschaft soll kooperativ sein, aber gleichzeitig wollen wir Erstautor:in einer Arbeit sein, wir wollen, dass diese Arbeit in einer angesehenen Zeitschrift erscheint, also arbeiten wir gleichzeitig kooperativ und konkurrierend. Man arbeitet also mit seinen Mitarbeiter:innen zusammen und hofft, dass man vor einem konkurrierenden Team veröffentlicht wird. Ich denke, das ist ein gutes Modell für den Unterricht, da man sowohl die Zusammenarbeit mit den Teamkolleg:innen als auch den Wettbewerb zwischen den Teams erlebt. Das gibt einem die Erfahrung der Zusammenarbeit und ist ein Modell für etwas, das man in der ganzen Welt der modernen Gesellschaften antreffen wird. In anderen Kulturen ist das vielleicht nicht unbedingt ein gutes Modell, weil dort alles etwas kooperativer ist und der Wettbewerb keine so große Rolle spielt. Aber ich denke, in der westlichen Mittelschichtskultur ist das der Fall.

KELLER: Ja, aber ich denke, dass Wettbewerb überall in den verschiedenen Kulturen wichtig ist, weil die Zusammenarbeit auf die primäre soziale Einheit beschränkt ist, also auf den Haushalt oder die Clangruppe. Aber es gibt – wie wir aus verschiedenen Ländern Afrikas wissen – viele grausame, konkurrierende Ereignisse und Kriege zwischen verschiedenen Gruppen. Über das schulische Umfeld kann ich nicht viel sagen, ich habe viel mit Kindergärten und Tagesstätten zu tun. Und ich habe viel Erfahrung mit dem, was als pädagogische Qualität verstanden wird, aber auch mit der Rolle der Bindungstheorie für die frühe Bildung und so weiter. Und ich sehe Auswirkungen, die sicherlich nicht beabsichtigt sind, von dieser Art von frühpädagogischer Qualität, die wir fördern – nicht ich persönlich, aber die in den meisten unserer Einrichtungen gefördert wird. Wir haben gerade eine Studie veröffentlicht, in der wir Dreiergruppen von Kindern beobachtet haben, die gemeinsam ein Problem lösen sollten. Barbara Rogoff hat viele Untersuchungen dieser Art durchgeführt und dabei Maya-Indianerkinder aus Guatemala und Mexiko mit amerikanischen Kindern aus der Mittelschicht und auch mit mexikanischen Schulkindern verglichen und dabei sehr ähnliche Effekte festgestellt wie die, die wir beobachtet haben. So waren 75 % der von uns untersuchten Dreiergruppen nicht in der Lage, gemeinsam zu arbeiten. Sie wurden gebeten, ein Tangram zu kopieren, und jedes Kind bekam eine bestimmte Anzahl von Teilen, sodass sie zusammenarbeiten mussten, um das zu schaffen, und sie wussten nicht, wie sie das machen sollten. Sie sagten Dinge wie »Ich kann das allein«, oder sie fingen an zu streiten, oder sie wandten sich die ganze Zeit an den Versuchsleiter. Sie haben einfach nicht miteinander gesprochen. Und diese Ergebnisse haben mich sehr beunruhigt. Ich sah, dass die Konzentration auf die Individualität und die subjektive Sichtweise auch Auswirkungen hat, die die Zusammenarbeit selbst in kleinen Gruppen wie drei verhindern. Und ich habe gerade eine Masterarbeit in Jerusalem betreut, in der ein palästinensischer Student die gleiche Studie in Westjerusalem mit palästinensischen Mittelschichtskindern durchgeführt hat, und in diesen Videos ist ein großer Unterschied zu sehen. Diese Kinder tun das, was Barbara Rogoff als flüssige Koordination bezeichnet. Es gibt eine Menge nonverbaler Kommunikation, die Kinder kooperieren vollständig, und die Dreiergruppen kooperieren triadisch. Das ist ein kompletter Unterschied zu westlich geprägten Milieus. Die gemeinsame Orientierung dieser Kinder – natürlich kannten sich die Triaden an den meisten Orten und die Kinder mochten sich, und es waren gleichgeschlechtliche Triaden. Aber es ist ein eklatanter Unterschied. Wenn man Kooperation haben will – und ich denke, das ist sehr wichtig für das schulische Umfeld und später für verschiedene berufliche Anforderungen – dann muss kooperatives Verhalten trainiert werden. Aber es ist wichtig, dass wir diese Kompetenzen auch in der Früherziehung fördern.

DZIOBEK: Ich möchte etwas hinzufügen und kurz aufgreifen, was Sie gesagt haben, Mike, dass Mentalisieren und Gedankenlesen grundsätzlich Werkzeuge sind, die für gute und schlechte Zwecke eingesetzt werden können. Zunächst ist es ein neutrales Werkzeug. Ich leite derzeit eine Gruppentherapie und denke daher auch über die Interaktion nach, die dort stattfindet, und ich glaube, unsere Aufgabe ist es, gemeinsame Ziele einzuführen, die ich als ein sehr wichtiges Mittel zur Steigerung von Empathie und zur positiven Nutzung dieses Werkzeugs des Mentalisierens empfunden habe.

FONAGY: Um noch einmal darauf zurückzukommen ... Oh, Entschuldigung! Mike, wollten Sie etwas sagen?

TOMASELLO: Nein, alles gut!

FONAGY: Ich habe plötzlich den Faden verloren. Um auf die ursprüngliche Frage nach der Bedeutung des Mentalisierens zurückzukommen ... Ich habe gesagt, dass das Dyadische überbetont wurde. Ich bin zunehmend der Meinung, dass die Mentalisierungsfähigkeit einer Gruppe sowohl eine quantifizierbare als auch eine wesentliche Komponente zum Verständnis des individuellen Verhaltens in einer Klasse ist. In dieser Klasse gibt es ein gewisses Maß an gegenseitiger Sorge um das Wohlergehen der anderen. Das charakterisiert die gesamte Gruppe. Wir haben eine Studie durchgeführt, die etwa zehn Jahre oder vielleicht sogar noch länger zurückliegt, 15 Jahre, im Zentrum der Vereinigten Staaten, in Topeka, Kansas. Und wenn man in

Topeka, Kansas, eine Studie über Mentalisierung durchführen kann, kann man das überall auf der Welt tun. Es ist sozusagen die Schnalle am Bibelgürtel der Vereinigten Staaten. Und was wir taten, war Folgendes: Der Schulbezirk machte sich große Sorgen über Mobbing, nachdem ein neunjähriges Mädchen von einem elfjährigen Jungen vergewaltigt worden war, und man war sehr besorgt über das Ausmaß an Gewalt in diesem sehr jungen Alter. Wir beschlossen, eine randomisierte Studie durchzuführen, bei der in einer Gruppe von Schulen ein professioneller Psychiater eingesetzt wurde, der die Schule beriet, inakzeptables Verhalten feststellte und die Gruppe mit einer individuellen Maßnahme behandelte. In einer zweiten Gruppe integrierten wir ein hohes Maß an Mentalisieren in die Disziplinarordnung, sodass die Lehrer:innen keine Dinge wie »Hör auf damit« oder »Geh zum Direktor« mehr sagen konnten. Wenn es in der Klasse zu einem Streit zwischen zwei Kindern kam, mussten sie den Unterricht unterbrechen und nicht die beiden Kinder, die am Streit beteiligt waren, sondern diejenigen, die den Streit beobachtet hatten, fragen, worum es dabei ging und was da wohl passiert war. Weder das Opfer noch der Täter, sondern die Zuschauenden wurden zum Mentalisieren aufgefordert, und das wurde von der Lehrkraft gewissermaßen durchgesetzt. Wir haben auch andere Dinge getan, aber das war die Hauptintervention. Und eine dritte Gruppe wurde wie üblich behandelt. Wir stellten fest, dass in den Klassen, in denen wir das Mentalisieren eingeführt hatten, die Gewalt abnahm. Das Mobbing ging zurück. Die Kinder schätzten sich gegenseitig als weniger bedrohlich ein – das heißt, die Kinder schätzten sich gegenseitig ein und nicht andere Personen. Ich würde sagen, was am interessantesten war, ist, dass sich ihre objektive Aufgabenleistung bei staatlichen Tests zum Lernerfolg verbesserte. Es handelt sich also um einen Test, den der Bezirk durchgeführt hat. Dieses Ergebnis wurde während des zweijährigen Programms gehalten, und auch im dritten Jahr, als wir das Programm beendeten, blieb dies so. Ich glaube also, dass man Mentalisieren in den Unterricht einführen kann, und ich glaube, dass man eine Person braucht, die einen Rahmen dafür bietet. Man kann es nicht tun, indem man den Kindern sagt: »Nun, Kinder, macht euch Gedanken, denkt übereinander nach. Nun macht doch mal!« Das wird nicht funktionieren. Aber wenn Sie eine Situation schaffen, in der der Lehrer das Mentalisieren modelliert und durchsetzt, anstatt das Nichtmentalisieren zu modellieren und durchzusetzen, können sie, meiner Meinung nach, die Qualität der Gruppeninteraktion, die Sie in der Klasse beobachten, dramatisch verändern. Das ist pragmatisch, nicht wahr?

NOLTE: Das ist auch eine schöne – wie ich finde – Überleitung, um uns daran zu erinnern, worum es bei diesem »Netzwerk mentalisierungsbasierter Pädagogik« und dieser Tagung gehen soll. Also ich denke, das, was Peter hier im Wesentlichen beschreibt, ist ein Mentalisierungssystem, das Schaffen einer Kultur, die das Mentalisieren fördert und, wie es scheint, sogar nachhaltig. Es wäre zu diesem Zeitpunkt sehr interessant, wenn wir Sie, die Zuhörer:innen, dazunehmen könnten und schauen, was Ihnen durch den Kopf geht. Gibt es Fragen, Kommentare? Wir haben noch etwas Zeit.

PERSON 1 AUS DEM PUBLIKUM: Sie, Frau Taubner, hatten vorhin gesagt, als Frau Keller die Frage stellte, »Worum geht's denn jetzt im Abschlusspodium?«, dass sie jetzt mentalisieren würden, weil sie ihr die Frage, oder was sich dahinter verbirgt, erklärt haben. Aber aus meiner Sicht ist es schon Mentalisieren, wenn man eine Unklarheit transparent macht.

TAUBNER: Das war mehr ein Kommentar als eine Frage. Ist damit eine Frage verbunden?

PERSON 1 AUS DEM PUBLIKUM: Nur die, ob Sie das anders sehen?

TAUBNER: Ich glaube, das haben wir schon ein bisschen behandelt. Ich habe ein sehr weit gefasstes Konzept des Mentalisierens, also ja, es ist ein Teil des Mentalisierens. Nun, eigentlich kann ich das aufgreifen. Mich beschäftigt diese eine Frage: Kann man Mentalisieren zum Guten oder zum Schlechten benutzen? Und das beschäftigt mich wirklich schon sehr lange. Ich habe einen sehr humanistischen Zugang zum Mentalisieren, und meiner Meinung nach bedeutet Mentalisieren etwas Gutes.

DZIOBEK: Ich würde auf jeden Fall sagen, dass es zumindest auch eine prosoziale Motivation braucht, eine Tendenz dazu, um es wirklich für das Gute einzusetzen. Andernfalls sehe ich es wirklich nur als ein Verständnis des Mentalen der anderen, dass andere einen Verstand haben und dass ich Rückschlüsse darauf ziehen kann, und das kann ich zum Guten oder zum Schlechten nutzen, würde ich sagen. Beides ist hinreichend belegt.

TOMASELLO: Ich möchte anmerken, dass eine Möglichkeit, über das Lügen nachzudenken, darin besteht, dass Lügen in menschlichen Gesellschaften niemals möglich wären, wenn wir nicht alle durch eine Zusammenarbeit und eine Tendenz zum Glauben an das, was jede:r sagt, gekennzeichnet wären, sodass sich alles aufrechterhalten ließe. Wenn alle immer skeptisch wären, könnte man nicht lügen. Lügen funktionieren, weil die Menschen dazu neigen, sich gegenseitig zu glauben. Ich denke also, dass es eine interessante Mischung gibt, einen Komplex aus einer kooperativen Haltung und der Tatsache, dass einige Menschen ihre Mentalisierungsfähigkeit nutzen, um die kooperative Haltung zu untergraben, die die meisten von uns haben, beispielsweise um zu lügen und damit durchzukommen. Ich habe zu Hause eine Achtjährige, und gerade letztes Jahr, als sie sechs oder sieben war, konnte ich sehen, wie ihr ein Licht aufging: Immer wieder fragte ich sie, ob sie ihre Pausenbrote in der Schule gegessen hatte. Und irgendwann wurde ihr klar, dass ich das gar nicht wissen konnte. Und sie sagte einfach »Ja!«. Aber dann konfrontierte ich sie mit dem Sandwich in der Brotdose und sagte: »Du hast gesagt, du hast dein Sandwich gegessen, aber es ist noch hier drin.« So bekam sie wirklich eine Vorstellung davon, was ich über ihr Verhalten in der Schule wissen konnte und was nicht. Das Mentalisieren hatte also sowohl eine kooperative als auch eine trügerische Komponente, und das ist das Komplizierte an unserem Leben in der modernen Welt. Es ist eine interessante Mischung aus beidem. Ich stimme also mit dem allgemeinen Punkt überein, dass es ein Werkzeug ist, das im Guten wie im Schlechten eingesetzt werden kann.

PERSON 2 AUS DEM PUBLIKUM: Das, was ich von Herrn Tomasello verstanden habe, ist, dass unsere Spezies diese besondere Fähigkeit der Kooperation hat, mit einem gemeinsamen Ziel, das wir verabredet haben – da kommt auch unsere Vorstellungskraft mit hinein. Wir haben noch nie einen Affen einen anderen nach dem Bahnhof fragen hören, nach dem Weg zum Bahnhof, weil die keine Bahnhöfe bauen. Die Bienen überlegen sich nicht, ob sie von ihren sechseckigen Waben wegkommen und die vielleicht mal anders gestalten, z. B. eher barock ... Also dieses Aufeinander-Abstimmen, dieses Jemand-anderen-von-etwas-überzeugen-Können, dass wir es gemeinsam tun, weil wir als Einzelne schwächer sind. Wir haben Angst vor Gruppen, weil Gruppen eine ungeheure Macht entfalten können, und das können sie, weil sie gemeinsam kooperativ und verabredet handeln können. Aber in diesem schlimmen Sinn ist Dachau etwas hoch Kooperatives gewesen. Also wir haben leider die Fähigkeit, äußerst destruktiv – auch wenn wir jetzt grade in den Nahen Osten schauen – äußerst destruktiv kooperativ zu handeln, und da kommt unsere ganze Fähigkeit des Mentalisierens mit hinein. Das scheint mir einer unserer Grundkonflikte: Wir wollen kooperieren und wir sind in Konkurrenz miteinander, nämlich um das, was wir kooperativ gemeinsam schaffen wollen. Und da kommen wir nicht hinter, also wir können, wir müssen zum Teil lügen. Wenn uns jemand angreifen wollte, dann ist es besser, wir können uns verstecken, wir können so tun »als ob«. Es ist leider nicht automatisch so, das hätte ich auch gerne gehabt als Psychotherapeut, dass das, was wir da tun können, mit dieser Fähigkeit immer auf das Gute hinausläuft, aber so ist es leider nicht.

TOMASELLO: Okay, danke! Ich brauche ein wenig Hilfe, denn mein Deutsch ist in Ordnung, aber der Ton ist nicht gut. Ich habe verstanden, dass Sie über

Affen gesprochen haben, aber ich habe den Sinn der Frage nicht erfasst. Kann mir das bitte jemand übersetzen?

TAUBNER: Ich kann es versuchen. Es wurde gesagt, dass Mentalisieren ein Werkzeug ist, das man zum Guten und zum Schlechten nutzen kann. Das entsteht alles, weil wir gemeinsame Absichten haben und zusammenarbeiten; wir wollen andere Menschen überzeugen. Aber gleichzeitig haben wir Angst vor Gruppen, weil Gruppen enorm zerstörerisch sein können, und Sie haben die Konzentrationslager als eines der Beispiele für Zusammenarbeit, für menschliche Zusammenarbeit, die wirklich sehr böse ist, erwähnt. So in etwa.

TOMASELLO: Einige Leute ... die ein wenig Moral haben ... Die Moral entsteht aus der Kooperation, und die Leute sagen zu mir: Ja, aber man kann in der Armee kooperieren, im Krieg kooperieren und bei Gefangenen kooperieren. Ich würde also sagen, dass die Zusammenarbeit innerhalb einer kooperativen Gruppe paradoxerweise eine gute Sache ist, aber man kann auch kooperieren, um böse Ziele zu erreichen, und mir scheint, dass dies Beispiele dafür sind. Bei Schimpansen besteht die häufigste Form der Zusammenarbeit darin, dass sie sich zusammentun, um einen anderen zu verprügeln. Sie kooperieren also, um etwas irgendwie Aggressives zu tun. Wenn man also eine solche breite Perspektive einnimmt, kann Kooperation ebenfalls zum Guten oder zum Bösen eingesetzt werden.

PERSON 3 AUS DEM PUBLIKUM: Soweit ich verstanden habe, kann man Mentalisieren also zum Guten oder zum Schlechten einsetzen, ebenso wie man Kooperation für Gutes oder Schlechtes nutzen kann. Ich frage mich, ob es einen Punkt gibt, an dem man die Fähigkeit einer Person, Mentalisieren für das Schlechte einzusetzen, nutzen kann. Kann man das in der Therapie oder Pädagogik für das Gute nutzen? Ist es möglich, dies zu ändern? Wenn eine Person ihre Mentalisierungsfähigkeit zum Schlechten einsetzt, kann man dies dann zum Guten nutzen, also als Ausgangspunkt für eine Therapie oder eine anderweitige Intervention?

TOMASELLO: Mentalisieren für schlechte Dinge, ist es das, was Sie sagen wollen? Okay, vielleicht ist das etwas für Professor Fonagy?

FONAGY: Ich glaube, das ist eine wirklich gute Frage. Im Moment machen wir eine Studie, wie ich schon sagte, mit Personen, die eine Diagnose der antisozialen Persönlichkeitsstörung haben, die aus dem Gefängnis entlassen wurden, aus dem Maßregelvollzug, aber sie tun keine Dinge mehr wie die, wegen derer sie ins Gefängnis gekommen sind. Das ist eine wunderbare Studie, weil man damit sehr gute Outcomes erzielen kann: Sind sie wieder im Gefängnis oder nicht? Aber ich habe eine Menge darüber gelernt, was sie sagen: Wie man – nennen wir es der Einfachheit halber »böses« Mentalisieren« – als Grundlage für den Aufbau eines konstruktiven, guten Mentalisierens verwenden kann. Und unsere klinische Erfahrung ist sehr einfach: Man muss sich an das Böse herantasten, wie es auch sein mag. Man muss sich an die Person heranwagen, die schlechtes Mentalisieren betreibt, und ich gebe Ihnen ein klinisches Beispiel. Das Beispiel, an das ich denke, ist also ein junger Mann, den ich im Gefängnis besucht habe, und dieser junge Mann hieß Kevin. Kevin wurde mir in einem Gefängnis vorgestellt, in dem er an einer Mentalisierungsgruppe teilnimmt, und Kevin wurde mir als eine Art Unruhestifter vorgestellt. Und Kevin sagte zu mir – ich kann den Akzent nicht perfekt wiedergeben, aber gut: »Also, dieser ganze Mentalisierungsscheiß, das ist alles schön und gut, aber dann gehe ich zurück in den Trakt« – den Trakt, in dem er als erster der Gruppe untergebracht ist, die das Mentalisierungstraining bekommt. »Wenn ich wieder auf dem Weg bin, hat das alles keinen verdammten Sinn mehr.« Was er damit sagen will, ist Folgendes: »Wenn ich wieder mit anderen Leuten zusammen bin, die nicht mentalisieren, macht es mich sehr verletzlich, über den mentalen Zustand anderer Leute nachzudenken. Meine automatische Reaktion muss sein, zurückzuschlagen, um mir ihren Respekt zu verschaffen.« Und wenn ich etwas anderes tue, mache ich mich angreifbar. Also habe ich ihn zur Seite genommen und ihm gesagt: Kevin, ich verstehe dich vollkommen, ich glaube, ich würde an deiner Stelle wahrscheinlich das Gleiche tun. Ich glaube, ich kann das verstehen. Aber das Problem ist, dass du jedes Mal, wenn du das tust, weitere drei Monate zu deiner Strafe dazubekommst. Ich möchte nicht, dass du noch länger als nötig an diesem schrecklichen Ort bleibst. Das möchte ich wirklich nicht. Können wir also einen Weg finden, wie du, wenn du das Gefühl hast, dass dich jemand bedroht, einen Moment innehalten und nachdenken kannst: Was könntest du tun, ohne sofort zurückzuschlagen? Wenn ich also nicht akzeptiere, dass das, was du tust, vernünftig ist, dass der Weg, den du in der Situation einschlägst, der richtige ist, kann ich das epistemische Vertrauen nicht gewinnen, das ich brauche, um meine Botschaft zu senden. Sie besteht darin, die Perspektive zu erweitern. Ich benutze also einen Zugang, der auf »schlechtem« Mentalisieren basiert, und ich benutze eine Gelegenheit, um zu zeigen, dass es für ihn wirklich vernünftig ist, zurückzuschlagen. Was nicht wirklich der Fall ist, aber ich sage, dass es so ist, denn von diesem Standpunkt aus gesehen, reagieren sie einfach automatisch. So muss man reagieren, wenn man das Gefühl hat, dass jemand über einen herzieht, dass jemand einen herabwürdigt. So machen wir es also in unserem Team in dieser Studie. Aber ob das funktioniert oder nicht, werde ich Ihnen in 18 Monaten sagen können.

KELLER: Eine Kontrollgruppe für Ihre Studie könnte darin bestehen, diese Leute neu zu orientieren. Lassen Sie sie nicht zurück in den Trakt oder wie auch immer man das nennt. Versuchen Sie einfach, für sie eine Wohnung oder eine Unterkunft in einer anderen, in einer besseren Gegend zu finden.

FONAGY: Ihr Wort in Gottes Ohr! Sie haben in letzter Zeit sicher nicht mit dem Innenministerium zusammengearbeitet. Heidi, eine Sache, die man versucht zu tun, ist, sie in dem Moment zu kriegen, in dem das Innenministerium sie verlegt. Sobald sie ihre Beziehung entwickelt haben, werden sie in andere Gefängnisse verlegt, weil man denkt, dass zu starke Beziehungen zu anderen Menschen zu einem Problem führen. Sie könnten Banden bilden, also will man die Banden auflösen. Und die Art und Weise, wie man das tut, ist nicht mentalisierend, sondern teleologisch. Man löst Gangs auf, indem man Menschen physisch von einem Ort zum anderen bringt. Und jede Beziehung, die sich vielleicht entwickelt hat, geht den Bach runter und sie müssen in einem anderen Gefängnis neu anfangen. Ich weiß also nicht, aber wenn Sie irgendeinen Einfluss haben …

KELLER: Das glaube ich nicht …

NOLTE: Bevor wir zum Schluss kommen, noch zwei Fragen, die wir uns als Organisatoren dieser Tagung im Vorfeld gestellt haben und zu denen wir gerne Ihre Meinung hören würden:
Wo sehen Sie die Grenzen des Mentalisierungsansatzes, was sind Bereiche oder Phänomene, die er, Ihrer Meinung nach, nicht erhellen kann oder bei denen Sie das Gefühl haben, dass er Ihren Erwartungen als Erklärungsrahmen nicht gerecht wird?

KELLER: Ich denke, Mentalisieren muss als ein kulturelles Kontextphänomen betrachtet werden. Es ist an eine bestimmte Auffassung des Verstandes gebunden, die in einem bestimmten kontextuellen Milieu entstanden ist. Es wird von Geburt an durch »mentale Erziehung« sozialisiert, das heißt, die Eltern stellen mit ihren Handlungen und Zielen den Geist des Kindes in den Mittelpunkt. Dementsprechend kann es nicht als Allheilmittel für die Anwendung z. B. als pädagogisches Handeln angesehen werden. Es ist auch wichtig zu betonen, dass Menschen und Kontexte, in denen andere Konzeptionen des Geistes vorherrschen, nicht unbedingt ein Defizit haben. Es stellen sich also wichtige ethische Fragen.

TOMASELLO: Ich bin mir da nicht sicher, aber mir wurde bei verschiedenen Gelegenheiten vorgeworfen, dass ich einige psychologische Prozesse »überintellektualisiere«, z. B. in der Kommunikation, wo es theoretisch mehrere Ebenen des rekursiven Gedankenlesens gibt, die erforderlich sind, die aber im täglichen Sprachgebrauch der Menschen vielleicht nicht zum Tragen kommen. Einiges davon basiert vielleicht eher auf dem Verständnis und den Prozessen auf der Verhaltensebene. Außerdem lassen sich einige soziale Interaktionen vielleicht am besten beschreiben und verstehen, wenn man sich vor allem auf Emotionen und den emotionalen Austausch konzentriert und weniger auf das Mentalisieren. Ich denke also, dass die Gefahr besteht, es bei einigen Prozessen zu übertreiben.

DZIOBEK: Ich bin zwar immer noch genauso fasziniert vom Mentalisieren wie zu Beginn meiner Doktorarbeit, aber ich bin viel weniger begeistert von seiner Rolle für den Erfolg im alltäglichen Sozialverhalten. Wir haben viele Hilfsmittel entwickelt, um das Mentalisieren bei Menschen mit Kernproblemen zu fördern, z. B. bei Menschen mit Autismus. Doch obwohl es uns gelungen ist, die Mentalisierungsfähigkeit unserer Zielgruppen zu steigern, war der relative Erfolg bei der Stärkung der sozialen Interaktion und des Wohlbefindens meist vernachlässigbar. Was ich aus dieser und anderen Studien, die wir durchgeführt haben, mitgenommen habe, ist, dass soziales Verhalten wahrscheinlich viel mehr von einfachen sozialen Heuristiken und sozialen Regeln und Normen abhängt und viel weniger vom Mentalisieren, als wir zu denken pflegen.

FONAGY: Ist der Papst ein Katholik? Ich stimme tatsächlich mit Professorin Keller überein, dass nämlich das Mentalisieren in verschiedenen Kulturen eine jeweils spezifische Rolle hat, dafür scheint es gute Belege zu geben. Nichtsdestotrotz und ohne die Kontextspezifität gering schätzen zu wollen, glaube ich auch, dass Mentalisieren als kooperativer Prozess eine allgemeingültige Funktion innehat, die darin besteht, natürliche Pädagogik im Sinne von Gergely und Csibra durch das Herstellen von epistemischem Vertrauen zwischen Personen zu ermöglichen. Die Erfahrung, sich in Übereinstimmung mit einem anderen zu finden – der Wir-Modus – stellt sowohl Bindung und Vertrauen als auch die Möglichkeit zum Lehren und Lernen her und motiviert damit diesen so außergewöhnlichen menschlichen Prozess von kultureller Weitergabe. Also: Ja, Mentalisierung ist ein eher enttäuschendes Konstrukt, wenn operationalisiert als Theory of Mind oder sogar als Empathie, aber es findet gewissermaßen zu sich selbst, wo es nicht nur die wichtigste und einzigartige Qualität der menschlichen Existenz anspricht – Kultur –, sondern auch den Brückenschlag macht zu Bindung über das Konzept des epistemischen Vertrauens.

NOLTE: Und zweitens, wohin wird sich das Feld Ihrer Meinung nach entwickeln? Was könnten die großen Fragen in Bezug auf Forschung und Praxis sein, wohin sich das Mentalisieren Ihrer Meinung nach entwickeln sollte?

DZIOBEK: Wie wir in dieser Diskussion gesehen haben, kann Mentalisieren von verschiedenen Disziplinen aus betrachtet werden, und man kann sich auch auf verschiedene Punkte in der Verarbeitungsprozesskette konzentrieren, wenn man das möchte: von den Vorläufern über die Mechanismen und Kontextualisierungen bis zu den Konsequenzen. Ich denke, dass sich die Forschung in Zukunft in dieser Hinsicht noch weiter ausdifferenzieren wird. Neue und interessante Impulse werden wahrscheinlich aus den Neurowissenschaften kommen – man denke nur an die Brain-Reading-Ansätze von z. B. John Dylan Haynes, an die Ansätze der Second-Person-Perspektive und auch an die soziale Robotik, die sich seit Kurzem mit dem Mentalisieren beschäftigt.

FONAGY: Ich bin davon überzeugt, dass Verbindungen zur Soziologie und Anthropologie wichtige Schritte darstellen. Die wahre Frage, denke ich, betrifft Folgendes: Wie trägt der Prozess des Mentalisierens zur kulturellen Akkumulation von Wissen bei, was ja die Entwicklung der Menschheit mit immer größer werdender Beschleunigung antreibt. Der Mechanismus, der sich bei den Jägern und Sammlern entwickelt hat, um Kooperation möglich zu machen, kommt vielleicht im Zeitalter von digitaler Transformation von Kultur, inklusive des Internets und KI, an seine Grenzen. Ohne als Alarmist in Erscheinung treten zu wollen, aber das Zusammenkommen der WEIRD-Erziehungsmethoden (Anm.: »western«, »educated«, »industrialized«, »rich« and »democratic) und dem Potenzial des Digitalen, sich absolut den individuellen Identitäten zu ergeben, kreiert – in meinen Augen – eine Verletzbarkeit bei denen, die besonders in Richtung Zustimmung oder Bestätigung durch soziale Gruppen orientiert sind, als kollektive Intentionalität. Ich gehe, davon aus, dass die epidemischen Ausmaße an steigender psychischer Krankheit bei jungen Menschen, Jugendlichen und jungen Erwachsenen, mit dieser Entwicklungsvulnerabilität in Zusammenhang stehen. Phänomene wie QAnon oder die *Große Lüge* (Ausdruck für Trumps nicht belegte Behauptung, ihm wäre die Wahl 2020 »gestohlen« worden) der 2020er-Wahl spiegeln die Fähigkeit des Internets wider, Individuen zu beeinflussen, durch Mechanismen, die sich zuvorderst entwickelt haben, um soziale Kooperation zu sichern, und die auf interpersoneller Anerkennung oder Co-Mentalisieren und dem Wir-Modus basieren. Wird diese Anerkennung, dieses »Erkannt- oder Gesehenwerdengefühl« getriggert, dann macht uns das empfänglich für Einflüsse. Wenn man sich mentalisiert fühlt, akkurat wahrgenommen wird, so entfernt das die Barriere der epistemischen Vigilanz – sie ist eine Schutzfunktion, die eine Gesellschaft, eine Gruppe benötigt, nachvollziehbares Wissen zu ermöglichen: auf die Psyche von Millionen von Menschen zurückzugreifen, um eine Milliarde von Problemen zu bewältigen und die Weitergabe von einer unglaublich großen Menge an vertrauenswürdigem und verlässlichem Wissen zu sichern.

KELLER: Das hängt mit dem zusammen, was ich vorher gesagt habe. Kulturelle und kulturübergreifende Forschung ist notwendig, um mehr über das Denken der Menschen über sich selbst und andere in verschiedenen Kontexten zu erfahren. Ich war überrascht, dass es immer noch eine Diskussion über Mentalisierung im Hinblick auf positive oder negative Folgen gibt. Mentalisieren im Zusammenhang mit antisozialem Verhalten ist ebenfalls ein weißer Fleck in der Forschungslandschaft. Schließlich sollte die Anwendung psychologischer Konstrukte mit größerer Sorgfalt erfolgen. Konzepte, die in einem bestimmten kulturellen Kontext entwickelt wurden und auf Prinzipien beruhen, die diesem Kontext eigen sind, können nicht universell angewendet werden.

TOMASELLO: Ich bin mir nicht sicher, ob ich das Mentalisieren als einen eigenständigen Bereich mit einer bestimmten Richtung sehe. Es bietet einen Ansatz oder eine Perspektive für Probleme in vielen verschiedenen Bereichen, und ich kann nur sagen, dass es ein gewinnbringender Ansatz und eine gewinnbringende Perspektive für viele theoretische Fragen in den psychologischen und kognitiven Wissenschaften war, ganz zu schweigen von klinischen Fragen. Ich gehe also davon aus, dass diese Perspektive auch weiterhin in neuen Bereichen mit großem wissenschaftlichem Gewinn angewandt werden wird.

NOLTE: Nun, ich denke, es ist unser Bedürfnis, Ihnen an diesem Punkt noch einmal ganz herzlich zu danken. Es ist an der Zeit, unsere Diskussionsrunde zu schließen, aber bevor wir uns offiziell von Ihnen verabschieden, möchte ich Sie als Publikum ermuntern, sich Zeit zum Verdauen des Gehörten zu nehmen und Ihnen etwas von dieser Übersetzungsaufgabe zu überlassen, sozusagen Ihren jeweils persönlichen Auszug aus allen Vorträgen der letzten eineinhalb Tage zu erstellen und weiter zu reflektieren, was in Ihrer eigenen täglichen Arbeit in Bildungseinrichtungen hilfreich sein kann – sicherlich etwas, das einen fortlaufenden Prozess darstellt und den das Netzwerk mentalisierungsbasierte Pädagogik gerne mit Ihnen gemeinsam begleiten möchte in zukünftigen Diskussionen, Veranstaltungen und sonstigem Austausch. Nochmals vielen Dank an Sie, liebes Publikum, Sie vier auf dem Podium und vielen Dank an Michael, dass Sie auch aus der Ferne bei uns waren.

TAUBNER: Auch von mir ein ganz herzliches Dankeschön – das war eine wahrlich bereichernde Diskussionsrunde.

Die Autorinnen und Autoren

Liz Allison ist Direktorin der Psychoanalyseabteilung am University College London. Sie ist Psychoanalytikerin und Mitglied der British Psychoanalytical Society (IPA), Mitglied des Editorial Board der New Library of Psychoanalysis sowie assoziiertes Mitglied des Editorial Board des International Journal of Psychoanalysis. Vor ihrer klinischen Ausbildung war sie Herausgeberin der Publikationen der Abteilung. Sie promovierte in englischer Literatur an der Universität Oxford und ist daran interessiert, den produktiven Dialog zwischen Psychoanalyse und Geisteswissenschaften zu fördern.
E-Mail: e.allison@ucl.ac.uk

Julia Berkic, Dr. phil., Diplom-Psychologin, ist seit 2008 wissenschaftliche Referentin am Staatsinstitut für Frühpädagogik (IFP) in München. Sie forscht und lehrt in den folgenden Bereichen: Zusammenspiel von familiärer und institutioneller Sozialisation in der frühen Kindheit, Feinfühligkeit von Eltern und Fachkräften; Prävention im Bereich Partnerschaft und Familie; psychologische Diagnostik und Familienpsychologie (Schwerpunkt Prävention). Sie hat eine Ausbildung zur systemischen Einzel-, Paar- und Familientherapeutin (IPF, München).  *E-Mail*: Julia.Berkic@ifp.bayern.de

Dickon Bevington, Dr., MBBS, MRCPsych, ist ärztlicher Direktor am Anna Freud National Center for Children and Families. Er ist beratender Kinder- und Jugendpsychiater in Cambridgeshire und am Peterborough NHS Foundation Trust, wo er einen Beratungsdienst für Jugendliche mit Substanzproblemen leitet. Seine klinische Arbeit konzentriert sich auf die Entwicklung und Durchführung innovativer Interventionen für komplexe, komorbid belastete  junge Menschen, die sozial ausgegrenzt sind, und nutzt den Mentalisierungsansatz für die therapeutische und die organisatorische Herangehensweise an diese Arbeit. In dieser Hinsicht ist er zusammen mit Peter Fuggle Co-Leiter des AMBIT-Projekts (Adolescent Mentalization-Based Integrative Treatment).
E-Mail: Dickon.Bevington@annafreud.org

Felix Brauner, M.Sc., ist wissenschaftlicher Mitarbeiter im Schwerpunkt Klinische Psychologie und Psychotherapie (mit tiefenpsychologisch-psychodynamischem Schwerpunkt) an der Psychologischen Hochschule Berlin (PHB). Seine Arbeitsschwerpunkte sind psychodynamische Modelle zu Motivation und Emotion, Bindungs- und Mentalisierungskonzepte im soziokulturellen Kontext, Beeinträchtigungen des Mentalisierens und des epistemi-  schen Vertrauens in autoritär-antidemokratischen Dynamiken und Rassismuskritik in der Psychotherapie. Er ist assoziiertes Mitglied des DFG-Netzwerkes für mentalisierungsbasierte Pädagogik (MentEd).
E-Mail: f.brauner@phb.de

Josef Brockmann, Dr. phil., Psychoanalytiker, Supervisor und Lehranalytiker (DGPT/DGIP), arbeitet als niedergelassener Psychotherapeut und Psychoanalytiker in Frankfurt am Main. Er ist Gutachter der Kassenärztlichen Bundesvereinigung (KBV), Mitglied in verschiedenen wissenschaftlichen Beiräten und der Forschungskonferenz der DGPT. Er forscht und publiziert im Bereich der Wirkung von Psychotherapie und  psychoanalytischer Therapieprozesse. Er ist MBT-Practitioner (Anna Freud Center London) und gibt Seminare und Supervision zum Mentalisierungskonzept und zur mentalisierungsbasierten Psychotherapie (MBT), wozu er auch publiziert. *E-Mail:* praxis@dr-brockmann.net

Chloe Campbell, Dr., ist stellvertretende Direktorin der Psychoanalyseabteilung am University College in London. Ihre Forschungsinteressen umfassen Mentalisierung, epistemisches Vertrauen und Bindungstheorie. Zusammen mit Liz Allison ist sie Mitherausgeberin der Best-Practice-Serie des Anna Freud National Center for Children and Families. Chloe Campbell wurde in Cambridge, LSE und SOAS ausgebildet. Sie hat in Geschichte
promoviert und auf der Grundlage ihrer Doktorarbeit ein Buch zur Geschichte des eugenischen Denkens veröffentlicht. Ihr besonderes Interesse gilt den interdisziplinären Implikationen neuerer theoretischer Entwicklungen im Bereich des epistemischen Vertrauens, der Kultur und der Psychopathologie.

E-Mail: c.campbell@ucl.ac.uk

Andrea Dlugosch, Prof. Dr. phil., studierte Sonder- und Heilpädagogik für das Lehramt an Sonderschulen mit den Fachrichtungen Pädagogik bei Lernbeeinträchtigung und bei Verhaltensstörungen sowie Diplom-Pädagogik an der Goethe-Universität Frankfurt am Main und promovierte 2002. Sie war 2012 Professorin für Sonder- und Inklusionspädagogik an der PH Oberösterreich/Linz, seit 2013 ist sie Professorin für Päda-
gogik bei erschwertem Lernen und auffälligem Verhalten an der Universität Koblenz-Landau, Campus Landau. Sie ist assoziiertes Mitglied im DFG-Netzwerk MentEd. Fortbildungen u. a. in Adaptive Mentalization-Based Integrative Treatment (AMBIT; Local Facilitator 2017, AFNCCF, London) und MBT (2017 AFNCCF, UCL). Ihre Arbeitsschwerpunkte sind: Biografie als Leitkategorie für Bildungsprozesse, Professionalisierungsforschung, Inklusion als Mehrebenenkonstellation, mentalisierungsbasierte Pädagogik sowie soziale Netzwerkforschung. *E-Mail:* dlugoschan@uni-landau.de

Isabel Dziobek, Prof. Dr. rer. nat., Professorin am Institut für Psychologie, Berlin School of Mind and Brain, Humboldt-Universität zu Berlin, ist Leiterin der Arbeitsgruppe Klinische Psychologie Sozialer Interaktion und der Spezialambulanz für Soziale Interaktion. Sie ist psychologische Psychotherapeutin, Fellow der Max Planck School of Cognition, Faculty Mitglied des Einstein Centers for Neurosciences Berlin und stellvertretende Vorsitzende der Wissenschaftlichen Gesellschaft Autismus-Spektrum e. V. (WGAS). 2016 erhielt sie den Antistigma-Preis der Deutschen Gesellschaft für Psychiatrie und Psychotherapie,

Psychosomatik und Nervenheilkunde für die Arbeit der Autismus-Forschungs-Kooperation. Ihre Arbeitsschwerpunkte sind: biopsychosoziale Mechanismen sozialer Interaktionsstörungen (Autismus-Spektrum-Störungen, soziale Angststörungen, Persönlichkeitsstörungen), neurobiologische Korrelate sozioemotionaler Prozesse, Entwicklung und Evaluation diagnostischer und interventioneller Verfahren im Bereich soziale Interaktions-
störungen, Identifikation therapeutischer Wirkmechanismen und partizipative Forschung im Bereich Autismus.   *E-Mail:* isabel.dziobek@hu-berlin.de

Peter Fonagy, Prof., OBE FMedSci FAcSS FBA PhD., ist Direktor der Division of Psychology and Language Sciences am UCL; Chief Executive des Anna Freud National Centre for Children and Families, London; Consultant am Child and Family Programme am Menninger Department of Psychiatry and Behavioural Sciences at Baylor College of Medicine; und hat Visiting Professorships an den Medical Schools Yale und Harvard
inne. Seine klinischen Interessen drehen sich um frühe Bindungsbeziehungen, soziale Kognition, Borderline-Persönlichkeitsstörung und Gewalt. Er ist Fellow der British Academy, der Academy of Medical Sciences und der Academy of Social Sciences and the American Association for Psychological Science.
E-Mail: p.fonagy@ucl.ac.uk

Manfred Gerspach, Prof. Dr., Diplom-Pädagoge, lehrte bis 2014 Behinderten- und Heilpädagogik am Fachbereich Gesellschaftswissenschaften und Soziale Arbeit der Hochschule Darmstadt. Er lehrt heute als Seniorprofessor am Institut für Sonderpädagogik der Goethe-Universität Frankfurt am Main.
E-Mail: Gerspach@em.uni-frankfurt.de

Stephan Gingelmaier, Prof. Dr., ist seit 2015 Professor für Psychologie und Diagnostik im Förderschwerpunkt Emotionale und Soziale Entwicklung an der PH Ludwigsburg. Er studierte Sonderpädagogik auf Lehramt, Diplom-Erziehungswissenschaft und absolvierte einen Master of Science in Psychologie. Die Promotion in Klinischer Psychologie absolvierte er in Medizinpsychologie an der Uniklinik Heidelberg in einem DFG-Sonderforschungsbereich (619) zum Thema Ritualdynamik. Bis 2013 war er an einem sonderpädagogischen Bildungs- und Beratungszentrum im Förderschwerpunkt Emotionale und Soziale Entwicklung als Klassenlehrer, Beratungsstellenleiter und Konrektor tätig. Parallel schloss er Ausbildungen in Familientherapie (BVpPF), Supervision (IGA HD) und Gruppenanalyse/Gruppenpsychotherapie (D3G) erfolgreich ab. Seine Forschungsschwerpunkte sind mentalisierungsbasierte Pädagogik, Beziehungspsychologie und Alltagsförderdiagnostik. Er ist Mitbegründer des DFG-Netzwerkes für mentalisierungsbasierte Pädagogik (www.MentEd.de), das aktuell im Rahmen eines EU-Projektes ein Curriculum in mentalisierungsbasierter Pädagogik entwickelt (CurrMentEd). *E-Mail:* gingelmaier@ph-ludwigsburg.de

Melanie Henter, Diplom-Pädagogin, ist wissenschaftliche Mitarbeiterin der Universität Koblenz-Landau, Institut für Sonderpädagogik, Pädagogik bei erschwertem Lernen und auffälligem Verhalten. Ihre Arbeits- und Forschungsschwerpunkte sind mentalisierungsbasierte Pädagogik, Adaptive Mentalization-Based Integrative Treatment (AMBIT). Sie ist Mitglied im DFG-Netzwerk MentEd – mentalisierungsbasierte Pädagogik sowie Mitglied der AMBIT Study Group. Sie bildet sich fort zur systemischen Beraterin (i. A.) und absolviert Trainings in AMBIT, Reflective Functioning Scale (RFS), Mentalization-Based Treatment (MBT; Basic Training).

E-Mail: henter@uni-landau.de

Heidi Keller, Dr., promovierte 1975 an der Universität Mainz in Psychologie. Bis zu ihrer Pensionierung war Heidi Keller Leiterin der Abteilung Entwicklung und Kultur am Fachbereich Humanwissenschaften der Universität Osnabrück und der Forschungsstelle Entwicklung, Lernen und Kultur des Niedersächsischen Instituts für frühkindliche Bildung und Entwicklung (nifbe). Sie war außerdem Mitglied des Institutes für Migrationsforschung und Interkulturelle Studien an der Universität Osnabrück. Seit 2013 ist Heidi Keller Direktorin von Nevet, the Greenhouse of Context-Informed Research and Training for Children in Need an der Paul Baerwald School of Social Work and Social Welfare an der Hebrew University in Jerusalem. Heidi Keller beschäftigt sich mit der Rekonstruktion

kulturspezifischer Entwicklungspfade und den Auswirkungen auf Theorie und Praxis. *E-Mail:* heidi.keller@uni-osnabrueck.de

Holger Kirsch, Prof. Dr. med., Arzt für psychosomatische Medizin und Psychotherapie, Psychoanalytiker, Supervisor und Lehranalytiker (DGPT, DGIP), ist als Professor an der Evangelischen Hochschule Darmstadt sowie in eigener Praxis tätig. Er war Gastprofessor am Arbeitsbereich Psychoanalytische Pädagogik des Instituts für Bildungswissenschaft der Universität Wien (Sommer 2017) und ist Gründungsmitglied des Netzwerks mentalisierungsbasierte Pädagogik (MentEd) und Koordinator des Erasmus+-Projekts Mentalisierungstraining für pädagogische Fachkräfte (CurrMentED). Fortbildungen und Publikationen zu Mentalisieren in der Psychotherapie und zur Psychotherapieprozessforschung zusammen mit Josef Brockmann.

E-Mail: holger.kirsch@eh-darmstadt.de

Patrick Luyten, PhD, ist außerordentlicher Professor an der Fakultät für Psychologie und Erziehungswissenschaften der KU Leuven (Universität Leuven), Belgien, und Professor für Psychodynamische Psychologie am Research Department of Clinical, Educational and Health Psychology des UCL (University College London), Großbritannien. Außerdem ist er Assistenzprofessor und Lehrbeauftragter am Yale Child Study Center in New Haven, Connecticut, USA.

Daniela Mayer, Dr. phil., Diplom-Psychologin, ist wissenschaftliche Referentin am Staatsinstitut für Frühpädagogik (IFP), systemische Therapeutin/Familientherapeutin (DGSF). Ihre Arbeitsschwerpunkte sind Feinfühligkeit von Eltern und Fachkräften, Bindung und Bildung in der frühen Kindheit und Qualität in der Kindertagesbetreuung. Sie ist zertifizierte Auswerterin in bindungsbasierten Methoden (Adult Attachment Interview – AAI, Fremde Situation – FST, Reflective Functioning Scale – RF, Parent Development Interview – PDI, Attachment-Q-Sort – AQS).

E-Mail: Daniela.Mayer@ifp.bayern.de

Tobias Nolte, M. Sc., Arzt und Psychoanalytiker (IPA), ist als Clinical Research Associate am University College London tätig sowie als Senior Researcher am Anna Freud National Centre for Children and Families und lehrt dort den Reflective-Functioning-Kurs. Klinisch arbeitet er bei der Camden Psychotherapy Unit, als Psychoanalytiker in eigener Praxis sowie in mentalisierungsbasierter Therapie mit Patient:innen mit Borderline-Persönlichkeitsstörungen am St. Ann's Hospital. Seine Forschungsschwerpunkte sind klinische Bindungs- und Mentalisierungsforschung, Persönlichkeitsstörungen, entwicklungspsychologische Aspekte zur Entstehung von epistemischem Vertrauen und den zugrunde liegenden neuronalen Prozessen. Er ist Partner im Erasmus+-Projekt CurrMentEd. *E-Mail:* Tobias.NolteMD@annafreud.org

Markus Paulus, Prof. Dr., ist Lehrstuhlinhaber des Lehrstuhls für Entwicklungspsychologie und Pädagogische Psychologie an der Ludwig-Maximilians-Universität (LMU), München. Seine Forschungsschwerpunkte sind prosoziales Handeln und Moralität, Empathie, Entwicklung von Bindung und Mentalisierung, soziales Verstehen, soziales Lernen und kooperatives Handeln.
E-Mail: Markus.paulus@psy.lmu.de

Tobias Schlicht, Prof. Dr., ist Professor an der Ruhr-Universität Bochum, Institut für Philosophie II. Lichtenberg-Professor, Philosophie des Bewusstseins und der Kognition. Er promovierte in Philosophie an der Universität zu Köln (2007), M. A. in Philosophie, Germanistik und Literatur sowie moderner Geschichte (2001). Seine Forschungsschwerpunkte sind Philosophie des Geistes und der Kognitionswissenschaften, Analytische Philosophie.
E-Mail: tobias.schlicht@rub.de

Nicola-Hans Schwarzer, Dr. phil., M. A., studierte Sonderpädagogik (Lehramt) und empirische Bildungsforschung. Er ist Lehrer (Sonderpädagogik) und tätig am Förderschwerpunkt soziale und emotionale Entwicklung der Pädagogischen Hochschule Ludwigsburg.

Er ist Mitglied des Erasmus+-Projekts Mentalisierungstraining für pädagogische Fachkräfte.
E-Mail: nicola.schwarzer@ph-ludwigsburg.de

Svenja Taubner, Univ.-Prof. Dr. phil., Diplom-Psychologin, Psychoanalytikerin (DPG), ist Direktorin des Instituts für Psychosoziale Prävention Universität Heidelberg und Forschungsgruppenleiterin (Kompetenzentwicklung von Fachkräften im Gesundheitswesen). Ihre Arbeitsschwerpunkte sind Mentalisierung, Störungen des Sozialverhaltens, Persönlichkeitsstörungen, Kompetenzentwicklung von Professionellen im Gesundheitswesen.
Supervisorin und Trainerin für mentalisierungsbasierte Therapie für Adoleszente (MBT-A; Anna-Freud-Centre London), Trainerin für die Reflective-Functioning-Scale, reliabel für das Adult-Attachment-Projective-Picture-System.
E-Mail: svenja.taubner@med.uni-heidelberg.de

Michael Tomasello, Prof. Dr., ist James F. Bonk Distinguished Professor an der Duke University, PhD in Psychologie an der University of Georgia (1980), Lehrbeauftragter an der Emory University in Atlanta und Mitarbeiter im Yerkes Primate Center (1980–1998), emeritierter Direktor am Max-Planck-Institut für evolutionäre Anthropologie in Leipzig (1998–2018) sowie seit 1999 Honorarprofessor an der Universität Leipzig. Seine
Forschungsinteressen beinhalten Prozesse der sozialen Kognition, soziales Lernen, Kooperation und Kommunikation aus Entwicklungs-, vergleichender und kultureller Perspektive. *E-Mail:* michael.tomasello@duke.edu

Eva Weber-Guskar, Prof. Dr., ist seit 2019 Heisenbergprofessorin für Ethik und Philosophie der Emotionen an der Ruhr-Universität Bochum, Institut für Philosophie I. Nach der Habilitation 2015 mit der Schrift »Würde als Haltung« hatte sie Gast- und Vertretungsprofessuren in Berlin, Wien, Zürich und Erlangen inne. Vorher war sie ein Jahr lang Visiting Scholar an der New York University und wurde 2007 an der Freien Universität Berlin mit einer Arbeit unter dem Titel »Die Klarheit der Gefühle. Was es heißt, Emotionen zu verstehen« pro-
©Johanna Ruebel

moviert. Studiert hat sie Philosophie, Komparatistik und Politikwissenschaft an der Ludwig-Maximilians-Universität München, der Sorbonne in Paris und der Humboldt-Universität zu Berlin, abgeschlossen mit einer Magisterarbeit über das Konzept der Perspektive in Leibniz' Monadologie. Ihre Forschungsschwerpunkte sind normative und angewandte Ethik (Ethik der Digitalisierung, der Künstlichen Intelligenz und Medizinethik), Philosophie der Emotionen, philosophische Moralpsychologie. *E-Mail:* eva.weber-guskar@ruhr-uni-bochum.de